Philippe Collas

Mata Hari

Ihre wahre Geschichte

Aus dem Französischen von Annalisa Viviani

Piper München Zürich

Mehr über unsere Autoren und Bücher:
www.piper.de

Die französische Originalausgabe erschien unter dem Titel »Mata-Hari. Sa véritable histoire« 2003 bei Editions Plon, Paris.

Deutsche Erstausgabe
Piper Verlag GmbH, München
Juli 2010

Umschlag: semper smile, München
Umschlagabbildung: Roger Viollet / ullstein bild
Satz: Kösel, Krugzell
Papier: Munken Print von Arctic Paper Munkedals AB, Schweden
Druck und Bindung: CPI – Clausen & Bosse, Leck
Printed in Germany ISBN 978-3-492-25917-0

Für meinen Vater
und Mag Bodard

INHALT

Prolog 11

ERSTER TEIL
DIE GEHEIMNISSE EINER FRAU 17
Ein vergessenes Detail 19
1 Acht Monate zuvor, am 13. Februar 1917 24
2 Belle Époque, 1904 37
3 Indonesien, 1899 73
4 Niederlande, 1893 90
5 Leeuwarden, 1876 108

ZWEITER TEIL
VERNUNFT UND GEFÜHLE 119
6 Kabarett 121
7 Gewitterwolken 150
8 Die verlorene Tochter 163
9 Eine liebende Frau 182
10 Carmen und Don Quijote 221
11 Wieder in Paris 249

DRITTER TEIL
IN DER SCHUSSLINIE 277
12 Außer Atem 279
13 Erschütterung der Welten 308

14 Schweres Geschütz 343
15 Seelische Qualen 375
16 Die Jagd 388
17 Eine Frau für die Ewigkeit 410

Epilog 436

ANHANG 439
Was aus ihnen geworden ist 441
1. Die Struktur der Militärgerichte 442
2. Historischer Abriss des Dritten Militärgerichts 445
Anmerkungen 453
Bibliografie 463

»Das gelebte Leben ist nicht der Rede wert,
wichtig ist aber das Leben, von dem man geträumt hat,
weil es nach unserem Tod fortdauern wird.«

Chanel

»Leben, um sterben zu lassen, und sterben,
um leben zu lassen.«

Indische Weisheit

Prolog

Pierre Bouchardon, mein Urgroßvater, hat das Urteil über Mata Hari gesprochen oder vielmehr die strafrechtliche Voruntersuchung durchgeführt. Eine entscheidende Voruntersuchung, da alle sich in einem Punkt einig sind: Er trieb sie in den Tod, weil Mata Hari während der unerbittlichen Verhöre ihr letztes, entscheidendes Spiel verlor. Sie flehte ihn an, bat inständig - er war der Ikonenschänder, der Bösewicht, der den Lügen und Gerüchten aufsaß; er war der Hohepriester, der die Legenden entstehen ließ, die sich um die Frau, die im fahlen Morgengrauen des 15. Oktober auf dem Hinrichtungsplatz von Vincennes erschossen wurde, ranken.

Ich bin in sehr jungen Jahren auf Mata Hari gestoßen. Anlässlich eines Umzugs habe ich zufällig Briefe und Fotos gefunden, die mehr oder weniger pietätvoll aufbewahrt worden waren: das Bildnis einer Dame in Schwarz mit ausdrucksvollem Blick, ein Blatt Papier mit großer, markanter Handschrift, einen alten Ordner mit vergilbten Unterlagen - eine Menge zweifelhafter, zerknitterter Reliquien, mit denen ich nichts anzufangen wusste. Mata Hari - ich scheine sie seit jeher gekannt zu haben, und ich kann nicht sagen, wer mir als Erster etwas von ihr erzählte. War es meine Großmutter, die mir schilderte, wie es war, als sie in jenem verhängnisvollen Jahr 1917 plötzlich neben ihr saß? Oder mein Großonkel, der mir die vertraulichen Berichte seines Vaters weitererzählte? All das ist nicht wichtig. Mata Hari gehörte schon immer zu meinen Idolen, auch wenn ich mir nicht darüber im Klaren war, ob ich sie verehren oder verurteilen sollte.

Mata Hari war für mich fast ein Teil der Geschichte meiner Familie, zumindest jener Geschichten, die man sonntags nach dem Mittagessen erzählt und die man wie ein leicht anrüchiges Erbe von Generation zu Generation weitergibt. Ich weiß, dass kein Biograf sich mit ihrem tragischen Geschick befassen kann, ohne den Namen meiner Angehörigen zu erwähnen. Es ist ein sonderbares Gefühl, mit einer barbarischen Göttin sozusagen verwandt oder vielmehr untrennbar durch ihren Tod mit ihr verbunden zu sein.

Ich war mir sicher, dass ich mich eines Tages mit dem Schicksal der Frau beschäftigen würde, die in aller Munde war. Einige Menschen gewinnen im Laufe der Zeit einen solchen Symbolcharakter, dass man am Ende nicht mehr weiß, ob sie wirklich gelebt haben. Odysseus' Freund Mentor, Don Juan, Rastignac – Akteure der Geschichte? Romanhelden? Es ist nicht mehr auszumachen. Sie gehören zum Imaginären, zur Mythologie unserer Gesellschaft.

Mata Hari ist eine von ihnen.

Ich meinte, sie zu kennen, aber was wusste ich letztlich wirklich von ihrem Leben? Einige Worte und Bilder kamen mir in den Sinn: Spionin, Femme fatale, verruchte Frau, Schleiertanz, Greta Garbo, Marlene Dietrich, käufliche Liebe, moderne Paradiesschlange ... Ihr Name klang wie das Echo der Sünde, das Echo der Lust, einer verbotenen und vergessenen Sinneslust. Kurzum, Mata Hari war *die* Frau schlechthin, die Quelle allen Glücks und aller Gefahr. Und sie hat sich mit Hingabe in ebenso viele Lügen wie echte Gefühle verstrickt, um ihre Verehrer zu fesseln, indiskrete Menschen von sich fernzuhalten und Zerstreuung zu suchen.

Mata Hari, eine Legende?

Zweifellos für die anderen, aber in erster Linie für sich selbst. Berühmt wurde sie, indem sie auf der Bühne alle Hüllen fallen ließ, aber in ihr Privatleben gewährte sie nie Einblick, und als sie es tat, war es zu spät, und niemand glaubte ihr mehr. Das kleine Mädchen, das auf sich aufmerksam machen musste, der Teenager, der sich in seine Träume zu flüchten versuchte; die verlassene Frau, die sich zur Göttin stilisierte, um sich durchzusetzen - Mata Hari war Chronistin ihres eigenen Lebens, im Guten wie im Schlechten. Wenige Menschen haben sich je eine solche Mühe gegeben, ihre Vergangenheit zu erfinden - eine immer wieder neue, bisweilen widersprüchliche Vergangenheit, denn sie nährte gern Gerüchte, die sie selbst in Umlauf gebracht hatte. Jedem Journalisten erzählte Mata Hari eine andere Fassung ihres abenteuerlichen Daseins und reicherte diese jedes Mal mit neuen Anekdoten, neuen Geheimnissen an, bis zu dem Namen, den sie sich selbst gab - Mata, Mata Hari. War sie Engländerin? Holländerin? Inderin? Die Tochter eines Prinzen oder eines Hutmachers? Es war die Zeit der Belle Époque, die Zeit, in der man sich mit der Aura des Geheimnisvollen umhüllte, um in einer Gesellschaft zu überleben, in der jeder nur noch zum Schein in einem, um es modern auszudrücken, virtuellen Universum existierte, das bald zu wanken begann. Man konnte alles sagen und zugleich das Gegenteil behaupten. Es ging nur darum zu gefallen, von sich reden zu machen. Als professionelle Mythenerzählerin machte Mata Hari für sich stets die beste Werbung.

Aus dem, was ich unveröffentlichten Familiendokumenten und geheimen Akten, die seit 1917 unter Verschluss gestanden hatten, sowie aus dem, was ich Ermittlungsprotokollen und verschiedenen anderen Unterlagen entnehmen konnte, habe ich eine neue Mata Hari kennengelernt, eine Frau voller Widersprüche, die mir bislang nie begegnet war. Die verrückte Mata Hari, die verliebte Mata Hari, die unbedachte Mata Hari, die heldenhafte Mata Hari, die zynische Mata Hari, die intelligente Mata Hari, die erbarmungslose Mata Hari, die zerbrechliche Mata Hari – zu menschlich für eine Welt voller Schrecken und Blutvergießen, die nur Weiß oder Schwarz zuließ. Die schuldige Mata Hari, die unschuldige Mata Hari, Mata Hari, die Frau der hundert Wahrheiten – Mata Hari, die Frau, die man mithilfe eines manichäischen Weltbildes nicht verstehen, geschweige denn beurteilen kann, weil Wahrheit und Gerechtigkeit mit Persönlichkeiten, die eine so verwirrende Vielfalt von Facetten aufweisen, schwer in Einklang zu bringen sind.

Vom juristischen Standpunkt aus für schuldig befunden, doch in moralischer Hinsicht unschuldig. Das war ihre Tragödie, der verhängnisvolle Widerspruch.

Wer diesen Widerspruch nicht wahrhaben will, kann notgedrungen die Ereignisse nur verzerrt wiedergeben; ihm ist es verwehrt, das ganze Wesen dieser Frau zu begreifen.

Nur wer die kühlen Überlegungen, die Scheinargumente, die kühnen Theorien, die gewagten Behauptungen, die zum fraglichen Zeitpunkt nicht berücksichtigten Fragen außer Acht lässt, wird die wahre Mata Hari entdecken. Nur wenn man dieser Frau Schritt für Schritt folgt und ihre Persönlichkeit und ihr Leben zu ergründen versucht, kann man einen der komplexesten Fälle der Geschichte in vollem Umfang ermessen. Es ist zugleich mein Anliegen, einige der wichtigsten Akteure dieser Skandalgeschichte in neuem Licht zu zeigen, beispielsweise Pierre Bouchardon und Hauptmann Ladoux, einen der Chefs des französischen Geheimdienstes. Auf diese Weise werde ich den Leser mit der damals üblichen Praxis der Spionage und Gegenspionage, mit ihren Gesetzen, Regeln, Vor- und Nachteilen, ihren Heldentaten und ihrer Niedertracht vertraut machen.

Um das ganze Ausmaß der Tragödie, die sich abgespielt hat, vor Augen zu führen, muss ich auch versuchen, einer Epoche gerecht zu werden, die man aus der heutigen Perspektive zu beurteilen geneigt ist, wobei man Gefahr läuft, die Wahrheit zu verzerren.

Wer war also Mata Hari?

Die Spionin mit den hunderttausend Leichen? Die neue Salome? Der Sündenbock eines Landes im Kriegszustand? Nichts von alledem oder noch mehr?

Der Leser soll sich darauf gefasst machen, eine außergewöhnliche Frau kennenzulernen. Eine Frau, die immer wieder für Überraschungen sorgen wird, eine so ferne und zugleich so nahe Frau, die auch heute noch unsere Neugier weckt und uns fasziniert.

Im Gegensatz zu einer klassischen Biografie bin ich nicht immer chronologisch vorgegangen. Im ersten Teil habe ich mich sogar absichtlich für eine Umkehrung der Chronologie entschieden. Wie bei einer strafrechtlichen Voruntersuchung habe ich mir Mata Hari am Tag ihrer Verhaftung vorgenommen und mich nach und nach in ihre Vergangenheit zurückversetzt. Ähnlich meinem Urgroßvater, dem Untersuchungsrichter Pierre Bouchardon, der sie ihre Geschichte erzählen ließ, lasse ich ihr Leben Revue passieren, um den Leser allmählich mit ihr vertraut zu machen.

Im zweiten Teil, in dem ich ihr außergewöhnliches Abenteuer als Spionin nachzeichne, sowie im dritten Teil, in dem ich über die Zeit ihrer Inhaftierung bis zu ihrem Tod berichte, habe ich mich für die klassische Abfolge entschieden, um die Ermittlungen zu verfolgen und Mata Hari, Mata, Margaretha, M'greet, Griet in ihren verschiedenen Facetten verstehen zu lernen.

Philippe Collas

ERSTER TEIL
DIE GEHEIMNISSE EINER FRAU

Ein vergessenes Detail

15. Oktober 1917. Der Tag brach an. Fahles Licht, Licht des ausklingenden Herbstes, Regenlicht...

Ein Leichenwagen fuhr durch die Boulevards. Man wandte kaum den Kopf, um ihm nachzuschauen. Nur ein Glaser bekreuzigte sich mechanisch in einem Anflug von Aberglauben.

Zu dieser frühen Morgenstunde waren nur wenige Menschen unterwegs. Sogar mitten im Krieg herrschte gähnende Leere in der Stadt; den Menschen fiel es schwer aufzustehen, wenn die Heizung nicht funktionierte. Die wenigen Passanten hasteten über die feuchten, grauen Bürgersteige. Kinder, die zur Schule gingen, Kinder, die lachten. Alte Männer, die auf der Suche nach einer Schachtel Zigaretten waren. Und vor allem Frauen, meist der Kleinbürgerschicht angehörend. Jetzt kamen sie aus allen Häusern. Ein Schwarm schwarzer Fliegen in schwarzen Kleidern, schwarzen Mänteln, schwarzen Mützen – vom Schmerz verzerrte Schatten, in Trauergewänder gehüllte Schatten, die sich anschickten, vor den Lebensmittelläden Schlange zu stehen. Dreißig Centimes für einen Liter Milch. Das war drei Mal so viel wie früher. Dennoch würde man sie gern zahlen. Man hoffte nur, dass der Milchhändler beliefert worden war.

Der Kutscher fuhr, ohne zu reden. Nur ein Wort zu seinen Pferden, um sie anzutreiben. Der Leichenwagen passierte gerade das Opernviertel, am Grandhotel vorbei. Ein Taxi überholte ihn laut hupend. Die Sonne versuchte hervorzukommen.

Auch hier, in den vornehmen Vierteln, begann sich das Leben zu rühren, jedoch würdevoller und ruhiger. In der Ferne führten Kindermädchen einen Schwarm entzückender kleiner Jungen an; auf einer Bank unterhielten sich Köchinnen, an ihren weißen Hauben leicht zu erkennen, und empörten sich, während sie auf die Zuckerration warteten, über die neue Verfügung, die an zwei Tagen der Woche den Verzehr von Fleisch untersagte. Zimmermädchen mit Häubchen und verschlafene Damen von Welt, die ihre Silberfüchse zur Schau trugen, überquerten die Straße. Ein geübtes Auge erkannte sofort, wer ausging und wer nach Hause zurückkehrte ... Geliebte Frauen, verliebte Frauen, verlassene Frauen, gebrochene Frauen – eine Prozession der Menschheit. Zufällig gab es auch einige Soldaten, die vom Feiern zurückkehrten. Franzosen, Briten, Amerikaner. Eine Jazztrompete nach dem Kanonendonner ... Man verschloss die Augen vor den Uniformen dieser Männer, die auf Urlaub vom Militärdienst waren und denen man alles zu verzeihen bereit war.

In der Nähe, verkrochen in seiner Wohnung am Boulevard Haussmann, in bunte Tücher und Decken gehüllt, hatte Marcel Proust bis zum Morgengrauen geschrieben. Seit Monaten versetzte ihn der Gedanke, an die Front gerufen zu werden, in Furcht und Schrecken. Wie alle Kriegsuntauglichen musste er wieder vor eine Kommission treten. Und darum trainierte er, bis zum Morgengrauen aufzubleiben, um sich an das frühe Aufstehen beim Militär zu gewöhnen.

Der Kutscher stieß einen Schrei aus. Auf dem Bürgersteig machte der Nachtschwärmer, dem er ausweichen musste, ein Handzeichen und ging unbeirrt weiter. Er kam gerade aus dem Haus der Gräfin de Chabrillan, die das skandalöseste Schauspiel des Jahres finanzierte: *Parade,* eine Art kubistisches, avantgardistisches russisches Ballett, inszeniert von jungen Unbekannten, die schockieren und zugleich faszinieren wollten: Picasso, Cocteau, Massine, Satie ... Die Premiere war ein Riesenspektakel. Man konnte es als »surrealistisch« bezeichnen, um den Ausdruck zu benutzen, den Apollinaire geprägt hatte. In ihrer Loge hatte Misia Sert, die Muse der Pariser Gesellschaft und Freundin Diaghilews, sich wie eine glitzernde Erscheinung erhoben und tosenden Beifall gespendet. Das Gesehene spiegelte für sie ein Lebensgefühl wider, das bald in der russischen Oktoberrevolution seinen politischen Ausdruck finden sollte. Hatte sie je von diesem Wladimir Uljanow gehört? Von diesem Lenin, der in einigen Wochen alles blutig niederschlagen würde?

Der Leichenwagen näherte sich dem Viertel Saint-Germain, und man sprach wieder von Cocteau oder vielmehr von einem seiner Bonmots. Bei seiner Begegnung mit Charlotte Lysès, der ersten Frau von Sacha Guitry, die dieser gerade wegen Yvonne Printemps [frz. Frühling] zu verlassen im Begriff war, versicherte ihr Cocteau: »Weinen Sie nicht, meine Liebe, er wird zu Ihnen zurückkommen. Der Frühling war schon immer eine kurze Jahreszeit.« Aber diesmal täuschte sich dieser junge bürgerliche Dandy, der sich, obwohl erst siebenundzwanzig, bereits seit Langem dem Zeitgeist verschrieben hatte. Da auch er als nicht kriegstauglich eingestuft worden war, hatte er sich freiwillig als Sanitäter in einem vom Hotel Ritz finanzierten Hospital gemeldet. Er ließ sich von Poiret seine Uniform entwerfen und von Cécile Sorel zu ihren berühmten Diners einladen. Schon bald würden die Noailles und die gesamte Aristokratie des Viertels ihm zu Füßen liegen.

Die Medizinische Fakultät tauchte wie eine Festung im Straßenbild auf. Branca und Prenant, die beiden berühmten Professoren, waren bereits eine Stunde zuvor eingetroffen und hatten einen Raum für die Autopsie vorbereiten lassen. Routine, beinahe Routine.

Auf der Straße war das schwere Gespann zum Stehen gekommen. Der Kutscher stieg von seinem Sitz ab. Zwei Sanitäter stürzten auf das Gefährt zu. Die hintere Tür wurde geöffnet und eine mit einem weißen Tuch zugedeckte Bahre herausgezogen, auf dem Tuch einige rote und braune Flecken – die Zeichen einer barbarischen Epoche. Die Männer trugen die geheimnisvolle Last durch lange Flure, ein beißender Geruch stieg ihnen in die Nase: Äther, Formalin und andere flüchtige Substanzen.

Endlich lag der Leichnam auf dem Seziertisch, immer noch in das Leichentuch gehüllt. Branca und Prenant zögerten einen Augenblick. Dann zog Branca das Tuch weg.

Der Kopf war entsetzlich zugerichtet, von einer schweren Bleikugel aus einem Revolver alten Modells durchschlagen und zerfetzt. Wie eine Vorsichtsmaßnahme Einschussstellen unterhalb der linken Brust ... Der Tod musste sofort eingetreten sein. Der Körper war schön geblieben, sah aus, als würde die Frau schlafen ... Nur drei Einschussstellen, nur drei von zwölf Geschossen hatten getroffen. Die Männer müssen schlecht gezielt haben, zweifellos peinlich berührt. Sie waren kampferprobte, ausdrücklich wegen ihres Mutes ausgewählte Soldaten, die aber bei dem Gedanken, eine Frau zu erschießen, restlos überfordert waren. Und dazu diese Frau. Einer von ihnen soll sogar beinahe in Ohnmacht gefallen sein – sie alle hatten gehofft, dass ihr Gewehr mit einer Platzpatrone geladen war. Am Fuß der Leiche ein schnell angebrachtes Schild mit einem sorgsam geschriebenen Namen: »Margaretha Gertrude Zelle, genannt Mata Hari.«

Prenant sah Branca an. Sie redeten nicht, verstanden sich ohne Worte.

Also, sie war's ... Mata. Mata Hari. Die Tänzerin und Spionin ... Dieser so begehrte, bezahlte, geliebte, gehasste Körper. Dieser Körper, der wie ein Tempel verehrt wurde, dieser Körper, der Gegenstand von Skandalen und Neugier gewesen war, dieser Körper, der als Symbol höchster Verworfenheit und höchster Sinneslust galt. Niemand hatte einen Anspruch auf ihn angemeldet, sie würden ihn sezieren, das Herz entnehmen, das eine Stunde zuvor in Vincennes für immer zu schlagen aufgehört hatte.

»Erhebt jemand Anspruch auf den Leichnam?« Eine unbeantwortet gebliebene Frage, die ein Offizier im fahlen Morgengrauen stellte.

Doch fast überall in Europa tobte die Presse. Unwillkürlich stand Mata Hari noch einmal auf dem Gipfel ihres Ruhmes. Ihr Name verleitete zum Träumen, ihr Name ließ erzittern. Die Liebe, das Geld, der Tod. Eine gefährliche Trinität. Die wildesten Gerüchte gerieten in Umlauf. Mata Hari war nicht tot, Mata Hari war gerettet worden ... Die Hinrichtung hatte nur zum Schein stattgefunden. Nein, Mata Hari war tot, aber während der Autopsie hatte man Organe als Souvenirs, als Reliquien entwendet ... Liebende, männermordende Frau, alles Mögliche und zugleich auch das Gegenteil. Man hatte die Bombe zum Platzen gebracht. So ging ein Leben zu Ende, und eine Legende begann. Die erste Legende des 20. Jahrhunderts, gefolgt von denen Greta Garbos und Marlene Dietrichs.

1
Acht Monate zuvor, am 13. Februar 1917

Im Morgengrauen

Kommissar Priolet zog nervös an einer Zigarette. Wie alle Polizisten hasste er Hotels. Zu viele Eingänge, zu viele Ausgänge, zu viel Kommen und Gehen. Das Élysée Palace Hotel befand sich in der Avenue des Champs-Élysées, Ecke Rue de Bassano, was die Aufgabe nicht erleichterte, auch nicht an einem Sonntag.[1]

Ein Blick auf die Uhr: 5.50 Uhr. Noch zehn Minuten bis zur festgesetzten Zeit. Die bangsten zehn Minuten, in denen noch alles passieren und der Verdacht sich in Luft auflösen konnte. Mechanisch zählte der Polizist noch einmal seine Männer und überprüfte ihren Standort. Ihm standen die beiden Inspektoren zur Seite, die seit mehreren Wochen die Observierung vorgenommen hatten, sowie fünf weitere, die wiederum mehrere Gendarmen zur Verstärkung mitgebracht hatten. Jedem war ein bestimmtes Versteck zugewiesen, das er unter gar keinen Umständen verlassen durfte.

In der dritten Etage, in einem der schönen Zimmer, die auf die Straße gehen, war eine Frau aus dem Schlaf hochgefahren. Hatte eine Vorahnung sie so plötzlich aufwachen lassen?

Nervös zündete auch sie sich eine Zigarette an, drückte

sie aber gleich wieder aus. Im Dämmerlicht wirkte sie sehr groß. Man konnte ihre Herkunft schwer bestimmen. Dunkles Haar, matter Teint, wie Frauen aus dem Süden ihn haben, dazu schmale Hände, ein kräftiger Körper, hochgewachsen, was ihr eine gewisse Imposanz verlieh. Man hätte sagen können, sie habe etwas von jedem Ort auf der Welt ... Ja, das war es, eine Zigeunerin, die in Brunhildes Haut geschlüpft war. Eine Heldin aus Wagners Opern, die sich in einem sonderbaren Walhalla verirrt hatte. Es hieß übrigens, sie sei Holländerin, obwohl sie je nach Laune einen indischen oder englischen Namen trug. Aus der Nähe betrachtet war sie eigentlich nicht besonders hübsch, hatte aber eine besondere Ausstrahlung. Zweifellos eine prachtvolle Frau, auch wenn die Erschöpfung und die Angst der letzten Wochen Falten in ihr Gesicht gegraben hatten.

Priolet hasste diesen Schwebezustand, der ihm auf den Magen schlug. Er bemühte sich, nur seine Vernunft walten zu lassen, aber es half nichts. Das typische Verhalten eines unruhigen Menschen. Sich die Beine in den Bauch stehen ... Doch er war nicht irgendwer. Obwohl er schon Mitte vierzig war, sah er noch gut aus, und zudem nahm er als Polizeikommissar im Dienste der französischen Spionageabwehr eine wichtige Stellung ein.

In den letzten Monaten hätte er sich an diese morgendlichen Festnahmen gewöhnen müssen. Sie hatten sich gehäuft, seit ein neuer Krieg ausgebrochen war – ein neuer Krieg im Schatten des unermesslichen Gemetzels, das allein in Verdun über eine Million Menschenleben kosten würde. Eine Million Menschen für zehn Meter! Angesichts des Auf-der-Stelle-Tretens der Armeen an der Front gab es nur eine Erklärung: Der Verrat fand in der Etappe statt. Von nun an musste man sich mit dem »inneren Feind« herumschlagen, von dem man in einem fort sprach. In der Heimat würde der entscheidende Kampf ausgetragen werden, der den Franzosen den Sieg über den Kaiser in Berlin ermöglichen würde.

Priolet erinnerte sich noch an die Spione, die er im Bett überrascht hatte: Dei Pasi, Garfunkel, Moni, Ricardo Gonzalès Llanos, um nur einige zu nennen. Und ebenso viele Namen, die in all den blutrünstigen Zeitungen genannt wurden, die jeden Tag nach mehr Blut und mehr Schuldigen schrien, um all die Toten zu rächen.

Diesmal würde es schwieriger sein. Er sollte eine Frau festnehmen, und zwar nicht irgendeine. Priolet mochte dies ganz und gar nicht …

Plötzlich gab der Kommissar seinen Männern ein Zeichen. Sechs Uhr! Sogleich stürzten sich seine Inspektoren ins Hotel. Die Polizisten schwirrten überall herum, in der Hotelhalle, in den Fluren. Der Nachtportier und die Zimmermädchen gerieten in helle Aufregung. Priolet ließ den Aufzug blockieren und stürmte die Treppe hinauf.

In ihrem Zimmer musste die Frau wohl etwas gehört haben, oder eine Vorahnung hatte sie zur Vorsicht gemahnt. Sie hatte sich hinter dem Vorhang zusammengekauert. Drei heftige Klopfzeichen an ihrer Tür. Keine Reaktion. Priolet verschaffte sich mit seiner Eskorte gewaltsam Eintritt.

So hat er das, was sich dort abspielte, wiedergegeben. Lange Zeit hat man behauptet, dass diese Version nicht verbürgt sei, aber wenn man an die Frau mit ihrem stolzen Auftreten, ihrer Auflehnung und ihrer provozierenden Haltung denkt, die sich ihm entgegenstellte, ist sein Bericht glaubwürdig und entspricht einem der Urprinzipien des Lebens: Angriff ist die beste Verteidigung.

Priolet war als Erster eingetreten und hatte routinemäßig gesagt: »Madame, Sie sind verhaftet.«

Schweigen. Die Frau hatte sich aufgerichtet: »Es muss ein Irrtum vorliegen.«

»Sie sind doch Margaretha Gertrude Zelle?«

»Ich bin Mata Hari.«

Priolet befahl, das Licht einzuschalten. Mata Hari trat aus den schweren Falten des Vorhangs, der sie schützte, hervor und ging auf ihn zu. Sie war völlig nackt. Priolet wusste nicht, wohin er den Blick wenden sollte:

»Bitte ziehen Sie sich an, und folgen Sie mir.«

»Aus welchem Grund?«, erwiderte Mata Hari, die den von ihr provozierten Überraschungseffekt voll auskostete.

»Wegen Hochverrats«, antwortete der Polizeikommissar im Dienst der französischen Spionageabwehr und kramte unbeholfen seine Erkennungsmarke hervor, bemüht, sich seine Verlegenheit nicht anmerken zu lassen.

»Das ist lächerlich!«, schleuderte Mata Hari ihm entgegen. Aus der verängstigten Frau war nun eine Kämpferin geworden, die zu einem Schlagabtausch bereit war.

»Ich führe die Befehle aus, Madame. Sie werden genügend Zeit haben, sich vor den zuständigen Behörden zu äußern.«

Abermals Schweigen. Ein kurzes Zögern, dann: »In diesem Fall ... Ich bin in einer Minute wieder da.«

Mata Hari ergriff das Negligé, das auf einem Sessel lag, und ging auf das Badezimmer zu. Zuvor deutete sie noch auf eine Pralinenschachtel auf der Kommode und drehte sich zu Priolet um: »Kosten Sie eine Praline, und geben Sie auch Ihren Männern eine.« (Der Kommissar war verblüfft und zögerte.) »Sie brauchen nichts zu befürchten, sie kommen aus der Schweiz, das ist, soweit ich weiß, noch ein neutrales Land ...«

Priolet nahm die Schachtel. Mata Hari ging ins Badezimmer und schloss die Tür.

Sogleich wies Priolet seine Männer an, das Zimmer von Grund auf zu durchsuchen und alle persönlichen Gegenstände der »Angeklagten« an sich zu nehmen.

Neben sämtlichen Vermögenswerten Mata Haris in

Frankreich wurden auch zahlreiche Visitenkarten, vorwiegend von Männern, sowie die Korrespondenz und eine Reisetasche mit Kosmetikartikeln, in der aber nur 600 Francs[2] gefunden wurden, als mögliche Beweisstücke beschlagnahmt. Keine reiche Beute für die Frau, die im Verdacht stand, die gefährlichste Spionin des deutschen Geheimdienstes zu sein.

Der Fall Mata Hari nahm seinen Anfang. Er ist bis heute nicht wirklich geklärt worden.

Wo das Geheimnis beginnt

Drei Tage zuvor hatte der Militärgouverneur von Paris einen Brief des Kriegsministers General Lyautey erhalten, der alle Operationen ausgelöst hatte: »Ich habe die Ehre, Sie davon in Kenntnis zu setzen, dass die genannte Zelle, geschiedene MacLeod, genannt Mata Hari, Tänzerin, niederländische Staatsangehörige, stark im Verdacht steht, eine Agentin im Dienste Deutschlands zu sein …«

Daraufhin war der Befehl ergangen, sofort Hauptmann Pierre Bouchardon, den Untersuchungsrichter des Dritten Militärgerichts, zu informieren, der eine Verhaftung zu früher Stunde angeordnet und Kommissar Poiret zu sich bestellt hatte. Nichts Außergewöhnliches, das übliche Verfahren eben.

Lyauteys Brief wies verschiedene Abweichungen von der Norm auf, in denen bereits die Doppeldeutigkeit der ganzen Geschichte zum Vorschein kam. Wenn man das Schriftstück untersucht, springen einem sofort zwei Merkwürdigkeiten ins Auge:

1. Auf dem Briefkopf wurde die Datumsangabe 10 per Hand hinzugefügt, während der Vermerk »Paris, den … Februar 1917« getippt ist.

2. Im ersten Entwurf des Briefes stand ausdrücklich, dass Mata Hari »eine Agentin im Dienste Deutschlands« war. Man hielt es dennoch für angebracht, hinzuzufügen: »stark im Verdacht steht«. Auch diese Präzisierung erfolgte im letzten Moment.

Das sind merkwürdige, kaum übliche Zeichen der Reue für einen juristischen Verwaltungsapparat. Daraus kann man zweifellos folgern:

1. Als Mata Hari verhaftet wurde, lag das Schriftstück schon seit einiger Zeit vor, und die Gegenspionage hatte beschlossen, den günstigsten Augenblick zum Handeln abzuwarten. Denn ganz offensichtlich war es das berüchtigte Deuxième Bureau, der militärische Geheimdienst, der den Minister veranlasst hatte, diesen Brief zu schreiben und ihn bis zum geeigneten Zeitpunkt unter Verschluss zu halten.
2. Was die Richtigkeit der Beschuldigungen anbelangte, so schien man sich nicht sehr sicher zu sein, es sei denn, es handelte sich um eine List, um keine für die Ermittler kompromittierenden Dinge zutage zu fördern.

Mata Hari war also in die Falle geraten, die man ihr insgeheim gestellt hatte. Albert Priolet aber wusste überhaupt nichts von diesen Spitzfindigkeiten.

Sainte-Lazare

Wie jede andere Gefangene wurde Mata Hari nach Saint-Lazare gebracht, in jenes Frauengefängnis, das heute nicht mehr existiert.

Das düstere Gebäude, das ursprünglich ein Leprosorium, dann ein Revolutionsgefängnis war, steht in Teilen immer noch an der Ecke Boulevard Magenta und Rue du Faubourg Saint-Denis, nicht weit entfernt von der Gare de l'Est. Dort wurden ohne Unterschied »politische Gefangene«, »Kriminelle« und aller möglichen Verbrechen Verdächtigte oder Schuldige zusammengepfercht. Man begegnete dort der Hure und der Dame von Welt, der Anarchistin und der Mörderin; die Enge, in der sie lebten, förderte Hass und Konflikte. Dieses Frauengefängnis soll schlimmer gewesen sein als das berüchtigte Pariser Gefängnis La Santé. Doch herrschten hier aus Gründen der Schicklichkeit und praktischer Erfordernisse wegen andere Regeln. Die Wahrung der Sicherheit oblag den Strafvollzugsbeamten, während die Leitung der Strafanstalt den Schwestern vom Orden Marie-Joseph-du-Dorat anvertraut war. Die »Fremdenlegionärinnen der Gefängnisse« – fünfzig Nonnen, beinahe genauso von der Welt abgeschnitten wie ihre Gefangenen.[3]

7.15 Uhr. Der Tag brach an.

Der Wagen, in den man Mata Hari verfrachtet hatte, erreichte das Tor der Haftanstalt.

Mata Hari stieg aus. Sie wurde von einer etwa sechzigjährigen Nonne empfangen. Es war Schwester Léonide, die Oberin, eine kräftige Frau, deren scheinbare Strenge durch den sanften, klaren Blick wettgemacht wurde. Sie setzte Mata Hari in Kenntnis, dass sie die Aufnahmeformalitäten beachten müsse.

Mata Hari antwortete nicht, sie verschanzte sich hinter hartnäckigem Schweigen. Man hatte ihr versprochen, dass sie an diesem Morgen dem Richter vorgeführt werden sollte, das war das Einzige, was sie im Augenblick interessierte. Sie überquerte den großen Hof und folgte der Nonne die schmutzigen Flure entlang. Dort herrschte ein eigenartiges Schweigen – ein Schweigen, in dem alles eine irreale Dimension anzunehmen schien und Geräusche ein sonderbares Echo auslösten. Das Quietschen eines Schlosses, das Klirren eines Schlüsselbundes. Das Rasseln der Ketten in der eisigen Luft. Auch wenn nur ein einfacher Hof einen vom Leben trennte, war es schwer vorstellbar, dass weniger als zwanzig Meter entfernt eine Droschke vorbeifuhr, die von einem eiligen Passanten herbeigerufen wurde, und eine Matrone den Laden eines Geflügelhändlers betrat. Dieses Fehlen der Außenwelt, all dessen, was noch vor fünf Minuten in Reichweite war, diese Kleinigkeiten, von denen man bewusst abgeschnitten worden war, all das musste einem wie die Hölle vorkommen.

Mata Hari verkroch sich, isolierte sich, quälte sich. Sie empfand all dies als einen Albtraum, aus dem sie erwachen musste. Kein Widerstand. Diese Welt war ihr völlig fremd. Alles schien sich so abzuspielen, als sei sie nicht wirklich da, als wohne sie als Zuschauerin dem bei, was auf sie zukommen würde. Zwei Schwestern näherten sich ihr, um sie zu durchsuchen. Die erkennungsdienstlichen Fotos. Mata Hari kam nicht einmal dazu, sich über ihre Empfindungen Klarheit zu verschaffen. Seit Wochen war sie auf der verzweifelten Suche nach einem Ausweg, nach einem Fluchtpunkt, irgendeiner Rettung; nun war sie beinahe willenlos, betäubt, wie in Watte gepackt. Allein bei dem Gedanken an das, was sie gerade erlebte, hätte sie noch gestern laut aufgeschrien, aber an diesem Morgen war sie vor allem unglaublich müde. Sie folgte Schwester Léonide über Flure, die endlos zu sein schienen. Gemeinsam gingen sie schweigend die Korridore entlang und stiegen die Treppen hoch, bis sie im ersten Stock die Geschäftsstelle erreichten.

Schwester Léonide wandte sich lächelnd an Mata Hari: »Man nennt diesen Ort die Brücke von Avignon, weil alle hier durchgehen.«

Dann kamen sie an eine schwarze Tür, die zu einer gepolsterten Zelle führte. Eine kleine, scheußliche Zelle – eine Zelle für Verrückte, die zu einer verrückten Geschichte passte. Mata Hari protestierte nicht einmal.

Sie verstand es einfach nicht.

Der Schein einer schwachen Glühbirne drang durch eine kleine kreisförmige, vergitterte Öffnung, rechter Hand lag ein Strohsack. Die Tür schlug zu. Mata Hari war bestürzt. Man musste sie verwechselt haben.

Im Flur schüttelte Schwester Léonide den Kopf. Die ersten Stunden waren immer die härtesten. Sie wusste es aus Erfahrung. Die Stille und dann die Schreie – die eigenen und die der anderen.

Hier würde die Gefangene Zelle-MacLeod wenigstens nichts finden, um Selbstmord zu verüben.

Zum ersten Mal vor Gericht

In seinem Büro im Gebäude des Dritten Militärgerichts ging ein Mann nervös auf und ab. Er kaute an den Nägeln, öffnete eine Akte und schloss sie wieder. Es war Hauptmann Pierre Bouchardon, der Untersuchungsrichter des Militärgerichts; auf ausdrücklichen Wunsch des Kriegsministers, General Lyautey, hatte er am Vorabend den Haftbefehl gegen Mata Hari ausgestellt. Als pflichtgetreuer Staatsdiener war der sechsundvierzigjährige Bouchardon ein überzeugter Patriot, ein Mann mit geheimen Verwundungen. Als der Krieg ins Stocken geriet, die Toten sich stapelten und vor sich hin faulten, weil sie nicht bestattet werden konnten, führte er seinen Kampf gegen die inneren Feinde. Hinter einer scheinbaren Kälte verbarg sich ein empfindsamer Mensch, ein unruhiger Geist mit dem Instinkt eines Jägers.

Pierre Bouchardon ging mehrmals zum Fenster und klopfte leicht gegen die Scheibe, während er auf die Autos wartete, die ihm die Frau überstellen sollten, die er ins Verhör nehmen musste.

Seit einigen Wochen war er überlastet. Auch die letzte Nacht hatte er nicht geschlafen. Er war der größten Spionageaffäre des Krieges auf der Spur: dem Fall Bolo Pacha. Und nun musste er sich auch noch mit dieser Tänzerin befassen.

Schließlich fuhren mehrere Limousinen mit verhängten Fenstern im Hof vor. Männer stürzten heraus. Einer von ihnen öffnete die Tür des Wagens, den sie eskortiert hatten. Nach ein paar Minuten, die ihm wie eine Ewigkeit erschienen, kam Mata Hari zum Vorschein. Bouchardon, der am Fenster stand, schien erleichtert zu sein. Mata Hari blickte sich um, zögerte einen Augenblick, dann folgte sie dem Gendarmen.

Pierre Bouchardon legte eine Zeitung mit den neuesten Schlagzeilen von der Front ab und nahm hinter seinem Schreibtisch Platz.

Es war elf Uhr morgens.

Mata Hari betrat das Büro. Sie war nicht mehr die geistesabwesende, folgsame Frau, die sich ins Gefängnis hatte führen lassen. Augenscheinlich hatte sie ihre Sicherheit und Überlegenheit wiedergewonnen: »Diese ganze Inszenierung ist lächerlich. Ich gehöre dem französischen Geheimdienst an. Ich verlange, dass man Hauptmann Ladoux holt, den Chef der französischen Spionageabwehr, er wird dies bestätigen.«

Was war passiert? Wie immer hatte Mata Hari wie eine verwundete Löwin reagiert: In dem Augenblick, da man sie am Boden wähnte, sammelte sie ihre Kräfte, um sich zur Wehr zu setzen.

Pierre Bouchardon hörte ihr zu und beobachtete sie. Sein Blick verriet nichts von der Faszination, die diese Frau auf Männer auszuüben vermochte. Mata Hari wusste bestimmt um ihre Wirkung und lächelte verstohlen. Diesmal hatte sie wieder gewonnen. Da sie sich ihrer Wirkung sicher war, änderte sie ihre Miene und wandte sich mit einem bezaubernden Lächeln an den Untersuchungsrichter: »Nun, Herr Hauptmann. Man hat mich ... uns unnötig gestört.«

Sie stand auf und ging »mit einem Wiegen der Hüften, das durchaus anmutig war«[4], auf die Tür zu, als ihr zwei Wachen den Weg versperrten. Mata Hari verlor die Fassung, drehte sich zu Bouchardon um und hörte, völlig überrascht, wie er die Anklageschrift verlas:

»Margaretha Gertrude Zelle, geboren am 7. August 1876 in Leeuwarden, Niederländerin, Exgattin von Rudolf Mac Leod, Offizier in Niederländisch-Ostindien, wohnhaft im Palace Hotel, evangelischer Konfession, des Lesens und Schreibens kundig, wird verhaftet wegen Spionageverdachts, Komplizenschaft, geheimer Verbindungen mit dem Feind in der Absicht, seine Unternehmungen zu begünstigen. Sie wird in Einzelhaft gehalten und darf keine Verbindung zur Außenwelt aufnehmen.«

Bouchardon hob den Kopf. Mata Hari blickte ihn mit vor Entsetzen weit aufgerissenen Augen an. Das Grauen dieses Morgens hatte sie überstanden, weil sie überzeugt war, dass sie nach einer Unterredung mit einem verantwortlichen Beamten sofort freikommen würde.

»Madame, darf ich Sie fragen, wer Ihr Verteidiger sein wird?«

Bouchardon sprach sehr langsam, als sei ihm bewusst, dass Mata Hari den Ernst ihrer Lage noch nicht erfasst hatte.

»Niemand. Ich brauche keinen Anwalt, ich bin unschuldig!«

Da Bouchardon sie schweigend ansah, wiederholte Mata Hari, als wolle sie ihn überzeugen: »Ich bin unschuldig. Welches Spiel hat die französische Spionageabwehr mit mir gespielt? Schließlich stehe ich in ihrem Dienst und habe nur nach ihren Anweisungen gehandelt!«

»Wir werden sehen …«

Bouchardon reichte ihr die Anklage zur Unterschrift.

Mata Hari zögerte einen Augenblick, dann schrieb sie in ihrer großen, runden Schrift: »Margaretha Gertrude Zelle-MacLeod, genannt Mata Hari.«

»Bis bald, Madame.«

Bouchardon gab den beiden Wachen, die an der Tür standen, mit dem Kopf ein Zeichen: »Führt sie wieder nach Saint-Lazare zurück.«

Mata Hari wurde daraufhin in den Hof gebracht. Von seinem Fenster aus beobachtete Bouchardon, wie sie in eine Limousine mit verhängten Fenstern stieg, und wandte sich dann an seinen jungen Gerichtsschreiber, den Unteroffizier Manuel Baudouin, der nachdenklich sagte: »Das ist sie also, die berühmte Mata Hari …«

»Träumen Sie nicht, Baudouin, Sie können Sie sich nicht leisten!«, antwortete Bouchardon gereizt.

Dann ordnete er an, dem Gefängnis von Saint-Lazare folgende Instruktionen zu übermitteln: »Der Häftling Margaretha Gertrude Zelle muss einer besonders strengen Behandlung unterzogen werden. Es dürfen keinerlei Ausnahmen oder Erleichterungen zugestanden werden. Sie muss gebrochen werden.«

Mata Haris Leidensweg hatte begonnen.

Für die französische Justiz war sie die Gefangene Nummer 721 44625.

Der Untersuchungsrichter würde von nun an die Femme fatale mit eisernem Griff festhalten.

Aber wer war Mata Hari eigentlich? Eine Spionin, die nicht ihresgleichen hatte, wie der französische Geheimdienst zu beweisen versuchte? Eine skandalträchtige Berühmtheit, wie die nachdenkliche Äußerung des Unteroffiziers Baudouin vermuten ließ? Eine naive Frau, wie Mata Hari selbst es möglicherweise glauben machen wollte?

Auf Bouchardons Frage, was sie denn in die französische Hauptstadt geführt habe, würde sie bald antworten: »Warum ich hierhergekommen bin? Weil ich dachte, dass alle Frauen, die vor ihrem Ehemann flüchten wollen, nach Paris gehen.«

2
Belle Époque, 1904

Es war einmal ...
Eine Droschke hielt vor dem Grandhotel in der Rue Scribe, unweit der Oper.

Paris im Jahre 1904. Frankreichs Hauptstadt war zu diesem Zeitpunkt der Mittelpunkt der Welt, der Wirtschafts- und der Künstlerwelt. Das Grandhotel war das größte Gebäude der Stadt, eine Mischung aus dem Ritz auf dem Place Vendôme, dem Savoy in London und dem Pierre in New York. Hier musste man absteigen, um zu sehen und gesehen zu werden.

Die Droschkentür ging auf, eine schöne Frau stieg aus. Der Hotelpage war zu spät zur Stelle. Die Unbekannte lächelte ihm charmant zu, trat durch die Drehtür und begab sich zur Rezeption. Der Empfangschef eilte herbei. Er hatte ein wachsames Auge. Das war eine Kundin, die Klasse hatte. Eine, die großzügig mit Trinkgeldern umgehen würde. Sie öffnete eine kleine Handtasche, zog ein zweites Täschchen mit einer winzigen Puderdose hervor: »Ich möchte eine Suite haben«, sagte sie mit einem leichten Akzent, den man zwar nicht lokalisieren konnte, der aber auf eine gute Ausbildung schließen ließ.

»Eine Suite?«, fragte der Empfangschef erstaunt nach.

Die junge Frau, die seine Reaktion wohl vorausgeahnt

hatte, fügte rasch hinzu, während sie ihre Puderdose wieder schloss: »Mein Gepäck kommt nach.«

»Geht in Ordnung, Madame. Wissen Sie schon, wie lange Sie uns beehren werden?«

»Noch nicht. Eine Woche. Vielleicht länger …«

»Ich verstehe, Madame, ich verstehe.« (Der Empfangschef unterdrückte ein verständnisinniges Lächeln und beugte sich vor, um in seinem großen schwarz-goldbraunen Buch nachzusehen.) »Ich kann Ihnen ein sehr hübsches Zimmer mit Salon in der dritten Etage anbieten.«

»Ist es ruhig?«

»Alle unsere Zimmer sind ruhig, Madame.«

»Dann nehme ich es.«

»Antoine, Zimmer 328 für Madame.« (Der Empfangschef rief einen Pagen herbei und wandte sich dann wieder an die Unbekannte.) »Darf ich Madame bitten, sich hier einzutragen.«

Er reichte ihr eine Feder. Die Frau schrieb lässig: »Lady MacLeod«. Der Empfangschef, der es sich angewöhnt hatte, spiegelverkehrt zu lesen, verspürte eine Art Stolz und Selbstzufriedenheit. Er hatte sich nicht getäuscht. Diese Frau war nicht irgendjemand. Eine Engländerin und eine Lady. Wie auch sollte er denn ahnen, dass seine vermeintliche britische Aristokratin direkt aus den Niederlanden kam und nicht einmal fünfzig Centimes in der Tasche hatte, als er ihr nachblickte, wie sie sich in ihrer eleganten Reisekleidung entfernte?

Mit achtundzwanzig Jahren stand Margaretha Gertrude Zelle-MacLeod, die künftige Mata Hari, im Begriff, ihr neues Leben mit einem Täuschungsmanöver, dem ersten einer ganzen Reihe, zu beginnen. Was sollte man tun, wenn man nichts mehr zu verlieren hatte, ein feuriges Temperament besaß, sich Anerkennung verschaffen wollte und das Geheimnis schrecklicher Tragödien in sich barg? Margaretha musste entweder groß herauskommen oder sterben. Ein Name und eine Adresse, und die Sache lief, das hatte sie sich oft genug eingeschärft – so oft, bis ihr die Schläfen pochten und sie selbst davon überzeugt war. Ein Name und eine Adresse, und die Sache lief: Lady MacLeod, Grandhotel, Rue Scribe, da waren die Schlüssel …

Modell zu vermieten

Einige Zeit zuvor war eine andere Frau mühsam die Treppe des heruntergekommenen Gebäudes in der Rue Nouvelle 7 hinaufgestiegen. Völlig erschöpft hatte sie nur das Bedürfnis gehabt zu schlafen, um zu vergessen.

Margaretha – denn um sie handelte es sich – drehte den Schlüssel im Schloss und betrat das kleine, schäbige Zimmer, das sie gemietet hatte. Sie war nicht einmal zwei Monate zuvor aus Den Haag angekommen und versuchte seitdem mühsam, in Paris Fuß zu fassen. Mit nicht mehr als einigen Francs in der Tasche, einem Koffer und drei Kleidern hatte sie alle preiswerten möblierten Wohnungen abgeklappert und war schließlich in dieser Mansarde mit dem durchgelegenen Bett, einem einzigen Strohstuhl und den nicht zusammenpassenden Nachttischen gelandet. Konnte das wirklich ihr großer Traum sein?

Sie legte etwas Holz in den schlecht brennenden Ofen und stellte fest, dass sie nichts mehr zu essen hatte. Sie wühlte in ihrer Tasche und zog einen zweimal gefalteten Zehn-Franc-Schein heraus. Das war alles, was sie noch hatte. Sie blickte sich um und brachte nicht einmal die Kraft auf, zu weinen. Ihre erste Reise nach Frankreich entpuppte sich als Reinfall, als schmähliche Niederlage, obwohl sie sich so viel davon versprochen hatte. Als sie aus ihrer niederländischen Heimat hier ankam, war sie voller Enthusiasmus gewesen und sicher, dass Paris ihr etwas zu bieten hatte.

Paris – ein magisches Wort, das beinahe die Wirkung eines Talismans hatte. Paris und seine Boulevards, Paris und seine Künstler, Paris und seine Modenarren, Paris und seine Kurtisanen, Paris und seine Reichtümer, die schamlos zur Schau gestellt wurden. Margaretha hatte seit der Weltausstellung von 1900, die die ganze Welt vor Neid hatte erblassen lassen, von Paris geträumt. Die Denkmäler, die Erfindungen, Grand Palais und Petit Palais, Pont Alexandre III. Man sprach nur noch davon und von den Flaggen der Nationen aus aller Welt, die sich an der Seine entlang im Wind blähten, als wollte jedes Land Paris zu Füßen fallen.

Margaretha war überzeugt, dass Paris für sie geschaffen war, genauso wie sie für Paris geschaffen war! Die Realität hatte sie aber sehr bald eingeholt. Wovon sollte sie leben, wenn sie keinen Beruf hatte? Wie sollte sie eine Unterkunft finden und wovon ihren Lebensunterhalt bestreiten? Bei ihrem Aussehen hätten viele junge Mädchen schnell eine Antwort auf diese Fragen parat gehabt, zumal in einer Stadt, in der es nicht nur lebenslustige Großherzöge, sondern auch Industrielle gab, die auf der Durchreise und zu allem bereit waren, die sich fern vom häuslichen Herd ein paar Tage lang nur amüsieren wollten. Aber Margaretha gehörte nicht zu der Sorte leichter Mädchen, die ihren Körper verkauften, um ihren Lebensunterhalt zu sichern. Wenn sie ihre Schönheit einsetzen musste, so würde das auf andere Weise geschehen, beschloss Margaretha. Sie würde Malern Modell sitzen – schließlich galt Paris als die Hauptstadt der Malerei, und es gab genügend »Modellmärkte« in Montmartre und Montparnasse.

In einem Brief hat der Maler Guillaumet über den ersten Besuch berichtet, den ihm die künftige Mata Hari abstattete. Er war einer der zahllosen Künstler, die sich mit ihrer Malerei durchschlugen, obwohl sie keinen berühmten Namen hatten. Seine Schilderung dieser Begegnung gibt ein genaues Bild der jungen Frau wieder, die zwar noch ein wenig schüchtern, aber doch schon selbstsicher genug war, um ihre Vorstellungen durchzusetzen. Sie betrat sein Atelier und eröffnete ihm, dass sie ihm gern Modell sitzen würde. Guillaumet betrachtete sie mit Interesse. Sie fiel irgendwie aus der Reihe. Ihre Beine, ihr Hut und ihre Größe – sie musste größer als einen Meter fünfundsiebzig sein ... Zweifellos ein prächtiges Weibsbild, wie er sofort einzuschätzen wusste. Der Maler legte seine Palette hin und forderte sie auf, sich auszuziehen.

»O nein!«, entrüstete sich Margaretha. »Ich möchte, dass Sie nur meinen Kopf porträtieren. Ich bin die Witwe eines in Indien gefallenen Offiziers. Ich habe Kinder und muss arbeiten, um sie großzuziehen.«

»Sehr gut«, antwortete Guillaumet ein wenig erstaunt. »Sie sind hübsch. Es wird Ihnen nicht schwerfallen, jemanden zu finden, der nur ihren Kopf porträtiert, aber Sie werden wesentlich schlechter bezahlt werden, als wenn Sie nackt Modell sitzen.«

Margaretha wusste aus Erfahrung nur zu gut, was folgen würde. Sie zog es vor, nicht mehr daran zu denken. Die schäbigen Vermieterinnen, die eine fällige Miete von ihr forderten. Die Tage, an denen ihr Magen vor Hunger knurrte und sie vor einem einladenden Restaurant zu träumen anfing. Larue, Durand, Foyot, Tortoni, das Café Anglais ... Margaretha kannte all diese mythischen Orte, weil sie hundertmal an ihnen vorbeigegangen war, auf die Speisekarten geschielt hatte, die so verlockend waren wie ein Freudenmädchen. Echte Maler, die sie oft umsonst warten ließen, Kunstfotografen, die sie zu anderen Zwecken auszunutzen versuchten. Eine Demütigung nach der anderen. Und die allmählich aufsteigende Angst vor dem Absturz, vor dem Nichts.

Sie seufzte tief, ging zum Fenster, öffnete es und blickte

zum Himmel. Es war Nacht, und Regen rieselte über Paris. Unwillkürlich wanderte ihr Blick hinunter zur Straße. Es wäre so leicht, sich hinunterzustürzen, an nichts mehr zu denken, alles zu vergessen und vom schwarzen, glänzenden Boden aufgesogen zu werden, der in eine andere Welt zu führen schien.

Plötzlich trat sie einige Schritte zurück und stieß einen Schrei aus. Nein, sie würde sich niemals umbringen. Selbstmord passte nicht zu ihr. Sie würde erst einmal in die Niederlande zurückkehren und eine Entscheidung treffen. Sie musste zurück, um sich neu zu sammeln. Sie würde eine Zeit lang bei Edouard MacLeod, einem Onkel ihres Mannes, wohnen, der ein hübsches Haus in Nimwegen besaß und ihr seine Gastfreundschaft angeboten hatte. Später würde sie erneut ihre spärliche Habe packen und nach Paris zurückkehren, ohne noch einmal die gleichen Fehler wie bei ihrer ersten Reise zu machen. Sie würde sich nicht mehr in die Abhängigkeit von wer weiß wem begeben.

Mit dieser Überzeugung betrat sie einige Monate später, im Jahre 1904, das Grandhotel, ohne einen roten Heller in der Tasche, aber mit glanzvollem Auftreten. Ein geliehener Titel und ein hübsches Reisekleid waren alles, was sie vorweisen konnte, aber das musste reichen. Der äußere Schein war der einzige Pass, den man ihr abverlangen würde und den sie perfekt wahren musste, da sie nichts mehr zu verlieren hatte.

Die Börse und das Leben

Entschlüsse sind zwar lobenswert, aber jedermann weiß, dass der Weg zur Hölle mit guten Absichten gepflastert ist. Margaretha Gertrude Zelle hatte beschlossen, dass es ihr nie mehr an etwas fehlen sollte. Aber wie wollte sie das bewerkstelligen? Sie brauchte in erster Linie Geld. Wenn sie an ihre erste Reise zurückdachte, an ihre ausgetretenen Schuhe und an die Enttäuschungen, die sie erlebt hatte, sagte sie sich: »Nie wieder.« Dieser Vorsatz war seit Monaten ihr »Leitmotiv«. Er verlieh ihr Kühnheit.

Margaretha würde die verlorene Zeit wettmachen. Kaum hatte sie ihren Zimmerschlüssel, schon dachte sie daran, was sie bald zahlen müsste. Sie war nicht zurückgekehrt, um der Zechprellerei bezichtigt und von zwei Gendarmen abgeführt zu werden. Sie wollte ihre Stellung behaupten, ihre Zukunft sichern. Als laufe ihr die Zeit davon, machte sie sich sofort auf die Suche. Den ersten Einfaltspinsel fand sie in weniger als fünf Minuten in der Halle des Grandhotels. Es war ein Gast mit hochrotem Gesicht, der auf den Aufzug wartete und ihr schmachtende Blicke zuwarf. Bestimmt war er einem Abenteuer nicht abgeneigt. Margaretha lächelte ihm berechnend zu. Sie, die sich früher stets eine gewisse Zurückhaltung auferlegt hatte, wagte sich jetzt mit großer Leichtigkeit und Unbefangenheit vor. In der dritten Etage war der Geschäftsmann Louis Castagnols schon dermaßen von ihr gefesselt, dass er sich zum Abendessen mit ihr verabredete. Er stammte aus der Gascogne, war Weinhändler, reich und ledig. Drei Wochen später machte er ihr einen Heiratsantrag. Margaretha nahm ihn nicht an, bekam aber von ihm genug Geld, um die ersten Rechnungen begleichen zu können und »das Gepäck kommen zu lassen«, über dessen Verbleib man sich inzwischen zu wundern begann. Ein paar Einkäufe in der Rue du Faubourg Saint-Honoré … Monsieur Louis Castagnols hatte gute Dienste geleistet. Er kehrte in seinen heimatlichen Südwesten mit Erinnerungen zurück, die ihn ein Leben lang nicht mehr loslassen würden. Bald gab es einen neuen Mann, einen gewissen Hector Vermont, dessen Fabrik in Beauvais Drahtseile herstellte. Margaretha wechselte von der Landwirtschaft in die Industrie … Von ihren zahlreichen Liebhabern bewahrte sie eine beeindruckende Sammlung von Visitenkarten auf, die am Tag ihrer Verhaftung konfisziert und dem Untersuchungsrichter Pierre Bouchardon übergeben wurden. Indizien, Cartes de Tendre, Puzzles – Resümee eines Lebens in vielerlei Hinsicht …

Snobistische Reiterkreise

Noch wissen wir sehr wenig über die Frau, die eine der Berühmtheiten ihrer Zeit zu werden versprach. Bestand ihr Geheimnis darin, dass sie Zurückhaltung oder Prüderie abgelegt hatte und, von Bett zu Bett wandernd, ihren Lebensunterhalt verdiente? Gewiss nicht!

War es überhaupt Prüderie gewesen, dass sie sich einst geweigert hatte, nackt Modell zu sitzen? Wohl kaum, denn dieses Gefühl war ihr fremd. Ausschlaggebend war vielmehr ihr heftiger Drang nach Unabhängigkeit gewesen. Sie wollte nur Regeln befolgen, die sie selbst aufstellte, und von diesem Prinzip nie abweichen.

Nachdem sie sich im Grandhotel einquartiert hatte, suchte Mata Hari rasch nach dem geeigneten Mittel, um ihre hochgesteckten Ziele zu erreichen. Schließlich hatte sie es nicht ohne Grund abgelehnt, ein bürgerliches Leben zu führen und Louis Castagnols zu heiraten. Sie selbst wollte es zu etwas bringen, wollte zeigen, was sie konnte, sich um etwas bemühen. Noch auf dem Gipfel ihres Ruhmes wollte Margaretha, die sich nunmehr Mata Hari nannte, sich und ihre Talente unter Beweis stellen. Sie begnügte sich nicht damit, ausgehalten zu werden; sie wollte einen Beruf ausüben – eine durchaus ungewöhnliche Haltung für eine Frau jener Zeit.

Margaretha konnte reiten und beherrschte darüber hinaus alles, was man von einer Frau von Welt erwartete. Bald hörte sie von einem gewissen Ernest Molier, der in der Rue Bénouville eine berühmte Reitschule unterhielt. Reiten war damals der aristokratische Sport schlechthin. Logischerweise war der vornehmste Zirkel von Paris der Jockey-Club, das Pendant des Faubourg Saint-Germain; ihm musste man beitreten, wenn man zur feinen Gesellschaft gehören wollte. Es darf jedoch nicht verschwiegen werden, dass seit dem Zweiten Kaiserreich in den Reitschulen auch verborgene Vergnügungen stattfanden. Die Besitzer einiger dieser Etablissements – Zuhälter der Hautevolee, Künstleragenten, Förderer exotischer Schönheiten oder Zulieferer junger Mädchen – pflegten nämlich, zum Vergnügen jener Gäste, die nicht nur die Anmut der Pferde bewunderten, Reitspiele mit schönen Frauen zu veranstalten.

Margaretha suchte Ernest Molier auf, ohne einen Termin vereinbart zu haben. Er war ein etwa sechzigjähriger Mann, der bessere Zeiten erlebt hatte. Mata Hari übte sofort eine verführerische Wirkung auf den Frauenkenner Molier aus. Sie bot sich als Reiterin an. Er verzog das Gesicht, musterte sie und versprach ihr eine glänzende Karriere, wenn sie bereit sei, ihre Reize zu enthüllen. Um 1900 war es durchaus üblich, ein solches Ansinnen an eine Frau zu stellen, die ihren Weg machen wollte. Man denke nur an den Rat, den der Bildhauer Alexandre Falguière Emilienne d'Alençon erteilte: »Werden Sie Schauspielerin, Ihr Körper hat für das Theater die erforderlichen Requisiten!«

Auch jetzt noch musste Margaretha sich mit diesem Gedanken erst allmählich anfreunden. Ein wenig verwirrt kehrte sie ins Grandhotel zurück und konnte nachts keinen Schlaf finden. Unschlüssigkeit? Aufregung? Skrupel?

Margaretha, die zugleich puritanisch und exhibitionistisch, mythomanisch und ehrlich war, würde dem Vorschlag des alten Reitlehrers Folge leisten. Sie hatte es an diesem Morgen beschlossen. Sie würde sogar weiter gehen und eine Figur erschaffen, von der niemand wissen würde, ob sie real oder imaginär war. Sie würde eine Frau erfinden, die sie selbst sein würde, ohne es wirklich zu sein, eine Frau, mit der sie Geschäfte machen konnte, ohne sich zu erniedrigen. Sie würde sich also neu erfinden ... Und dafür musste sie alle Mittel einsetzen, ihre Vergangenheit veredeln, lügen, indem sie die Wahrheit sagte. Die fremdartige, geheimnisvolle Margaretha stattete sich mit langen Aufenthalten im Fernen Osten und im Orient aus. Das würde Interesse erwecken.

Vor der Mittagszeit kehrte sie zu Molier zurück, ließ ihren weiten Mantel fallen und stand im Gewand einer Tempeltänzerin vor ihm ... Eine Hindutänzerin am Seineufer, darüber würden alle sprechen.

Eine moderne Frau

Weil sie, andere Überlebensmöglichkeiten außer Acht lassend, unbedingt Karriere machen wollte, hatte Margaretha unbewusst bereits an der Moderne teil. Sie gehörte zur Minderheit jener Frauen, die sich durch Zufall, Willensstärke oder günstige Umstände verwirklichen konnten.

Zweifellos war Margaretha eine der ersten emanzipierten Frauen. Um 1900 war die Stellung der Frau in der Gesellschaft ziemlich eindeutig festgelegt: War sie Arbeiterin oder Bäuerin, so wurde sie zweifach ausgebeutet; gehörte sie dem Bürgerstand an, so war sie dazu verurteilt, Hausfrau zu sein und Kinder zu zeugen. Sie hatte keine Rechte und galt in juristischer Hinsicht als geschäftsunfähig – faktisch und zivilrechtlich. In der Tat wurden die Vertreterinnen des »schönen Geschlechts« seit 1789 durch soziale und politische Vorschriften an der Leine gehalten. Ohne bürgerliche Rechte (sie hatten kein Wahlrecht) und eigenes Vermögen (wenn sie verheiratet waren, gehörte alles dem Ehemann) hatten sie eigentlich nur das Recht zu existieren. Allein einige wenige Künstlerinnen und Intellektuelle wie George Sand oder Lou Andreas-Salomé hatten bereits die Tabus gebrochen auf die Gefahr hin, immer wieder Ärgernis zu erregen. Mit anderen Worten, für die überwiegende Mehrheit der Frauen gab es nur einen Weg, um irgendeine Freiheit zu genießen: die Witwenschaft – und dabei wurde gelegentlich nachgeholfen. In Wirklichkeit beging Madame Lafarge, die Flaubert zu *Madame Bovary* inspirierte, nicht Selbstmord, sondern beförderte ihren Mann ins Jenseits. Es ist kein Zufall, dass eine berühmte Champagnermarke den Namen Veuve Clicquot trägt, weil es nämlich Madame Clicquot ohne den Tod ihrer besseren Hälfte nie gegeben hätte.

Trostlose Lebensumstände, denen man kaum entkommen konnte. Eine Ausnahme bildete jedoch eine Kategorie von verhassten und zugleich beneideten Frauen: die Damen der Halbwelt. Schon in der Venezianischen Republik des 15. Jahrhunderts, dann im Frankreich des Zweiten Kaiserreichs und schließlich in der Zeit der Belle Époque konnten die Kurtisanen als die ersten emanzipierten und wohlhabenden Frauen angesehen werden, die nicht nur die Betten, sondern auch die Konversation der Gesellschaft beherrschten. Man tuschelte über ihre Eskapaden, brachte sie in Verruf, bewunderte, beneidete oder verurteilte sie, und doch geschah alles mit Bedacht. Man weiß, wie wichtig Madame de Castiglione für die Einheit Italiens war und welchen Stellenwert Madame Sabatier in Bezug auf Baudelaire hatte. Es war also üblich, sich mit solchen Frauen einzulassen, und die berühmtesten Männer nahmen ihre Dienste bereitwillig in Anspruch. Mehr als einer hat sich dabei ruiniert, und zwar nicht nur aus Vergnügen, sondern vielmehr, um in »der Welt« etwas darzustellen. Wenn jemand eine dieser kostspieligen Damen aushielt und in der

Lage war, ihre Launen zu befriedigen und ihre Ausgaben zu bestreiten, galt dies offensichtlich als Zeichen umwerfenden Erfolgs. In der Tat konnte keiner, der eine gewisse Stellung in der Gesellschaft einnahm, sein Ansehen steigern, wenn er nicht mit einer dieser mit kostbarem Schmuck behängten »Kokotten«, die mehr als jede Empfehlung galten, Eindruck machte. Man kann ohne Übertreibung sagen, dass die Halbweltdamen damals das wichtigste Kommunikationsmittel der Geschäftsleute waren, weil sie über die finanzielle Glaubwürdigkeit ihrer reichen Gönner zuverlässiger Auskunft geben konnten als irgendwelche Wertpapiere an der Börse. Man stritt sich sogar um sie, wie man sich um eine Goldmine oder eine Eisenbahnlinie stritt. Nicht zufällig hat eine dieser kostspieligen Schönheiten einmal behauptet, dass die Bankiers sie wie Wechsel untereinander tauschten und dass ihr Wert stieg, je mehr Unterschriften von Rang sie hatten. Dadurch dass sie die Männer beherrschten, gewannen sie eine Stellung, wie sie in archaischen Zivilisationen üblich war, in denen die Göttinnen Mütter waren und Gott eine Frau. Nicht von ungefähr betrachteten die männlichen Zeitgenossen sie bisweilen als unwiderstehliche, zugleich aber erschreckende, gefährliche Eroberinnen. Zwei Aussagen über die Marquise de Païva, die berühmteste Halbweltdame des Zweiten Kaiserreichs, veranschaulichen am besten die Situation:

»Sie ist an Herzeleid gestorben, obwohl sie nie ein Herz gehabt hat.« (Edmond und Jules de Goncourt)

»Sie fragen mich, ob sie schön war … Sie war nicht schön, sie war schlimmer als das.« (Doktor Véron)

Seltsamerweise scheinen sie die Vorreiterinnen der weiblichen Emanzipation zu sein. Denn die Beliebtheit der Kokotten war kein lineares Phänomen, sondern machte eine Entwicklung durch, die in der großen Frauenbewegung nach dem Ersten Weltkrieg gipfelte. Die Kokotten, die zunächst nur prunkvolle Mätressen oder literarische Musen waren (Marguerite Gautier, Madame Sabatier), wurden allmählich Geschäftsfrauen (Païva), Schriftstellerinnen (Liane de Pougy, Colette), Klosterfrauen (Eve Lavallière), Schauspielerinnen (Réjane), geniale Modedesignerinnen (Chanel).

Offenbar gehörte Margaretha zu dieser Sorte Frauen. Sie wollte eine Tänzerin sein und Ruhm durch ihre Kunst erlangen, über die sie sich schon bald theoretisch äußern sollte. In ihrem Tagebuch notierte sie auf Französisch einen Satz, den sie später als Werbeslogan oder als Markenzeichen verwenden sollte: »Der Tanz ist eine Dichtung, und jede Bewegung ist ein Wort.«

Schon bald erklärte sie der Presse: »Möchten Sie hören, wie ich meine Kunst begreife? Es ist ganz einfach mein Glaube ... Die heiligen brahmanischen Tänze sind Symbolhandlungen, und alle Bewegungen entsprechen einem Gedanken ...«

Paris, die Lichterstadt

In der Belle Époque war Paris die schönste, reichste und sinnlichste Stadt der Welt, die Geburtsstätte alles Neuen, der Gegensätze, der Exotik.

Margaretha hatte die richtige Wahl getroffen, indem sie sich selbst treu blieb und einige Aspekte ihrer Vergangenheit schönte. Sie würde sich dieser Sehnsucht nach dem Besonderen bedienen und das Bedürfnis der Pariser nach allem Neuartigen und Geheimnisvollen stillen. Ihre Kunst würde einzigartig und ihre Persönlichkeit nicht greifbar sein. Sie würde sich der Modewelle der Chinoiserien und kolonialen Reminiszenzen bedienen und heimliche Sehnsüchte entfachen. Über sie würde man alles sagen können, das eine und sein Gegenteil. Alles würde wahr und alles würde falsch sein. Hauptsache, man würde davon reden und träumen ... Margaretha hatte als Erste die geniale Idee, sich als Produkt zu verkaufen, dessen Vermarktung sie selbst garantieren würde. Diese Strategie führte zu großem Erfolg, und bald kursierten nicht nur ein paar Geschichten, sondern mehrere Legenden über den neuen Schwarm der Pariser Gesellschaft.

Aber folgen wir dem Lauf der Dinge.

Molier war von der brahmanischen Vision einer in Bajaderenschleier gehüllten Margaretha völlig in Bann geschlagen – es galt nur, einen Ort zu finden, wo sie auftreten konnte. Das war zunächst der Zirkus in der Rue Bénouville. Wie aber konnte eine junge Holländerin in nur wenigen Tagen einen Tanz einüben und vorführen, der Epoche machen sollte? Das bleibt eines der Geheimnisse Margarethas, deren Talente oft unterschätzt worden sind. Colette, die ebenfalls für öffentliche Skandale sorgte, würde sich später an diesen denkwürdigen Auftritt erinnern, über den sie im Dezember 1923 im *Figaro* einen überaus gehässigen Artikel veröffentlichte: »Eigentlich tanzte sie gar nicht richtig, sondern entkleidete sich nach und nach und bewegte dazu ihren geschmeidigen, bronzefarbenen Körper ... Wenig später erblickte man sie bei einem Hindufest in einem Garten, wieder nackt, in der hellen Junisonne, auf einem Schimmel mit türkisenbesetzter Schabracke und Zaumzeug reitend. Am Abend wirkte ihre Haut bernsteinfarben, bei Tageslicht fast malvenfarben. (...) Überall eingeladen, überall bezahlt, erschien sie nackt, tanzte ›vage‹, mit gesenktem Blick, und verschwand wieder, in dunkle Schleier gehüllt.«

Abgesehen vom Neid, den sie erweckte, hatte Margaretha einen überwältigenden Eindruck hinterlassen. Mit ihrer fernöstlichen Tanzdarbietung kreierte sie einen neuen Stil. Sie befolgte keine Regeln – was sie an diesem Tag darbot, war völlig unvorhersehbar, sogar unschicklich. Genau das faszinierte die Zuschauer. Man konnte nicht genau definieren, was sie tat; sie schlug einfach alle in ihren Bann.

Die Menschen, die sie auf der Bühne erlebt hatten, waren von ihrer Sinnlichkeit beeindruckt. Alle bewahrten mehr oder weniger die gleiche Erinnerung an sie: Umhüllt von Weihrauchschwaden tauchte sie aus dem Dunkel auf. Erste Überraschung: ein Gongschlag und eine Schale, in der Feuer brannte, und alsbald glaubte man, Margaretha wahrzunehmen; ein weiterer Gongschlag, und allmählich erspähte man sie in einen goldfunkelnden Seidenschleier gehüllt. Dann ertönten Zitherlaute, und plötzlich erschien aus der Dunkelheit eine Statue des Gottes Schiwa, für den Margaretha tanzte, als habe sie das Publikum und ihre Beinahe-Nacktheit vergessen. In einem kurzen erotischen, improvisierten, spannungsgeladenen Tanz enthüllte sich die schöne Frau für den Gott – eine gewagte Mischung aus Nacktheit und verhüllter Erotik. Die Männer hielten den Atem an. Unvermittelt reckte sich die Tänzerin, die in einem kunstvollen Spiel von Licht und Schatten ihre Schleier fallen ließ. Sie trug jetzt nur noch einen schmalen, mit Edelsteinen besetzten Leibgürtel und zwei silberne Schalen über den Brüsten, die ihren Körper mehr schmückten als bedeckten. Erschöpft und aufgelöst sank sie vor der Statue des Gottes zu Boden, umgeben von flackernden Feuerzungen. Betroffenes Schweigen, dann wieder Dunkelheit. Als abrupt das Licht eingeschaltet wurde, war Margaretha verschwunden, wie ein wunderbarer Traum – ein schändlicher, aber erlaubter Traum, eine flüchtige Begegnung mit Erotik und östlicher Kultur.

Ein Zustand der Gnade, etwas Magisches, das ein beneidenswertes Schicksal und eine blendende Karriere ankündigte. Ein persönliches Verlangen nach Entrücktheit, das von der Gesellschaft bereitwillig akzeptiert und begierig aufgesogen wurde.

Margaretha kam von nirgendwoher, weil niemand sie kannte, sie hatte einen britischen Namen, einen undefinierbaren Akzent und einen gut gebauten Körper. Sie ähnelte niemandem, und viele erkannten sich in ihr wieder. Sie schöpfte aus ihrer erdachten Vergangenheit, doch ihre Lügen würden immer ein Quäntchen Wahrheit enthalten. Ihr schillerndes Leben und ihre fremdartigen Tänze weckten die Neugier und das Interesse des Publikums.

Ihr Erfolg war überwältigend. Margarethas Name, oder vielmehr der von Lady MacLeod, war am nächsten Morgen in aller Munde. Die wildesten Gerüchte gingen wie ein Lauffeuer durch die ganze Stadt. Einige behaupteten, Margaretha stamme von einer berühmten schottischen Familie ab, andere hielten sie für eine Prinzessin von der Insel Java. Was stimmte eigentlich? Es spielte keine Rolle, Hauptsache, man sprach über sie. Im *Courrier français* schrieb ein Journalist auf der Gesellschaftsseite: »Diese unbekannte Tänzerin aus fernen Gegenden ist eine fremdartige Person. Schon wenn sie sich nicht bewegt, fasziniert sie, doch wenn sie tanzt, ist sie noch geheimnisvoller.«

Zweifellos war ihr der Überraschungscoup gelungen. Sie hatte den ersten Treffer gelandet, aber sie durfte nicht stehen bleiben, sondern musste sich um andere Engagements bemühen. Zunächst gab sie eine Vorstellung bei einer gewissen Madame de Kiréevsky, dann trat sie in mehreren privaten Salons auf. Madame de Kiréevsky, eine exzentrische Sängerin und heißblütige Slawin, hatte ein Faible für die neuesten Modetrends. Einer ihrer Freunde hatte ihr von Margaretha erzählt, und deren Vorführung schien ihr für ihre Zwecke geeignet zu sein. Sie sollte der Höhepunkt ihrer nächsten Soiree sein, einer Wohltätigkeitsveranstaltung zugunsten des Russischen Roten Kreuzes.[5] Damals war die Pariser Gesellschaft ganz versessen auf Wohltätigkeitsveranstaltungen, denn bei diesen Gelegenheiten konnte man sein Gewissen beruhigen – eine verbreitete Reaktion bei Menschen, die sorglos mit Geld um sich warfen und deshalb zu Schuldgefühlen neigten.

Die Wonnen einer Halbweltdame

Dass man sich auf dem Umweg über eine Wohltätigkeitsveranstaltung mit einer Nacktvorführung Zutritt zur feinen Gesellschaft verschafft, mag auf den ersten Blick erstaunen. Aber entgegen dem ersten Anschein war es ganz und gar nicht befremdlich.

Im Gegensatz zu vielen anderen galt Margaretha nicht als Hure. Sie tanzte unter dem Namen Lady MacLeod, und wenngleich ihr Familienname stets mit einem gewissen Schauder, mit dem Beigeschmack des Verbotenen, mit sittlicher Verurteilung oder schlecht verhohlener Erregung in den Mund genommen wurde, sicherte er ihr doch einen untadeligen Ruf. Alle staunten darüber, dass dieses fremdartige Wesen, sobald es sich wieder angezogen hatte, den Damen der besten Gesellschaft in nichts nachstand. Man nahm an, Margaretha habe eine ebenso gute Erziehung genossen wie die jungen Mädchen der feinen Gesellschaft, und prüde Gemüter sprachen sogar von vermeintlichen furchtbaren Tragödien, die sie in ihrer Vergangenheit erlebt haben sollte. Eines war klar: Margaretha gehörte bereits der Welt an, die sie erobern wollte. Einige Journalisten würden bald schreiben, dass sie angezogen genauso entzückend aussehe wie nackt, was ein nicht zu unterschätzendes Kompliment war. Die Sache entwickelte sich zu Margarethas Bestem.

Obwohl sie auf der Bühne Freizügigkeiten nicht scheute, war sie überall ein gern gesehener Gast. Ihre Konversation war geistreich, und rasch verschaffte sie sich auch Zugang zu gebildeten Kreisen. Über das Exotische hinaus, das Lola

Montez und Isadora Duncan darboten, traute sich Margaretha, nackt aufzutreten. Darin lag das Revolutionäre, das ihren raschen Aufstieg erklärte: Der Striptease hatte das Licht der Welt erblickt, ein damals weltbewegendes Phänomen. Mata Hari selbst schätzte das ganz realistisch ein. Während des Ersten Weltkriegs erklärte sie einem ihrer Freunde, dem Maler Piet Van der Helm: »Ich habe nie gut tanzen können. Die Leute kamen zu meinen Vorführungen, weil ich die Kühnheit besaß, mich als Erste in der Öffentlichkeit nackt zu zeigen.« Das klingt befremdlich, wenn man bedenkt, dass sie beinahe verhungert wäre, weil sie sich geweigert hatte, den Malern nackt Modell zu sitzen. Aber Exzess und Widerspruch gehörten bei ihr eng zusammen.

Margarethas Modernität bestand darin, als Erste im 20. Jahrhundert die Sexualität zu enttabuisieren. Im Gegensatz zu dem in einigen Etablissements Gebotenen galt ihre Nacktheit als Kunst, ihr Striptease schien leiderfüllt, ihre Gestik durchgeistigt. Es wäre undenkbar gewesen, eine Halbweltdame nach Hause einzuladen, selbst wenn sie zu den besseren Kreisen gehörte, aber eine Künstlerin, die sich bei einem sakralen Tanz enthüllte, war durchaus akzeptabel.

Es folgten andere Festveranstaltungen, weitere Gelegenheiten, die ihr Zugang zu den Häusern der feinen Gesellschaft verschafften. Die Gastgeberinnen stritten um die neue Attraktion, die ihnen die Anwesenheit der begehrtesten Männer sicherte. Margaretha sollte auf den Boulevards, in den vornehmen Vierteln und in allen Häusern tanzen, an denen eines Tages ihr Leichenwagen vorbeifahren würde. Denn nach ihren ersten Auftritten, nach dem ersten Raunen und Klatschen, nach den ersten Zeitungsartikeln konnte sie sich vor Angeboten nicht retten, auch wenn ihre Zukunft weiterhin ungewiss blieb.

Lebendige Wesen und Stillleben

Doch das Glück begünstigte sie, denn nicht zufällig umgab sie sich mit dem Nimbus einer kunstbeflissenen Ästhetin.

Émile Guimet, ein schwerreicher Geschäftsmann, interessierte sich seit Langem für fernöstliche Kunst. Mit seinen achtundsechzig Jahren war er ein viel gereister Eklektiker, ein Geschäftsmann, der davon träumte, Musiker zu werden. Er besaß die beste asiatische Kunstsammlung seiner Zeit, für die er gerade in Paris auf dem Place d'Iéna ein Museum errichten ließ, das seinen Namen erhielt.[6] Seinen Reisen und seiner Neugier verdankte man die Einfuhr japanischer Holzschnitte, kleiner Meisterwerke der erotischen Kunst, sozusagen Vorboten des Kommenden ... Auch er verstand es, Erotik und Verstand geschickt miteinander zu vereinen. Margaretha und er waren also wie füreinander geschaffen.

Von der rührigen Madame de Kiréevsky eingeladen, erlag Guimet auf der Stelle dem Charme der Nackttänzerin und fühlte sich plötzlich zum Pygmalion berufen. Am selben Abend schon stand für ihn fest: Margaretha würde in seinem Museum auftreten, dem einzigen Ort in Paris, der ihrer aufregenden Nacktheit und ihrer künstlerischen Interpretation einer jahrtausendealten Kultur würdig war. Die Aufforderung, in einem Museum zu tanzen, mochte ihr ein wenig befremdlich vorkommen, aber es war eine einmalige, unerwartete Chance. Protegiert und gefördert von dem Mann, der als der beste Kenner fernöstlicher Kunst galt, konnte Margaretha sich von nun an auf ihn berufen und als Kultur- oder zumindest als Kunstobjekt angesehen werden. Die Frau, die in den Salons die Männer bezirzte, war sozusagen legitimiert worden. Böse Zungen waren nun zum Schweigen verurteilt, die Neider mussten ihr Respekt zollen. Damals wie heute genügte es, die »Einladungskarte« zu bekommen, um von der Gesellschaft vollends akzeptiert zu werden. Hatte man diese Barriere überwunden, dann versuchte niemand mehr, nachzuforschen oder mehr über den »kulturellen« Wert einer Darbietung wissen zu wollen. Wer es ernstlich wollte, hätte leicht herausgefunden, dass Guimets Kenntnis der östlichen Kulturen und Sprachen in Wirklichkeit eher oberflächlich war.

Fasziniert von seiner neuen Entdeckung, warf Guimet ein Problem auf, dessen Lösung folgenschwer sein sollte. Lady MacLeod konnte nicht mehr unter diesem schrecklich britischen Namen auftreten, bei dem niemand an die Echtheit einer indischen Prinzessin glauben würde. Margaretha musste also ihren Namen ändern, und aus der ehemaligen Gattin des Hauptmanns MacLeod wurde unmerklich Mata Hari, was auf Malaysisch »Auge des Tages«, nämlich »Sonne« bedeutet. Lange Zeit behauptete man, Guimet habe diesen Namen erfunden, aber heute weiß man, dass Margaretha selbst ihn vorschlug. Ein Name, den sie bereits früher heimlich benutzt hatte, wie in düsterer Vorahnung, ein Name, der schon in einem Brief aus ihrer geheimnisvollen Vergangenheit aufgetaucht war. Mata Hari – eine neue Identität, die Margaretha nicht mehr ablegen sollte und ihr großen Beifall eintrug. Ein notwendiges Hilfsmittel, um dieser »authentischen indischen Prinzessin« – wie Guimet, der ihr völlig verfallen war, sie nun nannte – Glaubwürdigkeit zu verleihen.

Ein Star ist geboren

Um »seine« Entdeckung zu lancieren, schreckte Émile Guimet vor nichts zurück. Er besorgte Mata Hari alles, was sie verlangte, und ließ ihr die schönsten Einladungskarten drucken. Es sollte nur zwei Vorstellungen geben, die zwangsläufig außergewöhnlich werden würden. Sie waren für den 13. und 14. März 1905 angesetzt. Alle sprachen über dieses

Ereignis, nicht nur wegen der Sensation der Neuheit, sondern auch, weil es sehr schwer war, eine Einladung zu bekommen. Die Vorführung der »heiligen Tänze« sollte in der Rotunde des Museums am Place d'Iéna in der zu diesem Zweck in einen Hindutempel umgewandelten Bibliothek stattfinden. Der Raum hatte eine magische Ausstrahlung und eignete sich vorzüglich für Mata Haris tänzerische Darbietungen. Da er jedoch lediglich neun Meter Durchmesser hatte, konnte nur eine beschränkte Anzahl von Zuschauern geladen werden. Die Glücklichen, an die eine Einladung erging, fühlten sich schon als Auserwählte, als Anhänger eines neuen Kults. Unter denjenigen, die zusagten, befanden sich der japanische und der deutsche Botschafter sowie eine gewisse Madame Georges Collas. Später sollten einige behaupten, auch ein Staatsvertreter sei dort zugegen gewesen, nämlich der mutmaßliche Arbeitgeber der Tänzerin/Spionin. Im Augenblick war man jedoch von solchen politischen und strategischen Überlegungen weit entfernt. Die ursprüngliche fremdartige Attraktion Mata Hari wurde über Nacht zur Berühmtheit. Am 18. März 1905 schrieb *La Presse*, eine der wichtigsten Pariser Zeitungen: »Sie tanzte mit Schleiern und juwelengeschmückten Büstenhaltern – und das ist fast alles. (…) Niemals vor ihr hat es jemand gewagt, mit dieser bebenden Ekstase und ohne Schleier vor den Göttern zu verweilen. Und mit welch wundervollen Bewegungen, gewagt und züchtig zugleich …« In *La Vie parisienne* vom 14. März 1905 schrieb ein Journalist sogar: »Bei ihrem Anblick gerät das Publikum außer sich.«

Nachdem sie also ein ausgewähltes, erlesenes Publikum buchstäblich umgeworfen hatte, steigerte Mata Hari auf der Pressekonferenz ihren Eindruck noch, indem sie alle Fragen in fünf Sprachen beantwortete: auf Französisch, Deutsch, Englisch, Niederländisch und … Javanisch, Sprachen, deren sie sich »mit zärtlicher Eleganz bediente«, wie später Pierre Bouchardon bemerkte. Eine glänzende Leistung, die Mata Hari absolvierte, während sie lässig mit einer indischen Puppe spielte. Klugerweise setzte sie weiterhin auf die kulturelle Karte, die ihren Erfolg begründet hatte, und gab unbefangen und ernsthaft Auskunft über den Ursprung ihrer Tänze sowie die Wurzeln der indischen Folklore. Vor allem begann sie – sei es aus Vergnügen oder aus Berechnung, um ihre Spuren zu verwischen oder um sich ihre neue Identität selbst einzureden – die seltsamsten Antworten über ihre Herkunft und ihre Vergangenheit zu geben.

Das Ergebnis überstieg alle Erwartungen – sie erlebte einen unerhörten Triumph, eine Legende war geboren. In der Tat hatte Mata Hari den Parisern geboten, was sie wollten, etwas Neuartiges, und da im damaligen Paris Neuheiten nur von kurzer Lebensdauer waren, zog man es vor, zu staunen, statt Kritik zu üben. Am Tag nach der zweiten Vorführung vom 14. März begeisterte sich *Le Matin* für den exotischen und lehrreichen Charakter der Vorstellung, während *Le Gaulois* schlicht und ergreifend feststellte, dass Mata Hari an nur einem Abend die klassischen Tänzerinnen in den Schatten stellte, was zu der gehässigen Bemerkung Anlass gab: »Diese Kleine wird es weit bringen, sie hat Sinn für Sprachen …«

Herzkönige

Durch ihre Vorstellung im Museum für fernöstliche Kunst am Place d'Iéna lernte Mata Hari zwei Männer kennen, die eine entscheidende Rolle für ihre Zukunft spielen sollten: Édouard Clunet, einen namhaften Rechtsanwalt, und Gabriel Astruc, der einen Menschen aufbauen oder ruinieren konnte. Der Erste sollte ihr bis zu ihrem Tod beistehen, der Zweite wurde ihr Manager und Agent.

Édouard Clunet war ein renommierter Wirtschaftsanwalt, der 1874 die angesehene Zeitschrift *Le Journal du droit international* gegründet hatte. Er besuchte eifrig literarische und künstlerische Veranstaltungen und hatte schon die legendäre Tänzerin Carolina Otéro vor Gericht vertreten. Er war ein feuriger Patriot und sehr stolz auf seine Teilnahme am Krieg von 1870/71 (während der Besatzung von Paris hatte er als Unteroffizier gekämpft). Er war auch der Rechtsbeistand der Schriftsteller Paul Déroulède und Maurice Barrès. Groß gewachsen, »mit einem schönen Dogengesicht«[7], war der 1845 Geborene einunddreißig Jahre älter als Mata Hari. Wie Guimet erlag auch er sofort dem Charme der geheimnisvollen Tänzerin, aber er fasste eine stärkere, dauerhaftere Zuneigung zu ihr. Zweifellos fühlte sich Mata Hari von der Klugheit und Zärtlichkeit dieses ihr gewogenen Mannes angezogen, der für sie eine Art Vaterfigur war. Von ihm sagte sie: »Er ist der größte Anwalt der Welt. Der Einzige, der es wert ist, Frankreich zu vertreten.«

Seit Beginn ihrer Freundschaft brachte sie ihre Verehrung für ihn durch eine seltsame Angewohnheit zum Ausdruck: Sie schickte ihm regelmäßig Blumen. An dieser Vertauschung der Rollen nahm Clunet keinen Anstoß, im Gegenteil. Er verliebte sich endgültig in eine Frau, die nie seine Mätresse sein würde. Er schlug Mata Hari vor, sie dem zweiten Mann vorzustellen, der ihr Leben verändern sollte: Gabriel Astruc, dem bekanntesten Impresario von Paris.

Als Mata Hari ihn kennenlernte, hatte Astruc den Höhepunkt seines Ruhmes erreicht. Er war ein Agent mit einem guten Riecher. Er war es, der wenige Jahre später Diaghilew mit seinen »Ballets russes« und den Opernsänger Schaljapin nach Paris brachte. Er ließ auch das herrliche Theater an den Champs-Élysées bauen. Clunet hatte sich nicht getäuscht: Astruc war damals auf seinem Gebiet der fähigste Mann in Frankreich. Zunächst zögerte er ein wenig: Er wusste nicht, ob er in der Lage sein würde, Mata Hari andere Engagements zu verschaffen als die, an die sie selbst gelangen konnte. Er brauchte ein wenig Bedenkzeit. Vielleicht würde ihm etwas einfallen, Mata Hari musste sich einfach gedulden.

Doch auch so standen Mata Hari alle Türen der Hauptstadt offen. Man riss sich um sie, sie sollte bei Diners, Festen, Empfängen auftreten, und das damalige Paris hatte wahrlich genug davon zu bieten! Mata Hari hetzte von einem Ort zum anderen, kam kaum mehr damit nach, wurde umschwärmt und vergöttert. Sie tanzte beim Baron Henri de Rothschild, bei Cécile Sorel, der gefeierten Künstlerin der Comédie Française, bei der Gräfin de Loynes, die mit unerbittlicher Härte über die Académie française herrschte. Mata Hari bewegte sich mit instinktiver Klugheit und ließ sich in keine Falle locken. Bei Madame de Loynes hielt die »Tempeltänzerin« es für angebracht, sich wegen des fortgeschrittenen Alters der Gäste (fast ausschließlich Akademiemitglieder) nicht ganz zu entblößen, um nicht zu sehr zu schockieren. Bei Cécile Sorel hingegen gab sie sich freizügig wie immer und verführte Gaston Menier, den französischen Schokoladenkönig. Cécile Sorel selbst schien ihre Rolle als Kupplerin zu genießen, denn am folgenden Tag schrieb sie folgenden Brief an Mata Hari:

»Mademoiselle, Ihre wundervollen Tänze haben meine Gäste tief beeindruckt, und Monsieur Menier hat den Wunsch, Sie am Freitag, den 19. in seinem eigenen Haus noch einmal bewundern zu dürfen. Sind Sie frei? Sie würden dort in einem Rahmen auftreten, der Ihrer großen Kunst würdig ist: in einem herrlichen Gewächshaus mit den seltensten Pflanzen und Blumen. Bitte schreiben Sie Monsieur Menier direkt oder, falls Sie dies vorziehen, mir. In künstlerischem Andenken.«[8]

Künstlerisch war das Andenken allemal, denn bevor sie

seine Geliebte wurde, machte der Schokoladenkönig hinreißende Nacktaufnahmen von Mata Hari, die leider nicht dazu angetan waren, die Verpackung seiner Schokoladentafeln zu zieren.

Auf dem Weg zum Ruhm

Diese Vorführung war ebenso wie die folgenden Auftritte ein durchschlagender Erfolg. Am meisten verblüfft war Mata Hari selbst, und sie begann, alle Artikel zu sammeln, die über sie erschienen. Faszinierend ist nicht so sehr die Dokumentation einer glanzvollen Vergangenheit, sondern die Tatsache, dass Margaretha Gertrude Zelle unterschiedslos gute und schlechte Artikel sammelte, als wolle sie sich selbst ein Bild über ihre eigene »Schöpfung« Mata Hari machen.

In diesem Jahr 1905, das endgültig ihren Ruhm begründete, gab Mata Hari ungefähr fünfunddreißig Gala- und verschiedene andere Vorstellungen.

Aber dieser kometenhafte Aufstieg begann Missfallen zu erregen. Mata Hari war nun eine Frau, die von sich reden machte, eine Rivalin, die peinliche Situationen heraufbeschwören konnte. Man munkelte, dass sie Liebhaber sammelte wie andere russische Staatsanleihen, was zum Teil stimmte. Zunächst war es Gaston, dann der junge Graf Tolstoi. Vielleicht würde es morgen der Prinz von Wales sein. In der zwielichtigen Welt der großen Kurtisanen rief der unaufhaltsame Aufstieg dieser vermeintlichen Inderin, Hindufrau, Javanerin, oder was immer sie sein mochte, Gerüchte und Missgunst hervor, und die Gemüter einiger dieser Damen gerieten in Wallung. Mata Hari reizte und provozierte diese Diven, die sich ärgerten, weil sie nicht selbst die genialen Ideen gehabt hatten, und einige von ihnen, allen voran Cléo de Mérode, setzten alles daran, die

Rivalin in Verruf zu bringen. Man solle lieber die Herkunft dieser vermeintlichen Prinzessin und ehemaligen Lady ergründen, die gewisss weder das eine noch das andere sei. Aber trotz allen Geredes ging Mata Haris Stern nicht unter.

Inzwischen hatte sie eine elegante Wohnung in der Rue Balzac 3 (unweit der Champs-Élysées, die eine große Rolle in ihrem Leben spielen sollten), besaß eine Kutsche, einen Wagen und beschäftigte einen Schwarm von Dienstboten. Geblendet von ihrem rasanten Aufstieg, lebte sie, von Natur aus verschwenderisch, über ihre Verhältnisse: Schmuck, Mäntel, Kleider, gleich im Dutzend, ein paar Pelzmäntel. Sie zahlte, ließ zahlen, beglich überfällige Rechnungen nicht.[9] Was bedeutete das schon, da ihr das Glück gewogen schien! Selbst Gabriel Astruc gab sich geschlagen. Im August legte er ihr einen Vertrag vor, den sie ohne seine Vermittlung nie bekommen hätte: einen Auftritt im Olympia, der Kultstätte des Pariser Nachtlebens. Astruc hatte seinen Freund Paul Ruez, den Saalchef, überredet, seinem Schützling eine Chance zu geben. Der resolute Mann hatte sich bereit erklärt, Mata Hari, wenngleich zunächst nur für eine Soiree, auftreten zu lassen, und bestimmt würde er alles tun, um ihr einen großen Triumph zu bescheren. Wenn Mata Hari in *Le Rêve,* einer Phantasie von Georges Bing, auftreten sollte, würde sie selbstverständlich ihre gewohnte Nummer vorführen, diese jedoch vereinfachen, um sie dem breiten Publikum »zugänglicher« zu machen. Der Auftritt sollte kurz, aber prägnant sein. Um den Erfolg zu sichern, baute Ruez ihren Auftritt zwischen andere gefeierte Nummern ein – so engagierte er den inzwischen vergessenen Fred Karno, den damals berühmtesten Mimen. Besonders geschickt war Astruc im Aushandeln der Gage für seinen Schützling: Er erzielte für sie 10 000 Francs für diesen einen Auftritt. Zum Vergleich: Im selben Jahr konnte man im Café

Anglais für 18 Francs[10] fürstlich dinieren, eine ausgezeichnete Köchin oder ein Chefkoch erhielten ein Monatsgehalt von 100 Francs, und ein Kammerdiener in einem vornehmen Haus verdiente monatlich 80 Francs.

Der Abend wurde zum absoluten Triumph: Das Olympia war ausverkauft, Ruez nahm das Hundertfache dessen ein, was er investiert hatte. Den Journalisten fehlten die Worte, um das Gesehene zu beschreiben, und sogar der konservative *Figaro* schrieb: »Wenn Indien derart unverhoffte Schätze besitzt, werden alle Franzosen zu den Ufern des Ganges ziehen.«

Am Kreuzweg

Nach ihrem Auftritt im Olympia schien Mata Hari am Anfang einer wirklich großen Karriere zu stehen. Sie hatte sich zwar selbst immer hoch eingeschätzt, aber Guimet, Astruc und Ruez hatten die Erfahrung machen müssen, dass das Interesse des Publikums schnell abzuebben pflegte. Nun aber schien sie eine glänzende Zukunft vor sich zu haben.

Verschiedene Ereignisse hatten jedoch in diesem Jahr das Leben von Mata Hari grundlegend verändert. Ohne dass die Öffentlichkeit Kenntnis davon nahm, wurde unter das unerfreuliche Kapitel von Mata Haris Ehe ein schmerzlicher Schlussstrich gezogen. Während sie mit dem jungen Grafen Alexei Tolstoi herumspazierte und sich in Interviews ausweichend oder vieldeutig äußerte oder davon sprach, sich zurückziehen zu wollen, traf ein Ereignis sie wie eine Kugel mitten ins Herz. Der Mann, den sie vergessen wollte und den sie schon totgesagt hatte, tauchte plötzlich erneut in ihrem Leben auf: Rudolf MacLeod, von dem sie zwar getrennt lebte, aber noch nicht geschieden war.

1906 versuchte Rudolf MacLeod, sie mit einem Nacktfoto zu erpressen, um die Scheidung zu erzwingen. Er wollte wieder heiraten und kannte keine Skrupel. Er schickte einen niederländischen Anwalt, den Juristen Heijmans, zu Mata Hari nach Paris, der sie veranlassen sollte, die Scheidungspapiere zu unterschreiben.

Warum war Mata Hari verletzt? Warum litt sie darunter, sich von einem Mann scheiden zu lassen, von dem sie getrennt lebte?

Das Paar hatte eine Tochter, Jeanne-Louise, genannt Non, die MacLeod aufzog, nachdem er sich geweigert hatte, für sie Unterhalt zu zahlen. Um 1900 bedeutete eine Scheidung für Mata Hari, noch weniger Kontakt zu ihrer Tochter zu haben, die in den Niederlanden lebte und für die sie das Sorgerecht de facto verloren hatte. Jetzt versuchte sie, Zeit zu gewinnen, und setzte das einzige Mittel ein, von dem sie sich Erfolg versprach – ihre Verführungskunst. Damit wollte sie Heijmans von seinem Vorhaben abhalten. Es klappte: Wie alle anderen Männer erlag er ihrem Charme. Jedes Mal, wenn er sie sah, versuchte er, die Rede auf die Scheidung zu bringen, aber Mata Hari wich geschickt dem Gespräch aus. Mal hatte sie Migräne, mal zog sie es vor, spazieren zu gehen, mal lenkte sie vom Thema ab, und der sonst unnachsichtige Anwalt ließ sich um den kleinen Finger wickeln, vom Regen und vom schönen Wetter treiben oder unterhielt sich sogar mit ihr über Entrechats. Aber es konnte nicht endlos so weitergehen. Von MacLeod zur Ordnung gerufen, besann Heijmans sich wieder seines Auftrags und spielte seine Trumpfkarte aus: eine Reihe Nacktaufnahmen von Mata Hari, Postkarten der »geweihten Tänzerin« im Evakostüm. Sie reagierte verblüfft und verärgert, behauptete, die Abzüge dieser Aufnahmen seien gegen ihren Willen gemacht und verkauft worden, aber diesmal war sie in die Falle gegangen. Solche Fotos würden ohne Zweifel einen sehr schlechten Eindruck auf ein niederländisches Gericht machen. Mata Hari stimmte schließlich der Scheidung zu, die am 26. April 1906 in Amsterdam in Abwesenheit der Beklagten ausgesprochen wurde. Es war ein harter Schlag für sie, der sie empfindlich traf. Sie hatte alle Brücken hinter sich abgebrochen und konnte nicht mehr zurück. Sie war einsamer denn je, auch wenn sie sich schwor, eines Tages ihre Tochter zurückzuholen.

Zum Glück verschaffte Gabriel Astruc ihr zur selben Zeit ihr erstes Auslandsengagement in Madrid, das den Anfang ihrer internationalen Karriere begründete. Abwechslung und Reisen hatten sie schon immer aufgerichtet. Mata Hari war wie ein Chamäleon, das sich an neuen Orten verwandeln und wieder aufleben konnte, als habe die Vergangenheit nie existiert. Diese Kraft hatte sie bisher immer aufgebracht, und so würde es auch in Zukunft sein.

In Madrid begeisterte sie das Publikum genauso wie in Paris und füllte die Schlagzeilen. Im Central-Kursaal von Madrid erhielt sie stürmischen Applaus. Man warf ihr Taschentücher zu und trampelte vor Begeisterung. Clunet hatte ihr einige Empfehlungsschreiben mitgegeben, die ihr auch hier den Zugang zu den höchsten Kreisen verschafften. So begegnete sie einem Mann, der mehrmals ihren Weg kreuzen sollte. Es war Jules Cambon, ein Diplomat ersten Ranges, der eine wichtige Rolle bei allen Konflikten spielen sollte, die das soeben angebrochene 20. Jahrhundert bedrohten. Schon 1898 hatte er, damals Botschafter in Washington, im Krieg zwischen Spanien und den Vereinigten Staaten den Frieden von Paris vermittelt. Madrid hatte für die Abtretung Puerto Ricos und der Philippinen zumindest eine Geldentschädigung erhalten. Er war also ein einflussreicher Mann, seit 1902 französischer Botschafter in Madrid, ein scharfer Beobachter, ein gewiefter Diplomat, der heikle Missionen für seine Regierung übernahm. Für eine Weile spielte er den ständigen Begleiter Mata Haris, die er unter seinen Schutz stellte.

Aber offenbar gab sich die schöne Tänzerin nicht mehr mit dem schnellen Erfolg ihrer ersten amateurhaften Tänze zufrieden, es reichte ihr nicht mehr, sich auf der Bühne zu enthüllen. Sie hielt sich für eine wahre Künstlerin. Obwohl sie ursprünglich aufgetreten war, um ihren Lebensunterhalt zu sichern, begann sie im Laufe der Zeit, wirklich an ihre künstlerische Berufung zu glauben. In Madrid hatte sie übrigens nicht nackt, sondern in einem eng anliegenden Trikot getanzt. Man behauptete zwar, sie habe es aus Rücksicht gegenüber der einflussreichen Kirche getan, aber das stimmte nicht. Sie wollte keinen Beifall aufgrund einer skandalträchtigen Darbietung, was sie wollte, war künstlerische Anerkennung. Hinter diesem naiv anmutenden Wunsch verbarg sich eine existenzielle Notwendigkeit: Da sie nicht mehr Margaretha Gertrude Zelle sein konnte, musste Mata Hari an ihre neue Identität glauben, um zu überleben.

Neuer Anlauf

Während ihres Aufenthalts in Madrid erhielt sie überraschend einen Brief von Astruc, der sie aus ihrer Lethargie riss. Er hatte für sie einen Vertrag mit der Oper von Monte Carlo ausgehandelt, wo sie in Massenets *Le Roi de Lahore* auftreten sollte. Mata Hari freute sich, denn das Angebot, in der Oper eines der größten zeitgenössischen französischen Komponisten aufzutreten, bedeutete für sie den Übergang vom Dilettantismus des Varietés zur künstlerischen Professionalität auf der klassischen Bühne. Sie glaubte, dadurch in ihrer neuen Identität anerkannt zu werden, die ihr erlaubte, die Wirklichkeit zu verändern. Massenet war auf dem Gipfel seines Ruhmes, und die Oper von Monte Carlo gehörte damals zu den wichtigsten lyrischen Theatern. Sie stand unter der Leitung eines bemerkenswerten Mannes, Raoul Gunsbourg, der bis 1951 im Amt blieb. Dieser geniale Mann, ein Jude rumänischer Herkunft, verstand es, alle neuen künstlerischen Richtungen zu vereinen. Als enger Freund Astrucs setzte er später mit seiner Unterstützung die »Ballets russes« durch.

Zum ersten Mal also sollte Mata Hari nicht mit eigenen Kreationen auf der Bühne stehen. Neu war auch, dass sie nicht allein, sondern mit einer der berühmtesten Tänzerinnen jener Zeit, Mademoiselle Zambelli, auftreten würde. Mata Hari, die keine Zweifel am eigenen Können hegte, schwebte in einem Zustand des Glücks. Trotz der privaten Rückschläge und des erzwungenen Verzichts auf ihre Tochter schickte sie sich an, an der Côte d'Azur wie eine Königin gefeiert zu werden. Nach Zeiten größter Not und Depressionen war sie nun wieder überzeugt, dass das Schicksal es gut mit ihr meinte.

Das stimmte zwar, aber nicht so, wie sie glaubte.

Seit Probenbeginn war Massenet von seiner Interpretin begeistert und sparte nicht mit Lob. Dieser liebenswürdige Mensch hatte eine verklärte Vorstellung vom Fernen Osten und dem Orient, die mit den mystisch-sexuellen Erfindungen Mata Haris hervorragend übereinstimmte. Seine Musiker vergötterten ihn, und man sagte ihm eine Engelsgeduld und eine ausnehmende Freundlichkeit nach. Wenn er mit einer Probe nicht zufrieden war, pflegte er mit gewinnendem Lächeln zu sagen: »Kopf hoch, tun wir so, als würde man euch tosenden Beifall spenden, um eine Zugabe zu erzwingen, und fangen wir wieder von vorne an ...«

Am 17. Februar 1906 fand die Premiere statt. Mata Hari trat im dritten Akt auf. Gespanntes Warten im Saal. Schweigen, Erwartung, Verwunderung, Verzückung. Als der Vorhang fiel, hatte sie die Herzen des Prinzen Albert von

Monaco und von Puccini erobert. Der italienische Komponist hatte mit dem ihm eigenen Ungestüm Mata Hari beinahe in einem Meer von Blumen erstickt. Massenet, ebenfalls begeistert, aber etwas zurückhaltender, schrieb ihr: »Es war beglückend, Sie tanzen zu sehen. Meine aufrichtigen Glückwünsche.«

Mata Hari konnte nun zu Recht davon ausgehen, einen entscheidenden Schritt getan zu haben und eine anerkannte Künstlerin geworden zu sein. Aber das war noch nicht alles.

An diesem Abend fiel ihr ein deutscher Offizier des kaiserlichen Husarenregiments zu Füßen. Er war jung, schön, reich und fand vor allem die Worte, die Mata Hari dringend hören wollte: Liebesworte, Worte unvergänglicher Zuneigung. Bisher auf einer ständigen, unbestimmten Suche, fand Mata Hari die herrlichste und naheliegendste Lösung: Sie verliebte sich.

Alfred Kiepert war Preuße, und kurze Zeit zuvor wäre wegen der Tanger-Krise fast ein Krieg zwischen Frankreich und Deutschland ausgebrochen. Dann aber war die Angelegenheit diplomatisch geregelt worden und schien kaum noch eine Bedeutung zu haben.

Die Zukunft sollte das Gegenteil beweisen.

Kaiserwetter

Vorläufig ging die ehrgeizige Tänzerin ganz in ihrer Liebe auf, vergaß die Bühne. Sie war im siebten Himmel, träumte von einem gemeinsamen, zurückgezogenen, ehrbaren Leben – mit anderen Worten, sie wollte solide werden. Unvermittelt schlüpfte der vom Publikum glühend verehrte Star in die Rolle der Bürgerlichen. War dies vielleicht ihre wahre Natur? Wie immer stimmte bei Mata Hari sowohl das eine als auch das andere. Ende 1906 spielte sie einen Augenblick mit dem Gedanken, sich ein Haus in Cap d'Ail im Fürstentum von Monaco bauen zu lassen, und kaufte sogar den Grund,[11] brach dann aber nach Berlin auf, war von der Reichshauptstadt fasziniert, die ganz im Bann des Aufschwungs der wilhelminischen Epoche stand. Wer Deutschland zu dieser Zeit kennenlernte, der erlag dieser Mischung aus Macht und Lebenslust. In der Nachkriegsliteratur hat man immer versucht, das Deutschland Wilhelms II. in einem ungünstigen Licht darzustellen. In Wirklichkeit pulsierte dort das Leben, das in vollen Zügen genossen wurde – ein Gefühl, das Mata Hari so schnell nicht wiederfinden würde. Die Wirtschaft blühte, der allgemeine Lebensstandard hatte sich verbessert, überall entstanden Bauten als Ausdruck neuer Herrlichkeit. Auch Maurice Dekobra, der berühmte künftige Autor des Romans *Madonna im Schlafcoupé*, der dem Mythos Mata Haris einiges zu verdanken hat, lebte damals in Berlin. Der Weltenbummler trauerte sein Leben lang dem verlorenen Vorkriegsberlin nach. Als junger Student schrieb er in einem Brief an seine Mutter: »Alles ist herrlich … Die Alleen sind breit, die Häuser groß und geräumig wie vornehme Stadtpalais … Überall gibt es elektrisches Licht.«[12]

Mata Hari schätzte diesen Lebensstil und den barocken Überfluss. Ihr Liebhaber hatte sie in einer feudalen Wohnung in einem der eleganten Viertel der Stadt, in der Nachodstraße 39, untergebracht. In Berlin verkehrte sie mit allen, die Rang und Namen hatten. Ganz versessen auf Uniformen (zweifellos unbewusst, weil diese für sie Achtbarkeit symbolisierten) und stolz darauf, an der Seite eines Mannes zu sein, durch den sie überall Anerkennung fand, wohnte Mata Hari zusammen mit ihrem Oberleutnant vom 9. bis 12. September 1906 den Manövern der kaiserlichen Armee in Schlesien bei. Die französische Justiz sollte elf Jahre später diese Tatsache gegen sie verwenden, um zu beweisen, dass Mata Hari bereits damals im Dienste Deutschlands stand oder zumindest, dass damals ihre Spionagetätigkeit für die Deutschen begonnen hatte. Als sie diese Unterstellung später als absoluten Unsinn bezeichnete, glaubte ihr niemand. Wenn sie für den deutschen Geheimdienst gearbeitet hätte, argumentierte sie, wäre sie in Paris geblieben, um dort zu spionieren, und wäre nicht nach Berlin gegangen, wo sie sich nur amüsieren wollte.

Zu dieser Zeit begegnete sie dem Herzog von Cumberland und dem Kronprinzen von Preußen, zwei Männern, die eine flüchtige Liaison mit ihr eingingen und ihrem künftigen Größenwahn sowie ihren angeblichen Spionageplänen Nahrung geben sollten. Ernst August Herzog von Cumberland war der einzige Sohn des Herzogs Georg V. von Hannover und hielt auch nach der Annexion Hannovers durch Preußen (1866) an seinen Thronrechten fest. Einige Jahre später heiratete er Viktoria-Luise, die einzige Tochter des Kaisers, und wurde zum Herzog von Braunschweig ernannt. Durch seine Vermittlung wollte sich Mata Hari im Ersten Weltkrieg Zugang zu den höchsten deutschen Kreisen verschaffen und das Kaiserreich buchstäblich explodieren lassen.

Mythos und Mythomanie

Von 1906 an gab Mata Hari immer mehr Interviews, in denen sie jedes Mal eine neue Version ihres Lebens darbot und somit ihre Biografie ständig änderte. Abwechselnd behauptete sie, Inderin, Deutsche, Engländerin, Holländerin, Witwe, geschieden, Prinzessin, Lady, Baronin zu sein. Sie brachte alles durcheinander, widersprach sich manchmal von einem Tag auf den anderen, ohne Hemmungen oder Schuldgefühle zu haben. Die Journalisten freuten sich, ihren Lesern unentwegt etwas Neues bieten zu können, und versuchten nie, die Wahrheit herauszufinden. Mata

Hari redete ungereimtes Zeug daher, phantasierte, hielt alles für erlaubt. Man hat ihr oft Oberflächlichkeit, Falschheit, Lügenhaftigkeit und Heuchelei vorgeworfen. In der Tat schien sie nur mithilfe dieser schillernden Selbstauskünfte zu überleben, auch wenn sie oft den Überblick verlor in dem Durcheinander, das sie anrichtete. Sie bedachte nicht, dass es gefährlich werden kann, wenn man sich eine eigene Realität schafft. Mata Hari würde es eines Tages bedauern.

Sie wurde von den Snobs vergöttert, von der Pariser Gesellschaft verehrt und von wichtigen Meinungsmachern anerkannt – niemand konnte ihr widerstehen. Schon bevor sie auftrat, erhielt sie tosenden Beifall. Sie war wie jene Schauspielerinnen, die – einmal für schön erklärt – ihren Mythos bis zum Ende ihres Lebens bewahren können. Bald wurden Zigaretten- und Pralinenschachteln mit ihrem Bildnis verkauft. Mata Hari bekam kein Geld für diese Vermarktung, aber es war ein weiterer Beweis für den Erfolg, von dem sie immer geträumt hatte. In ihr Pressealbum klebte sie folgenden Werbeslogan: »Mata Hari, die moderne indische Zigarette, erstklassiger Tabak aus Sumatra und der Türkei garantiert erlesensten Geschmack.«

Es kann jedoch gefährlich werden, ein Konsumartikel zu sein. Mata Hari wusste nicht, dass sie eines Tages dafür würde zahlen müssen.

Im Dezember 1906 veröffentlichte ein gewisser Adam Zelle in Amsterdam ein Buch, das die Spuren noch mehr verwischte: *Das Leben der Mata Hari – Biographie meiner Tochter und meine Klagen gegen ihren früheren Ehemann*.

Adam Zelle war der Vater der berühmten Tänzerin, ein Gespenst aus der Vergangenheit, das plötzlich auftauchte, um aus der »vielgeliebten« Tochter Profit zu ziehen. Zweihundertsechsundsechzig Seiten voller phantasievoller Erfindungen, die von einem nicht besonders gewissenhaften Verleger veröffentlicht wurden, der sich bis dahin mit pornografischer Literatur hervorgetan hatte. Dieses Buch ist zwar in biografischer Hinsicht wertlos, gibt aber Aufschluss in einer Hinsicht: Man hat oft behauptet, dass Mata Hari sich von den Männern aushalten ließ, aber andererseits haben die beiden Männer, die sie wirklich geliebt hat, nicht gezögert, sie auszubeuten und auszuplündern.

Will man den Schleier lüften, stellt sich die ewig gleiche Frage: Wer war Mata Hari wirklich?

Eine Halbweltdame wie andere auch? Eine Fabulantin? Etwas von alledem und noch mehr.

Man muss in die Vergangenheit mit ihren Gespenstern eintauchen, um den Schlüssel zu ihrem Wesen zu finden. Vergessen wir für einen Augenblick Mata Hari und kehren wir zu Margaretha, Ma'greth, Griet zurück.

3
Indonesien, 1899

Eine Frau war vor einem kleinen weißen Sarg zusammengebrochen.

Es handelte sich um Margaretha, die den Tod ihres zweieinhalbjährigen Sohnes Norman, der vergiftet worden war, beweinte.

Im Nebenzimmer schwebte ihre Tochter Non, auf die auch ein Giftanschlag verübt worden war, noch zwischen Leben und Tod. Eine Tragödie, die plötzlich über die Familie hereingebrochen war.

Zwischen zwei Welten

Als Margaretha vor etwas mehr als zwei Jahren in Indonesien bzw. Niederländisch-Ostindien, wie man es damals nannte, eintraf, hatte sie geglaubt, ein Leben wie im Paradies führen zu können. Das war nichts Außergewöhnliches.

Alle Europäer, die sich für das Leben in den Kolonien entschieden, waren überzeugt, ein neues, einfaches, sorgenfreies Leben beginnen zu können, wie es die riesigen bunten Plakate vorgaukelten, die die düsteren Mauern der Hauptstädte des Westens belebten. Um welches Land es sich auch handelte, die Werbung sah immer gleich aus:

üppige Kokospalmen, ein vergnügter Offizier und einige unterwürfige Eingeborene. Sei es wegen der zunehmenden sozialen Härte in den Städten, sei es angesichts wirtschaftlicher Schwierigkeiten, oder einfach aus dem Bedürfnis nach Abwechslung – jedenfalls stürmten viele in die Büros der Registrierungsbehörden, um sich für die Kolonien zu melden. In den Erzählungen von Somerset Maugham wimmelt es von begeisterten jungen Menschen, die zur Eroberung dieser neuen Welten aufbrechen und sich später der Langeweile, dem Alkohol, dem Sex und dem Selbsthass hingeben.

Margaretha war seit Kurzem verheiratet und Mutter. Ihr Mann, Rudolf MacLeod, war einer der zahlreichen Offiziere der Kolonialtruppen, den sie durch eine Zeitungsanzeige kennengelernt hatte. Er war zwanzig Jahre älter als sie, aber das empfand sie als vorteilhaft. Er redete nicht viel, und wenn, eher abgehackt, im Telegrammstil. Er war zwar kein Adonis, aber doch nach dem Zeitgeschmack ein recht gut aussehender Mann. Zudem verstanden sie sich im Bett wunderbar, wo sie ihn Johnie und er sie Griet nannte. Norman, ihr erstes Kind, war am 30. Januar 1897 geboren worden, ein paar Monate vor der Abreise nach Indonesien.

Nach einer langen, aber vergnüglichen Reise auf dem Linienschiff *SS Princess Amalia* ging Margaretha in Jakarta (das damals Batavia hieß) an Land, nachdem sie an Bord die Gesellschaft vieler junger Marineoffiziere genossen hatte, die sich freuten, eine so hübsche junge Frau einmal zum Tanz auffordern zu können.

Ein paar Tage später, nach einer kurzen Erholungspause und dem Kauf einiger notwendiger Kleinigkeiten, ließ sich das Paar in Ambarawa nieder, einem verlassenen Dörfchen inmitten von Java. Rudolf MacLeod war dorthin versetzt worden, und hier, mitten im Dschungel, mussten sie ihr neues Leben beginnen. Als sie sich am ersten Abend in einem Holzhaus mit schwarzen Moskitonetzen wiederfand und die Palmen den Blick auf den Horizont verstellten, brach Margaretha in Tränen aus. In der winzigen Garnison gab es nur eine oder zwei andere weiße Frauen, die einen furchtbar langweiligen Eindruck machten. Das Kreischen der Gibbons in der Ferne und das herzzerreißende Weinen Normans, den sie nicht zu beruhigen vermochte, zerrissen die Stille.

War dies das neue Paradies?

Margaretha zog sich mehr und mehr in sich zurück, wie ein Kind, das man belogen und betrogen hat. Obwohl später der Bezug auf die indisch-malaysische Kultur ihren Erfolg begründen sollte, verschloss sie sich zunächst seltsamerweise den Sitten und Bräuchen des neuen Landes. Um sie herum gab es Chinesen, Inder, Moslems, Hindus, Buddhisten, doch niemand interessierte sie. Sie war einfach nur wütend, unter Menschen leben zu müssen, die sie nicht verstehen konnte und nicht verstehen wollte. Am liebsten wäre sie davongelaufen. Aber Ende des Sommers war sie wieder schwanger. Die Vorstellung, so fern von ihrer Heimat zu entbinden, machte ihr große Angst.

Zum Glück wurde Rudolf MacLeod Ende Dezember, nicht einmal sechs Monate später, nach Tumpang versetzt, in die Nähe des Städtchens Malang, wo es wesentlich leichter auszuhalten war. Dort fand so etwas wie gesellschaftliches Leben statt, dem Mata Hari sich schon immer schwer hatte entziehen können. Da ihr Mann zum Chef des ersten Infanteriebataillons und zum Kommandeur befördert worden war, hatte Margaretha zudem an Ansehen gewonnen. Sie bewohnten ein hübsches Haus im Kolonialstil, an einer Bucht gelegen, sie hatten Hauspersonal und verfügten über alle Annehmlichkeiten, die einem das Fernsein von der Heimat versüßen. Zudem konnte sie hier reiten und sich somit in einem Sport vervollkommnen, den sie leidenschaftlich gern betrieb, weil er ihrem unbedingten Freiheitsbedürfnis entsprach.

Bei den Männern war Margaretha sehr beliebt, bei den Frauen weniger. Dafür gab es Gründe genug. Sie war jung (erst einundzwanzig Jahre) und wollte sich amüsieren. Ohne ihren Mann je zu betrügen, spielte sie ihre weiblichen Reize aus. Auch während der Schwangerschaft behielt sie eine makellose Figur und einen strahlenden Teint. Sie flirtete, wann immer sich die Gelegenheit ergab.

Das Verhältnis der Eheleute war nicht mehr zum Besten bestellt. Hatte Margaretha zunächst ihrem Mann zum Vorwurf gemacht, ihr nicht die Wahrheit über das Leben in den Kolonien gesagt zu haben, so konnte sie ihm jetzt vorhalten, dass er die schlechten Angewohnheiten der meisten Männer in den Kolonien angenommen hatte – er trank und betrog sie. Zwar achtete er darauf, sie nicht zu verletzen, schlief nicht mit anderen weißen Frauen, aber es war ein offenes Geheimnis, dass alle Hausgehilfinnen zusätzliche Dienste leisten mussten. Man hätte annehmen können, dass die Reize seiner Frau ihm genügt hätten, aber mit vierzig schien er seine Gewohnheiten nicht mehr ablegen zu können.

Am 2. Mai 1898 brachte Margaretha eine kleine Tochter zur Welt, Jeanne-Louise, genannt »Non«[13]. Wie bei anderen Paaren wechselten sich auch bei den MacLeods Freud und Leid ab. Sie hatten geglaubt, ein zweites Kind würde sie wieder zueinanderfinden lassen, doch das erwies sich als Irrtum. Non war nicht einmal einen Monat alt, als MacLeod seine nächtlichen Eskapaden wiederaufnahm und sich nicht einmal mehr Mühe gab, den äußeren Schein zu wahren.

Dennoch verlebte Margaretha damals einige glückliche Monate. Als gute Mutter (allen Gerüchten zum Trotz) vertraute sie darauf, sich durch die Liebe zu ihren Kindern eine neue Existenz aufbauen zu können. Auch hoffte sie insgeheim, ihre Ehe retten und den trüben Gedanken, die sie schon früher heimgesucht hatten, entfliehen zu können. Aber sie hatte nicht mit der Unerbittlichkeit des Schicksals gerechnet.

In den Tropen, wo extrem hohe Luftfeuchtigkeit herrscht und die Verkehrsverbindungen spärlich und umständlich waren,[14] war jeder auf sich gestellt, und paradoxerweise wirkte sich die üppige Vegetation auf die menschliche Psyche aus wie die kargste Wüstenlandschaft. Rudolf MacLeod, dem es nicht mehr wohl dabei war, seine Frau vor aller Augen zu betrügen, fing an, sehr unangenehm zu werden – ein Charakterzug, der sich durch erhöhten Alkoholkonsum und seine durch das Klima angegriffene Gesundheit noch verstärkte. Er würde besser ohne sie, nur mit seinem Hund Blackie auskommen.

Ein unangenehmer Vorfall brachte die verfahrene Situation ans Licht. Anlässlich der Krönung der niederländischen Königin Wilhelmina beschlossen zwei junge Offiziere, im September eine musikalische Vorstellung zu geben, bei der Margaretha die Hauptrolle spielen sollte. MacLeod war davon sehr angetan, weil seine Frau nun etwas anderes zu tun hatte, als ihn zu überwachen. Aber am Abend der Vorstellung erntete Margaretha einen solchen Beifall, dass ihr Mann sich zurückgesetzt fühlte. In ihrem hinreißenden gelben Kleid war Margaretha zweifellos der Star des Abends, und sie wurde von jungen Offizieren zum Tanz aufgefordert. Das ging Rudolf MacLeod, der sich eigentlich wesentlich mehr vorzuwerfen hatte, zu weit: Er setzte dem vergnüglichen Abend ein Ende, zwang seine Frau, mit ihm nach Hause zu gehen, und überschüttete sie mit Beschimpfungen und Fragen. Margaretha wehrte sich und machte ihm ihrerseits Vorhaltungen. Das Paar stritt sich auf offener Straße und setzte seine Auseinandersetzung zu Hause fort, zunächst auf der Veranda, dann im Wohnzimmer und schließlich im Schlafzimmer. Es hätte ein heilsamer Streit sein können, aber es war schon zu spät. Zum ersten Mal erhob Rudolf die Hand gegen seine Frau.

Unter dem Vulkan

Von da an begannen die Eheleute, sich endgültig auseinanderzuleben. Die körperliche Anziehung ließ nach, und die Gegensätze traten schonungslos zutage. Sie litten unter einem »entsetzlichen Charakterunterschied«, um mit Rudolf zu sprechen. In der Tat hatten die beiden sehr wenig gemeinsam. Margaretha war romantisch, leidenschaftlich, ehrgeizig und großzügig, während ihr Mann engstirnig, gewalttätig, kleinlich und ungerecht war.

Vereinsamt und unglücklich machte Margaretha, ohne es zu ahnen, eine grundlegende Erfahrung: Allmählich erwachte ihr Interesse für die Bräuche des Landes. Da sie eine Begabung für Sprachen hatte, lernte sie schnell Javanisch und begann, den Sarong zu tragen, der ihr ausgezeichnet stand. Beinahe durch Zufall wohnte sie einer choreografischen Darstellung des *Ramayana*, des mythischen Hinduepos, bei und war von der Anmut der Bajaderen ergriffen. Beflügelt von ihrer Vorliebe fürs Mythische, ihrem Hang zur Romantik und ihrem Wunsch, der Wirklichkeit zu entfliehen, schrieb sie einigen Freundinnen in ihrer Heimat, dass sie unter dem Namen Mata Hari Tempeltänzerin geworden sei – einem Namen, den sie per Zufall wählte und der sie zum Träumen verleitete, den sie erst Jahre später annehmen und wie den Geheimschlüssel zur Öffnung einer noch verborgenen Schatzkammer hüten sollte. Hier lag der Ursprung dessen, was die Sensation von Paris werden sollte.

Es erübrigt sich, zu erwähnen, dass MacLeod mit dieser

neuen Schwärmerei nicht zurechtkam. Seine Frau trug als einzige Weiße die eng anliegende ortsübliche Kleidung, die die Formen betonte, was damals so viel bedeutete, wie halb nackt herumzulaufen. Rudolfs Eifersucht nahm Ende 1898 beinahe krankhafte Züge an, obwohl er selbst keineswegs auf seine Seitensprünge verzichtete. Er wurde zunehmend misstrauischer, denn er unterstellte Margaretha, sich genauso zu verhalten wie er, und diese Vorstellung ertrug er nicht - ein völlig widersprüchliches, aber eben allzu menschliches Verhalten. Trotz alledem war er ein fürsorglicher Vater, der seine Kinder abgöttisch liebte, vor allem den kleinen Norman.

In dieser angespannten, physisch und psychisch ungesunden Atmosphäre sorgte ein unvorhergesehenes Ereignis für eine Atempause in all den täglichen Streitigkeiten und verfahrenen Situationen. Am 21. Dezember 1898 erhielt MacLeod den Bescheid über seine Versetzung nach Medan, einer Stadt an der Ostküste Sumatras, wo er zum Militärkommandanten der gesamten Garnison befördert worden war. Zunächst reiste er allein ab und ließ seine Frau und die Kinder zurück - mit der Begründung, erst einmal eine neue Wohnung finden zu müssen. Auch hatte vermutlich Margaretha einleuchtende Gründe, ihn nicht sofort zu begleiten: die Beschwernisse der Reise für die Kleinen, die ungesicherten Verhältnisse, in denen sie leben würden. Sie dürfte um Argumente nicht verlegen gewesen sein, zumal ihr Ehemann, auch wenn er sie nicht mehr ertragen konnte, unter der Trennung von seinen Kindern leiden würde.

Da sie ihr Haus dem neuen Major von Tumpang überlassen mussten, brachte MacLeod Frau und Kinder zunächst bei der befreundeten Familie des Bezirkskommandanten Van Rheede unter. Da Versetzungen an der Tagesordnung waren, wurde solche Hilfe ziemlich freimütig erbeten und Gastfreundschaft großzügig gewährt. Margaretha blieb etwa sechs Monate dort; und zum ersten Mal seit ihrer Ankunft in diesem Land amüsierte sie sich wirklich und begann aufzuatmen. War es Rache für die Seitensprünge ihres Mannes? Dieser schickte seiner Familie übrigens kein Geld, sodass deren Unterhalt ganz zu Lasten der Gastgeber ging.

Sechs Monate ohne ihren Mann – Zeit genug, um Abstand zu gewinnen. Margaretha hatte eingesehen, dass ihre Ehe hoffnungslos in die Brüche gegangen war. Rudolf würde nie der Mann werden, nach dem sie sich gesehnt hatte. Und da er ihr ständig unterstellte, sie würde ihn betrügen, beschloss sie, ihm einen Grund zu liefern. An den Samstagabenden im Club richtete sie eine heillose Verwirrung in den Herzen der Offiziere an. Spuren dieser flüchtigen Eskapaden findet man in den zahlreichen Briefen, die MacLeod seiner Frau schrieb. Denn obwohl er ihr kein Geld schickte, suchte er die Verbindung mit ihr durch einen regen Briefwechsel aufrechtzuerhalten.

»Wer zum Teufel ist dieser Marineleutnant, von dem Du schreibst, dass er die Kinder fotografiert hat? Und wie kommt es, dass dies in Tumpang geschah? Dinge dieser Art erklärst Du nie, Griet. Du kannst Dir doch denken, dass ich zu grübeln beginne, wenn ich so etwas lese: ›Also – wer ist das nun wieder? Und wie kommt er nach Tumpang?‹«[15]

Eine letzte Chance

Nachdem sie die Abreise so lange wie möglich hinausgezögert hatte, brach Margaretha mit den Kindern am 26. Mai 1899 nach Medan auf. Schweren Herzens verabschiedete sie sich von den Van Rheedes. Hier hatte sie sich wohlgefühlt, und sie hatte zudem keine große Lust, ihren Mann wiederzusehen. Dennoch verlief das gefürchtete Wiedersehen besser als erwartet. MacLeod schien in der Tat wie verwandelt. Die neuen Aufgaben nahmen ihn die meiste Zeit in Anspruch, und Medan war eine echte kleine Metropole. Davon hatte er schon in seinen Briefen erzählt, und in dieser Hinsicht hatte er nicht gelogen.

»Es ist einfach erfreulich, diese Stadt mit ihren mehrstöckigen Gebäuden und den gepflegten Straßen zu sehen: Es gibt elektrisches Licht, schönere *tokos* [Geschäfte] als in Batavia, schöne Kutschen, die von herrlichen Pferden gezogen werden…«

Zum ersten Mal, seit sie auf Sumatra war, fühlte sich Margaretha wirklich wohl und konnte nach ihrem Geschmack leben. Die Ruhe aber war nur von kurzer Dauer.

Durch die plötzliche Rückkehr in die Zivilisation verlor Margaretha das Augenmaß: Sie gab Unsummen von Geld aus, viel zu viel, wenn man bedenkt, dass sie die Frau eines normalen Offiziers war. In den einladenden kleinen »Tokos«, von denen Rudolf ihr erzählt hatte, war sie bald Stammkundin, und es dauerte nicht lange, bis man tuschelte, sie lege einen gewissen Dünkel an den Tag und führe sich auf wie eine Königin, die von anderen Respekt erwarte, beispielsweise, dass bei einer Soiree die Älteren sie als Erste begrüßten. Lauter törichte und unnötige Kleinigkeiten, die zur Vergiftung einer ohnehin gespannten Atmosphäre beitrugen.

All dies würde Margaretha keine Sympathien eintragen. Auch das Leben mit ihrem Mann war bereits nach ein paar Wochen wieder zur Hölle geworden, schrecklicher als je zuvor. Margaretha sprach später so oft und so erregt über diese Phase ihres Ehelebens, dass der Untersuchungsrichter Pierre Bouchardon ihr vorwarf, sie habe sich an allen Männern für das von ihrem Ehemann begangene Unrecht rächen wollen. Beispielsweise behauptete sie in einem Verhör, die Auseinandersetzungen seien so heftig geworden, dass sich ihr Mann eines Tages auf sie stürzte und ihr mit den Zähnen die rechte Brustwarze abbiss – eine Lüge, die ihr dazu diente zu erklären, warum sie auch beim Nackttanz mit einem silbernen Büstenhalter auftrat.[16]

Eines ist jedoch sicher: Rudolf trank immer mehr, betrog Margaretha schamlos und schlug sie regelmäßig. In beinahe hypnotischem Alkoholrausch, unterbrochen von mehr und mehr pathologischen Eifersuchtsszenen, hatte MacLeod eine regelrechte Abneigung gegen seine Frau erfasst. Seiner Schwester schrieb er:

»Ach! Wenn doch die Pest mich von dieser Kreatur befreien wollte, damit ich wieder glücklich werden könnte. Bisweilen wird es mir fast unmöglich, diese Dirne noch länger um mich zu haben, aber was soll ich tun, um sie mir vom Halse zu schaffen? Mit oder ohne Skandal, mir ist es gleichgültig ... die Kleine muss unbedingt dem Einfluss ihrer Mutter entzogen werden, sonst wird sie ein für alle Mal verloren sein.«[17]

Durch die Blume drohte man einander, sich gegenseitig umzubringen. Margaretha reagierte auf ihre Weise, indem sie von anderen jenen Respekt verlangte, den ihr Ehemann ihr verweigerte, ein ausschweifendes Leben führte, in Kaufrausch verfiel – lauter Ersatzhandlungen, die ihre Not und Verzweiflung verrieten.

In dieser »vergifteten« Atmosphäre geschah die Tragödie. Am 25. Juni 1899 musste Norman sich ständig erbrechen, während Non zu ersticken drohte und von Fieber geschüttelt wurde. Man ließ sofort den Armeearzt kommen. Non überstand die Krise, aber Normans Zustand verschlechterte sich zusehends, er fing an, Gallenflüssigkeit zu erbrechen. Er wurde auf die Krankenstation der Garnison eingeliefert, schien sich zunächst zu erholen, aber in der Nacht vom 27. auf den 28. Juni verschlechterte sich sein Zustand erneut. Als wolle er ihnen etwas mitteilen, griff der kleine Junge nach den Händen seiner Eltern und sagte: »Ich möchte so gern mit euch spazieren gehen.«

Dann schloss er die Augen und fiel ins Koma. Einige Stunden später starb er. Er war zweieinhalb Jahre alt. MacLeod brach zusammen und schnitt eine Haarlocke seines Sohnes ab, die er fortan immer bei sich tragen würde. Sein Schmerz war maßlos: »Der Verlust dieses reizenden kleinen Jungen hat etwas in mir zerbrochen, was wohl auf immer zerbrochen bleiben wird«, schrieb er und fügte hinzu: »Er liebte Militärmusik, besonders den Monte-Carlo-Marsch.«

Margaretha verschanzte sich hinter hartnäckigem Schweigen. Tagelang war sie völlig verstört. Man sorgte sich um ihre Gesundheit, und sie blieb für immer gezeichnet. Ohne diese Tragödie hätte sie vermutlich nie die großen Abenteuer gesucht, die aus ihr Mata Hari machen sollten.

Ein solcher Schicksalsschlag hätte die MacLeods einander wieder näherbringen können. Aber weit gefehlt. Anstatt seine Frau zu trösten, warf Rudolf ihr vor, die Kinder vernachlässigt zu haben und am Tod ihres Sohnes schuld zu sein.

Die Wirklichkeit sah anders aus. In der Kolonie kursierten verschiedene Versionen über die Hintergründe der Vergiftung, und in jeder wurde Rudolf eine gewisse Verantwortung zugewiesen:

1. Die Kinder der MacLeods waren von einem Eingeborenen vergiftet worden, dem Rudolf Schläge verabreicht hatte.
2. Die Kinder wurden von der eingeborenen Amme vergiftet, mit der Rudolf ein Verhältnis hatte. Angeblich hatte er ihren Mann verhaften lassen, um freie Bahn zu haben, und sie hatte sich gerächt.

3. Die Kinder waren vom eifersüchtigen Ehemann der Amme vergiftet worden, mit der Rudolf ein Verhältnis hatte.

Verständlich war darum MacLeods Eile, sich zu rechtfertigen und jede Mitverantwortung von sich zu weisen. Margaretha, ganz auf sich gestellt, machte sich schreckliche Vorwürfe, wich nicht vom Sarg ihres Sohnes und weigerte sich, etwas zu essen.

Eines stand nun fest: Das Ehepaar würde nie mehr zueinanderfinden.

Erneut griff das Schicksal ein: Rudolf wurde nach Banjoe Biroe, ins Innere Javas, versetzt – auf einen zwar wichtigen militärischen Posten, der jedoch völlig isoliert mitten im Dschungel lag. Obwohl sie hier mehr denn je aufeinander angewiesen waren, stritten Margaretha und MacLeod unentwegt.

Es geht bergab

»Man kann hier lediglich die Berge betrachten. In der Nacht ist es unheimlich still. Nur hier und da hüllt das trübe Licht einer Laterne die Wegkreuzungen in ungewisses Zwielicht. (…) Heute Nacht haben wir wieder eine Invasion von Schmetterlingen, fliegenden Ameisen, Termiten und Millionen kleiner Insekten gehabt, die uns verrückt machen.«

Dieser kurze Auszug aus dem achtundvierzigseitigen Brief, den Rudolf MacLeod seinem Vetter nach Den Haag schrieb, gibt einen Eindruck von der schrecklichen Plage wieder, der die Menschen in diesem Teil Javas ausgesetzt waren. Kein Wunder, dass MacLeod sogar Ambarawa, seinem ersten Posten, nachtrauerte. In Banjoe Biroe alterten nicht wenige Kolonisten und Militärs in wenigen Monaten um zehn Jahre, andere verübten Selbstmord.

Margaretha hätte aufschreien müssen. Merkwürdig war, dass sie nicht mehr kämpfte. Sie hatte offenbar auf jegliche Koketterie verzichtet und schien sich langsam aufzugeben. Anfang des Jahres 1900 erkrankte sie an Typhus und wäre dieser Krankheit beinahe zum Opfer gefallen. Es war, als ob sie dieser Naturgewalt keinen Widerstand mehr entgegensetzen wollte, als ob mit dem Tod ihres Sohnes auch ihr Lebenswille geschwunden sei. Obwohl sie wochenlang nicht transportfähig war und im Fieber phantasierte, schien ihr Mann wenig Mitgefühl zu zeigen. »Wenn ich Dir sage, dass wir pro Tag fünf Flaschen Milch benötigen, die Flasche zu dreißig Centimes«, schrieb er seinem Vetter, »dann wirst Du verstehen, dass ihre Krankheit uns finanziell schwer zu schaffen macht.«

Margaretha erholte sich wie durch ein Wunder, doch sie hatte sich verändert. Sie schien geläutert zu sein nach dieser Begegnung mit dem Tod. Doch bald tauchte sie wieder bei den berühmten Samstagsveranstaltungen im Club auf und tanzte Walzer.

Am 2. Oktober 1900 beschloss MacLeod, den Armeedienst zu quittieren. Achtundzwanzig Jahre war er Soldat gewesen; das sicherte ihm den vollen Pensionsanspruch. Aus wirtschaftlichen Gründen aber wollte er nicht in die Niederlande zurückkehren, und so zog das Paar nach Sindanglaja, einem kleinen Gebirgsdorf in der Nähe von Bandung. Margaretha träumte davon, nach Amsterdam zurückzukehren, aber sie konnte nicht weg. Auf dieser Insel war sie wie eine Gefangene, ohne Geld und ohne Rechte. Dieses schreckliche Abhängigkeitsgefühl sollte sie für immer prägen und ihre spätere Aufsässigkeit und ihr extravagantes Verhalten erklären. Rudolf nutzte die Situation und ließ keine Gelegenheit aus, um sie zu demütigen.

Darum überrascht es, dass sich bei all diesem Hass keine größeren Tragödien abspielten. Offenbar zogen es die MacLeods vor, sich aus dem Weg zu gehen. Margaretha flüchtete sich in ihre Träume, und Rudolf verschwand tagelang. Es gab nur noch einen Ausweg – dass die Familie in die Niederlande zurückkehrte. Wenn diese Möglichkeit in Betracht gezogen wurde, sprachen die MacLeods jedoch seltsamerweise niemals offen über eine Trennung oder Scheidung.

Im März 1902 stimmte MacLeod schließlich der Rückkehr in die Niederlande zu. Anderthalb Jahre Langeweile, dachte Margaretha beim Verlassen des kleinen Gebirgsdorfes. Anderthalb Jahre, die sie damit zugebracht hatte, von Paris und seiner berühmten Weltausstellung zu träumen. Anderthalb Jahre, in denen sie die jungen Indonesierinnen beim Tanzen beobachtet, ihre Sprachkenntnisse vervollkommnet und die Legenden des Landes kennengelernt hatte.

Manchmal bringt eine vermeintlich verlorene Zeit später einen unerwarteten Gewinn.

In der Sackgasse

Bis sie eine angemessene Unterkunft fanden, wurden die MacLeods von Luise Wolsink, Rudolfs Schwester, aufgenommen, die ein Haus in Amsterdam hatte. Kaum drei Wochen später mietete das Paar eine kleine Wohnung in der Van Breestraat 188 in einem eleganten Viertel der Stadt.

Dem äußeren Anschein nach verlief alles harmonisch. Die MacLeods waren gut situierte Bürger, die aus den Kolonien zurückgekehrt waren. Niemand ahnte, welche Schicksalsschläge sie hatten hinnehmen müssen. Margaretha wusste sich keinen Rat. Sie empfand zwar nichts mehr für ihren Mann, aber immerhin war er der Vater ihrer Tochter und schien sich zudem bessern zu wollen. Er hatte auf jeden Fall aufgehört, sie zu schlagen und zu beleidigen.

Vielleicht würde es ihnen gelingen, in den Niederlanden einen Modus Vivendi zu finden. Als aber Margaretha eines Nachmittags von einem Spaziergang mit Non heimkam, fand sie die gemeinsame Wohnung leer. Rudolf war mit all seinen Sachen verschwunden.

Margaretha besann sich nicht lange und beantragte beim Gericht die formale Trennung. Rudolf hatte den Schritt getan, zu dem sie sich nicht entschließen konnte. Im August 1902 wurde ohne Einschränkung zugunsten Margarethas entschieden und die Trennung aktenkundig bestätigt. Sie sollte die Tochter behalten, Rudolf musste monatlich hundert Gulden zahlen. Endlich war Margaretha frei. Als aber die erste Zahlung fällig wurde, behauptete MacLeod, er habe kein Geld. Er zahlte ihr weder damals noch später Unterhalt.[18] Mehr noch: Um das Leben seiner Frau zu zerstören, setzte er eine Anzeige in mehrere Zeitungen, in denen er sich von den Schulden seiner Frau distanzierte und die Geschäftsleute aufforderte, ihr keinen Kredit zu geben.

Wie aber konnte Margaretha ohne Unterstützung ihren Lebensunterhalt bestreiten? Sie klammerte sich an den einen Traum - nach Paris zu gehen, es in der Stadt der unbegrenzten Möglichkeiten zu versuchen.

Allem Anschein nach träumte sie davon, Mannequin oder Schauspielerin zu werden, denn die Stelle im Konfektionsgeschäft Hirsch, die ihr ihre Schwägerin Luise besorgt hatte, nahm sie nicht an. Es ist durchaus möglich, dass sie unter den verschiedenen Anwälten, die sie zurate zog, einen »Gönner« fand, der eine Zeit lang für ihren Unterhalt aufkam, doch eigentlich weiß man nicht genau, was sich in den Monaten nach der Trennung zutrug, es ist viel Klatsch verbreitet worden.

Über ein Ereignis, das wieder einmal das Schicksal Margarethas beeinflussen sollte, besteht jedoch Gewissheit:

Rudolf MacLeod hatte sein Besuchsrecht ausgenutzt, die viereinhalbjährige Non mitzunehmen, und weigerte sich nun, sie ihrer Mutter zurückzugeben. Er hatte sich in Arnheim, in der niederländischen Provinz Gelderland, niedergelassen und war fest entschlossen, sich nach und nach all das zurückzuholen, was ihm gehörte. Bereits aus Indonesien hatte er an seine Schwester Luise geschrieben, dass Margaretha ein abschreckendes Beispiel für seine Tochter sei und dass man sie dem Einfluss der Mutter entziehen müsse. Als guter Stratege hatte er nun die Theorie in die Praxis umgesetzt.

Margaretha wusste nicht, wie sie reagieren sollte. Auch wenn Rudolf sich ihr gegenüber abscheulich verhalten hatte – Non würde es bei ihm an nichts fehlen, sie würde es dort finanziell besser haben. Schmerzerfüllt und erleichtert zugleich überließ sie ihm die Tochter und sah möglicherweise darin einen Wink des Schicksals. Margaretha verdrängte wohl, dass sie das Kind nur noch sehr selten sehen würde, und dieses einschneidende Ereignis sollte in einem entscheidenden Augenblick ihres Lebens Konsequenzen haben.

Doch zunächst wartete Paris auf sie, sie zweifelte nicht daran.

Es war ihre erste verheerende Erfahrung. Die Zeit, in der Margaretha von einem Atelier zum anderen rannte, um den Pariser Malern Modell zu sitzen, und nicht einmal genug hatte, um etwas zu essen zu kaufen: »Ziehen Sie sich aus, Madame?«

Nach ein paar Monaten kehrte sie enttäuscht und ohne Geld in die Niederlande zurück. Wieder war ein schöner Traum zerronnen. In einem Brief bat sie einen Onkel ihres Mannes, Edouard MacLeod, sie in Nimwegen aufzunehmen, bis sie eine Anstellung gefunden hätte. Der alte Mann stimmte zunächst zu, aber als Rudolf davon erfuhr und vehement Einspruch erhob, musste sie das Haus des Onkels verlassen.

Erneut stand Margaretha mit dem Rücken zur Wand. Ihr Stolz half ihr, neuen Mut zu fassen. Sie würde nicht auf der Strecke bleiben, wie Rudolf es sich wohl wünschte.

Paris zog sie erneut in seinen Bann. Aber diesmal - man schrieb das Jahr 1904 - ging sie direkt ins Grandhotel.

Wer also war Mata Hari? Eine verletzte Frau? Eine Frau, die nichts zu verlieren hatte? Eine Frau, die alle Brücken hinter sich abgebrochen hatte? Etwas von alledem, aber auch ein junges Mädchen voller Hoffnung.

4
Niederlande, 1893

Auf Claudines Spuren

Alle tuschelten darüber. Der Direktor der Pädagogischen Hochschule von Leiden, an der junge Mädchen zu Kindergärtnerinnen ausgebildet wurden, hatte sich in eine Schülerin verliebt. Er stellte ihr so beharrlich nach, dass man sogar munkelte, er habe sie missbraucht ... Es erübrigt sich zu erwähnen, dass solche Gerüchte in einem so kleinen Land wie den Niederlanden, schlimmer noch in einer protestantischen und sittenstrengen Kleinstadt wie Leiden, die sich am viktorianischen England orientierte, einen Skandal auslösten. Margaretha, um die es sich hier handelte, hatte offenbar die Phantasie des ehrenwerten fünfzigjährigen Wybrandus Haanstra entzündet. Beinahe wie in den kitschigen Liebesromanen, die die Phantasie des einfachen Volkes beflügeln.

Mit siebzehn Jahren war es für Margaretha durchaus beeindruckend, Gegenstand eines solchen Skandals zu sein. Seitdem sie ein Jahr zuvor in diese Schule aufgenommen worden war, hatte sie alle Aufmerksamkeit auf sich gezogen und die Spaltung der Schülerschaft ausgelöst: die Pro-Margaretha-Fraktion auf der einen und die Anti-Margaretha-Fraktion auf der anderen Seite. Man war entweder von ihr fasziniert oder gegen sie aufgebracht. Rasch gelang es Margaretha, sich als Anführerin einer Clique durchzusetzen. Sie war groß gewachsen, wirkte älter als ihre Mitschülerinnen - und vor allem konnte sie wunderbare Geschichten erzählen über ihre Kindheit und ihr verzaubertes Schloss, das große, geheimnisvolle Schloss von Camingha, das an *Hamlet* erinnerte und irgendwo in Cornwall lag. Denjenigen, die daran zu zweifeln wagten, stopfte sie das Maul. Auf alles wusste sie eine Antwort, hüllte sich aber andererseits in Schweigen, um den Reiz des Geheimnisvollen, das sie umgab, noch zu kultivieren. Schon als junges Mädchen hatte sie eine besondere Freude daran, ihre Umgebung in ihren Bann zu ziehen - einem jungen Raubtier ähnlich, das seine Krallen ausprobiert.

Wer war sie wirklich? War sie eine Waise, der letzte Spross einer finanziell ruinierten Familie adliger Herkunft (sie behauptete, ihr Vater sei ein Baron)? Man hatte gehört, ihr Patenonkel und Vormund habe diese Ausbildung für sie ausgewählt. Gab es denn überhaupt einen schöneren Beruf für ein mittelloses Mädchen, als die Kinder anderer zu erziehen? Dummes Zeug, sagten die, die sie gut kannten, wie Madame de Kerkhof, eine Freundin aus Kindertagen: »Sie war für einen solchen Beruf überhaupt nicht geschaffen. Ihr fehlte die mütterliche Ader, M'greet hatte eine zu ausgeprägte eigene Persönlichkeit.« Eine merkwürdige Behauptung, die zwar nicht ganz stimmte (Margaretha war durchaus eine mütterliche Frau), jedoch eine Wahrheit zutage förderte: Eine Persönlichkeit wie die ihre würde sich nie mit einer Nebenrolle begnügen.

Zu den phantastischen Geschichten, die sie ihren Schulkameradinnen erzählte, kam ihr angeborenes Verführungstalent hinzu, dem Haanstra als Erster erlag. Da sie keineswegs zu den verschüchterten jungen Mädchen gehörte, konnte selbst der drohende Skandal sie nicht beunruhigen - im Gegenteil. Endlich ereignete sich etwas Außergewöhnliches, das bewies, dass sie anders als die anderen war, und das ihr gestattete, der tristen Zukunft, die vor ihr lag, eine grundlegende Wende zu geben. Man konnte Wetten darauf abschließen, dass Margaretha nicht lange auf einer Schule bleiben würde, die ihr wenig glanzvolle Perspektiven bot. Sie musste leben, träumen und zum Träumen verleiten. Sie war finanziell abgesichert, und schließlich gelang es ihr, ihren Paten zu überzeugen, sie von der Schule zu nehmen.

Der Anzeigenteil

Margaretha wohnte damals bei ihrem Onkel Taconis in Scheveningen, einem eleganten Seebad in der Nähe von Den Haag. Wie alle unbeschäftigten Heranwachsenden dürfte sie sich gelangweilt haben. Zwar war sie froh, nicht mehr Kindergärtnerin werden zu müssen, aber es fehlten die Alternativen. Zum Ausgleich vertiefte sich Margaretha in Abenteuer- und Reisebücher. Da sie selbst kein Geld besaß und auf die »Mildtätigkeit« ihrer Verwandten angewiesen war, träumte sie davon, in den kleinen Modegeschäften der Stadt einkaufen zu können. Und wenn sie an der Mole spazieren ging, fühlte sie sich von den jungen Männern in Uniform angezogen, und schon bald übten die gut aussehenden Offiziere einen unwiderstehlichen Reiz auf sie aus. Sie versinnbildlichten für sie die Flucht aus dem Alltag, verkörperten in gewisser Weise den Märchenprinzen und schienen ihrer Sehnsucht nach Anerkennung, nach einer gesellschaftlichen Stellung, die sie so schmerzlich vermisste, Erfüllung bieten zu können.

Langeweile, Schönheit und Armut – die Trinität, von der oft der Anstoß zu glänzenden Karrieren ausgeht.

Man mag sich darüber wundern, dass Margaretha nicht sofort gezwungen wurde zu arbeiten. Ohne Beruf und ohne Geld sah die Zukunft für eine Frau Ende des 19. Jahrhunderts nicht rosig aus. Die jungen mittellosen Mädchen wurden damals in der Regel als Vorleserinnen oder Gesellschafterinnen bei vermögenden Familien untergebracht, was durchaus als ehrenvoll galt. Eine missliche, unangenehme Situation, denn diese armen Mädchen rangierten kaum vor den Dienstboten, von denen sie sich lediglich durch die Kleidung und die Tischzeiten unterschieden. Aber Margaretha passte nicht in diese Kategorie, da sie sich stets den Anschein gab, als habe sie einen gewissen Rang, auf den sie Rücksicht nehmen müsse – sie saß zwischen allen Stühlen.

Was soll man tun, wenn man nichts tun kann? Wem diese Situation vertraut ist, kennt die Antwort: sich kleine Freuden gönnen, die nicht teuer sind. Zum Beispiel Zeitung lesen. So kam es, dass Margaretha Anfang März 1895 die *Het Nieuws van den Dag* kaufte und sich auf eine Bank setzte, um die Zeitung zu lesen und sich von den ersten Sonnenstrahlen, die den Frühling ankündigten, wärmen zu lassen. Sie überflog die politischen Nachrichten, las aufmerksam die Seiten »Vermischtes« und sparte sich das Beste bis zum Schluss auf, den Anzeigenteil, der immer neue Schicksale zu verheißen schien. An jenem Tag zog eine kurze Anzeige ihre Aufmerksamkeit auf sich:

»Offizier aus Niederländisch-Ostindien, zurzeit auf Heimaturlaub, sucht die Bekanntschaft eines netten Mädchens zwecks späterer Heirat. Vermögenssituation gleichgültig.«

Vermögenssituation gleichgültig … Margaretha traute ihren Augen nicht. Gewöhnlich drehte sich immer alles um die Mitgift, um das Einkommen oder wenigstens um »Erwartungen«. Eine solche Anzeige war einmalig. Zum ersten Mal konnte Margaretha, die sich immer benachteiligt fühlte, unbeschwert antworten. Diese Anzeige war für sie bestimmt, dessen war sie sich sicher. Sie schrieb sofort zurück und legte, sich ihrer Erscheinung bewusst, aber auch als Zeichen ihrer Modernität und Entschlossenheit, ein Foto bei – eine Seltenheit für die damalige Zeit.

Außer sich vor Glück

Aber Margaretha wusste nicht, dass diese Anzeige, wie so oft, nicht ganz seriös war. Der betreffende Offizier hatte diese Anzeige, die weitreichende Folgen haben sollte, nie aufgegeben.

Rudolf MacLeod war soeben aus Ostindien zurückgekehrt und verbrachte die meiste Zeit in einem Café, in dem alte Militärs und Heimwehkranke verkehrten: im Café des American Hotel Amsterdam. Dort hatte er Balbian Verster kennengelernt, einen Journalisten, der sich mit allen möglichen die Kolonien betreffenden Angelegenheiten aus Übersee befasste und Kontakte zu den Offizieren aufnahm, die von dort zurückgekehrt waren – sie dienten als Quelle für unzensierte Nachrichten. Eines Tages bemerkte der Journalist, dass Rudolf MacLeod, mit dem er sich angefreundet hatte, betrübt war und seinem Kummer nachhing. Er sprach mit einigen anderen befreundeten Offizieren darüber, und die Männer kamen überein, dass an Mac Leods Seite eine Frau fehlte. Er war seit zwei Monaten wieder im Lande, und noch nie hatte man ihn in weiblicher Begleitung gesehen. Dieser eingefleischte Junggeselle fühlte sich in Gegenwart der Europäerinnen befangen – sie kamen ihm immer so kompliziert vor. Er zog die jungen Einheimischen in den Kolonien vor, aber zweifellos waren sie für ihn keine Frauen zum Heiraten. Viele Rückkehrer sahen sich vor dieses Problem gestellt. Ohne MacLeod zu informieren, setzte Verster besagte Heiratsanzeige in seine Zeitung, eines der meistgelesenen Blätter der Niederlande. Als MacLeod davon erfuhr, soll er nur mit den Achseln gezuckt und erklärt haben, er werde alle Briefe ungeöffnet zurückschicken. Aber es sollte anders kommen.

Im Grunde fühlte er sich geschmeichelt, Zuschriften zu bekommen, und er las sie mit Vergnügen. Einige klangen seriös und sogar vielversprechend. Die Frauen, die sich anboten, waren vielleicht keine jungen Mädchen mehr, verfügten aber teilweise über ein ansehnliches Einkommen, was nicht zu verachten war, auch wenn ihm nicht viel am Geld lag. Schon damals war er ein ungestümer, leidenschaftlicher Mensch, der unvermittelt lieben wie hassen konnte. Als er Freunden »seine« Briefe zeigte, um mit ihnen über die Geschichte zu lachen, hielt er beim Öffnen eines Umschlags plötzlich inne, als das Foto Margarethas zu Boden fiel. Er hob es auf, betrachtete die dunklen Augen, die Haarpracht, den leicht abwesenden Blick, der ihn an den Fernen Osten erinnerte und gleichermaßen etwas Großstädtisches hatte. Diese Frau verunsicherte ihn nicht, sondern wirkte beruhigend und zog ihn an.

Sogleich antwortete er ihr und vereinbarte ein Treffen für den 24. März 1895 um 15 Uhr vor dem Rijksmuseum in Amsterdam. Das Treffen verlief äußerst banal. Das Wetter war trüb, beide suchten nach Worten, liefen um das Museum herum, ohne es zu betreten, suchten ein Café. Aber eines stand fest: Es war Liebe auf den ersten Blick. MacLeod fand Margaretha noch hübscher als auf dem Foto, dazu aufrichtig und spontan. Sie kümmerte es nicht, dass er schon den Ansatz einer Glatze hatte. Er war ein gut aussehender Mann, und in der goldbetressten Uniform machte er etwas her. Als sie auseinandergingen, waren sie zu allem bereit, erinnerten an zwei Schiffbrüchige, die in letzter Minute gerettet werden.

Alle in ihrer Umgebung freuten sich. Für Margaretha war es eine einmalige Chance, die sie sich nicht entgehen lassen durfte, wie ihr Onkel Taconis hoffte. Er wagte zwar nicht, darüber zu sprechen, aber er hatte sich schon oft gefragt, was aus dem hübschen jungen Mädchen werden sollte, das ihm allmählich zur Last fiel. Und was MacLeod anbelangte, so konnte man sich auch für ihn nichts Besseres vorstellen. Mit achtunddreißig Jahren war es an der Zeit, ein geordnetes Leben zu führen, und seine Schwester Luise ermutigte ihn, diesen Schritt zu tun. Der Altersunterschied zwischen den beiden betrug etwa zwanzig Jahre, aber im Augenblick schien niemand sich darüber Gedanken zu machen. Taconis versicherte seiner Nichte sogar, dass ein reifer Mann für Sicherheit bürge. Margaretha pflichtete ihm bei, denn unbewusst suchte sie eine zuverlässige Vaterfigur. Luise ihrerseits war überzeugt, dass eine junge, noch formbare Frau für ihren Bruder die richtige Wahl sei.

Die Welt schien rosarot; jeder freute sich, und sogar die kleinen Nachteile schienen dem jungen Glück nicht im Wege zu stehen. Da MacLeod bei seiner Schwester und Margaretha bei ihrem Onkel lebte, hatten die beiden keinen Ort für sich allein. Sechs Tage nach dem ersten Treffen verlobten sich die beiden,[19] Margaretha bekam einen schönen Verlobungsring aus einem guten Juweliergeschäft, und der Roman ihres Lebens konnte beginnen.

Rudolf MacLeod schilderte das Leben in den Kolonien in den glühendsten Farben, vermittelte ihr ein imaginäres Bild Asiens, das die romanhafte Phantasie Margarethas entflammte. Er entpuppte sich als außerordentlich romantisch und fand unbewusst die überzeugendsten Argumente, um sie für das Kolonieleben zu gewinnen. Margaretha begann, sich ihre Zukunft auszumalen: Sie sah sich, mit Juwelen behängt und von Personal umgeben, als Maharani ausländische Würdenträger empfangen oder träge unter Palmen liegen, dabei sanft vom Licht der untergehenden Sonne umspült.

MacLeod verfügte über alles, was eine Frau wie Margaretha zum Träumen brachte. Er trug nicht nur voller Stolz das berühmte Aceh-Expeditionskreuz, mit dem er wegen seiner Teilnahme an den schrecklichen Kämpfen im äußersten Norden Sumatras ausgezeichnet worden war, sondern umgab sich auch mit einem zusätzlichen Nimbus – dem seiner aristokratischen Abstammung. Er kam in der Tat aus einer alten adligen Familie schottischer Herkunft, die sich im 18. Jahrhundert in den Niederlanden niedergelassen hatte. Ein Onkel war General und Adjutant von König Wilhelm III., zwei seiner Vettern waren Admiräle, und seine Mutter war eine geborene Baroness Sweerts de Landas, eine verarmte Adlige. Kurzum, dieser Mann verfügte über einen Stammbaum, der Margarethas Träume zu erfüllen schien – beruhigende alte Wurzeln für eine Entwurzelte.

Margaretha brachte die Frische und Unbeschwertheit der Jugend in die Verbindung ein. Sie hatte kein Geld und täuschte auch nicht vor, welches zu haben. Dennoch log auch sie, wenngleich weniger offenkundig als MacLeod. Sie log durch bewusstes Verschweigen. Sie gab sich als Waise aus, denn ihre Mutter war zwar gestorben, doch ihr Vater, Adam Zelle, lebte durchaus noch. Margaretha hatte ihn schon seit ein paar Jahren nicht mehr gesehen. Er hatte wieder geheiratet, war finanziell am Ende und lebte mehr schlecht als recht in einem der ärmsten Viertel Amsterdams. Margaretha, die Angst davor hatte, dass der Traum von einer schönen Zukunft sich verflüchtigen würde, versuchte deshalb, den Vater aus ihrem Gedächtnis zu tilgen. Man kann es ihr letztendlich nicht übel nehmen, denn dieser Mann hatte sie verraten und im Stich gelassen. Wer sollte außerdem ahnen, dass sie keine makellose Vergangenheit aufweisen konnte? Sie hatte eine gute Erziehung genossen, spielte Klavier, sprach mehrere Sprachen und war somit durchaus geeignet, eine gute Partie zu machen.

Hochzeit in Weiß

Während ihrer Verlobungszeit erlebten Griet und Johnie (wie sich die beiden nannten) intensive, aufregende Augenblicke im Zeichen des Verbotenen. Es war ein ständiges Hin und Her zwischen Amsterdam und Den Haag. Herzklopfen, Umarmungen in der Droschke, Austausch von Liebespfändern – ganz in der Tradition des 19. Jahrhunderts. Bisweilen wehte aber auch schon ein neuer Wind.

Das Leben in den Kolonien mit seinen zahlreichen Exzessen hatte MacLeod gezeichnet; trotz seines relativ jungen Alters war seine Gesundheit angeschlagen. Sieht man von seinem martialischen Aussehen ab, war er vorzeitig gealtert. Er litt unter Diabetes, den man damals kaum im Griff hatte, und unter Rheuma, das seine Gelenke steif machte. Manchmal waren die Schmerzen so stark, dass er tagelang ans Bett gefesselt war. Bei jeder Bewegung musste er laut aufschreien. Oft konnte er vereinbarte Treffen nicht einhalten, bat sogar einmal seine Schwester Luise, an seiner statt einen Brief an Margaretha zu schreiben.[20] Geblendet von dem, was sie für ihr unverhofftes, glückliches Schicksal hielt, schüttelte Margaretha alle Bedenken ab. Ganz in ihrer Liebe aufgehend antwortete sie ihm voller Hingabe:

»Hast Du so starke Schmerzen gehabt, dass Du mir nicht selbst schreiben konntest? Ich denke schon, denn sonst würdest Du es getan haben. Glaubst Du, dass Du am Sonntag wieder laufen kannst? Ich hoffe es sehr, mein Schatz, aber übernimm Dich nur nicht. Ja, all dies hat mich zuerst traurig gemacht, doch dann habe ich es von der vernünftigen und positiven Seite angesehen, denn wenn ich hier sitze und mich elend fühle, hilft es Dir gar nicht, stimmt's? (...) Wenn es Dir eben möglich ist, schreib mir und lass mich wissen, wie es Dir geht. Gib mir einen wunderbaren Kuss und stell Dir einfach vor, ich sei bei Dir. Das ist es, wovon auch ich immer träume. Alsdann, Johnie, ich verabschiede mich mit einem ganz herzlichen Kuss von Dir. Deine Dich sehr liebende kleine Frau – Griet.«

In diesen herrlichen niederländischen Frühlingstagen schien es nichts zu geben, was die stürmische Leidenschaft bändigen konnte, die sich als verhängnisvoller Irrtum herausstellen sollte.

Vorerst verhielt sich Margaretha so, wie MacLeod es sich von einer Frau wünschte: sie nahm hin und ertrug. Sie beschloss sogar, sich ihrem Verlobten vor der Hochzeit hinzugeben – für die damalige Zeit ein Zeichen großer Kühnheit und Modernität. Nicht wenige Mädchen, die das Gleiche gewagt hatten, waren nach vollzogenem Akt von ihrem Verlobten wie minderwertige Huren verstoßen worden.

In einem anderen, inzwischen berühmten Brief heißt es (man bedenke, dass man das Jahr 1895 schrieb und sie eine achtzehnjährige Jungfrau war):

»Du fragst, ob ich bereit sei, unsinnige Dinge zu tun? Lieber zehnmal als einmal! Tu, was Du willst, in wenigen Wochen werde ich ohnehin Deine Frau sein. Ist es nicht wunderbar, dass wir beide das gleiche leidenschaftliche Temperament haben?! (...) Fürchte nicht, dass ich unpässlich sein werde. Es kam genau zur vorgesehenen Zeit, und das war vor einigen Tagen, sodass Du mich morgen fragen kannst, wonach Dir der Sinn steht!«

Deutlicher konnte sie sich kaum ausdrücken.

Warum hatte Margaretha sich ihm ohne Not restlos hingegeben? Zweifellos aus mehreren Gründen, wobei der erste Grund, den sie selbst genannt hat, der einleuchtendste ist: Zwischen ihnen bestand eine extrem heftige sexuelle Anziehung. Auch steht fest, dass bereits hier ein prägender Wesenszug Margarethas zum Ausdruck kam: die Lust, Tabus zu brechen und sich von Regeln frei zu machen. Margaretha/Mata Hari würde ihr Leben lang nicht auf ausgetretenen Pfaden gehen.

Als das Hochzeitsdatum näher rückte, waren noch einige unangenehme Formalitäten zu erledigen. Da Margaretha minderjährig war (man wurde damals erst mit einundzwanzig volljährig), benötigte sie zur Eheschließung die Zustimmung ihres Vaters. Margaretha war völlig niedergeschlagen; sie hatte angenommen, dass das Einverständnis ihres gesetzlichen Vormunds ausreichen würde. Zwangsläufig musste sie Rudolf MacLeod reinen Wein einschenken, doch zum Glück nahm er ihr die Lüge nicht übel. Auch wenn sie später das Gegenteil behaupten würde, befürchtete Margaretha, dass ihr Vater ihre Heirat verhindern könnte. Darum brauchte sie die Unterstützung ihres künftigen Ehemanns:

»Ich werde Vater (so nenne ich ihn immer noch) nur diese Worte schreiben: ›Treffen wir uns am Bahnhof.‹ Ich werde mit ihm reden, und ich habe keine Angst vor dem Ergebnis dieses Gesprächs, weil er sich nicht trauen wird, sich mir gegenüber so zu verhalten, wie er es mit anderen macht. Ich weiß mehrere Dinge über ihn, die ich ihm auch sagen werde. Wenn ich mit ihm gesprochen habe, werde ich ihn in irgendeinem Café absetzen und Dich holen, damit Du ihn auch sprichst. Mein lieber Johnie, was für Unannehmlichkeiten wegen eines solchen Feiglings!«

Wie durch ein Wunder aber war Adam Zelle sehr umgänglich. Der alte Aufschneider sah in der Heirat seiner Tochter eine willkommene Gelegenheit, bei seinen Nachbarn Eindruck zu schinden und so eine Verlängerung für einen überfälligen Wechsel herauszuschlagen. Nachdem er seinen künftigen Schwiegersohn begrüßt und kurz taxiert hatte, bat er das Brautpaar, ihn zu Hause zu besuchen. Adam Zelle wollte seine Tochter in einem eleganten, von prächtigen Pferden gezogenen Wagen mit seinem Schwiegersohn in Gala-Uniform vorfahren sehen. Eine kindische Albernheit, auf die sich MacLeod zwar wenig begeistert, aber widerspruchslos einließ. Der Preis für die Zustimmung wurde festgelegt, und der Hauptmann hatte es eilig.

Am 11. Juli 1895 wurde schließlich auf dem Amsterdamer Standesamt in Anwesenheit des Vaters, der sich für diesen Anlass einen Anzug geliehen hatte, die Ehe zwischen Margaretha Gertrude Zelle und Rudolf MacLeod geschlossen, die sie auf Gedeih und Verderb miteinander verband. Das Hochzeitsessen, an dem der Vater der Braut allerdings nicht teilnahm, fand im American Hotel statt. Böse Zungen behaupteten, die Neuvermählten hätten sich Adam Zelle vom Hals geschafft, indem sie ihm den Ort der Feier nicht verraten hatten. Durchaus möglich, denn künftig hegte Adam Zelle einen bitteren Groll gegen den Mann seiner Tochter, den er in klingende Münze umsetzte, als er zur rechten Zeit, im Jahre 1906, ein Buch veröffentlichte, von dem schon die Rede war.

Es sei ein kurzer Rückblick gestattet, um diese Romanze in ihren wesentlichen Zügen zu charakterisieren:

- Sechs Tage nach der ersten Begegnung fand bereits die Verlobung statt.
- Dreieinhalb Monate später heiratete das Paar.
- Margaretha hatte sich ihrem Verlobten bereits vor der Hochzeit »hingegeben«.

In ein paar Wochen würde sie in aller Öffentlichkeit ihre wahre Natur zeigen: ihre Impulsivität.

Erstes Erwachen

Die Hochzeitsreise führte das junge Paar nach Wiesbaden. Kurorte waren damals der Treffpunkt der europäischen Aristokratie. Wiesbaden hatte zwar nicht das Flair von Marienbad, Karlsbad, Baden-Baden oder selbst Bad Ischl, war aber ein eleganter, wenngleich etwas »familiärer« Kurort.

MacLeod hatte dieses Städtchen nicht zufällig ausgesucht; viele Offiziere kurierten dort ihre Krankheiten, und Wiesbaden war wegen seiner Heilkraft bei rheumatischen Erkrankungen bekannt, unter denen viele Rückkehrer aus tropischen Ländern litten. MacLeod scheute keine Ausgaben, um seiner hübschen jungen Frau zu imponieren und sich bewundern zu lassen. Sie wohnten im Nassauer Hof, dem schönsten Hotel der Stadt, das manche sogar für das beste Haus in Deutschland hielten. MacLeod hatte auf die richtige Karte gesetzt. Aufgrund ihres Temperaments, ihres Hangs zum Luxus und ihrer Exaltiertheit war Margaretha hellauf begeistert von dieser Welt voller Lüster und Golddekors. Sie fühlte sich hier zu Hause, als habe eine Fee sie mit ihrem Zauberstab endlich an den ihr gebührenden Platz versetzt. Wenn sie später über ihre goldene Kindheit fabulierte und ihr Herz Dutzenden von Journalisten ausschüttete, würde sie auf diesen Aufenthalt in Wiesbaden zurückgreifen, um zahlreiche Sommerfrischen zu erfinden, die ihre adlige Herkunft untermauern sollten. In einem Kurort jedenfalls hatte Margaretha den Eindruck, zum Leben erweckt worden zu sein; Jahre später, in einem verhängnisvollen Augenblick ihres Lebens, würde es wieder ein Kurort sein, in dem ihr Schicksal eine seltsame Wendung nehmen sollte.

Für den Moment aber war sie der unumstrittene Star der Soireen. Junge Offiziere auf der Suche nach (nicht militärischen) Abenteuern forderten sie zum Tanz auf. Ohne böse Absichten, ohne an die Gefühle ihres Ehemanns zu denken, amüsierte sie sich und freute sich darüber, ihren Verehrern den Kopf zu verdrehen.

In dieser kurzen Zeit zeichnete sich im Kern schon all das ab, was sich im Leben dieses ungleichen Paares abspielen würde – die wachsende Kluft zwischen beiden, die zunehmende Gereiztheit und der unversöhnliche Hass. Nachdem sie sich zunächst ganz von der Liebe und vom Zufall hatten treiben lassen, ließen Margaretha und MacLeod rasch die Masken fallen und zeigten ihr wahres Wesen. Margaretha erwies sich als oberflächlich und vergnügungssüchtig, hatte ein aufbrausendes Temperament, das verzehrend war wie ein Feuer. Rudolf MacLeod ähnelte von Tag zu Tag mehr dem verknöcherten Junggesellen Arnolf in Molières Komödie *Die Schule der Frauen*, der sich sein Mündel Agnes nicht von ihrem jungen Liebhaber Horaz wegschnappen lassen möchte. Wenn junge Männer Margaretha zu nahe kamen, um ihr Komplimente ins Ohr zu flüstern, ging er auf sie los und sagte laut und deutlich: »Meine Herren, diese Dame ist meine Frau!«

Mit anderen Worten: Weniger als acht Tage nach ihrer Ankunft in Wiesbaden gab es schon den ersten Ehekrach, weshalb der Aufenthalt von drei auf zwei Wochen verkürzt wurde.

Nach ihrer Rückkehr nach Amsterdam wohnte das Paar bei Rudolfs Schwester Luise. Sie hatten erwogen, eine Wohnung zu mieten, aber im Augenblick hatte das Sparen Vorrang. Die Hochzeit und die Reise nach Wiesbaden hatten MacLeods Ersparnisse ziemlich aufgezehrt, und so kam das Angebot Luises, bis zur Abreise nach Indonesien bei ihr zu wohnen, sehr gelegen.

Zunächst schien alles in bester Ordnung zu sein. »Die gute Luise«, wie Margaretha sie anfangs nannte, war mit einem gewissen Notar Wolsink verheiratet und hatte eine zwölf- und eine vierzehnjährige Tochter, für die Margaretha so etwas wie die Rolle der »großen Schwester« innehatte. Alle waren zufrieden mit dem getroffenen Arrangement.

Allmählich aber trat zutage, dass es nur wenige Gemeinsamkeiten gab und dass sich hinter MacLeods goldbetresster Uniform keine rosige finanzielle Situation verbarg. Aber es sollte schlimmer kommen.

Im Alltagsleben stellte sich heraus, dass Rudolf MacLeod gewalttätig, trunksüchtig und untreu war. Immer öfter blieb er weg, um sich mit Mädchen einzulassen. Auch Verster, der sozusagen die Ehe der MacLeods gestiftet hatte, merkte, dass einiges im Argen lag. MacLeod hatte ihn nämlich gebeten, seiner Frau Gesellschaft zu leisten, wenn er bei anderen Frauen war. Der Journalist verbrachte mehrere Abende mit Margaretha, die sich nichts anmerken ließ und Klavier spielte, auch wenn sie ahnte, was gerade vorging, und zutiefst verletzt war. Nur wenige Monate nach der Hochzeit ließ dies nichts Gutes ahnen.

Von da an ging es rasant bergab. Bald war MacLeod nur noch zu Hause, wenn seine Schmerzattacken ihn ans Bett fesselten. Für Margaretha war es inzwischen auch unerträglich geworden, mit Luise unter einem Dach zu leben, und die beiden Frauen konnten kaum noch ihre gegenseitige Abneigung verbergen. Luise (»Lavies«) fühlte sich von der Lebensweise ihrer Schwägerin brüskiert, die sich in ihren Augen wie ein privilegierter Gast verhielt und nicht wie eine verantwortungsvolle erwachsene Frau. Margaretha stand spät auf, gab den Kindern im Haus ein schlechtes Beispiel, dachte nur ans Vergnügen. Bald brach ein klassischer Konflikt aus: Die Verbitterung einer unzufriedenen Frau und die Unbekümmertheit eines jungen Mädchens, das alles vom Leben erwartete, prallten aufeinander. Aber im Grunde ließ sich Margaretha, die sich später wesentlich leichtfertiger verhalten würde, zu diesem Zeitpunkt noch nichts zuschulden kommen.

Allen war klar, dass das Paar in sein Unglück rannte, doch weigerten sich die Betroffenen, über die Konsequenzen nachzudenken, und redeten sich ein, dass in den Kolonien alles wieder in Ordnung kommen würde. Der Grund für diese Blindheit war ziemlich einfach: Trotz der zwanghaften Untreue MacLeods waren sie durch eine unwiderstehliche physische Anziehung aneinandergekettet, die in ihren Augen das Wesentliche einer Beziehung ausmachte. Margaretha war fest davon überzeugt, dass ihre Reize ihren Mann zu ihr zurückführen würden. MacLeod glaubte, er könne seine Frau durch seine Männlichkeit an sich fesseln.

So renkte sich die Situation nach einigen Monaten, in denen sie durch die Hölle gegangen waren, wie durch ein Wunder wieder ein. Das neue einigende Band, an das sie sich klammerten, war die bevorstehende Abreise nach Indonesien, dem Land der Götter. Dort würde es keine Probleme mehr geben, dort würde ein neues Leben beginnen. Während Griet auf eine fast königliche Zukunft im Fernen Osten hoffte, hatte MacLeod, der die Wirklichkeit kannte, es nicht eilig, in ein Land zurückzukehren, das ihn bereits ausgelaugt und vorzeitig hatte altern lassen. Zweimal täuschte er schwere Rheumaanfälle vor, um die Einschiffung hinauszuschieben, aber als Margaretha schwanger wurde, war er plötzlich wieder gesund, denn man würde nicht vor der Geburt des Kindes abreisen können.

Im ungünstigsten Moment

Margaretha brachte ihr Kind am 30. Januar 1897 zur Welt. Es war ein hübscher Junge mit dem matten Teint und der kräftigen Konstitution seiner Mutter, der den Namen Norman John erhielt - zum Andenken an einen Großvater und einen Großonkel aus der Familie MacLeod, zwei berühmten Offizieren, die ihn auf seinem Lebensweg beschützen sollten.

Am 1. Mai 1897 reisten die MacLeods an Bord der *SS Princess Amalia* nach Niederländisch-Ostindien. Die Abreise hätte Margaretha in gehobene Stimmung versetzen sollen, schließlich brach sie auf, um ein neues Land und neue Menschen kennenzulernen. Aber sie war überhaupt nicht in

Hochstimmung und begann schon zu bedauern, die Reise antreten zu müssen.

Was war geschehen? Einige Wochen zuvor, am 23. April, war das Ehepaar im Königlichen Palais empfangen worden. Wie andere Offiziere, die zur Abreise bereit waren, mussten Rudolf MacLeod und seine Frau der Regentin[21] und der noch minderjährigen künftigen Königin Wilhelmina vorgestellt werden. Für Margaretha war es die Erfüllung eines Kindheitstraums. Noch nie hatte sie so viel Luxus und Prunk gesehen. Wie in Wiesbaden, aber in einem noch märchenhafteren Ambiente, merkte sie, wie sie die Blicke der Männer auf sich zog. Im Vergleich zu den anderen ein wenig farblosen, verlegenen, unbeholfenen Frauen erregte Margaretha derart Aufsehen, dass ihr der Hofmarschall zuflüsterte, sie sei zweifellos die Königin des Abends … Sie lernte viele junge Offiziere kennen, die sich um sie drängten, um ihr vorgestellt zu werden. Ein etwas älterer Herr trat auf sie zu und küsste ihr die Hand: Es war der Baron Edouard Van der Capellen, ein Mann, dessen Eleganz Margaretha aufgefallen war. Ihre Wege sollten sich noch kreuzen, zunächst nur verstohlen, später überall in Europa. Margaretha hatte nun etwas, wovon sie träumen konnte. Und plötzlich hatte sie es nicht mehr eilig mit der Abreise.

Und wenn das wahre Leben sich doch hier abspielte?, fragte sie sich immer wieder.

Vom Kai aus blickte Margaretha auf das Oberdeck. Ihr blieb nichts anderes übrig, als gute Miene zum bösen Spiel zu machen. Da sie keine andere Wahl hatte, spann sie ihren fernöstlichen Traum weiter. Sie würde sich auf das Oberdeck stellen, um den Sonnenuntergang zu betrachten. Nach einem Anflug von Bedrücktheit, Bedauern, Angst drückte Margaretha ihren Sohn an die Brust und schiffte sich voller Tatendrang ein. Sie war zwanzig Jahre alt und überzeugt, dass die Welt ihr zu Füßen lag.

Was suchte Margaretha? Warum hatte sie so viele Träume? War es Zufall, dass sie manchmal zwischen zwei Welten hin und her irrte wie ein kleines Mädchen, das auf der Suche nach dem verlorenen Paradies war? Im Grunde war ihre emotionale Welt die eines Kindes – eines Kindes, das eines Tages die Welt faszinieren sollte.

5
Leeuwarden, 1876

Rosenknospe

Wer war eigentlich Mata Hari? Wer war die Frau, die vor dem Militärgericht der Spionage und der Kollaboration mit dem Feind angeklagt wurde? Wer war diese Frau, die aus dem Nichts aufgetaucht war und ganz Paris in ihren Bann gezogen hatte? Wer war diese Frau, die heiratete und sich nach Fernost einschiffte? Wer war die mittellose Schülerin, die gleichermaßen Liebe und Hass auf sich zog? Woher kam sie? Aus welchem Milieu stammte sie? Welches Geheimnis hütete sie?

Margaretha Gertrude Zelle wurde am 7. August 1876 in Leeuwarden in der niederländischen Provinz Friesland geboren. Sie war die Tochter von Adam Zelle und seiner Frau Antje, geborene Van der Meulen. Leeuwarden war damals eine Stadt mit 27 000 Einwohnern, tüchtigen protestantischen Bürgern.

Als Margaretha geboren wurde, war Adam Zelle sechsunddreißig Jahre alt. Er war ein stattlicher, groß gewachsener Mann mit dunklen Augen und langem Bart. Seine Vorfahren stammten aus Westfalen und hatten sich im 18. Jahrhundert in den Niederlanden niedergelassen. Dokumentiert ist, dass einer von ihnen, ein gewisser Hermann Otto Zelle, sich 1770 als Weber in Leeuwarden ansiedelte.

Adam Zelle war ein angesehener, gut situierter Hutmacher mit großen Ambitionen, der nichts mit dem elenden Mann gemein hatte, den sich Margaretha einige Jahre später nur mit Mühe vom Hals schaffen konnte. Er ging nie ohne Zylinder aus, jene Kopfbedeckung, die damals bei wohlsituierten Bürgern in Mode war. Sein Geschäft »De Klok« (Die Uhr) warb damit, eine Auswahl an eleganten Hüten zu bieten, die es mit den besten Geschäften von Den Haag und Amsterdam aufnehmen konnte. Zu seiner besten Zeit machte er mit folgender Anzeige Reklame: »Große Auswahl an Hüten und Mützen nach der neuesten Mode, Accessoires, Uniformen, Waffen, Modeschmuck.«

In Wirklichkeit war er ein Snob, ein etwas lächerlicher, selbstgefälliger Emporkömmling. Adam Zelle war als Hutmacher zu Geld gekommen, aber er hoffte, dass sich eines Tages neue Horizonte auftun würden. Voller Wagemut und Zuversicht legte er sein Geld in Ölaktien an und setzte auf Erdölvorkommen in Indonesien, dem damaligen Niederländisch-Ostindien. Die Anlage erwies sich zunächst als sehr rentabel, und die Dividenden gestatteten ihm, sein Monatseinkommen und sein Bankkonto aufzubessern. Seine Mitbürger nannten ihn »Baron« – meist um sich über seine gesellschaftlichen Ambitionen lustig zu machen, manchmal aber auch mit einem gewissen Respekt, und niemand wusste, was es mit dem vorgeblichen Titel auf sich hatte. Die Herkunft dieses Namens war also sehr umstritten. Adam Zelle, der Adelstitel sehr bewunderte, setzte alles daran, diesen Titel legitimieren zu lassen. Er ließ sogar einen Stammbaum aufstellen, der die Familie auf ein altes, berühmtes friesisches Geschlecht zurückführte, das in anderen Linien Herzöge und Könige hervorgebracht hatte. Eine Lügensucht, die ihren Höhepunkt 1906 mit dem Erscheinen des bereits erwähnten Buches über das Leben der Mata Hari erreichen sollte.

Das Jahr 1873 bescherte Adam Zelle den glanzvollsten Tag seines Lebens, drei Jahre vor Margarethas Geburt, als König Wilhelm III. die Stadt Leeuwarden besuchte. Die Stadtväter hatten beschlossen, eine berittene Ehrengarde aufzustellen und Adam Zelle an deren Spitze zu setzen. Es schien ihm also gelungen zu sein, die Elite der Stadt über seine Herkunft zu täuschen. Er fühlte sich so geehrt durch diesen »gesellschaftlichen Aufstieg«, dass er einen Gelegenheitsmaler mit der Anfertigung eines Porträts beauftragte, das ihn in vollem Glanz, mit schwarzem Bart, in Zylinder, Cut, weißen Kniehosen, auf dem Pferd sitzend als Fahnenträger der Ehrengarde zeigte. Ein etwas lächerliches Bild, aber schaden konnte es nicht. Immerhin hatte Adam Zelle sich durchgesetzt, und Margaretha kam folglich in einer angesehenen Familie zur Welt. Der Hutmacher zu Pferde genoss fortan hohes Ansehen in seiner Stellung zwischen Bürger und Landjunker, sozusagen als stolzer Hahn mit Pfauenfedern ausgestattet.

Seine Frau Antje war bodenständiger und bemüht, Erben in die Welt zu setzen. Nach Margaretha, dem ältesten Kind, brachte sie drei Jungen zur Welt, über die man allerdings kaum etwas weiß.

Unbestritten ähnelte Margaretha mit ihrem dunklen, für die Niederlande unüblichen Teint ihrem Vater nicht nur physisch; auch in psychischer Hinsicht schlug sie ihm nach, denn von ihm erbte sie wohl den Größenwahn, die krankhafte Lügensucht und das unbändige Verlangen, zur Aristokratie gehören zu wollen.

Pretty woman

In jenen Jahren raschen wirtschaftlichen Wachstums gelang es Adam Zelle dank seines gesellschaftlichen Aufstiegs endlich seinen Traum zu verwirklichen und sich in einem der elegantesten Viertel von Leeuwarden niederzulassen. Er erwarb dort ein Haus aus behauenen Steinen, ein »herrschaftliches Stadthaus«, das zu den schönsten Bauten der Stadt zählte. Margaretha war also noch klein, als ihre Familie in die Grote Kerkstraat 28 umzog. Adam Zelle hatte den Gipfel seines sozialen Aufstiegs erreicht, im Leeuwarden jener Zeit gab es nur wenige Bürger, die ein höheres Einkommen vorweisen konnten. Die folgenden Jahre waren entscheidend, um Margaretha/Mata Hari zu verstehen, um die Geschichten, die sie erfand, zu entschlüsseln. Margaretha hat zwar nie im »Schloss von Camingha« gewohnt, hat es sich aber von ihrem Zimmer aus zumindest vorstellen können. Genau gegenüber gab es ein reizendes altes Haus, das gemeinhin als Ameland-Haus bezeichnet wurde. Dieses Haus mit seinem verwilderten Garten hatte lange einer angesehenen Familie, den Caminghas, gehört – ein Beispiel dafür, wie Margaretha mit der Wirklichkeit umging, denn ein Camingha-Schloss hat nie existiert. Es genügte ein etwas geheimnisvolles Haus, an dem sich ihre Phantasie entzündete, ein Geschlecht, dessen Name der Tafelrunde von König Artus würdig war, um die Wirklichkeit zu verklären und zu verfälschen. Ein solcher Hang, die Realität den Träumen anzupassen, lag offensichtlich in ihrem Wesen, hinzu kamen aber zahlreiche Elemente, die ihn verstärkten.

Von Anfang an hatte Margaretha das Gefühl, etwas Besonderes zu sein, und alles schien sie darin zu bestärken – zunächst ihr Aussehen. Wie erwähnt, hatte sie, im Gegensatz zu ihren Brüdern und den anderen Kindern ihrer Umgebung, einen dunklen Teint wie ihr Vater. Mit ihren großen, ebenfalls dunklen Augen und ihren rötlich braunen Locken hob sie sich von den anderen ab. Ihr Vater kam immer wieder auf seine geheimnisvollen Vorfahren zu sprechen, aus denen Mata Hari später den mysteriösen Kriegerstamm der Woudkers machte, die einst den ganzen

Norden der Niederlande in Furcht und Schrecken versetzt hatten. Seltsamerweise berief Adam Zelle sich nicht auf diese Abstammung (er war deutscher Herkunft), er beanspruchte sie für die Van der Meulen, die Familie seiner Frau Antje.

Hinzu kam, dass Adam Zelle damals in »seine« M'greet völlig vernarrt war und ihr so viel Aufmerksamkeit schenkte wie keinem seiner anderen Kinder. Er beschloss, nicht aufs Geld zu achten und seiner Tochter eine ausgezeichnete Erziehung zuteilwerden zu lassen. Margaretha sollte mit den Töchtern der besten Gesellschaft auf der Schulbank sitzen. Darum meldete er sie im Institut von Fräulein Buys an, der besten Schule in Leeuwarden. Die Schülerzahl war begrenzt, das Schulgeld hoch, und neben den Grundfächern wurden dort auch Tanz, Klavier und Französisch unterrichtet. Gute Umgangsformen und Fremdsprachen konnten die Voraussetzung für eine glänzende Zukunft sein. Adam Zelle war davon überzeugt, und es würde sich später erweisen, dass er nicht ganz unrecht hatte.

Aber dies reichte ihm noch nicht. Er wollte seiner Tochter etwas geben, was kein anderes Kind hatte, etwas, das sie vor allen anderen auszeichnete. War leidenschaftliche Liebe der wahre Grund dafür oder steckte Narzissmus dahinter, der ihn zur Selbstverherrlichung antrieb? Zweifellos beides.

Als Margaretha sechs Jahre alt wurde, schenkte Adam Zelle ihr einen teuren viersitzigen Wagen, der von zwei prächtigen Ziegen gezogen wurde. Das Geschenk, einmalig in seiner Art, war eine Sensation. Mehr als fünfzig Jahre später sollten sich die Einwohner der Stadt immer noch an Margaretha und ihren »Bokkenwagen« erinnern.

Königliche Einsamkeit

Margaretha verlebte also eine glückliche, sorglose Jugend, und sie genoss die Wirkung, die sie ausübte. Wie sich später verstärkt bestätigen sollte, überraschte, beeindruckte, dominierte sie gern. Ständig war sie bemüht, eine Rolle zu spielen. Stets trug sie aufsehenerregende Kleider und erschien sogar einmal in einem extravaganten roten Kleid zum Unterricht von Fräulein Buys – ein für die damalige Zeit gewagter Auftritt. Ihr Ziegengespann, ihr Bedürfnis, im Mittelpunkt zu stehen, ihre auffallenden Kleider waren zwar ein Zeichen für ihren unbestreitbaren Sinn für große Auftritte, sonderten sie aber von den anderen Kindern ab. Diese Einsamkeit würde sie für den Rest ihres Lebens spüren, ertragen, hinnehmen müssen.

Offenbar hatte Margaretha schon damals, wie später auf der Oberschule, gleichermaßen erbitterte Feindinnen und bedingungslose Anhängerinnen. Die bereits erwähnte Frau de Kerkhof sollte Jahre später sagen: »Margaretha hatte ein königliches Auftreten, sie war wirklich anders! Bei uns war sie wie eine Orchidee inmitten bescheidener Butterblumen.«

Nach außen hin also ungetrübtes Glück. Allmählich entwickelte sich bei Margaretha jedoch ein offenkundiger Überlegenheitskomplex. Sie hatte einen Gott, ihren extravaganten Vater mit seinem imaginären Glorienschein, dem sie nachstrebte.

1889 war plötzlich alles zu Ende. Adam Zelle, der sich verspekuliert hatte, war völlig pleite. Für Margaretha, damals dreizehn Jahre alt, brach eine Welt zusammen. Ihr Vater musste, stark verschuldet, das Geschäft aufgeben. Er verließ Leeuwarden und zog nach Den Haag, in der Hoffnung, sich dort eine neue Existenz aufbauen zu können. Ohne es vorher anzukündigen, verließ er seine Frau und die drei Kinder. Diese mussten fortan mit einer bescheideneren Wohnung in der Willemskade vorliebnehmen. Die Zeit der Dienstboten und der schönen Kleider war vorbei. Nun hieß es, der kränklichen Mutter zu helfen. Margaretha kümmerte sich um ihre Brüder und unterrichtete sie, was andere glauben ließ, sie eigne sich als Kindergärtnerin.

Aber schlimmer als Geschirrspülen und Wäschewaschen war es, die Blicke derjenigen zu ertragen, die einen mit Genugtuung anschauten, oder, was noch schlimmer war, wie Luft behandelt zu werden. Nach dem Glanz kam die Erniedrigung, unter der die Heranwachsende nun besonders litt. Nur wenige Freundinnen hielten zu ihr, die meisten ließen sie ihren sozialen Abstieg spüren und machten sich ständig über sie lustig.

Der Abstieg hatte jedoch erst begonnen. Adam Zelle gelang es nicht, das zurückzugewinnen, was er verloren hatte. Der Familie schickte er nur unregelmäßig Geld. Seine Frau hüllte sich in Schweigen. Margaretha begriff, dass es wohl eine andere Frau gab, die sie von ihrem Vater, den sie nicht mehr wiedererkannte, entfernte – Verrat auf ganzer Linie. Diese Erfahrung sollte Margarethas Vertrauen in die Menschheit grundlegend erschüttern. Sie würde nie begreifen, warum ihr Vater, bei dem sie Halt und Schutz gesucht und der ihr in einem fort versichert hatte, sie sei sein Sonnenschein, sie im Stich gelassen hatte. Hatte der Schein sie getrogen? Das Gleiche erlebte sie später mit Rudolf Mac Leod, der zunächst ein leidenschaftlicher Liebhaber war, sich dann als geizig und kleinlich erwies und bereit war, sie in der Gosse enden zu lassen. Diese Erfahrung sollte sie noch einmal mitten im Ersten Weltkrieg machen, ohne dann die Kraft zu finden, sich wieder aufzurichten. Man hat ihr oft vorgeworfen, die Männer benutzt zu haben, aber wenn man ihr Leben genau unter die Lupe nimmt, sieht die Geschichte anders aus.

Kehren wir zu den schrecklichen Jahren ihrer verlorenen Jugend zurück.

1890 schöpfte sie neue Hoffnung. Adam Zelle kehrte zu seiner Familie zurück. Er sagte, er habe das ganze ihm übrig gebliebene Geld gut angelegt, und er habe Hoffnung, damit Erfolg zu haben. Doch abermals war es nur eine Illusion, denn er verlor endgültig alles. Die Situation hatte sich verändert: Das Verhältnis zu seiner Frau und zu Margaretha verschlechterte sich immer mehr. Adam Zelle gehörte zu den Männern, die keine Kritik vertragen konnten, und eines Tages verließ er seine Familie erneut.

Die Scheidung wurde am 4. September 1890 ausgesprochen. Neun Monate später starb Margarethas Mutter an einem Herzleiden. Damit war der Zerfall der Familie vollkommen. Margarethas Erbe seitens ihrer Mutter bestand nur aus einem Poesiealbum, in dem die Gedichte aufgeschrieben waren, die sie besonders mochte.

Allem Elend zum Trotz wollte Margaretha sich nicht unterkriegen lassen. Einige erinnerten sich später, dass sie sich am Tag der Einsargung ihrer Mutter ans Klavier gesetzt und bei offenen Fenstern Trauermärsche von Chopin und Beethoven gespielt hatte. Auf die Vorwürfe ihr treu gebliebener Freundinnen der guten Gesellschaft, die ihr Verhalten für skandalös hielten, erwiderte Margaretha: »Ich war traurig und hatte das Bedürfnis, es zum Ausdruck zu bringen.«

Ihre Brüder kamen bei einem Onkel und einem Vetter unter; Margaretha wurde ihrem Paten, Herrn Visser, anvertraut. Es folgte die Pädagogische Hochschule von Leiden, dann Rudolf MacLeod, anschließend Indonesien, schließlich Paris.

Margaretha war fünfzehn Jahre alt, als ihr Schicksal seinen Lauf nahm. Ein schweres, einsames und herrliches Schicksal.

Margaretha, M'greet, Griet, Mata Hari ... Eine vielschichtige Persönlichkeit. Eine Frau mit tausend Gesichtern. Eine Tochter, die einen Vater suchte. Eine Mutter, die einen Sohn beweinte. Eine Frau, die sich jederzeit enthüllen konnte, um eine andere zum Vorschein kommen zu lassen. All dies und noch viel mehr.

Am 13. Februar 1917, dem Tag ihrer Verhaftung, stand Mata Hari vor dem Abgrund und rief unzählige Legenden ins Leben, hinter denen sich die schlimmste Tragödie verbarg, die man sich vorstellen konnte. Denn es wurde nicht nur über die tatsächliche oder vermeintliche Spionin, die Femme fatale, den Vamp, sondern über eine Frau aus Fleisch und Blut das Urteil gefällt.

Es hat Jahre gedauert, bis man die Unterlagen sichten und sich ein objektives Urteil über das bilden konnte, was sich tatsächlich zugetragen hatte. Verschiedene abweichende Versionen und unterschiedliche Wahrheiten haben zu einer verzerrten Beurteilung der Wirklichkeit beigetragen. Das ist nicht verwunderlich, denn abgesehen von den Emotionen, der Böswilligkeit, der leidenschaftlichen Erregung, den Lügen, die dieser Fall ausgelöst hat, liegt hier nicht nur eine komplexe menschliche Tragödie vor.

Sie hat auch symbolische Bedeutung, weil sie einen Kontrapunkt setzt zu einem der blutigsten Jahrhunderte der Geschichte.

Es ist ein komplexer Fall, weil die Angeklagte log beziehungsweise verschiedene Versionen der Wahrheit zugab; komplex, weil die Anklage manipuliert wurde und sich weigerte, Argumente des gesunden Menschenverstandes gelten zu lassen.

Am 26. Mai 1917 äußerte sich Henriette Doyen, genannt Dangeville, gegenüber Pierre Bouchardon folgendermaßen über Mata Hari: »Ich habe bei ihr einen gewissen Größenwahn festgestellt. Sie wähnte sich in einer hohen gesellschaftlichen Stellung und sprach von einem Schloss in der Touraine, das sie entweder besaß oder gemietet hatte. Charakteristisch für sie war ihre Geltungssucht.«

Das hatte sich tragisch bewahrheitet.

ZWEITER TEIL
VERNUNFT UND GEFÜHLE

6
Kabarett

Eine Frau in Zeitnot

Ende des Frühlings 1914 war das Wetter sehr schön, und alles deutete darauf hin, dass es so bleiben würde. Die Droschken und Autos verstopften die von Kastanienbäumen beschatteten Prachtstraßen, die sich am Pariser Platz kreuzten.

Wir sind in Berlin im Viertel der Grandhotels, der Symbole der neuen Pracht des Kaiserreichs. Dort befand sich der Kaiserhof, berühmt wegen seiner erlesenen Soupers, die man dort nach den Theatervorstellungen einnehmen konnte; dort war das weniger protzige, eher »altdeutsche« Hotel Bristol und schließlich das Adlon, das neueste von allen, 1907 eröffnet, das sich rühmen konnte, den Kaiser mehrmals zu Gast gehabt zu haben. Wilhelm II. war dort in bester Erinnerung geblieben, weil er es sich nicht hatte nehmen lassen, in die Küche zu gehen und dem Küchenchef, Herrn Bodart, seine Anerkennung auszusprechen.

Bald würde die Mittagszeit vorbei sein. Die Hotelpagen und die Portiers stellten sich auf das unaufhörliche Kommen und Gehen ein, das bald wieder einsetzen würde.

Auf dem Bürgersteig eine bunt gemischte Gesellschaft, dazu viele Uniformen.

Aber zurück zum Bristol. Eine Frau verließ gerade das

Hotel und ging rasch die Behrenstraße hinunter, die zum Metropol-Theater führte. Eine elegante Erscheinung in einem langen, strohgelben Kleid und einem mit honigfarbenem Pelz verbrämten Schößchenmantel. Die Männer drehten sich um und pfiffen ihr nach.

Es war Mata Hari, die ständig unterwegs war – zwischen zwei Hotels, zwei Liebhabern, zwei Reisen, zwei Leben. Mata Hari, die die Herzen eroberte, aber zugleich Neid entfachte. Mata Hari war inzwischen achtunddreißig Jahre alt und stand eine schwere Zeit durch. Ohne Engagement und ohne Geld hatte der Schwarm von Paris in der deutschen Hauptstadt Zuflucht gesucht, um seine Karriere wieder in Schwung zu bringen. Sie hatte all ihre Güter – herrschaftliches Stadthaus, Kutschen und Pferde – veräußert und versuchte hier wieder an das anzuknüpfen, was ihr früher Erfolg eingebracht hatte. Wenn sie Schiffbruch erleiden sollte, war ihre Zukunft mehr als ungewiss.

Wie konnte eine Frau auf dem Gipfel des Ruhms, eine moderne Göttin, das erste Idol des 20. Jahrhunderts, einen so raschen Niedergang erleben? War es, weil ihr Erfolg sich abgenutzt hatte, war es fehlende Professionalität, war es die Unbeständigkeit des Publikums?

Nicht nur das, der Schlüssel für diese verhängnisvolle Entwicklung lag in Mata Haris Charakter begründet. In vielerlei Hinsicht verwundet, ohne Bindungen und ohne Halt, wollte sie das Leben auskosten und nicht an morgen denken. Wenn sie Erfolg hatte, kostete sie ihn rückhaltlos aus. Niemand arbeitete dann so ernsthaft und eifrig wie sie, und sie scheute keine Mühe. Aber wenn sie einem Mann begegnete, der ihr gefiel und ihr Zärtlichkeitsbedürfnis weckte, der ihre Gefühlswelt ausfüllte, ließ sie alles liegen und stehen. Es wäre falsch zu behaupten, Mata Hari habe ihren Liebschaften immer den Vorrang vor ihrer Karriere gegeben. Sie stellte keine Prioritäten auf; sie wollte alles auskosten, als sei sie nicht fähig, eine Wahl zu treffen. Dieser unreife oder neurotische Wesenszug ist der einzig wahre Schlüssel zu ihrem Leben, der rote Faden, der die Windungen ihres Lebenswegs zu erklären imstande ist. Aus Stolz und ihrer Natur folgend ließ sich Mata Hari (wie sie selbst einem Journalisten sagte) immer von ihrer momentanen Stimmung leiten, ohne die Konsequenzen zu bedenken. Als sie einmal von einem niederländischen Journalisten des *Nieuwe Courant* nach dem Geheimnis ihres Erfolgs, ihres fulminanten Aufstiegs gefragt wurde, antwortete sie einfach: »Ich hatte immer einen Revolver bei mir, und schon war die Entscheidung gefallen. Ich bin immer bereit, der Eingebung des Augenblicks zu folgen. Zum Glück haben mir die Götter immer beigestanden. Manchmal erwäge ich sogar, mich in ein altes Kloster irgendwo in Indien oder Tibet zurückzuziehen und dort ein beschauliches Leben zu führen. Sie sehen, meine Welt ist unergründlich.«

Doch obwohl sie immer das tat, was ihr gerade in den Sinn kam, und damit einen aktiven Part zu spielen schien, musste Mata Hari paradoxerweise ihr Leben mehr erdulden, als es den Anschein hatte.

Ausflüchte

Wir haben Mata Hari 1906 verlassen. Sie war soeben in Spanien, im Kursaal von Madrid, und dann in Monte Carlo aufgetreten, wo sie mit ihrer Darbietung in Massenets *Le Roi de Lahore* Aufsehen erregte. Dort war sie Alfred Kiepert begegnet, einem jungen, gut aussehenden Offizier des Elften Westfälischen Husarenregiments. Sie war ihm nach Berlin gefolgt und hatte ihre Karriere hintangestellt, um ganz für ihre neue Liebe zu leben. Aber die Dinge waren nicht so rosig, wie es den Anschein hatte. Wie so oft in Mata Haris Leben sollte das Glück nicht ungetrübt bleiben. Kiepert war mit einer schönen, reichen Ungarin aus der besten Gesellschaft verheiratet. Da er Karriere machen wollte, kam eine Scheidung für ihn aus gesellschaftlichen Gründen nicht infrage. Mata Hari würde also nie mehr sein als seine Geliebte.

Viele Frauen in dieser Lage hätten sich damit abgefunden. Kiepert betete sie an und erfüllte ihr jeden Wunsch. Er teilte das Bett mit ihr, und sie war diejenige, die alle Fäden in der Hand hielt, aber Ehekandidatinnen konnten Tänzerinnen und Mätressen nicht sein. Wieder einmal war Mata Hari anders als die anderen. Sie war nicht einfach eine kostspielige Mätresse, und das machte sie besonders begehrenswert. Sie vereinte in sich das Wesen einer Bürgerlichen und einer Hure in einer wohldosierten Mischung aus Kühnheit und Prüderie, die zu ihrem Markenzeichen werden sollte. Erstaunlicherweise hatte Mata Hari Angst vor einem »ungesetzlichen« Status und konnte es nicht mit ihrem Gewissen vereinbaren, mit einem Mann zusammenzuleben, sich mit ihm öffentlich sehen zu lassen, ohne dass er ihr den Ehering an den Finger steckte. Es war kein Zufall, dass sie versucht hatte, die Scheidung zu verweigern, und jetzt sehnte sie sich insgeheim danach, wieder zu heiraten. Vielleicht steckte ihr Bedürfnis, den Schein zu wahren, hinter diesem Wunsch, vielleicht spiegelte sich darin auch die Sehnsucht des kleinen entwurzelten Mädchens nach einem trauten Zuhause wider.

Nach einigen Monaten unbeschwerten Glücks stieg wieder Angst in Mata Hari auf. Wenngleich sie versuchte, es sich nicht anmerken zu lassen, fühlte sie sich in ihrer eleganten Berliner Wohnung in der Nachodstraße 39 von ihrer Umwelt abgeschnitten. Unwillkürlich wähnte sie sich immer in Gefahr, oder zumindest vermisste sie das Gefühl der Sicherheit. Bald wurde ihr bewusst, dass sie ihre Karriere zu schnell aufgegeben hatte, das Einzige, das ihr allein gehörte und worauf sie setzen konnte. Zum Glück hatte sie immer engen Kontakt zu ihren Förderern in Paris gehalten: mit dem Anwalt Édouard Clunet und dem Agenten Gabriel Astruc. Es schien ihr angebracht, diese Verbindungen für ein Comeback aufzufrischen. Aber offensichtlich hatte sich in den vergangenen zwei Jahren die Situation grundlegend verändert, und alles war wesentlich schwieriger geworden als 1904. Man konnte nicht mehr auf den Überraschungseffekt setzen, denn die Tempeltänze waren inzwischen hinlänglich bekannt. Obwohl Clunet und auch Astruc ihre Verbindungen spielen ließen – Clunet aus freundschaftlichen, Astruc aus kommerziellen Gründen –, kam nicht viel dabei heraus. Blieb noch Massenet, aber der Komponist ließ es bei feurigen Beteuerungen bewenden, ohne ihr etwas zu versprechen. Mata Hari war die schönste, die bezauberndste Frau, sicher würde sich eines Tages etwas ergeben ... Aber für den Augenblick sei nichts zu machen.

Etwas verunsichert fragte sich Mata Hari, ob ihr Charme nachgelassen hatte. Versuchten alle, auf deren Hilfe sie gezählt hatte, sich ihr zu entziehen? Sie brauchte ein Trugbild, das ihr gestatten würde, ihren Höhenflug fortzusetzen. Sie tat das, was sie schon immer getan hatte: sie unternahm Reisen, um neue Kräfte zu tanken. Sie reiste in Begleitung ihres gut aussehenden Offiziers, wie Elisabeth von Österreich, wie Lou Andreas-Salomé. Auf der Suche nach etwas Neuem. Für Sissi waren es die Meere und die Schiffe, für Mata Hari die Hotels und die Kurorte.

Odyssee

Zunächst fuhr sie nach Wien, ins kosmopolitische, jüdische, glanzvolle Wien. Die Hauptstadt der Habsburger war damals eine der wichtigsten Städte Europas. In kultureller

Hinsicht wurde Wien nur von Paris übertroffen. Kaiser Franz Joseph regierte seit beinahe sechzig Jahren. Er sah zwar wie eine mumifizierte Ikone aus, aber im Schatten seines wankenden Throns nahm ein ungeheures Kreativitätspotenzial allmählich Gestalt an. Wien – das waren Klimt, Zweig, Schiele, Freud, eine unerhörte Ansammlung von Talenten. Dort musste man sich, neben Paris, unbedingt zeigen.

Mata Hari traf eines Morgens wie ein Wirbelwind mit Dutzenden von Schrankkoffern in Wien ein. In ihrer Naivität hoffte sie, dass ein Wiener Komponist, ein Librettist oder ein Theaterdirektor auf sie zukommen würde, um ihr eine Rolle in einer Revue, einem Schauspiel oder einer Oper anzubieten. Aber nichts dergleichen geschah. Sie würde den ersten Schritt machen müssen.

Der Zeitpunkt war denkbar schlecht. Maud Allan und Isadora Duncan beherrschten damals die Tanzszene. Hatte Mata Hari früher die Konkurrenz problemlos in den Schatten stellen können, so gestaltete sich ihr Vorhaben diesmal ungleich schwieriger, denn die neuen Sterne am Bühnenhimmel hatten mithilfe einer groß angelegten Werbekampagne das Terrain besetzt, und zudem konnte Mata Hari nicht mit Neuem aufwarten. Sie musste einen Trick anwenden, um ihre Stellung wiederzuerlangen. Widerwillig bot sie das an, was sie vermeiden wollte: eine Neuauflage ihrer Vorführung bei Guimet. Da die Kunstszene keine Kenntnis von ihr nahm und ihre Fähigkeiten nicht gebührend zu schätzen schien, tanzte sie völlig nackt in der Wiener Sezession, bevor sie im Apollo-Theater in einem hautengen Tanztrikot auftrat. Sie hatte also einen Schritt zurück gemacht und mit einem Skandal wieder an den früheren Erfolg angeknüpft, obwohl sie, ihrem neuen Selbstverständnis entsprechend, eigentlich nur noch »Kunst« machen wollte. Doch der Erfolg gab ihr recht: sie war wieder die einzige, die unbestrittene Interpretin des Orients. Sie war das Original, die anderen nur blasse Kopien. Sie konnte sich sogar den extravaganten Wunsch leisten, vor ihrem Auftritt Luthers *Ein' feste Burg ist unser Gott* vom Orchester spielen zu lassen.

Ihrem Triumph stand wieder einmal nichts mehr im Wege, ihr Zauber nahm alle gefangen. In der Presse brach ein Sturm der Begeisterung los, und Wien stand den sensationellen Erfolgen in Paris und Madrid nicht nach. »Isadore Duncan ist tot! Es lebe Mata Hari!«, titelten die Zeitungen.

Das beruhigte Mata Hari, die in unzähligen Interviews immer neue Versionen ihrer kaum glaubhaften Biografie verbreitete. Ihre Großmutter sei eine javanische Prinzessin gewesen, und sie sei in einem Mädchenpensionat in Wiesbaden erzogen worden. Sie habe mit sechzehn Jahren geheiratet und in Delhi gelebt … Sie brachte so viele Fassungen in Umlauf, dass sie selbst den Überblick verlor. Sie glaubte schließlich selbst daran – wie ein Kind, das eine Geschichte, ein Spiel erfindet.

Konnte also alles wieder von vorne anfangen? Genügte ein Schnippen mit den Fingern, und die Welt lag einem zu Füßen?

Es sah beinahe danach aus, aber Mata Hari war so klug, sich nichts vorzumachen – ein Zeichen von Weitsicht, die viele ihr zu Unrecht abgesprochen haben. Sie wusste inzwischen aus Erfahrung, dass die Begeisterung des Publikums nicht ewig anhielt. Sie musste unbedingt nach neuen Entfaltungsmöglichkeiten suchen. Boten sich nicht der Traum, die Vergangenheit bestens dazu an?

Nachdem Mitte Januar 1907 der letzte Vorhang in Wien gefallen war, ging Mata Hari auf Reisen. Ihr Ziel war Ägypten, wo sie sich durch die Beschäftigung mit einer neuen Mythologie »erneuern« wollte. Mata Hari erwartete, verjüngt von dieser Reise zurückzukehren, als ob es ausreichen würde, neue Bilder in sich aufzunehmen, um dem Altern zu entrinnen. Eine naive, eine unzeitgemäße, jedoch sehr moderne Vorstellung.

Ende Januar 1907 ging sie also mit Kiepert an Bord des Dampfers *Schleswig* vom Norddeutschen Lloyd, der gerade einen Luxusdienst nach Alexandria eingerichtet hatte. Zum ersten Mal reiste sie in Begleitung ihres neuen Dienstmädchens Anna Lintjens, einer Holländerin, die fünfzehn Jahre älter war als sie und ihr in Zukunft immer zur Seite stehen sollte. Nach dem Land des Walzers also das Land der Pharaonen. Mata Hari flüchtete vor der Wirklichkeit und auf der Suche nach Neuem in immer fernere Länder und hatte gleichzeitig das Bedürfnis, eine »Landsmännin« um sich zu haben. Hinter diesem scheinbaren Widerspruch verbarg sich der Wunsch, zugleich zu den Wurzeln der Zivilisation mit ihren Pyramiden und Hieroglyphen sowie zu den Wurzeln ihrer eigenen Geschichte zurückzukehren, um in beiden Fällen schließlich die beruhigende Gewissheit zu finden, noch einmal ganz von vorne anfangen zu dürfen. Ein Journalist der angesehenen Pariser Tageszeitung *Le Temps* berichtete in einem Artikel:

»Erst heute haben wir die vollständige Passagierliste erhalten. Aber die Pariser, die sich an Bord befinden, haben schon in Marseille eine Berühmtheit wiedererkannt: Mata Hari, die berühmte Hindutänzerin, die uns die Tempeltänze offenbart hat, die nach Nacktheit verlangen. Sie hat auf den Kult des Gottes Schiwa verzichtet. Sie ist Berlinerin geworden, spricht Deutsch mit leicht orientalischem Akzent und gedenkt, ihr Leben an den Ufern der Spree zu beschließen.«[22]

Halt- und ziellos ging Mata Hari immer in ihrer jeweiligen Umgebung auf. In Paris war sie Pariserin, in Berlin Berlinerin. Sie konnte sich immer leicht anpassen. Sie kämpfte sich nicht nach oben durch, wie es von außen betrachtet erscheinen mag, um für ihre Kunst zu leben, sondern weil sie insgeheim immer noch auf die große Liebe wartete.

Auch der dreimonatige Aufenthalt am Nil würde ihr – wie nicht anders zu erwarten – nicht die ersehnte Inspiration bringen. In einem Brief an Gabriel Astruc in Paris bedauerte sie: »Leider ist alles, was einmal schön war, verschwunden. Die Tänze, die übrig geblieben sind, sind unbeholfen und weder graziös noch reizvoll.«

In ihrer Naivität hatte die große Legendenerfinderin geglaubt, von der Wirklichkeit leben zu können.

Der Spiegel zerbricht

Mata Hari kehrte nach Europa zurück, ohne zu wissen, wo sie sich niederlassen sollte. Nach einem kurzen Aufenthalt mit ihrem Liebhaber in Monte Carlo forderte Kieperts Familie, der Eskapaden und des durch seine Liaison mit »seiner« Tänzerin verursachten Skandals überdrüssig, ihn auf, sie zu verlassen. Wenn er sich weigern würde, werde man ihn entmündigen lassen beziehungsweise ihm den Geldhahn zudrehen. Als Militär wäre er erledigt. Anfang 1908 entschloss er sich zur Trennung. Er benahm sich wie ein Gentleman und schenkte Mata Hari einen stattlichen Geldbetrag (300 000 Reichsmark), der ihr ein unabhängiges Leben garantieren sollte. Man würde lügen, wenn man behaupten wollte, sie sei zutiefst getroffen gewesen. Sie brachte zwar immer noch Zuneigung für Kiepert auf, aber eigentlich war die Zeit reif für die Trennung gewesen. Die unerwartete moralische Intervention seiner Familie gestattete es beiden, sich zu trennen, ohne einander zu verletzen.

Eine Glückssträhne, die aber nicht von langer Dauer sein würde. Mata Hari zog Bilanz, hielt sich einen Spiegel vor, und was sie sah, gefiel ihr ganz und gar nicht.

Beruflich war das Jahr 1907 nicht nur von ihrer »großen Reise nach Ägypten« geprägt, sondern hatte auch eine bittere Enttäuschung gebracht, die sie nur mit Mühe verschmerzte. Sie hatte erfahren, dass Astruc die Pariser Premiere der *Salome* von Richard Strauss für den 10. Mai im Théâtre Châtelet vorbereitete. Genau das wäre es gewesen, was sie sich in Ägypten erträumt hatte – die Möglichkeit, mit einer ihr auf den Leib geschriebenen Rolle auf die Bühne zurückzukehren. Darum griff sie zur Feder und schrieb ihrem Agenten: »Die Musik von Strauss ist machtvoll, und ich möchte den Tanz, der gewöhnlich der schwächste Punkt einer Oper ist, kreieren und interpretieren.«

Sie ging geschickt vor, indem sie die Situation umkehrte: Nicht sie brauchte etwas, man brauchte sie, um den Erfolg der Aufführung zu gewährleisten. Auch hatte sie inzwischen begriffen, dass sie für sich selbst werben musste, und legte dem Brief an Astruc ein paar für Richard Strauss bestimmte Zeilen bei, in denen sie ihre Vorzüge hervorhob. Vergeblich: Astruc schien sich von Mata Haris Tanz wenig versprochen zu haben, denn er leitete das Schreiben nicht einmal weiter. Die Premiere der *Salome* wurde ein großer Triumph, aber Mata Hari war nicht einmal eingeladen.

Auch in privater Hinsicht lief 1907 nicht alles zu ihrer Zufriedenheit. Dabei war es nicht die Trennung von Kiepert, die ihr zu schaffen machte, sondern etwas Schwerwiegenderes, Fundamentaleres: Die Kluft zwischen ihr und ihrer Tochter Non wurde immer tiefer. Rudolf MacLeod hatte bekanntlich Non der Obhut ihrer Mutter bereits entzogen, als die Scheidung noch nicht ausgesprochen war. Das war 1903 gewesen, und Mutter und Tochter hatten sich also seit fast vier Jahren nicht mehr gesehen. Nun, da sie an einer Wende ihres Lebens stand und unter einem Defizit an Liebe litt, versuchte Mata Hari, Kontakt mit Non aufzunehmen. Sie schrieb ihrem Exmann einen beinahe unterwürfigen Brief, in dem sie um seine Erlaubnis bat, ihre Tochter wiedersehen zu dürfen. Trotz ihres aufbrausenden, hitzigen Temperaments, trotz ihres Stolzes und ihrer Kühnheit verbarg sich hinter dem Panzer, den sie angelegt hatte, das verletzte Kind, die Frau und Mutter voller Schuldgefühle. Erstaunlicherweise willigte MacLeod, warum auch immer, ein, und es wurde ein Treffen an dem neutralsten Ort, den man sich vorstellen kann, vereinbart: am 6. Juni um fünf Uhr im Bahnhof von Arnheim.

An besagtem Tag stieg Mata Hari aus dem Zug, der aus Berlin kam, vielleicht eine Spur zu elegant, gefolgt von Kieperts Butler, der die Pakete trug. Rudolf MacLeod betrachtete sie verächtlich, als sei sie die Hure Babylons. Der Offizier im Ruhestand fühlte sich durch den zur Schau getragenen Luxus verletzt; er ertrug nicht, dass seine Exfrau sich aus der Gosse, in die er sie getrieben hatte, wieder erhob. Er hätte ihr gern ins Gesicht gespuckt, hielt sich aber zurück. Mata Hari sah einzig und allein Non. Sie war inzwischen acht Jahre, groß gewachsen für ihr Alter, und hatte große, wehmütige Augen. Mata Hari kniete sich hin, bedeckte ihr Gesicht mit Küssen, gab ihr die Geschenke, alles maßlos. Non bedankte sich, siezte die Mutter, wusste nicht, was sie tun sollte, blickte zu ihrem Vater hoch, als wollte sie ihn fragen, ob sie die schöne Dame, die so gut duftete, umarmen dürfe. Das war also ihre Mutter! Man hätte eher annehmen können, sie sei eine Fee. Non wusste nicht, dass Feen weinten … Mata Hari hätte sich gewünscht, mit ihrer Tochter allein zu sein, mit ihr spazieren zu gehen. Non lächelte, hätte das Angebot gern angenommen. Aber sie hatte auch Angst, als die Stimme ihres Vaters wie ein Fallbeil ertönte: »Es ist spät. Wir müssen nach Hause!«

Mata Hari wurde aschfahl. MacLeod lächelte, er wusste seit jeher, wo er sie am empfindlichsten treffen konnte. Das

Wiedersehen hatte nur zehn Minuten gedauert. Eine Träne rollte ihr über die Wange. Der Butler wartete hinter ihr. Sie wandte sich um und sagte: »Es ist nichts, nur ein Staubkorn.«

Vertröstet

Trotzdem blickte Mata Hari am Silvesterabend 1907/08 nicht betrübt in die Zukunft; das vergangene Jahr wollte sie am liebsten vergessen. Sie verließ Berlin, wo sie mit Unterbrechungen zwei Jahre lang gewohnt hatte, und kehrte Anfang 1908 nach Paris zurück. Da sie keine Wohnung mehr hatte, ließ sie sich im Hotel Meurice in der Rue de Rivoli nieder. Wie gewohnt versuchte sie, Journalisten zusammenzutrommeln, aber das Interesse war erloschen. Mata Hari konnte ihre zweijährige »Vergnügungsreise« und die Erneuerung ihres Repertoires in noch so schillernden Farben malen, das Publikum biss nicht mehr an. Während sie sich vor noch nicht allzu langer Zeit vor den Angriffen und den Indiskretionen der Presse schützen musste, hatte sie diesmal Mühe, überhaupt Interviews zu vereinbaren. Nur zwei wichtige Zeitungen waren bereit, einen Artikel über ihre neuesten »Enthüllungen« zu bringen.

Mata Hari, die sich in dem Glauben gewiegt hatte, begehrt und einmalig zu sein, musste mit Entsetzen feststellen, dass sie nicht mehr als Einzige nackt tanzte. Andere hatten sie nachgeahmt und ersetzt, größtenteils Jüngere. Beispielsweise trat eine gewisse Colette, die für einen Skandal sorgte, weil sie offen ihre Liebe zur Tochter des Herzogs von Morny eingestand, mit großem Erfolg im Moulin Rouge auf. Für Mata Hari war dies schlimmer als die Einbuße an Gagen – es war Blasphemie. Sie war als Erste nackt aufgetreten, ihr war es gelungen, die Nacktheit salonfähig zu machen. Für sie wie für ihre Bewunderer hatten ihre

Vorführungen nichts Vulgäres an sich. Mit einigem guten Willen konnte man ihnen beinahe einen kulturellen Wert zuschreiben. Mata Hari verstieg sich sogar zu der Behauptung, dass ein gut dargebotener indischer Tanz die Begierden zügeln konnte, die er zu entfachen schien. Diejenigen, die sich rühmten, Bajaderen zu sein, verkauften indes nur ihre Nacktheit. Sie fühlte sich gedemütigt, verraten und herabgesetzt. Ihrer Verbitterung gab Mata Hari in einer kleinen Rede Ausdruck, die sie während einer von Coquelin organisierten Wohltätigkeitsveranstaltung für alternde Schauspieler am 20. September 1908 in Pont-aux-Dames hielt:

»Vor dreieinhalb Jahren trat ich zum ersten Mal bei einer privaten Veranstaltung im Musée Guimet auf. Seit diesem bemerkenswerten Tag hat es immer wieder Damen gegeben, die sich die Bezeichnung ›orientalische Tänzerin‹ anmaßten und mich mit ihren Nachahmungen ehrten. Ich würde mich von derartigen Zeichen der Aufmerksamkeit tatsächlich geschmeichelt fühlen, wenn diese Darbietungen vom künstlerisch-wissenschaftlichen und ästhetischen Standpunkt aus richtig wären, aber leider sind sie es nicht.«

Wenn Pionierinnen sich als Moralapostel gebärden, ist es schlimm um sie bestellt, und auch Mata Hari sah sich mit einem ernsten Problem konfrontiert: Die Presse interessierte sich nur noch für die Frau, die sie noch kürzlich in Wien in den Schatten gestellt hatte – die Amerikanerin Isadora Duncan. Alle jagten hinter ihr her, belagerten das Hotel, in dem sie abgestiegen war, während sie an der Seite ihres »roten Milliardärs«, Paris Singer, des Erben der gleichnamigen Nähmaschinenfabrik, einherstolzierte. Dank ihm (und seinen Millionen) gründete sie in Meudon ihren Tanztempel, das Dionysion. Die Art, wie sie ihren Körper entblößte, galt nun als revolutionär. Mata Hari schnitt zwar immer noch gut ab, aber sie merkte, dass sie an Terrain verloren hatte. Paris war eine oberflächliche, schnelllebige Stadt; hier floss der Champagner, und die Göttinnen von gestern waren schnell vergessen. Die »Stadt des Lichts« hatte sich einer neuen Priesterin zugewandt und schwärmte nun für die griechische Mythologie. Das Blatt hatte sich in dem Augenblick gewendet, als die Welt sich anschickte, ein neues, verhängnisvolles Kapitel ihrer Geschichte aufzuschlagen.

Ein kleiner Wermutstropfen

Von diesem Augenblick an musste sich Mata Hari mit Wohltätigkeits- und Privatveranstaltungen begnügen. Es war der Anfang ihres Abstiegs, auch wenn sie es noch nicht wahrhaben wollte. Sie tanzte im Trocadéro oder in Trouville. Die Zeitungen berichteten sogar, dass sie einen neuen Tanz erfunden hatte, den Tanz der Blume, »die in einer Nacht erblüht und stirbt« und die in Mata Haris Darbietung zu einer »wundervollen Illusion« wurde. Astruc empfing sie immer freundlich und ließ es nie an Höflichkeit mangeln, obwohl er sich vorwiegend der Protektion seiner neuen Entdeckung, dem russischen Opernsänger Fjodor Schaljapin, widmete, der vor Diaghilews »Ballets russes« für die Erneuerung der russischen Oper sorgte.

Mata Hari konnte es sich zwar leisten, kostenlos aufzutreten, aber ihr Selbstwertgefühl war verletzt und ihr schöner Traum ausgeträumt. Sie nahm es hin, ohne sich dagegen aufzubäumen, als sei es ein unabwendbares Schicksal. Sie hatte keine Lust mehr zu kämpfen, wenngleich es nicht ihrem Naturell entsprach, so leicht aufzugeben. Zum ersten Mal fehlte ihr ein Ziel, eine Motivation, weiterzumachen. Wie Dornröschen schien sie in einem schlafähnlichen Zustand auf ein großes Vorhaben oder auf den Märchenprinzen zu warten, der sie endlich aus dem Schlaf erlösen könnte.

Nach und nach flüchtete sie sich in die Rolle einer Dame von Welt. Sie besuchte Rennbahnen und Modehäuser und entfaltete großen Prunk. Am 4. Oktober 1908 erschien sie in einem hinreißenden Samtkleid beim Grand Prix d'Automne in Longchamp, und ein paar Tage später zeigte sie sich »in einem aufsehenerregenden, eng anliegenden Kleid aus altblauem Seidensamt, mit Chinchilla besetzt«. Man kannte die Namen einiger ihrer Liebhaber. Darunter war auch Alfred Messimy, der künftige Kriegsminister – einer unter vielen, einer von denen, die für sie nicht von Bedeutung waren und ihr lediglich gestatteten, sich mit einem Kavalier an der Seite zu präsentieren.

Erstaunlicherweise genügten diese mondänen Auftritte, um Mata Haris Stern weiterhin leuchten zu lassen. Frankreich unterschied sich eben von Amerika, wo zwei Misserfolge ausreichten, um jemanden zu einem »Ex-Star« zu machen. Hier hingegen konnte man auch vom vergangenen Ruhm in gewisser Weise zehren. Allerdings würde ihr Vermögen, das sie Alfred Kiepert verdankte, bald aufgebraucht sein, wenn sie diesen aufwendigen Lebensstil beibehielt. Gelegentliche kleinere Zuwendungen konnten daran nicht viel ändern. Die Zeit war reif, neue Voraussetzungen zu schaffen, und wieder kam ihr das Schicksal zu Hilfe.

Ende 1909 bekam Mata Hari ein Angebot von André Antoine, dem Gründer des Pariser Théâtre Libre und Direktor des Odéon. Er plante, das Stück eines französisch-algerischen Autors, Chekri-Ganem, mit der Musik von Rimskij-Korsakow[23] zu inszenieren. Das Stück hieß *Antar*, und der dritte Akt bestand aus einem Soloballett, das von Kleopatra getanzt wurde. André Antoine dachte, dass diese Rolle Mata Hari auf den Leib geschrieben sei. Plötzlich war die kaum noch erwartete Chance da – jede Tänzerin wäre hinter dieser Rolle her gewesen wie der Teufel hinter der armen Seele. Mata Hari konnte es kaum glauben.

Im Januar 1910 trat sie in dieser Rolle in Monte Carlo auf und feierte einen neuen Erfolg. Mata Haris »Feuertanz« war in aller Munde und veranlasste die Presse zu der Beurteilung, sie habe »eine wundervolle Leistung geboten, heiter, mystisch und eindrucksvoll«. Zweifellos war es ihr gelungen, Isadora Duncan den Rang abzulaufen und sich wieder ins Spiel zu bringen.

Doch die Ernüchterung folgte auf dem Fuße. Für die Pariser Inszenierung des Stücks in seinem eigenen Theater, dem Odéon, komplimentierte Antoine Mata Hari nach drei Probentagen hinaus. Er klagte, sie sei schwierig, arrogant und unzuverlässig – alles nur fadenscheinige Vorwände, denn die Wahrheit war härter, und Mata Hari, die zwischen den Zeilen zu lesen verstand, wusste es. Im Gegensatz zur Presse war Antoine von Mata Haris Darbietung nicht angetan gewesen. Er fand, sie habe künstlich gewirkt und ihre eigene Persönlichkeit zu sehr in den Vordergrund geschoben, statt mit der Interpretation Kleopatra gerecht zu werden. Kurzum, er wollte sie in Paris nicht auftreten lassen, weil sie mit seiner künstlerischen Vision nicht übereinstimmte.

Wutentbrannt und maßlos gekränkt – Antoine hatte sogar bestritten, dass Monte Carlo ein Erfolg war – konsultierte Mata Hari einen Anwalt und forderte ihre Gage und Schadenersatz. Das Gericht benötigte nahezu zweieinhalb Jahre, um den Fall zu entscheiden. Mata Hari gewann und bekam ihr Geld. Antoine sollte sich als schlechter Verlierer erweisen: Fast acht Jahre später, also zwei Jahre nach Mata Haris Hinrichtung, forderte er die Rückerstattung des gezahlten Betrags aus dem von ihr hinterlassenen Privatvermögen. Lag es nicht nahe, dass eine Frau, die Frankreich verraten hatte, auch den Richter auf unrechte Weise für sich gewonnen hatte? Für Antoine schien es jedenfalls legitim, die fragliche Summe zurückzufordern. Man kann ein großer Künstler und zugleich ein Kleingeist sein.

Nach dieser peinlichen Angelegenheit schien Mata Hari an einem Scheideweg zu stehen. Das ständige Auf und Ab ging nicht spurlos an ihr vorüber, und schlechte und irreführende Publicity konnte nachhaltig schaden, besonders wenn wichtige Leute sie in Umlauf setzten.

Was also sollte aus ihr werden? Würde ihr Stern endgültig erlöschen? Hatte sie noch genügend innere Reserven, um wieder auf die Beine zu kommen?

Fragen und Antworten

Mata Hari wurde die Mätresse eines reichen verheirateten Mannes, des Pariser Bankiers Xavier Rousseau, der sie in Neuilly (zu einer Jahresmiete von 5500 Francs) unterbrachte. Die Villa Madrid in der Rue Windsor 11 war ein entzückendes Haus im normannischen Baustil aus dem Jahre 1860. Madrid und Rousseau - zwei unheilschwangere Namen, die später wieder ins Spiel kommen sollten, als für Mata Hari die Totenglocke geläutet wurde. Zunächst aber führte sie ein großes Haus mit Dienern und einer Köchin. Frühmorgens konnten Spaziergänger sie auf ihren Lieblingspferden auf den Alleen des Bois de Boulogne reiten sehen.

Dieses beinahe ländliche Leben schien ihr plötzlich noch zu städtisch zu sein, denn sie zog aufs Land. Als offizieller Grund wurde die Überflutung weiter Teile von Paris genannt (das berühmte Jahrhunderthochwasser von 1910 hatte die besten Viertel der Stadt in ein haussmannsches Venedig verwandelt), die auch Schäden am Haus in Neuilly angerichtet hatte. Sie würde während der Reparaturarbeiten die Stadt verlassen, hieß es – eine offenkundige Ausrede, denn Mata Hari reiste ab, ohne jemanden in Kenntnis zu setzen und ohne eine Anschrift zu hinterlassen. Niemand, nicht einmal Astruc, wusste, wo sie sich aufhielt.

Diesmal suchte sie keine Aufmerksamkeit. Mit der denkbar größten Diskretion hatte Xavier Rousseau auf die Bitte von Mata Hari in der Touraine, in Esvres-sur-Indre, auf unbestimmte Zeit das Schloss La Dorée gemietet, ein Anwesen im Stil des 18. Jahrhunderts, zu dem ein mit rotem Samt ausgeschlagener Stall gehörte. Mata Hari lebte dort unter dem Namen Madame Rousseau, und ihr »Mann« besuchte sie jedes Wochenende. Rousseaus Sohn hatte Mata Hari und seinen Vater auf einer Soiree miteinander bekannt gemacht. Der Vater machte einträgliche Geschäfte in der Rue Vivienne 41, wohingegen der Sohn Musiker und ein Bewunderer Mata Haris war. Wie Augenzeugen zu berichten wussten, verstanden sich Xavier Rousseau und Mata Hari wunderbar. Sie lachten viel miteinander und unternahmen lange Ausritte, schliefen allerdings in getrennten Zimmern. Bei Ehepaaren war dies zu jener Zeit durchaus üblich, bei außerehelichen Verhältnissen jedoch weniger.

Das Schloss, am Ende einer imposanten, von Bäumen gesäumten Allee gelegen, war von einem herrlichen Park umgeben. Mata Hari, die eigentlich das mondäne Leben gewohnt war, lebte dort – mit Ausnahme der Wochenenden – nur mit wenigen Bediensteten.

Hatte sie beschlossen, ein ordentliches Leben zu führen? Hatte sie endlich ihren Frieden gefunden? War sie dem Mann ihres Lebens begegnet, auf den sie schon so lange wartete? Wollte sie sich einfach für eine Zeit lang zurückziehen? Oder gab es einen tieferen Grund?

Mata Hari hatte Zuflucht bei einem Mann gesucht, der ihr das Gefühl der Sicherheit gab. Es schien, als könne ihr nur ein älterer Mann den nötigen Rückhalt geben; sie suchte eine Vaterfigur, so wie Anna, ihr Dienstmädchen, für sie zur Ersatzmutter wurde. Sie wollte sich eine neue Familie »erschaffen«, so wie sie einst ihre Persönlichkeit und ihren Beruf kreiert hatte. Sie sehnte sich nach Geborgenheit, nach einem Paradies, wo niemand sie mehr verletzen konnte. Diesmal würde sie in ihrem berühmten Schloss von Camingha wohnen. Sie wollte einfach alles vergessen.

Aber wieder einmal trat das Schicksal auf den Plan. Xavier Rousseau war nicht nur Bankier, sondern auch Börsenmakler, und hatte, wie viele Geschäftsleute, ein Faible für Spekulationen. Damals brachten die Geschäfte in den Kolonien viel Geld ein, und es sah ganz so aus, als könnte man dort noch mehr Gewinn herausschlagen. Nicht aufgrund von Unredlichkeit, sondern wegen zu geringer Risikodeckung machte Rousseau eines Tages Bankrott. Auf einen Schlag holte sie die rauhe Wirklichkeit ein: Das Schlossleben war zu Ende. Noch ärgerlicher war, dass beim Bankrott auch ein Großteil ihres eigenen Geldes verloren ging. Trotz der eigenen Erfahrungen mit dem finanziellen Ruin des Vaters hatte sie Rousseau ihr Geld anvertraut, denn schließlich war er ja Bankier und verstand etwas von diesem Metier … Von den 300 000 Mark von Kiepert waren 200 000 für immer verloren.

Zwar verzichtete sie darauf, Anzeige gegen ihn zu erstatten, aber sie beendete das Verhältnis.

Als sie sich, wieder zurück in Neuilly in der Villa Madrid, weigerte, Rousseau zu empfangen, versuchte der Bankier unaufhörlich, sie zurückzugewinnen – vergeblich. Zwei Jahre später jedoch, als Rousseau am 11. April 1914 wegen Veruntreuung verhaftet wurde, richtete Mata Hari zwei flehende Briefe an den Staatspräsidenten und den Justizminister, um seine Freilassung zu erwirken.

Ein abenteuerliches Unterfangen

Im Februar 1912 war Mata Hari also in äußerster Bedrängnis. Sie war nicht mehr imstande, den gewohnten Lebensstandard aufrechtzuerhalten, und musste rasch handeln, um das Notwendigste zu retten. Nachdem sie zwei Jahre lang nichts mehr von sich hatte hören lassen, schrieb sie am 8. Februar an Gabriel Astruc:

»Kennen Sie wohl jemanden, der an der Förderung von Künstlern interessiert ist? Ich denke an einen Kapitalisten, der eine Investition machen möchte. Ich befinde mich zurzeit in einer ziemlich schwierigen Lage und benötige umgehend etwa 30 000 Francs, um aus dieser Situation herauszukommen und die geistige Ruhe wiederzugewinnen, die ich für meine Kunst so nötig brauche. Es wäre wirklich schade, eine aussichtsreiche Karriere wie die meine vorzeitig zu beenden. Als Garantie für ein Darlehen biete ich alles, was ich in meinem Haus besitze, einschließlich der Pferde und Wagen.«

Leider kannte Astruc niemanden, der dazu bereit gewesen wäre. Der schöne Schein, mit dem sie sich umgeben hatte, würde bald von der rauhen Wirklichkeit zerstört werden – eine bittere Erfahrung für die notorische Träumerin. Und wie immer, wenn ihre Existenz bedroht war, brach ihre heimliche, ihre schlimmere Wunde wieder auf: der Verlust der Tochter. Mithilfe ihres Dienstmädchens Anna wollte sie jetzt versuchen, Non zu entführen.

Fünf Jahre waren seit dem kurzen Treffen auf dem Bahnsteig in Arnheim vergangen, und Mata Hari hatte die Hoffnung nicht aufgegeben. In ihren Träumen sah sie Non, deren Name wie die Klage über ein verlorenes Glück klang. Ihr Vorhaben war, wie so oft, abenteuerlich. Sie hatte nie gelernt, die Dinge überlegt anzugehen. Stets vermischte sie Reales und Imaginäres. Auch als Spionin würde sie sich mit derselben Naivität in das Kampfgetümmel stürzen.

Ihr Plan sah folgendermaßen aus: Anna sollte nach Velp, einem Städtchen in der Nähe von Arnheim, fahren, wo MacLeod wohnte, sich vor Nons Schule postieren, sie in ein Auto verfrachten, nach Anvers fahren und dort mit ihr den Schnellzug nach Paris nehmen. Und wirklich stand Anna am festgesetzten Tag, vor Angst wie gelähmt, vor Nons Schule. Aber die Durchführung des Vorhabens wurde vereitelt, weil Rudolf MacLeod seine Tochter selbst von der Schule abholte. Trotzdem ging Anna leichenblass auf MacLeod zu und sagte: »Eine Dame hat mir ein Geschenk für Ihre Tochter gegeben.«

MacLeod schöpfte sofort Verdacht, warf ihr einen vernichtenden Blick zu und antwortete schroff: »Meine Tochter nimmt keine Geschenke von Unbekannten an. Wenn hier Geschenke gemacht werden, so bin ich derjenige, der sie macht.«

Non wohnte der Unterredung verständnislos bei. Ihr Vater packte sie fest am Arm und entfernte sich rasch mit ihr.

Damit war Mata Haris Plan gestorben. Anna kehrte so schnell wie möglich nach Paris zurück und dankte Gott, dass sie nicht verhaftet worden war.

Überlebensinstinkt

Man hätte annehmen können, dass Mata Hari zusammenbrechen würde. Aber die Not zwang sie, zu reagieren. Da sie dazu verdammt schien, einsam zu leben und sich durchzubeißen, musste sie kämpfen. Sie war sechsunddreißig Jahre alt und wusste, dass sie sich keine Fehler mehr leisten konnte. Astruc kam ihr zu Hilfe. Zwar hatte er keinen Mäzen für sie auftreiben können, doch er bot ihr eine unerwartete Chance – einen Vertrag mit der Mailänder Scala, dem berühmtesten Opernhaus der Welt. Wenn sie dort auftreten durfte, erhielt sie wirklich die »höheren Weihen«.

In ihrem Leben wechselten offenbar immer zwei Wellenbewegungen einander ab: unvorhergesehene Hindernisse und Schicksalsschläge mit unerwarteten Chancen und Möglichkeiten.

In der Scala tanzte Mata Hari in zwei Balletten: Einmal trat sie zur Musik von Marenco als Venus auf, zum anderen präsentierte sie sich mit ihrem inzwischen berühmt gewordenen Tanz der Blume, »die in einer Nacht erblüht und stirbt«, und zwar im fünften Akt der Gluckschen Oper *Armide*. Mata Hari, die auch hinsichtlich ihrer Eigenwerbung immer ihrer Zeit voraus war, ließ sich vor ihrer Abfahrt in den (spärlichen) Kostümen fotografieren, in denen sie aufgetreten war. Astruc würde dieses Material dann verschiedenen ausländischen Zeitungen schicken. Und um das Ganze abzurunden, fand Mata Hari es angebracht, ihre Biografie aufzupolieren. Jetzt war sie eine indonesische Prinzessin, die in den besten Internaten Europas erzogen worden war.

Das Ergebnis war nur teilweise befriedigend. Das Publikum nahm sie zwar begeistert auf, doch die in ästhetischer Hinsicht konservativer eingestellte Mailänder Presse war geteilter Meinung. *L'Uomo di Pietra*, eine humorvolle Wochenzeitschrift, schlug vor, dass die Scala Mata Hari mästen solle, damit sie sich im Bauchtanz hervortun könne, und befand: »Nachdem so viele Mimen auch als Tänzer auftreten, hielt ›La Scala‹ es für angebracht, einmal eine Tänzerin zu engagieren, die auch mimen kann.«

Mata Hari ignorierte die Misstöne, stellte sich taub und beschönigte ihren Erfolg. An Astruc schickte sie nur die schmeichelhaften Pressestimmen wie die des *Corriere della Sera* oder der *Lombardia*, die ihr Anmut, vollendete Harmonie und »eine seltene Ausdruckskraft« zuschrieben. Sie traf diese Auswahl, um Astruc ein für alle Mal von ihrem künstlerischen Wert zu überzeugen, denn sie hatte sich in den Kopf gesetzt, in Diaghilews Ballettensemble aufzutreten.

Ballets russes

Die »Ballets russes«, eine aus den besten St. Petersburger und Moskauer Hoftänzern zusammengestellte Balletttruppe, die der Impresario Diaghilew nach Paris gebracht hatte, revolutionierte damals die Ballettszene in ganz Europa. Für einige spiegelten die »Ballets russes« die starken Empfindungen der russischen Seele wider, für andere ließen sie sogar eine noch aufsehenerregendere Revolution vorausahnen. Eigentlich wussten wenige, worum es dabei ging, und je mehr darüber geredet wurde, desto mehr gewann diese Truppe für Mata Hari an Bedeutung. Fast schien man auf die Tänzer zu warten wie auf einen neuen Messias. Die »Ballets russes« lösten einerseits einen Skandal aus, entsprachen andererseits genau den in sie gesetzten Erwartungen und waren seit ihrem triumphalen Erfolg 1909 sehr in Mode. Diese innovative Kunstrichtung verhalf Strawinsky, Prokofjew und, was noch mehr erstaunte, französischen Komponisten zum Durchbruch, die bis dahin glücklos gewesen oder verkannt waren, wie Satie oder Debussy.

Mata Hari traute sich also viel zu, wenn sie unbedingt mit diesem berühmten Ballett auftreten wollte. Die Russen hatten bereits ihre Stars oder solche, die es zu werden versprachen – Tänzer wie Waslaw Nijinskij, Choreografen wie Fokine, Tänzerinnen wie Tamara Karsawina und Anna Pawlowna Pawlowa und viele andere, die bald die ganze Welt begeistern würden. So talentiert sie auch sein mochte, Mata Hari hatte keine künstlerische Ausbildung, und auch ihre Berühmtheit beeindruckte einen Mann wie Diaghilew nicht.

Da er Astruc jedoch viel verdankte, erklärte Diaghilew sich schließlich bereit, Mata Hari zu empfangen, allerdings zu seinen Bedingungen, und zwar in der Oper von Monte Carlo. Mata Hari erwartete, wie ein Star oder beinahe wie Diaghilews Wohltäterin empfangen zu werden. Stattdessen sah sie sich mit einer Forderung konfrontiert, mit der noch niemand an sie herangetreten war: »Ich möchte, dass Sie vortanzen, Madame, damit ich einen Eindruck von Ihren Fähigkeiten gewinnen kann.«

Es verschlug Mata Hari die Sprache. Sie zögerte einen Augenblick, doch schnell war ihr klar, dass sie keine Wahl hatte. Diaghilew, dessen Interesse an ihr ohnehin mehr als gering war und der sich nur dem gemeinsamen Freund verpflichtet fühlte, ließ sich Zeit, um sie zu entmutigen. Unter dem Vorwand, er sei völlig überlastet, verschob er das Vortanzen immer wieder, doch schließlich versprach man ihr die Rolle: Sie sollte mit einem kurzen »Tanz der Göttin« auftreten. Zunächst aber wurde sie an den Kostümbildner Léon Bakst verwiesen, der sie im Théâtre Beausoleil empfing und sie ungehobelt aufforderte, sich ganz auszuziehen, damit er sehen könne, wie der Körper aussehe, den er anziehen – oder auch ausziehen – sollte. Zwar kam Mata Hari seiner Aufforderung nach, schrieb aber am selben Abend an Astruc, bevor sie wieder in den Zug nach Italien stieg, wo sie sich seit ihren Auftritten in der Scala aufhielt: »Ich habe mich vor Bakst ganz ausgezogen, was vollauf reicht. Ich finde es höchst unnötig, auf der Bühne des Beausoleil, wo Bühnenarbeiter herumlaufen und zusehen können, alles noch einmal zu wiederholen.«

Man versteht sie. Es erübrigt sich, zu erwähnen, dass nichts aus der Sache wurde. Mata Hari hatte ihre Talente überschätzt. Das war für sie ein Schlag ins Gesicht, den sie nie vergessen würde. Schlimmer war allerdings, dass sie schon überall verkündet hatte, sie werde Diaghilews neuer Star sein. Sie hatte sich also lächerlich gemacht und musste jetzt die Auswirkungen ihrer voreiligen Reklame ausbügeln.

Am 30. April schrieb sie an Astruc: »Ich muss Ihnen gestehen, dass mich die Geschichte mit den Ballets russes in eine höchst unangenehme Lage gebracht hat, weil ich einfach zu viel darüber gesprochen habe.«

Folglich machte sie von ihrer Rückkehr nach Paris nicht viel Aufhebens, zumal auch die Auftritte in der Mailänder Scala keine großen Auswirkungen gehabt hatten. Mata Hari war beinahe wieder am Ausgangspunkt angelangt und musste mit unzähligen offenen Rechnungen leben, weil sie sich nicht einzuschränken wusste. Unbewusst schien sie sich an dem Sprichwort zu orientieren: Reich sein heißt nicht Geld haben, sondern Geld ausgeben.

Dennoch war Mata Hari gezwungen, ihre bisherige Strategie zu revidieren. Die ehemals begehrte Venus musste inzwischen den Engagements hinterherlaufen und, da sie knapp bei Kasse war, die Preise senken. Sie teilte Astruc mit, sie sei bereit, Galavorstellungen für 1000 Francs, ja sogar für 600 Francs die Soiree zu geben. Aber selbst bei diesen Offerten stand niemand mehr Schlange. Die Situation verschlechterte sich dermaßen, dass sie allen Stolz ablegte und Astruc bat, »irgendetwas« für sie zu finden. Sie war vom Sockel, auf den man sie gehoben hatte, hinabgestürzt. Heimlich wurde sie zur Kokotte. Elegant gekleidet, mit Hut und Schleier, huschte sie von Zeit zu Zeit in die exklusiven Freudenhäuser in der Avenue du Bois, wo sie jedes Mal ihre gut einstudierte Nummer zum Besten gab, indem sie jeder Bordellbesitzerin vorspielte, dass sie »ihre Dienste« exklusiv nur diesem Etablissement anbiete – ein Trick, um sich Verschwiegenheit zu sichern und gleichzeitig den Preis in die Höhe zu treiben. Rue Galilée 5, Avenue Kléber 86, Rue Lord Byron 14 – alles Häuser, die Mata Hari nun regelmäßig aufsuchte. Ihre Tarife waren bekannt: 1000 Francs die Stunde – ein einträgliches Geschäft. In einem Etablissement sollte sie übrigens während einer ärztlichen Routineuntersuchung einem Mann begegnen, der ihren Weg noch einmal kreuzen sollte: Dr. Bizard, dem Arzt des Polizeipräsidiums.

Traum und Wirklichkeit

Niemand hätte damals vermutet, dass »die Göttliche« (denn sie galt schon als solche, bevor Greta Garbo sie im Film verkörperte) so weit gesunken sein könnte. Und wirklich gelang es ihr besser denn je, ihre Umwelt zu täuschen. Das war wichtig, denn nur solange man glaubte, sie sei nach wie vor ganz oben, bestand für sie die Chance eines Comebacks. Der Gedanke, sie könne zum alten Eisen gehören und Gegenstand öffentlichen Spotts werden, war unerträglich. Also versuchte sie weiterhin, ihre Umwelt zu täuschen, gab Vorstellungen in ihrem Stadthaus und ritt wie eine Amazone durch den Bois de Boulogne.

Tief in ihrem Inneren aber wusste Mata Hari sehr wohl, dass etwas passieren musste. Sie hätte sich einen alten Liebhaber angeln können, der ihre Rechnungen bezahlen und ihr das Minimum, das sie zum Leben brauchte, garantieren würde. Aber sie hatte anderes im Sinn. Sie wollte die Niederlage, die Diaghilew ihr zugefügt hatte, wettmachen. Sie war von der Vorstellung besessen, alle von ihrem echten Talent zu überzeugen. Sie wollte sich Zutritt zu den größten europäischen Bühnen verschaffen, um Rollen zu spielen, mit denen sie sich endgültig durchsetzen würde – Träume fern jeder Realität, was sie sich aber nie wirklich eingestand. In Wirklichkeit war sie nicht mehr zu retten. In äußerster

Verzweiflung fiel sie ihrem Impresario, dem späteren Direktor des Theaters an den Champs-Élysées, zu Füßen – für eine einfache, auch schlecht bezahlte Rolle sei sie zu allem bereit. Astruc, der immer zu ihr gehalten hatte, gab sich auch jetzt noch alle Mühe, um Engagements für sie zu finden, obwohl er immer öfter Tricks anwenden musste. Mata Hari dankte es ihm schlecht: Sie überhäufte ihn mit Beschimpfungen, er sei für ihren Niedergang verantwortlich, und ließ ihre Wut an ihm aus. Ein anderes Mal fiel sie ihm wieder zu Füßen. Was Astruc ihr noch besorgen konnte, waren Rollen in seichteren Stücken, wo sie bekleideter als bisher auftrat. In Paris wollte man sich mehr denn je unbeschwert amüsieren, und die drohenden Wolken, die sich am Himmel aufzutürmen begannen, einfach vergessen. Mit anderen Worten: Man verlegte sich von der Kunst auf das Varieté. Mata Hari nahm alles an.

Zum Saisonbeginn 1913 stand ihr Name auf Lustspiel- und Revueplakaten. Im Frühjahr trat sie im Théâtre de la Renaissance mit dem berühmten Schauspieler Harry Baur in *Le Minaret* auf, einer musikalischen Komödie. Paul Poiret hatte die Kostüme entworfen, und Mata Hari erntete großen Beifall. Zum Glück wusste sie nicht, dass die Produzentin des Stücks, Madame Cora Laparcerie, sie nur auf Probe engagiert hatte. Bei einem Fiasko wäre sie das Engagement auf der Stelle los gewesen. Aufgrund des verhältnismäßig großen Erfolgs gab die Produzentin Mata Hari einen Vertrag für einen vollen Monat, vom 18. April bis zum 18. Mai 1913. Danach war die selbst ernannte Tempeltänzerin wieder arbeitslos. Um gute Miene zum bösen Spiel zu machen, täuschte Mata Hari vor, der gewandelte Geschmack des Publikums nötige sie, nicht mehr öffentlich aufzutreten. Einem Journalisten des *Moniteur théâtral* erklärte sie: »Hier versteht man mich nicht. Das Publikum sieht nur den Tanz, versteht aber nicht dessen Bedeutung. Um Tänze wie die meinen auszuführen, benötigt man unsere Erziehung, die in dreitausend Jahren geformt wurde. Auf der Bühne fehlt ihnen die rechte Wirkung, meine Tänze erfordern Palmen und Mondlicht …«

Im nächsten Monat warf sie jedoch diesen Entschluss jäh über Bord und heuerte bei *La Revue en chemise* in den Folies Bergère an, einer schlüpfrigen Show, in der Mata Hari eine Habanera sowie andere spanische Tänze aufführte. Vergessen waren das erlesene Publikum und das Raffinement ihres künstlerischen Debüts, die illustren Gäste in der Bibliothek des Musée Guimet hatten kaum etwas gemeinsam mit dem halbseidenen Publikum der Folies Bergère.

Padre Padrone

Mata Hari glaubte immer noch, ein Star zu sein, doch es erschien ihr zunehmend unsinnig, in Paris bleiben zu wollen. Sie erinnerte sich an ihre Erfolge in Italien, an die Verehrer ihrer Kunst dort, hoch angesehene Männer wie den Prinzen von San Faustino, der sie für ein Porträt hatte Modell sitzen lassen. Mit ihrer Rückkehr nach Paris hatte ihr unaufhaltsamer Niedergang begonnen. Monte Carlo mit Diaghilew und die Etablissements im Étoile-Viertel. Sie musste all dies hinter sich lassen, sich mit ihrem Nomadenschicksal abfinden und wieder ihrer Reiselust folgen, die sie immer aus Notsituationen gerettet hatte.

Italien schien ihr eine neue Chance zu bieten. Ein Mitglied einer angesehenen sizilianischen Familie, Ignazio Florio, bat sie, in seinem Etablissement, dem Trianon, aufzutreten. Mata Hari packte die Gelegenheit beim Schopfe; sie war überzeugt, in Palermo die ihr gebührende Anerkennung zu finden.

Sie ahnte nicht, dass sie vom Regen in die Traufe kommen würde.

Das Trianon war alles andere als ein Palast, sondern ein schlecht instand gehaltenes, verrufenes Kabarett, in dem drittklassige Varietédarbietungen stattfanden. Mata Hari musste dort zweimal täglich zwischen einer Filmvorführung und einer artistischen Hundenummer auftreten – der reinste Horror. Palermo, diese nostalgische Stadt mit prunkvollen Palästen, deren Verfall nicht mehr aufzuhalten war, erschien ihr wie ein Spiegelbild ihrer Karriere – Glanz und Verfall.

Sie kehrte nach Paris zurück und lieferte dort einen erneuten Beweis für ihre Hartnäckigkeit, indem sie, an die Begeisterung für Asien und den Orient anknüpfend, ein ägyptisches Ballett anbot, für das sie auf ihre Ägyptenreise zurückgreifen wollte. Sie schrieb einen Brief an ihren ehemaligen Gönner Guimet und unterbreitete ihm ihren Vorschlag – doch vergebens.

Im schicksalhaften Jahr 1914 trafen nicht nur für Europa, sondern auch für Mata Hari, die vor dem Zusammenbruch stand und sich nicht für die weltpolitischen Ereignisse interessierte, unglückliche Umstände zusammen. Enttäuscht von ihren französischen Freunden, die sich von ihr abwandten, gab Mata Hari ihr Haus in Neuilly auf. Schweren Herzens verkaufte sie ihre Pferde, ihre Möbel, ihre Kutschen, lagerte ihr Geschirr, ihr Tafelsilber und ihre Tischwäsche bei Mapple in der Rue de La Jonquière 29 im XVII. Bezirk ein und fuhr wieder nach Italien. Sie floh, weil sie ihren Verpflichtungen nicht mehr nachkommen konnte.

In Mailand empfahl ihr der Herzog von Grazzano di Modrone, den Mata Hari den Herzog von Visconti[24] nannte (indem sie den Adelstitel und den Familiennamen durcheinanderbrachte), nach Deutschland zu fahren, wo ihr ein Neuanfang leichter fallen würde. Schließlich war sie in Berlin noch nicht aufgetreten und hatte dort außerdem viele Freunde.

7
Gewitterwolken

Eine Frau in Zeitnot (Fortsetzung)

Fast durch Zufall kehrte Mata Hari also in die deutsche Hauptstadt zurück. Schon gleich nach ihrer Ankunft warnte ihr Freund Jules Cambon, inzwischen französischer Botschafter in Berlin, sie vor der heraufziehenden Gefahr: »Meine Liebe, ich fürchte, man hat Ihnen etwas zu leichtfertig geraten, hierherzukommen. An Ihrer Stelle würde ich schleunigst nach Paris zurückkehren.«

Mata Hari hörte nur mit halbem Ohr hin. Jules war ein netter Mann, aber man wusste, dass er zur Panikmache neigte. Bereits 1907 und 1910 war von der Gefahr eines weltumspannenden Konflikts die Rede gewesen, aber nichts war geschehen. Tanger, Agadir - alle Krisen wurden auf friedlichem Wege gelöst.

Da die Niederlande als neutrales Land überdies nie betroffen waren, konnte sie als niederländische Staatsbürgerin ohne Risiko gehen, wohin sie wollte. Dennoch setzte sie jetzt, Cambons Mahnungen in den Wind schlagend, aus Unbedachtsamkeit eine Maschinerie in Gang, die ihren Untergang herbeiführen würde. Im Augenblick hatte sie wichtigere Sorgen und nur ihre Karriere im Sinn. Sie brauchte dringend ein Engagement, doch die Dinge gestalteten sich komplizierter, als sie angenommen hatte.

Die Berliner Oper unterschied sich erheblich von den Opernhäusern von Paris und Monte Carlo. Das Deutschland Wilhelms II. war aufgrund seiner protestantischen Sittenstrenge nicht für freizügige Vorstellungen zu haben, nur heimlich kursierten Postkarten mit rundlichen, nackten Frauen. Offiziere, auch solche von höchstem Rang, hatten ihre Affären, und selbst im direkten Umfeld des Kaisers wurden mehrere Skandale aufgedeckt, aber es war undenkbar, dass eine Frau sich auf einer Theaterbühne des Kaiserreichs auszog. Ein eventueller Auftritt Mata Haris in einer Wagneroper war an die Bedingung geknüpft, dass sie sich nicht entblößen durfte.

Da sie Verbote hasste und es schon eines Minimums an Verwegenheit bedurfte, um die gewünschte Wirkung zu erzielen, hielt Mata Hari nach anderen Möglichkeiten Ausschau. Von orientalischen Tänzen und ägyptischem Ballett musste sie sich verabschieden. Am 23. Mai 1914 unterschrieb sie einen sechsmonatigen Vertrag mit dem Metropol-Theater für das Stück *Der Millionendieb*; das Engagement sollte im September 1914 beginnen (dem für die Premiere vorgesehenen Datum). Es garantierte ihr eine Gage von 48 000 Mark – nichts Weltbewegendes, aber auch nicht zu verachten.

Am 28. Juni 1914 wurde das österreichisch-ungarische Thronfolgerpaar in Sarajewo ermordet. Aber wen kümmerte es? Kaiser Franz Joseph schien es gelegen zu kommen, einen eher unbequemen Thronfolger losgeworden zu sein, und so hielt sich die Trauer des Wiener Hofes in Grenzen.

Mata Hari, die sich nichts aus der Politik machte, legte sich in jenem Sommer, der die Welt erschüttern sollte, mehrere Liebhaber zu, darunter einen Offizier, einen Bankier und einen Polizeibeamten. Man sah sie abwechselnd am Arm von Constant Bazet, dem Direktor der Société Générale in Berlin, einem verheirateten Franzosen; von einem gewissen Max Griebel, einem höheren Beamten im Polizeidienst, der die Aufsicht über die Sittlichkeit an den Theatern führte; und schließlich von Marinehauptmann Runtze, dem Chef einer Wasserflugzeugbasis.

Über diese kleinen Vergnügungen, diese »Annehmlichkeiten« hinaus versuchte Mata Hari, wieder Kontakt zu einem Mann aufzunehmen, der ihr gegenüber immer großzügig gewesen war und ihr Schutz geboten hatte – zwei Dinge, wofür die einsame Frau ihm stets dankbar war. Dieser ideale Freund und Gönner war Alfred Kiepert, ihr ehemaliger Liebhaber, der sie auf Händen getragen hatte. Sie hatten zusammen im Bristol zu Abend gegessen, wo Mata Hari abgestiegen war, einem der ältesten Hotelpaläste der Stadt. Sie hatten sich belustigt über ihre jeweiligen Missgeschicke ausgetauscht, über Kieperts Geldschwierigkeiten und über Mata Haris Ruhelosigkeit.

Es überraschte ihn, dass sie jetzt blond war. Sie hatte sich nämlich in Berlin die Haare färben lassen, angeblich um dem deutschen Geschmack zu entsprechen, in Wirklichkeit aber, weil sie in ihrem tiefschwarzen Haar ein paar graue Strähnen entdeckt hatte.

Zwischen Mata Hari und Kiepert war an die Stelle der Liebe nun sinnliches Verlangen getreten. Es hätte die ideale Beziehung werden können – zwei Menschen, die nicht mehr von Eifersucht geplagt waren und sich und die jeweiligen Bedürfnisse gut kannten. Eine ideale Lösung schien in Reichweite.

Eine kleine Andeutung

Liebende neigen dazu, die Realität zu unterschätzen. Kiepert und Mata Hari hatten geglaubt, bei ihrem Treffen strengste Diskretion gewahrt zu haben, doch schon am nächsten Morgen wurde in einem der Klatschblätter ausführlich darüber berichtet. Als sie gerade mit dem Frühstück fertig war, rief Kiepert sie an: »Mein Liebling, meine Frau ist außer sich vor Wut. Ich kann nicht mehr mit dir ausgehen, aber sei nicht traurig, ich werde dich bald in Paris wiedersehen.«

»In Paris?«, fragte Mata Hari erstaunt. »Mein Lieber, du weißt, dass ich wegen des Theaters noch mindestens sechs Monate in Berlin bin.«

»Du wirst vorher in Paris sein, und ich auch.«

Mata Hari wollte darauf noch etwas antworten, aber der Offizier hatte schon aufgelegt.

»Du wirst vorher in Paris sein, und ich auch.« Auf dem Weg zum Theater dachte sie über diesen rätselhaften Satz nach, der ihr nicht aus dem Kopf ging. Sie kannte Kiepert gut genug, um zu wissen, dass er nichts einfach so dahersagte. Sie ging am Portier des Metropol-Theaters vorbei, ohne ihn wahrzunehmen, und bekam nur mit, was er hinter ihr herrief: »Madame, der Kostümbildner wartet schon seit fast einer Stunde auf Sie!«

Der Kostümbildner war ein untersetzter, ungehobelter Mann. Aus banalen Budgetgründen hatte er den zweiten Kostümwechsel kurz vor dem Finale abgelehnt. Mata Hari zuckte mit den Schultern und schloss sich in ihrer Garderobe ein. Sie holte einen Briefbogen hervor und begann, in ihrer schönen, regelmäßigen Schrift zu schreiben: »An den Herrn Kriegsminister …«

Für einen Augenblick vergaß sie die aktuellen Probleme und wandte sich an Adolphe Messimy, einen ihrer ehemaligen Liebhaber, der nun im Kabinett Viviani für das Militärwesen zuständig war.

Sie wollte der französischen Regierung einen Wink hinsichtlich der Situation in Deutschland geben. Da sie sich für eine Informantin von höchster Wichtigkeit hielt (alles, was sie tat, war in ihren Augen von größter Bedeutung), bat sie den französischen Minister, sie so schnell wie möglich in Berlin zu besuchen, damit sie Informationen von grundlegender Bedeutung an ihn weitergeben konnte.

Sie handelte zwar reichlich naiv, aber gewiss in gutem Glauben. Dabei kann man mit Sicherheit davon ausgehen, dass Jules Cambon bereits entsprechende Berichte an das französische Außenministerium am Quai d'Orsay geschickt hatte.

Messimy antwortete ihr (was unter diesen Umständen erstaunlich war), dass er im Augenblick nicht nach Deutschland fahren könne und es ihm »in seiner Situation« nicht möglich sei, die Grenze zu passieren.

Einige Tage später unternahm Mata Hari einen neuen Vorstoß. Diesmal schrieb sie an Henri Kapferer, der der Luftwaffe angehörte und den sie ebenfalls gut kannte. Hauptmann Runtze, der Chef einer Wasserflugzeugbasis, hatte ihr bestätigt, was Kieperts Worte unausgesprochen vermuten ließen: Der Kaiser hatte vor, seinen Champagner bald in Paris zu trinken … Da die Politiker ihr kein Gehör schenken wollten, würde ein Militär vielleicht seine Pflicht erfüllen und die zuständigen Personen informieren. Diesmal bekam Mata Hari nicht einmal eine Antwort.

Warum machte sie sich überhaupt Sorgen, wenn sich allem Anschein nach niemand für das interessierte, was im Gange war, nicht einmal die, die sich darüber von Berufs wegen hätten Gedanken machen sollen?

Die Tage vergingen.

Falsches Timing

»Gegen Ende Juli 1914 saß ich eines Abends mit einem meiner Liebhaber, dem Polizeichef[25] Griebel, beim Abendessen in einem separaten Raum eines Restaurants, als wir den

Lärm einer Kundgebung hörten. Griebel, der von dieser unangemeldeten Kundgebung nichts wusste, ging mit mir zu dem Platz, wo sie stattfand. Vor dem Kaiserpalast gebärdete sich eine riesige Menschenmenge wie toll. Alle schrien: ›Deutschland über alles!‹«

In vier Wochen sollte die Premiere im Metropol-Theater stattfinden, doch ein paar Tage später brach der Erste Weltkrieg aus.

Für Mata Hari ergaben sich daraus eine Reihe von Komplikationen, an die sie nicht gedacht hatte. Alle Ausländer gerieten erst einmal in Verdacht. Sogar nach ihrer Verhaftung am 13. Februar 1917, als sich die Situation tragisch zuspitzen sollte, sprach sie mit Entsetzen von den Erfahrungen der ersten Kriegstage.[26]

Man stelle sich folgende Szene vor: Es ist acht Uhr morgens. Polizisten in Uniform stürmen das Hotel. Sie klopfen an alle Türen, verlangen brüsk die Ausweise, um die Nationalität zu überprüfen. Wenn man aus einem feindlichen Land stammt, wird man sofort verhaftet, ein harmloser Reisender wird zum Kriegsgefangenen. Wenn man wie Mata Hari einem neutralen Land angehört, wird man frech gemustert, und die Papiere werden genauestens überprüft.

An diesem Tag wurde Mata Hari auf offener Straße verhaftet und mehrere Stunden auf der Polizeiwache festgehalten, um sie zu dem Geständnis zu zwingen, sie sei Russin (weil sie das R rollte). Als die Polizei ihren Irrtum einsah, wurde sie widerwillig und ohne ein Wort der Entschuldigung freigelassen.

Aber es kam noch schlimmer. Das Metropol-Theater wurde geschlossen, und eine Wiedereröffnung in der Herbstsaison stand nicht mehr zur Debatte. Mata Haris Vertrag wurde aufgelöst, bevor sie nur einen Centime erhalten hatte (damals wurden die Proben nicht vergütet).

Zu allem Überfluss sperrte die Bank, auf der sie ihr Geld und ihren Schmuck deponiert hatte, ihr Konto. Nach den neuesten Vorschriften galt Mata Hari als Französin, weil sie über zehn Jahre in Frankreich gelebt hatte, und so wurde ihr gesamtes Vermögen in Deutschland beschlagnahmt. Als sei dies nicht genug, ließ der Kostümbildner des Theaters all ihre Pelze (im Wert von 80000 Goldfrancs) beschlagnahmen, um sich die Auslagen für ihre Kostüme erstatten zu lassen.

Verängstigt, einsam und völlig mittellos wandte sich Mata Hari an den einzigen Menschen, der noch etwas Menschlichkeit zeigte: Max Griebel.[27] Er hatte Mitleid mit ihr und streckte ihr das Geld vor, um die Hotelrechnung zu begleichen und eine Zugfahrkarte nach Frankreich über die Schweiz zu kaufen.

Am 3. August 1914 notierte Mata Hari in ihrem Tagebuch: »Krieg – verlasse Berlin – Theater geschlossen.«

Hätte sie das Ufer der Seine ungehindert erreicht – niemand wüsste heute mehr etwas von Mata Hari, die wegen des Verdachts, für die Deutschen spioniert zu haben, erschossen wurde.

An der Schweizer Grenze wurden die Fahrgäste aufgefordert, für die übliche Ausweiskontrolle aus dem Zug zu steigen. Aufgrund der gegebenen Umstände verstärkte die ohnehin misstrauische Schweiz die Kontrollen. Die Zollformalitäten zogen sich in die Länge, es wurde dunkel. Ein übereifriger Beamter fand heraus, dass Mata Hari keine ordnungsgemäßen Papiere mit sich führte. Beispielsweise fehlte die Transiterlaubnis, und mit ihrer Altersangabe stimmte etwas nicht. In der Tat hatte Mata Hari auf ihrem Reiseantrag ihr richtiges Alter, achtunddreißig Jahre, angegeben, dann aber aus Eitelkeit ungeschickt aus der Acht eine Null gemacht. Ihre Sucht zu täuschen sollte ihr diesmal zum Verhängnis werden ... Wieder einmal hatte das

Schicksal eingegriffen. Es wurde diskutiert, herumtelefoniert - nichts zu machen. Der Zug fuhr ab - ohne sie, aber mit ihrem Gepäck.

Nun besaß sie nichts mehr.

Die Einreise in die Schweiz wurde ihr verwehrt, und sie musste nach Berlin zurückkehren.

Völlig ratlos ging sie in Berlin zum Hotel Bristol, wo man ihr mitleidsvoll eine Kammer überließ, in der sie bleiben durfte, bis ihre Situation geklärt sein würde. Keine elegante Unterbringung, aber immerhin ein Ort, wo sie schlafen und sich in Ermangelung eines Bads wenigstens waschen konnte.

Was sie am dringendsten benötigte, war ein Telefon. Diesmal jedoch konnte auch Griebel ihr nicht helfen. Er war nämlich aufgefordert worden, sich von ihr zu distanzieren, denn seine Vorgesetzten wussten von der Beziehung. »Es tut mir leid, ich kann nichts mehr tun«, das war der einzige Satz, den er noch sagen durfte.

Vom 7. bis zum 14. August 1914 irrte Mata Hari von einem Amt zum anderen und kehrte Tag für Tag mutloser ins Hotel zurück.

Der gute Samariter

Einem Holländer, einem gewissen M.K., war die große Frau, die nervös in der Hotelhalle auf und ab ging, aufgefallen. Er erkundigte sich nach ihr und erfuhr, dass sie, genau wie er, aus den Niederlanden stammte.

Man erklärte ihm, sie sei eine bekannte Tänzerin, Mata Hari. Er näherte sich ihr und sprach sie in ihrer gemeinsamen Muttersprache an, und sie fragte ihn, ob er ihr behilflich sein könne.

Mata Hari zögerte nicht lange und erzählte ihm von all den Missgeschicken, die ihr widerfahren waren. Ohne dass sie ihn darum gebeten hatte, bot ihr M.K. an, das Geld für eine Fahrkarte nach Amsterdam vorzustrecken.

»Amsterdam?«, fragte sie erstaunt. »Ich will doch nach Paris.«

Für Mata Hari drehte sich nach wie vor alles um Paris, doch ihrem Landsmann gelang es, sie zu überzeugen. Sie beugte sich der Einsicht, dass es immer schwieriger werden würde, die Grenze zwischen der Schweiz und Frankreich zu passieren. Noch am selben Abend würden sie gemeinsam den Nachtzug nehmen, so würde es keine Schwierigkeiten geben. Erst in den Niederlanden würde ihr Albtraum ein Ende nehmen.

M.K. war ein Mann, der hielt, was er versprochen hatte. Er ging in das nächste Reisebüro, um eine zweite Fahrkarte zu kaufen. Aber als er sie in Händen hielt, erschien es ihm plötzlich unklug, in Gesellschaft einer Dame zu reisen, die von den Deutschen verdächtigt wurde. Außerdem könnte seine Frau, die ihn am Amsterdamer Bahnhof abholen würde, einen falschen Eindruck bekommen, wenn er in Gesellschaft einer so schönen Frau ankam. Er beschloss also, allein zu reisen, und hinterlegte an der Rezeption des Hotels Bristol Mata Haris Fahrkarte für den Nachtzug mit einem entsprechenden Begleitschreiben und seiner Amsterdamer Adresse und nahm selbst einen früheren Zug nach Holland.

Mit der Fahrkarte fuhr Mata Hari nach Frankfurt, wo sie beim Niederländischen Konsulat ein Visum beantragte.[28] Sie warf alle anfängliche Angst über Bord und tat wieder das, was sie das letzte Mal teuer hatte bezahlen müssen: Sie fälschte ihr Alter, diesmal jedoch ohne Folgen. Erschöpft und erleichtert zugleich kam die künstlich verjüngte Mata Hari kurz darauf mit ihren Ausweispapieren in Amsterdam an.

Seit 1904 war sie nicht mehr in ihrem Heimatland gewesen, sieht man von der kurzen Begegnung mit ihrer Tochter auf dem Bahnhof von Arnheim ab. Mit ihren Brüdern hatte sie keinerlei Kontakt, und ihr Vater, Adam Zelle, war 1910 gestorben. Sie kannte niemanden in der Stadt und stand mittellos da. Darum nahm sie eine Pferdedroschke und ließ sich zu der Wohnung des Ehepaars K. fahren. Da M. K. seiner Frau alles erzählt hatte – er hatte sich ja nichts vorzuwerfen –, war Frau K. nicht unvorbereitet, als Mata Hari vor der Tür stand.

Jedenfalls war sie ein gutmütiger Mensch und bestimmt auch ein wenig neugierig auf eine Frau, die ganz anders war als sie. Schließlich waren die Niederlande ein protestantisches Land und zudem ein wenig provinziell. Frau K. empfing die Tänzerin mit der größten Herzlichkeit. Sie bestätigte ihren Mann darin, richtig gehandelt zu haben, denn sie hatte den Eindruck, dass Mata Hari sehr unglücklich war – und schließlich sei es ein Gebot der Nächstenliebe, zu helfen. Doch hinter dieser Großherzigkeit steckte noch mehr: Frau K. hegte eine glühende Bewunderung für diese faszinierende Frau. Solange Mata Hari unter ihrem Dach lebte, waren die beiden Frauen unzertrennlich. Sie unterhielten sich stundenlang. Neugier, Komplizenschaft, Geheimnisse? Als sie sich besser kannten, fragte Frau K. einmal, warum Mata Hari in Berlin nicht versucht habe, ihren Mann zu verführen. Diese antwortete verblüffend direkt darauf: »Weil ich nur noch ein einziges Unterhemd besaß, alles andere war mir abhandengekommen – ich habe mich nicht sauber genug gefühlt.« Noch nach fast einem Jahrhundert verblüffen einen die Offenheit der holländischen Bürgersfrau und die Direktheit der Tänzerin.

Vaterland

Am Tag nach der Kriegserklärung stand Mata Hari genauso mittellos da wie 1904 in Paris. Gleiche Ursachen haben gleiche Wirkungen, und mit unvergleichlicher Folgerichtigkeit befolgte sie dieses Prinzip.

Nachdem sie einige Zeit bei dem Ehepaar K. verbracht hatte, zog Mata Hari in Amsterdam ins Hotel Victoria um, das beste Haus am Platze. Nach einem wohldurchdachten Plan wollte sie ihre Netze auswerfen, um einen Mann zu ihrer Rettung zu finden. Als Mata Hari eines Tages durch die Stadt ging, merkte sie, dass ihr jemand folgte. Sie betrat eine Kirche und wartete. Als sie herauskam, war der Mann immer noch da. Es war der Bankier Van der Schalk. Ein wenig schüchtern, aber kaum sein Interesse verhehlend, sprach er sie auf Französisch an, weil er sie aufgrund ihrer eleganten Erscheinung für eine Ausländerin, vielleicht eine Russin, hielt, was sie sofort bestätigte. Mata Hari selbst erzählte: »Ich habe ihm meine Nationalität nicht verraten und habe ihn in dem Glauben gelassen, ich sei Russin. So zeigte er mir vier Wochen lang mein Heimatland und schöpfte nicht den geringsten Verdacht, dass ich es so gut kannte wie er.«[29]

Wenn Mata Hari sich so verstellte, hatte sie ein bestimmtes Ziel vor Augen. In Wirklichkeit war sie in ihrem Land gar nicht so einsam und verlassen. Es gab hier einen früheren Verehrer, den Baron Edouard Van der Capellen, einen schwerreichen Kavallerieoberst, der ihr den Hof gemacht hatte, als sie noch Rudolf MacLeods Frau war. Sie waren sich zum ersten Mal auf jenem berühmten Ball im Königspalast kurz vor der Abreise des Ehepaars nach Niederländisch-Ostindien begegnet und hatten sich seitdem hier und da getroffen. Seine Adresse war ihr bekannt, doch sie suchte ihn nicht auf. Sie wusste, dass der Baron, ein verheirateter Mann, großen Wert auf Kleidung legte. Sie konnte also nicht als »arme Frau« bei ihm auftreten. Erst als sie sich wieder »aufgetakelt«[30] hatte und über eine passable Ausstattung verfügte, schrieb sie ihrem ehemaligen Verehrer einen langen Brief.

Selbstverständlich wurde Mata Hari die Mätresse des Barons, der sich maßlos darüber freute, dass sie erneut in sein Leben getreten war. Die Glückssträhne hielt an, denn etwa zur gleichen Zeit hob die Bank in Berlin die Sperrung von Mata Haris Konto wieder auf. Der Bankier Van der Schalk hatte einen Anwalt in die deutsche Hauptstadt geschickt und das Geforderte zurückbekommen. Mata Hari verfügte nun also wieder über einen gewissen Wohlstand; lediglich auf die Pelzmäntel, die der Kostümbildner beschlagnahmt hatte, musste sie weiterhin verzichten.

Die Dinge schienen sich also endlich zum Guten gewendet zu haben. Mata Hari war es gelungen, wieder auf die Füße zu fallen, und wieder schaffte sie es, die Männer in ihren Bann zu ziehen und sie zu belügen, ohne dass jemand es ihr wirklich übel nahm. Mit Van der Schalk sollte sie später bei ihren Spionagevorhaben in eine besondere Beziehung treten. Denn der Bankier nahm, wie es der Zufall wollte, die Interessen der Deutschen wahr und bot sich geradezu an, um das Hauptquartier des Kaiserreichs auszukundschaften.

Abschiede

Im Dezember 1914 trat Mata Hari in der »Koninklijke Schouwburg«, dem Königlichen Teater von Den Haag, und im Theater von Arnheim auf. Es war wie eine Rückkehr zu ihren Wurzeln. Sie hatte noch nie in ihrem Heimatland getanzt. Doch es war sozusagen ihr Schwanentanz, denn danach verschwand sie von der Bühne. So schloss sich, symbolisch gesehen, der Kreis.

Das wusste Mata Hari natürlich nicht.

Die Holländer strömten scharenweise ins Theater. Sie brannten vor Neugier und wollten die Landsmännin sehen, die im Ausland für Skandale gesorgt hatte. Es hatte sich herumgesprochen, dass Mata Hari eine Berühmtheit war, nackt getanzt und in Paris Erfolg gehabt hatte. Die Zuschauer bekamen aber wenig von dem zu sehen, was den Ruf der selbst ernannten Bajadere begründet hatte. In einer Art Potpourri ihrer verschiedenen Vorstellungen gewährte sie einen kleinen Einblick in ihre Tanzkunst. Diesmal jedoch fiel kein Schleier – gewiss aus dem Bedürfnis heraus, achtbar zu wirken, denn sie trat auch in Arnheim auf, wo ihr Exmann und ihre Tochter Non lebten. Sie hoffte, dass die beiden ihre Vorstellung besuchen würden. Jedoch weder MacLeod noch ihre Tochter sahen sich ihre Vorführung an. Wenn jemand ihn danach fragte, antwortete MacLeod, dass er sie »in allen erdenklichen Stellungen« kannte und sich nichts Neues von ihrem Auftritt versprach. Und Non traute sich nicht, sich über das Verbot des Vaters hinwegzusetzen.

8
Die verlorene Tochter

Das bürgerliche Leben

Schon in Friedenszeiten war das Leben in den Niederlanden für eine Frau wie Mata Hari nicht besonders spannend. Sie war zu ihren Ursprüngen zurückgekehrt, aber diese Rückkehr, die alles andere als einen Endpunkt bezeichnen sollte, nahm allmählich albtraumhafte Gestalt an. Die puritanischen Niederlande kamen ihr vor wie eine riesige Kaserne, in der Tausende properer Soldaten auf den leisesten Trommelschlag reagierten und in Reih und Glied marschierten. Man konnte sich zwar in Sicherheit wiegen, da es der niederländischen Regierung (im Gegensatz zur belgischen) gelungen war, die Neutralität zu wahren, aber die kriegsbedingten Beschränkungen vergifteten das Leben, und der Krieg schien alles gelähmt zu haben.

Es blieb nicht aus, dass Mata Hari sich trüben Gedanken hingab. Finanziell war sie abgesichert, aber sie langweilte sich zu Tode. Der Baron war oft abwesend (er war an die Grenze abgestellt worden und hatte selten Urlaub), und für ihre Tanzkarriere gab es keine Zukunft – nach ihrem Auftritt im Königlichen Theater von Den Haag hatte sie ihre Hoffnungen rasch begraben müssen. Da sie außerdem als Geliebte eines verheirateten und auf seinen Ruf bedachten Mannes nicht im Rampenlicht stehen konnte, musste sie, der ihrer Meinung nach die Welt zu Füßen hätte liegen sollen, sich in der Kleinstadtatmosphäre von Den Haag mit einem zurückgezogenen Leben bescheiden. Im August 1915 hatte Van der Capellen für sie ein kleines Haus an einem stillen Kanal, am Nieuwe Uitleg 16, gefunden, und Mata Hari war eine Zeit lang damit beschäftigt, ihr »Nest« einzurichten, doch nach der anfänglichen Aufregung und den heftigen Auseinandersetzungen mit ihrem Raumausstatter, einem gewissen Soet, gewann bald erneut die Eintönigkeit die Oberhand.

Mata Hari hatte tatsächlich nur noch eine Perspektive, nämlich ihrem Alterungsprozess zuzusehen. Sie wurde bald vierzig, damals ein heikles Alter für eine Frau. Würde die schöne, intelligente, stolze und ehrgeizige Mata Hari so klug sein und sich allmählich zurückziehen? War sie imstande zu verzichten? Ihr Verhalten war widersprüchlich ... Möglicherweise wäre sie mit einer Art orientalischem Fatalismus bereit gewesen, ihr Schicksal zu akzeptieren, wenn man ihr die Chance gegeben hätte, das wiederaufzubauen, was zerstört worden war.

Als der Krieg in Europa wütete, versuchte Mata Hari noch einmal, ihren inneren Frieden durch eine neue Begegnung mit ihrer Tochter wiederzufinden. Non war inzwischen sechzehn Jahre alt, und obwohl sie wenig von ihrer Mutter wusste, war diese ihr nicht gleichgültig. Als Mata Hari berühmt geworden war, hatte ein Biskuitfabrikant Kekse auf den Markt gebracht, deren Dosen mit Bildern der Tänzerin verziert waren. Erstaunlicherweise hatte MacLeod seiner Tochter erlaubt, eine solche Keksdose zu kaufen. Non hatte sie aufbewahrt und nahm darin jetzt ihr Pausenbrot ins Gymnasium mit.

Diesmal schrieb Mata Hari der Tochter einen Brief. Darin äußerte sie die Vermutung, dass Non alle möglichen Gerüchte über ihre Mutter gehört habe, dass sie inzwischen aber alt genug sei, um nun auch ihre Version der Geschichte zu erfahren. Leider zeigte Non den Brief ihrem Vater, der ihn umgehend mit dem Kommentar »So ein Miststück!« an seinen Anwalt[31] schickte.

MacLeod beantwortete den Brief anstelle der Tochter. Er schrieb, Mata Hari müsse sich, wenn sie ihre Tochter sehen wolle, direkt an ihn, den Vater, wenden. Mata Hari fügte sich und schrieb ihm einen herzzerreißenden Brief, in dem sie ihren Exmann anflehte, ihr das zu »gewähren, was ich so heiß ersehne«.

Genauso wie sie nie mehr tanzen würde, hat Mata Hari auch ihre Tochter nie wiedergesehen. MacLeod spielte Katz und Maus, schob das Treffen immer wieder auf und erfand ständig neue Ausreden. Mata Hari begriff, dass nichts zu machen war. Sie hatte alles versucht und musste nun schweren Herzens aufgeben.

Es gab jedoch etwas, das sie erfreut und ihr zugleich einen Stich versetzt hätte: Die Anwesenheit ihrer Mutter in Den Haag hatte die Neugier des Mädchens geweckt, das mehr als einmal unbemerkt an ihrem Haus vorbeigegangen war. In ihrem Tagebuch notierte Non: »Ich bin gestern am Haus vorbeigekommen. Es waren keine Männer in der Nähe, aber sehr hübsche Vorhänge an den Fenstern.«

Non und Mata Hari: Opfer von Schüchternheit und zerstörter Liebe, von Verleumdungen und Dummheit – zwei Wesen, denen von »den Leuten« die Luft abgeschnürt wurde.

Ohne Ziel, ohne Aufgabe, aber noch mit einem großen Potenzial ausgestattet, war Mata Hari eine erstklassige Beute für diejenigen, die sich ihrer zu bemächtigen wussten.

Annäherungsversuche

In allen neutralen Ländern unterhielten die Kriegsmächte ein Netz von Agenten und »Rekrutierern«, die Menschen aufspüren sollten, die sich für ihre Zwecke eigneten. Briten, Deutsche, Russen und Franzosen trafen sich in denselben Hotels, in denselben Restaurants, und die Tischgesellschaften ließen Bündnisse und Feindschaften wiederaufleben. Jeder nahm sich in Acht, versteckte sich im Schatten und wartete darauf, einen Erfolg für sich zu verbuchen. Das Deutsche Reich ging bei diesem Spiel sehr geschickt vor, besonders in den deutschsprachigen Ländern. In den Niederlanden führte Carl Krämer, der deutsche Generalkonsul in Amsterdam, diese kleine, äußerst aktive Organisation an. Da er unentwegt auf der Suche nach Neuem und über jede Ankunft und Abreise bestens informiert war, fiel es ihm nicht schwer, Mata Hari ausfindig zu machen, und da die Tänzerin sich nie um besondere Diskretion bemüht hatte, genügte ein Minimum an Nachforschungen, um herauszufinden, dass sie Beziehungen zu den verschiedensten Kreisen unterhalten hatte. In Deutschland beispielsweise hatte sie an der Seite von Alfred Kiepert in der besten Gesellschaft verkehrt, folglich konnte sie dem Kaiserreich gegenüber nicht feindlich gesinnt sein – ihre Vergangenheit bewies es. In Frankreich zählten zu ihren Freunden alle, die in Paris einen Namen hatten: Jules Cambon, Alfred Messimy, Henri Kapferer, Gabriel Astruc, Cécile Sorel, Gaston Menier …

Für Krämer gab es nicht den geringsten Zweifel: Mata Hari war die Frau seiner Wahl. Nachdem sie ihr hübsches Häuschen am Kanal bezogen hatte, ließ er sie nicht mehr aus den Augen. Er musste jedoch vorsichtig sein und taktisch geschickt vorgehen, um sie nicht abzuschrecken. In einem kleinen Land wie den Niederlanden fiel es dem deutschen Generalkonsul nicht schwer, jemanden zu finden, der

»unverfänglich« den Kontakt zwischen ihm und seinem neuen Opfer herstellte. Ein gewisser Wurfbain trat auf den Plan, ein Bankier und Freund Krämers, der Geschäfte im besetzten Belgien machte. Van der Schalk hatte ihn Mata Hari im vergangenen Jahr vorgestellt, und die beiden trafen sich von Zeit zu Zeit. Sie hielt nicht allzu viel von ihm, fand ihn derb und linkisch, doch gleichzeitig ab und zu amüsant in seiner Offenheit. Man traf sich also. Ein harmloses Trio ...

Bald wurde alles so arrangiert, dass Krämer Mata Haris Weg öfter kreuzte. Da er oft »geschäftlich« in Holland unterwegs war, pendelte er regelmäßig zwischen Den Haag und Amsterdam. Bei diesen scheinbar zufälligen Begegnungen grüßte er sie anfangs nur und wechselte später ein paar Worte mit ihr. Es waren zweifellos belanglose Sätze, aber Mata Hari war dermaßen gelangweilt von ihrem Leben, dass sie sogar mit einer Wand gesprochen hätte.

Wie ein Tiger, der sich im Käfig im Kreis bewegt, vertiefte sich Mata Hari immer wieder in ihre beiden prunkvollen Alben, in die sie Jahr für Jahr alles eingeklebt hatte, was sie betraf: hier einen Artikel über ihren ersten großen Erfolg im Musée Guimet, dort ein Foto aus Monte Carlo. Mata Hari hatte alles gesammelt, selbst die negativen Kritiken. Stundenlang versenkte sie sich in ihre Vergangenheit und ließ diese noch einmal aufleben.

Seit einiger Zeit spielte Mata Hari mit dem verwegenen Gedanken, nach Paris zurückzukehren. Schließlich hätte sie das schon früher getan, wenn die Ereignisse sich nicht überschlagen hätten. Sie hatte sich jedoch noch nicht getraut, mit dem Baron darüber zu sprechen, da sie bereits wusste, dass er es für hellen Wahnsinn halten würde. Eine Frau würde nicht in ein Land reisen, das in Schutt und Asche sank!

Zweifellos war es ein Wahnsinn, aber Mata Hari hatte heimlich bereits Erkundigungen eingezogen. Ein Nachbar, der französische Generalkonsul Henri Petitpied, der ein paar Schritte von ihr entfernt wohnte, hatte ihr zugesichert, dass sie ohne Schwierigkeiten ein Visum bekommen würde. Sie bewegte sich nun auf dem diplomatischen Parkett, ohne zu ahnen, dass sie überwacht wurde.

In dieser Zeit fuhr Krämer fort, sie zu observieren. Er versuchte, vorsichtig zu ergründen, was sie vorhatte. Er war ein gerissener Mann und dazu ein Profi und wusste, dass der Erfolg vom richtigen Augenblick abhing.

Mata Hari hatte also beschlossen, wieder nach Paris zu gehen.

Spionage – eine neue Rolle?

Im November 1915, als die ersten Nebelschwaden über den Kanal zogen und es am Tag nicht hell zu werden schien, ging der Konsul zum Angriff über. Er wartete nur auf eine günstige Gelegenheit. Mata Hari musste aufgrund einer hartnäckigen Erkältung das Bett hüten. Endlich bot sich ihm die Gelegenheit, sich bei ihr zu melden. Er schickte ihr Blumen, erkundigte sich nach ihrem Befinden, äußerte seine Sorgen – lauter kleine Aufmerksamkeiten, die ihr Herz rührten. Dazu noch folgende Zeilen:

»Verehrte, liebe Madame, wenn es Ihnen wieder besser geht, möchte ich Sie unter vier Augen sprechen. Lassen Sie mich bitte wissen, an welchem Abend wir uns treffen können. Ich wäre Ihnen dankbar, wenn Sie die größtmögliche Diskretion darüber wahrten.«

Dieses Schreiben weckte Mata Haris Neugier; umgehend antwortete sie: »Kommen Sie in drei Tagen nach dem Abendessen zu einer Tasse Tee. Mein Hausmädchen wird schon schlafen.«

Glaubte sie, dass Krämer ihr den Hof machen wollte? Das spielte keine Rolle, Hauptsache, es passierte etwas!

Am vereinbarten Tag Anfang November 1915 richtete

sich Mata Hari wie für ein heimliches Rendezvous her. Instinktiv hatte sie sich herausgeputzt, wenn auch dezent, um nicht den Anschein zu erwecken, sie lege es darauf an.

Um zehn Uhr klopfte es an der Tür. Wie vereinbart öffnete Mata Hari selbst die Tür. Krämer nahm den Hut ab und trat ein. Mata Hari nahm seinen Handkuss entgegen, führte ihn in den Salon und bot ihm eine Tasse Tee an. Dann redeten sie lange über belanglose Dinge, ein wenig über den Krieg und schließlich über das Leben in Paris. Bei der Erinnerung an die großen Boulevards, die auch der Diplomat kannte, geriet Mata Hari in Fahrt. Palais Garnier, Café Anglais, Paillard, Larue, Place de la Madeleine – alles Orte, an denen sich Mata Hari zu Hause fühlte. Ihr wurde warm ums Herz, und beinahe hätte sie geweint. Sie erinnerte sich an jenen Frühlingstag, als sie kurz nach ihrer Ankunft in der französischen Hauptstadt vom Grandhotel aus Richtung Place de l'Opéra gelaufen war. Es war ein strahlend schöner Tag gewesen, und plötzlich hatte sie das Gefühl gehabt, dass ihr alle Möglichkeiten offenstanden. Sie war im Zentrum von Paris, also im Herzen Frankreichs, im Mittelpunkt Europas und der ganzen Welt! Welche Staatsangehörigkeit man auch haben mochte, dort musste man sein, wenn man wirklich leben wollte.

Mata Hari stellte ihre Teetasse wieder auf den Tisch. Nach dieser Schwärmerei kam ihr das provinzielle Leben in Den Haag plötzlich noch öder vor. Krämer schaute sie lange an.

Verlegenes Schweigen. Mata Hari graute es vor einem solchen Schweigen, und sie war stets auf der Suche nach Gesprächsstoff. Diesmal jedoch ließ sie es bei diesem Schweigen bewenden, als ahnte sie, dass der Konsul ihr in genau diesem Augenblick etwas anbieten würde, das ihrem Leben wieder einen Sinn verlieh.

Krämer stand auf, trat vor den Kamin, rieb sich die Hände, wandte sich ihr zu und sagte: »Kann ich offen mit Ihnen reden? Sie träumen davon, nach Frankreich zurückzukehren. Ich weiß, dass der Baron Sie nicht gern missen möchte. Wir könnten uns aber gegenseitig große Dienste leisten. Habe ich mich klar ausgedrückt?«

Mata Hari begriff, dass Krämer nicht zum Vergnügen zu ihr gekommen war. Intuitiv wusste sie bereits, was er ihr vorschlagen würde. Mit gespielter Naivität bat sie ihn jedoch, sich etwas deutlicher auszudrücken.

»Wollen Sie für uns arbeiten? Für uns in Paris Informationen jeder Art sammeln, die für uns interessant sein könnten? Wenn Sie dazu bereit sind, biete ich Ihnen 20 000 Francs an.«

Krämer war also ein Spion. Dieser ruhige Mann, der sich aus allem herauszuhalten schien. Obwohl er deutscher Konsul war, wirkte er wie jemand, der nur ein Ehrenamt bekleidete. Tagsüber ein friedfertiger Bürger und nach Sonnenuntergang ein Abenteurer … Mata Hari war zu sehr an Masken und Rollen gewöhnt, als dass sie ernsthaft überrascht gewesen wäre. Sie lächelte, nahm ein Stück Gebäck und sagte, wieder ganz Dame von Welt: »Das ist nicht viel.«

»Stimmt«, gab darauf der Konsul zurück und legte eine Pause ein. »Aber zunächst müssen Sie uns zeigen, was Sie können; danach können Sie bekommen, was Sie wollen. Meine Regierung kann denjenigen gegenüber sehr großzügig sein, die ihr gute Dienste leisten.«

Mata Hari antwortete nicht. Sie beobachtete Krämer genauso eindringlich wie er sie – zwei Raubkatzen, die sich abschätzend musterten. Dann goss sie sich wieder eine Tasse Tee ein und fragte ihn mit ruhiger Stimme: »Was erwarten Sie von mir?«

»Informationen jeder Art. Im Krieg ist alles von Bedeutung, und ein Detail kann uns über die Bewegung bewaffneter Truppen Auskunft geben. Sie kennen eine Menge Leute. Ihnen wird das nicht schwerfallen, Sie brauchen nur hinzuhören … und mir alles zu erzählen.«

Mata Hari schüttelte den Kopf: »Sie werden Verständnis dafür haben, dass ich darüber nachdenken muss. Geben Sie mir ein paar Tage Zeit.«

»Ich verstehe. Sie wissen ja, wo Sie mich finden können«, sagte der Konsul bedächtig.

Dann kehrte seine gewohnte Heiterkeit zurück, er verabschiedete sich erneut mit einem Handkuss und wartete nicht einmal ab, bis Mata Hari ihn zur Tür begleitete.

20 000 Francs, das war eine unverhoffte Einnahme! 20 000 Francs, das war nicht die Welt … 20 000 Francs waren viel Geld … 20 000 Francs, das war nichts! Mata Hari war verwirrt, ratlos, verblüfft, aufgeregt angesichts der Versuchung.

Nie wäre es ihr in den Sinn gekommen, sich als Spionin für die Deutschen zu betätigen. Oder überhaupt zu spionieren. Nach ihrem Missgeschick bei Kriegsausbruch hegte sie keine besonders große Sympathie mehr für das Reich. Sie hatte nicht vergessen, wie rüde man mit ihr umgegangen war, selbst Menschen, die sie zu kennen geglaubt hatte. Für die Deutschen arbeiten? Doch wenn man bedachte, dass sie ihr ihre Pelzmäntel nicht zurückgegeben hatten … 80 000 Francs Verlust, und nun konnte sie sich einen Teil zurückholen. Sie würde das Geld kassieren. Sie war ihnen zu nichts verpflichtet. Im Gegenteil.

Tausend widersprüchliche Gedanken schossen ihr durch den Kopf. Mata Hari wurde beinahe schwindelig. Aber ein Gedanke ging ihr bald nicht mehr aus dem Sinn: Die Geschäfte liefen wieder an. Zum ersten Mal in ihrem Leben überstieg die Wirklichkeit ihre Vorstellungskraft. Man hatte sie abgewiesen, sie hatte kämpfen müssen, um zweitrangige Rollen zu spielen – und nun wurde sie wieder hofiert, und zwar nicht von irgendjemandem, sondern von den Vertretern eines der wichtigsten Staaten der Welt. Sozusagen vom Kaiser selbst. Wie töricht waren diejenigen gewesen, die ihren Fähigkeiten, ihrer Macht nicht mehr vertraut hatten!

In diesem Augenblick nahm Mata Haris Leben eine völlig neue Wendung. Im Grund hatte sie sich bereits entschieden. Am nächsten Tag setzte sie sich hin und schrieb diesen einfachen Satz: »Ich habe nachgedacht. Sie können mir das Geld bringen.«

Agent H-21

Ein paar Tage später. Es war Nacht. Die drei verabredeten Klopfzeichen … Mata Hari und der Konsul standen sich wieder gegenüber. Für ihr Treffen hatten sie eine Menge Vorsichtsmaßnahmen getroffen. Herr Krämer schien ein wenig anders als sonst zu sein. Er begrüßte sie flüchtig und folgte ihr mit beinahe militärischem Schritt in den Salon. Schluss mit den Höflichkeitsfloskeln und dem Herumlavieren. Er griff in seine Manteltasche und zog einen dicken Umschlag heraus. Darin waren 20 000 französische Francs in Banknoten zu 1000 Francs – selbstverständlich nicht frisch geprägt und sorgfältig zu zwei Bündeln zusammengeschnürt.

»Sie können das Geld ruhig nachzählen«, sagte er, als Mata Hari die Scheine nahm, um sie wegzuräumen.

»Das ist nicht nötig; ich glaube, dass es nicht in Ihrem Interesse ist, mich zu betrügen.«

Nach kurzem Schweigen sagte Krämer: »Sobald Sie in Paris sind, müssen Sie uns die Neuigkeiten schriftlich mitteilen.«

Mata Hari erstarrte. Sie hasste es, wenn man ihr Anweisungen erteilte, und der Konsul hatte auf einmal einen Ton angeschlagen, der ihr sehr missfiel, einen deutschen Befehlston, der ihr das Blut in den Adern gefrieren ließ.

»Das möchte ich aber nicht, vor allem, wenn ich mit meinem Namen unterschreiben soll.«

»Sie werden mit Ihrem Codenamen unterschreiben … H-21.«

»H-21?«, wiederholte Mata Hari voller Skepsis.

»Ja, H-21. Alle unsere Agenten haben Decknamen. Es ist eine einfache Vorsichtsmaßnahme, aber seien Sie versichert, es ist nicht die einzige.«[32]

Mata Hari setzte bewusst eine gleichgültige Miene auf: »Ich verstehe nichts von alledem.«

»Das haben wir gleich«, antwortete Krämer. Er wühlte wieder in einer seiner Taschen und brachte ein Etui zum Vorschein, in dem sich drei Fläschchen befanden. »Sie werden diese Tinte benutzen. Es ist eine unsichtbare Tinte, sodass die Schrift außer von uns von niemandem entziffert werden kann.« Dann zeigte er ihr ein Fläschchen nach dem anderen; jedes war mit einer Zahl versehen … 1, 2, 3. »Wie Sie sehen, ist in dem ersten und dritten Fläschchen eine weiße, im zweiten eine grüne Flüssigkeit. Geben Sie mir bitte ein Stück Papier.« Mit der Flüssigkeit aus dem ersten Fläschchen feuchtete Krämer das Blatt an, mit der aus dem zweiten Fläschchen schrieb er, und mit der Flüssigkeit aus dem dritten Fläschchen löschte er alles Geschriebene wieder. »So funktioniert das«, fuhr er fort. »Nachdem Sie Ihre Nachricht aufgeschrieben und anschließend wieder unsichtbar gemacht haben, wie ich es Ihnen gezeigt habe, können Sie darüber einen ganz normalen Brief mit ganz normaler Tinte schreiben. Sie werden Ihre Briefe an das Hotel Europa in Amsterdam adressieren. Da der Name Krämer in den Niederlanden häufig vorkommt, wird ihm niemand Beachtung schenken.«

Das war die ganze »Einweisung«. Nach diesem Treffen zögerte Mata Hari nicht mehr. Dank Krämers Geld konnte sie nach Paris fahren. Nur das zählte.

Was sie sich noch vor wenigen Tagen nur in ihren kühnsten Träumen ausgemalt hatte, ging nun in Erfüllung. Ohne Zeit zu verlieren, teilte sie dem Baron mit, sie werde nach Paris fahren, um all die Hauhaltsgegenstände, den Hausrat und ihre Wäsche aus dem Haus in Neuilly-sur-Seine, die sie bei der Firma Maple in der Rue La Jonquière eingelagert hatte, als sie Paris 1913 verlassen hatte, abzuholen. Edouard Van der Capellen runzelte die Stirn, doch er konnte ihr die Reise nicht verbieten. In den letzten Monaten hatte er sie höchstens zwei- oder dreimal gesehen. Auch wenn er sie gern von diesem Unternehmen abgehalten hätte, wusste er, dass es aussichtslos war, ihre Pläne zu durchkreuzen, wenn sie einmal einen Entschluss gefasst hatte.

Wie Petitpied, der französische Konsul in den Niederlanden, ihr versichert hatte, erhielt Mata Hari ohne Schwierigkeiten ein Visum für Frankreich. Unwillkürlich musste sie es immer wieder anschauen. Das war also der Schlüssel zu ihrem neuen Leben. Das Treffen mit Krämer war für sie in weite Ferne gerückt, ja es kam ihr beinahe unwirklich vor. Nur die zwei Banknotenbündel und die drei Fläschchen mit unsichtbarer Tinte erinnerten sie daran, dass sie das Ganze nicht nur geträumt hatte. Krämer – wenn alles so verlief, wie sie es sich erhoffte, könnte sie ihn bald vergessen. Wenn nicht, würde sie sich etwas einfallen lassen müssen. Als sie ihre Koffer packte, verharrte sie einen Augenblick regungslos, nahm dann die drei Fläschchen mit unsichtbarer Tinte und stopfte sie in die Tasche, die sie immer bei sich trug.

Eingebung

Am 30. November bestieg sie das Schiff. Zum zweiten Mal fuhr sie mit dem Schiff nach Frankreich. Das erste Mal war bei ihrer Rückkehr aus Ägypten gewesen; jetzt, 1915, war es undenkbar, auf dem Landweg zu reisen. Die Front zog sich wie eine lange Narbe, die den Durchgang versperrte, durch Europa. Von den Niederlanden aus musste man sich also Richtung Großbritannien einschiffen und von dort aus zum Kontinent zurückkehren. Eine lange, anstrengende Reise. Aber zum Glück spielte diesmal trotz der Jahreszeit das Wetter mit, und alles verlief völlig reibungslos: Sie hatte eine komfortable Kabine und nette Mitreisende. Wären nicht die angespannten Mienen einiger Offiziere gewesen, hätte man meinen können, auf einer Vergnügungsreise zu sein.

Mata Hari blieb sogar ein paar Tage in London, weil sie erwog, in nächster Zukunft dort aufzutreten. Seitdem sie die Niederlande verlassen hatte, schien erneut alles möglich zu sein. Sie war beinahe so unbeschwert wie bei ihren ersten Auftritten.

Dann kam der Tag, an dem sie sich in Southampton nach Dieppe einschiffen sollte. Am Zoll wurde sie wie alle Passagiere nach ihrem Ausweis und dem Grund ihrer Reise gefragt. Mata Hari »verwechselte« offenbar die Fragen der Zollbeamten mit einem Interview bei einem Boulevardblatt, denn plötzlich kam sie in Fahrt und fing an, unwahrscheinliche Geschichten über ihre Herkunft und ihre Pläne zu erzählen. Sie gab sich als orientalische Prinzessin aus, angeblich floss viel fremdes Blut in ihren Adern, und sie stilisierte sich zu einer Art Vestalin in diesen Kriegszeiten.

Die alte, immer wieder neue Geschichte ... Allerdings konnten die Briten, die sie nicht kannten, die Sache nicht einordnen – sie wurden lediglich stutzig. Mata Hari hatte

Aufmerksamkeit erregt – genau das, was sie tunlichst hätte vermeiden sollen. Die Londoner Polizei konnte sie aber nicht an der Nase herumführen wie die Klatschreporter. Obwohl sie bei einer neuerlichen Befragung wahrheitsgemäße Angaben machte, war die Maschinerie bereits in Gang gesetzt worden: Einmal in Verdacht geraten, ließ man nicht locker, und selbst Scotland Yard wurde eingeschaltet – ein schlechter Einstieg für eine frischgebackene Agentin.

Noch schien sie jedoch einen Schutzengel zu haben. Während ihrer Befragung wurden ihre Schiffs- und Reisekoffer sowie ihre Tasche durchsucht. Nichts wurde ausgelassen, alles wurde auseinandergenommen, und sie musste sich sogar einer Leibesvisitation unterziehen.

Und was war mit Krämers Tintenfläschchen, die zweifellos Grund genug gewesen wären? Sobald das Schiff in den Niederlanden in See gestochen war, hatte Mata Hari plötzlich eine seltsame Vorahnung gehabt: Sie musste diese Fläschchen um jeden Preis loswerden. Es war Wahnsinn gewesen, sie überhaupt mitzunehmen, sie hätte sie schon längst wegwerfen sollen.

Sie ging auf Deck, ihr Herz raste vor Angst. Es war dunkel. Sie traf nur ein Liebespaar, das sich küsste. Mata Hari wartete ab, bis sie allein war, öffnete dann ihre Tasche und warf die drei Fläschchen in den Ärmelkanal. Danach verspürte sie eine enorme Erleichterung und kam sich wie »reingewaschen« vor.

Ihre Eingebung bekam nun nachträglich einen Sinn. Da die britischen Beamten nichts Kompromittierendes fanden, durfte Mata Hari sich wieder anziehen und weiterreisen. Ihr war ein Stein vom Herzen gefallen, und sie konnte sogar wieder schimpfen, als sie die Gangway entlanglief, um das Schiff zu besteigen, das auf sie gewartet hatte.

Dann ertönte die Sirene. In ein paar Minuten würde die

SS Arundel den Anker einholen und auf Frankreich zusteuern.

Mata Hari lächelte. Ihr Instinkt hatte sie nicht getäuscht. Nie in ihrem Leben hatte sie Erfolg gehabt, wenn sie sich an fremde Anweisungen gehalten oder sich den Vorstellungen anderer angepasst hatte. Hätte sie auf Krämer gehört, wäre sie zweifellos im Gefängnis gelandet.

Mata Hari wühlte in ihrer Tasche und gab dem Schiffsjungen, der sie zu ihrer Kabine führte, ein Trinkgeld. Als sie endlich allein war, atmete sie tief durch. Sie war noch einmal davongekommen. Aber sie ahnte noch nichts davon, dass ihr Leben bereits eine schicksalhafte Wendung genommen hatte.

In der Annahme, einer gefährlichen Frau auf die Spur gekommen zu sein, verfassten die Agenten Ihrer Majestät eine interne Notiz, die im ganzen Land verbreitet wurde. Darin hieß es, dass ihnen Frau Zelle-MacLeod, genannt Mata Hari, »sehr verdächtig vorgekommen ist und dass man ihr untersagen müsse, britischen Boden zu betreten«. Der britische Geheimdienst MI5 war auf der Hut. Diese Notiz wurde auch nach Dieppe und Le Havre geschickt, um den französischen Behörden einen Wink zu geben. Aber sei es aus Nachlässigkeit oder aus Versehen – die französische Spionageabwehr, das »Deuxième Bureau«, reagierte nicht.

Mata Hari hatte wieder einmal Glück gehabt – zumindest für den Augenblick.

Enttäuschungen

Mata Hari kam am 3. Dezember 1915 in Paris an und ließ sich im Grandhotel in der Rue Scribe nieder, in dem 1904 ihr »wahres Leben« begonnen hatte. Mit Vollpension kostete das Hotel 26 Francs am Tag. Ihre Rücklage von 20 000 Francs erlaubte ihr, nichts zu überstürzen.

Doch schon bald musste sie enttäuscht feststellen, dass Paris nicht mehr wie früher war. Cafés, Restaurants und Theater waren geschlossen. Busse, Taxis und Straßenbahnen wurden jetzt von Frauen gefahren, weil die Männer allesamt eingezogen worden waren. Und was die bessere Gesellschaft betraf, so begegnete man auf der Straße gelegentlich einem jungen Mädchen aus gutem Hause oder einer Dame aus besseren Kreisen in Schwesternuniform!

Im Kontrast dazu stand nun eine selbstsüchtige, oberflächliche Mata Hari, die nur an das eigene Wohl dachte und der es nicht in den Sinn kam, ihre alten Gewohnheiten aufzugeben. Bald schaffte sie sich wieder Liebhaber an, fast ausschließlich Offiziere. Zwei von ihnen besuchten sie regelmäßig – der Marquis de Beaufort und der Marquis de Margerie. Beaufort war Kommandant des Vierten belgischen Lanzenreiterregiments. Margerie kannte sie schon lange; sie hatten sich 1903 in Den Haag kennengelernt, wo der Marquis damals Botschaftsattaché war, und waren sich ein paar Jahre später in Wien wiederbegegnet.

Später, bei ihrer Verhaftung, sollte sich dieser Umgang mit Militärs als Verdachtsmoment erweisen. Hatte sie sich diese Männer ausgesucht, um sie auszuspionieren, um ihnen Geheimnisse aus der Nase zu ziehen? Das hätte durchaus naheliegen können, traf aber nicht zu. Abgesehen davon, dass damals die meisten Männer, die »zur Verfügung standen«, eine Uniform trugen, bezeugten Beaufort und Margerie, dass Mata Hari nie versucht habe, ihnen irgendeine vertrauliche Information zu entlocken. Zwar war Beaufort nur ein einfacher Offizier in der belgischen Armee, aber Margerie arbeitete immerhin in der Chiffrierabteilung des französischen Außenministeriums, mit anderen Worten: er kannte den Schlüssel der Geheimcodes und war damit für feindliche Agenten überaus interessant. Mata Hari indes schien lediglich darauf aus zu sein, Reste des vergangenen Lebensgefühls wiederzufinden, und zeigte keinerlei Neigungen, ihren Verpflichtungen gegenüber dem deutschen Geheimdienst nachzukommen. Sie suchte sich ihre Liebhaber aus, wie andere einen Mietwagen auswählen, nicht mehr und nicht weniger. Sie war einfach eine Lebedame wie andere auch, die die Männer für sich ausnutzten, ohne irgendwelche Hintergedanken politischer Natur zu haben.

Handelte sie aus purem Materialismus, aus schierer Verzweiflung oder aus dem unerfüllten Bedürfnis nach Liebe? Auf keinen Fall dachte sie an ihren Auftrag, sondern machte sich vielmehr Sorgen um ihre künstlerische Zukunft. Wie vor fast einem Jahrzehnt hoffte sie auf eine Zusammenarbeit mit den »Ballets russes«. Als sei sie noch immer auf dem Gipfel ihres Ruhms, schrieb Mata Hari an Gabriel Astruc: »Ich bin nur kurze Zeit in Paris; in wenigen Tagen werde ich in die Niederlande zurückkehren. Wie ich feststelle, ist Diaghilew noch hier. Da ich einige neue und ziemlich fremdartige Tänze habe, könnten Sie mir nicht ein Engagement bei ihm vermitteln? Wie Sie wissen, kreiere ich alle diese Tänze selbst. Es ist nicht des Geldes wegen, denn ich werde in den Niederlanden von einem Ordonnanzoffizier der Königin gut versorgt; ich möchte es vielmehr aus Interesse tun und natürlich des Ruhmes wegen. Er wird es nicht bereuen, denn ich glaube, ihm etwas Interessantes bieten zu können.«

Astruc aber wusste genau, dass Mata Haris Chancen mittlerweile noch schlechter geworden waren, und ließ sie höflich abblitzen. Die Rückkehr nach Paris erwies sich also als weiteres Fiasko.

Aber Mata Hari war außerstande, sich ihr Scheitern einzugestehen.

Salonklatsch

Anfang Januar 1916 entschloss sie sich zur Rückkehr nach Den Haag. Ihr Geld ging allmählich zur Neige, denn sie hatte eifrig eingekauft, und es boten sich im Augenblick keinerlei Aussichten für die Zukunft. Außerdem musste sie Rücksicht auf den Baron nehmen, der mit dieser Reise nicht einverstanden gewesen war und den eine weitere Verzögerung hätte verärgern können. Mata Hari gab also die zehn großen Kisten auf, die sie aus dem Möbellager zurückgeholt hatte. Nachdem sie ihre Abreise zwei Mal verschoben hatte, war es am 10. Januar 1916 so weit, und in Begleitung von Margerie begab sie sich zum Bahnhof. Die Schiffspassagen waren inzwischen kompliziert geworden, denn wegen des Krieges liefen Passagierschiffe neutraler Nationen nicht mehr von den französischen Kanalhäfen aus nach Großbritannien. Man konnte sich nur im südlichen Europa einschiffen; Mata Hari musste also mit dem Zug von Paris nach Madrid fahren und dort nach Lissabon, dem Einschiffungshafen, umsteigen.

Mata Hari machte Zwischenstation in Barcelona, wo sie noch viele Freunde hatte, darunter Senator Junoy. Auf der Weiterreise nach Madrid erregte sie erneut die Aufmerksamkeit des britischen Geheimdienstes, weil sie für alle deutlich vernehmbar von ihren Erlebnissen mit den britischen Behörden vor der Einschiffung in Southampton erzählte. Man habe sie von Kopf bis Fuß durchsucht, ohne Erfolg, denn »man habe nichts bei ihr finden können«. Später sollte sich herausstellen, dass der Umweg über die portugiesische Hauptstadt weniger harmlos war, als es den Anschein hatte.

Die Reise verlief ohne Zwischenfälle.

Mata Hari war gerade dabei, ihre Koffer mit Anna, ihrem Dienstmädchen, auszupacken, als es an der Tür klopfte. Durch das Fenster erkannte sie Krämer, den sie am liebsten vergessen hätte. Zunächst war sie versucht, sich von Anna verleugnen zu lassen, dann aber besann sie sich anders und beschloss, sich der Situation zu stellen, da sie ihm letztlich nicht ausweichen konnte. Sie ließ Anna allein auspacken und stieg die Treppe hinunter. Auf dem Treppenabsatz hielt sie kurz inne, holte tief Luft und trat ihm gefasst entgegen. Krämer begrüßte sie mit gemessener Freundlichkeit. Ohne Aufforderung betrat er das Haus. Mata Hari geleitete ihn in den Salon, wo sie ungestört reden konnten. Sobald sie die Tür geschlossen hatte, wandte er sich vorwurfsvoll an sie. Er warf ihr vor, keine Nachrichten von ihr erhalten zu haben. Mata Hari, die glücklich war, sich der Tintenfläschchen entledigt zu haben, bevor die Briten sie entdecken konnten, zuckte mit den Schultern. Da sie ihm jedoch Informationen schuldete, kramte sie in ihrem Gedächtnis nach Gesprächsfetzen und Gerüchten, die sie in Paris aufgeschnappt hatte - all das, was sie gelesen oder gehört hatte, vor allem das Gerede über die schlechten Beziehungen zwischen Franzosen und Briten, die zwar offiziell verbündet waren, sich jedoch insgeheim glühend hassten. Sie trug ihm all die Belanglosigkeiten und den Salonklatsch zu, den sie, ihrer Art entsprechend, gewaltig aufbauschte.

Hatten diese Informationen wirklich einen Wert? Mata Hari konnte es nicht beurteilen.

9
Eine liebende Frau

Von Beruf Spionin

Auch wenn Paris nicht mehr so heiter war wie früher, schien es im Vergleich zu Den Haag immer noch wie ein Paradies. Schon bedauerte Mata Hari, abgereist zu sein. Wie töricht von ihr, die Zeit dort nicht besser genutzt zu haben! Sicher, sie war schockiert gewesen, aber trotz der veränderten Umstände gab es noch ausreichend Möglichkeiten, sich zu vergnügen. In Den Haag dagegen, wo Frieden herrschte und Flüchtlinge aller Couleur Zuflucht suchten, war nicht der leiseste Hauch von Kosmopolitismus zu spüren.

Mata Hari fühlte sich wie im Exil und hatte Heimweh.

Im Laufe der Jahre war sie sehr »pariserisch« geworden. Sie schrieb, dachte und träumte die meiste Zeit auf Französisch. Manche, so beispielsweise Rudolf MacLeod, sahen dies nur als Bestätigung für ihre Affektiertheit. Aber sie hatte sich so sehr auf die Scheinwelt von Paris eingelassen, dass sie sich wirklich damit identifizierte.

Weil der Baron sie nur jedes zweite Wochenende beehrte, weil Non für immer verloren war, weil der Marquis de Beaufort ihr sehnsuchtsvolle Briefe schrieb, weil sie hier keine persönlichen Bindungen hatte, weil es mehr als tausend gute Gründe dafür gab, nach Paris zurückzukehren, nahm Mata Hari den Kontakt mit Krämer wieder auf. Man möge ihr noch einmal 20 000 Francs geben, und sie würde diesmal ihre Sache besser machen.

Trotz der dürftigen Ergebnisse, die sie Krämer nach ihrer ersten Reise präsentiert hatte, waren die Deutschen noch an ihr interessiert. Sie hatten gerade ihren besten Agenten in der französischen Hauptstadt verloren, den Baron von Schluga, der seit 1870 für den deutschen Geheimdienst arbeitete und nach langer, erfolgreicher Tätigkeit verstorben war. Der deutsche Geheimdienst suchte nun nach einem Ersatz für ihn, nach Persönlichkeiten, die sich in den besseren Kreisen zu bewegen verstanden – im Grunde das, was sie auf den ersten Blick an Mata Hari gereizt hatte. Diesmal gehörte aber schon etwas mehr dazu: Der deutsche Geheimdienst wünschte ihre Teilnahme an einer Schulung für Agenten. Als Krämer sie über diese Bedingung informierte, wurde Mata Hari übel: Sie befürchtete, dass die Ausbildung ausgesprochen militärische Züge tragen könnte, aber als sie merkte, dass sie anders nichts erreichen würde, gab sie schweren Herzens nach. Sie sollte sich vom 3. bis 10. Mai 1916 in Deutschland aufhalten, zuerst in Köln den Geheimdienstchef Nicolai treffen und dann nach Frankfurt weiterreisen. Es ist immer gerätselt worden, ob sie wirklich in Deutschland ausgebildet oder nach Antwerpen, in das besetzte Belgien, geschickt wurde.

Fräulein Doktor

Aus sicherer Quelle weiß man inzwischen, dass Mata Hari zu dieser Zeit einer der geheimnisvollsten Gestalten der Spionagegeschichte begegnete: Fräulein Doktor. Es war ein Name, auf den man in allen Instruktionen stieß, die aus Deutschland kamen. Fräulein Doktor schlug die Geheimdienste der ganzen Welt in ihren Bann, sie war die Superspionin des Kaisers, ein weiblicher deutscher James Bond. Sie war vielmehr eine Führungspersönlichkeit denn eine Befehlsempfängerin. Sie war die Tochter eines preußischen Offiziers, hatte ihren Doktortitel in Staatswissenschaften erworben und verfügte über eine bemerkenswerte Leistungsfähigkeit: Mit sechsundzwanzig Jahren war sie Leiterin der deutschen Spionageabteilung in Frankreich und mit der Rekrutierung der Elite der Gesellschaft betraut.

Sie war unter verschiedenen Namen bekannt: »Fräulein Doktor«, »die blonde Frau«, »Fräulein Elsa«, »Prinzessin Jeanne«, »die Furie von Antwerpen«, »Fräulein Rennmüller«, »die Frau mit den russischen Zigaretten«. In Wirklichkeit hieß sie Elisabeth Schragmüller.[33]

In einem unveröffentlichten Geheimbericht über den Fall Moni, einen Agenten, der am 3. August 1916 verhaftet wurde, hat Pierre Bouchardon die Schulung geschildert, die neue Agenten durchlaufen mussten: Vincenzo Ciro Moni soll angeblich nach Antwerpen bestellt worden sein, aber es spielt keine Rolle, ob es sich um diese Stadt oder um Frankfurt handelte. Fest steht, dass Mata Hari und Moni zu diesem Zeitpunkt mit der ominösen Unbekannten, mit Fräulein Doktor, Kontakt aufnahmen. Bouchardon schreibt:

»Als er [Moni] die Kommandantur des Bahnhofs von Antwerpen erreicht hatte, wurde er zu einem Tunnel geführt, wo ein deutscher Wagen parkte. Er nahm Platz und stellte fest, dass die Fenster verdunkelt waren und dass neben dem Militärchauffeur ein zweiter Soldat saß.

Der Wagen fuhr direkt in die Rue de la Pépinière zu dem Gebäude, in dem der deutsche Geheimdienst in Belgien seinen Sitz hatte. Aus den Fällen Dei Pasi und Condoyannis wissen wir, dass er einer Frau unterstand, die frei schaltete und waltete.

Moni musste eine Zeit lang in einem elegant eingerichteten Salon im ersten Stock warten. Die Fensterläden waren geschlossen, und ein grelles Licht schmerzte in den Augen. Aus den Nachbarzimmern vernahm er das Klappern der Schreibmaschinen, dann trat eine große, blonde Frau ein, die mit ziemlich geschmacklosem Schmuck behängt war. Es war die Hausherrin, und Moni hat jemanden sie »Fräulein Elsa« nennen hören. Uns ist sie unter verschiedenen anderen Namen bekannt. Monis Schilderung dieser Frau ist sehr aufschlussreich:

›Sie ist eine schöne Frau, hat aber einen schweren Schritt. Sie spricht mit einer solchen Entschiedenheit, dass man sich ihren Befehlen nicht zu widersetzen wagt. Sie hat immer einen kleinen Browning griffbereit, den sie entweder auf den Tisch legt oder in ihre Tasche steckt. Sie ist ständig sehr beschäftigt. Sie unterbricht ein Gespräch, um für ein paar Minuten in andere Büros des Hauses zu gehen. Sie spricht sehr laut, lächelt nie und lässt kein Nein zu. Sie hat eine hypnotisierende Ausstrahlung, und zuweilen spricht sie eine Drohung aus. Sie ist die unumschränkte Chefin des Spionagedienstes, und Hauptmann Köffer, den ich in ihrer Begleitung gesehen habe, bringt ihr so viel Hochachtung entgegen wie ein einfacher Soldat einem Offizier.‹

Moni bemerkte, dass alle Türen, die in den Salon führten (es waren vier), mit Gucklöchern versehen waren, die den Blick nach außen freigaben, aber nach innen blind waren.

Die blonde Frau bot dem Angeklagten Sandwiches und Zigaretten an. Sie rauchte übrigens selbst viel[34] und sprach Französisch ohne jeden Akzent. Sie bot zunächst Moni an, in den Vereinigten Staaten Spionage zu betreiben, und versprach, ihm eine größere Summe dorthin überweisen zu lassen. Aber dieser gerissene Kerl lehnte das Angebot ab. Dann schlug sie ihm vor, eine ähnliche Mission in Frankreich oder Italien zu übernehmen, aber an diesem Tag wurde nichts Definitives festgelegt.

Das ist ein interessantes Detail, das beweist, dass die Spionageschule von Antwerpen durchaus flexibel war. Während des Gesprächs bemerkte Moni, dass in einer Ecke des Raumes ein Aufzeichnungsgerät angebracht war, und als er sich von ›Fräulein Elsa‹ verabschiedete, sah er, dass ein Mitarbeiter zum Gerät ging und etwas daraus entnahm. Das Gespräch war zweifellos aufgezeichnet worden. Er hatte übrigens bemerkt, dass die blonde Frau, während er sprach, mit einem der elektrischen Knöpfe auf ihrem Schreibtisch das Gerät angestellt hatte. Ihm war auch aufgefallen, dass zahlreiche Mikrofone entlang der Wände und um den Tisch herum angebracht waren.

Mit denselben Vorsichtsmaßnahmen wie auf der Hinfahrt wurde Moni zur Kommandantur des Bahnhofs von Antwerpen zurückgebracht. Am nächsten Tag fuhr er unter den gleichen Umständen wie am Vortag erneut zum Büro des Geheimdienstes.

Diesmal erklärte er sich bereit, im Auftrag der Deutschen Spionage in Italien und Frankreich zu betreiben. Die blonde Frau gab ihm Anweisung, verschiedene Städte in Frankreich aufzusuchen, vor allem Dijon, Marseille, Bordeaux und Verdun. Sie bat ihn, die Truppenbewegungen und die Regimentsnummern zu notieren. Dann ging sie vom Befehl zur Drohung und von der Drohung zu den verlockendsten Versprechungen über und wechselte dann wieder in den drohenden Ton:

›Wenn Sie sich dieser Aufgabe entziehen, werde ich Sie vergiften lassen. Unser Geheimdienst ist der beste der ganzen Welt. Wir haben überall Agenten, auch dort, wo Sie es am wenigsten vermuten. Selbst wenn Sie sich in Shanghai verstecken, werde ich Sie fassen lassen. Außerdem sind wir sehr reich, und wenn Sie uns gute Dienste leisten und uns brauchbare Informationen schicken, werden Sie unverzüglich 20 000 bis 30 000 Francs erhalten.‹

Moni hatte man für zu gewieft gehalten, als dass er noch instruiert werden musste. Für ihn gab es keine Bewährungsprobe, der unerfahrene Agenten sich unterziehen mussten. Er erhielt nur die Kennnummer AF-23[35] und die Anweisung, seine Informationen an Ubaldo Piatti nach Luzern und an Gadoni nach Lugano zu schicken. Ihm wurde kein Deckname zugeteilt. Für seine Geheimkorrespondenz sollte er einfach Zitronensaft verwenden. In der Tat benutzte er immer das Toilettenspülwasser …«

Das war der Mann, der einen Eindruck von der spektakulären Spionin überliefert hat. Ganz offensichtlich waren Mata Hari und »Fräulein Doktor« grundverschieden. Es war, als hätte man zwei Löwinnen im selben Käfig eingesperrt, und beide hatten keine hohe Meinung voneinander. Das hatte sich bereits bei ihrer ersten Begegnung in einem kleinen Salon des Frankfurter Hofs gezeigt und war auch während der Ausbildung nicht besser geworden. Um ihre Bedeutung und ihren Bekanntheitsgrad in Erinnerung zu rufen, hatte Mata Hari ihre Pressealben mit Zeitungsartikeln, Fotos und sogar einige Visitenkarten zu dem Treffen mitgenommen.

Am Ende der Ausbildung fällte »Fräulein Doktor« ein geringschätziges Urteil über Mata Hari. Schon nach der ersten Begegnung soll sie gesagt haben: »Diese Halbweltdame wird uns nur Ärger bereiten.« Da sie jedoch auch zu gehorchen gelernt hatte, fügte sie sich den Anordnungen des Oberkommandos, das an Mata Hari festhalten wollte, und erteilte der Tänzerin, die ihre Kennnummer H-21 beibehalten durfte, persönlich ihre Instruktionen. Sie bekam die Erlaubnis, noch einmal nach Den Haag zu fahren, bevor sie nach Paris ging. Für die zweite Reise in die französische Hauptstadt erhielt sie nur noch 15000 Francs – »Fräulein Doktor« hatte den Preis gedrückt, um ihrer Unzufriedenheit Ausdruck zu verleihen.

Warnsignale

Auf ihrer ersten Reise nach Paris hatte Mata Hari bei ihrem Zwischenaufenthalt in England durch unbesonnene Äußerungen die Aufmerksamkeit der britischen Behörden auf sich gezogen – eine Ungeschicklichkeit, die ihr noch einmal auf dem Weg von Madrid nach Lissabon unterlief. Auch im Mai 1916, als sie nach Frankreich zurückkehren wollte, stellten sich Schwierigkeiten ein: Das Visum nach Paris wurde ihr anstandslos erteilt, das Transitvisum durch England jedoch verweigert.

Mata Hari zögerte nicht, Himmel und Hölle in Bewegung zu setzen: Sie schrieb einen Brief an einen entfernten Bekannten, den niederländischen Außenminister, und bat ihn um Intervention – nie wandte sie sich an untergeordnete Chargen. Der Minister erkundigte sich in London und erhielt eine unmissverständliche Auskunft: »Die britischen Behörden haben ihre Gründe, die Einreise der besagten Dame in England als unerwünscht zu betrachten.«

Der Grund war ihr theatralischer Auftritt gewesen, zu dem es auf ihrer ersten Reise vor den Zollbeamten gekommen war und durch den sie alle folgenden Verdächtigungen erst ausgelöst hatte. Der britische Geheimdienst mochte vielleicht nicht so effizient sein wie der deutsche, hatte aber auf dem Kontinent ein weitverzweigtes Agentennetz aufgebaut. Den internen Berichten der Deutschen ist zu entnehmen, dass er über etwa dreihundert Agenten in den Niederlanden verfügte. Es war bekannt, dass seit Juli 1916 jeder, der in den Niederlanden aus einem deutschen Konsulat herauskam, sofort fotografiert und dass seine Personenbeschreibung nach London übermittelt wurde. Seit ihrer Rückkehr in die Niederlande im Januar 1916 wurde Mata Hari vom britischen Geheimdienst unauffällig, aber sehr erfolgreich observiert. Rasch war die Verbindung zwischen Krämer und der Tänzerin aufgedeckt. Während die ersten

Besuche des deutschen Konsuls vor besagter Reise noch keine Beachtung gefunden hatten, da Mata Hari noch nicht ins Visier des Geheimdienstes geraten war, erregte jedes ihrer späteren Treffen Verdacht. Darum erstaunt es nicht, dass die »besagte Dame« auf britischem Boden »unerwünscht« war.

Jetzt hätte Mata Hari endgültig Verdacht schöpfen sollen, denn ganz offensichtlich verfolgten die Geheimdienste der Alliierten eine bestimmte Fährte. Warum hätte man ihr sonst die Einreise verwehren sollen? Man sollte kein Risiko eingehen, wenn auch nur der geringste Verdacht bestand. Aber Mata Hari hatte sich in den Kopf gesetzt, nach Paris zu fahren, und nichts konnte sie aufhalten. Da die Einreise über England unmöglich war, entschied sie sich erneut für den Umweg über Spanien. Am 24. Mai 1916 ging sie an Bord der *Zeelandia*, die Vigo an der Atlantikküste der Iberischen Halbinsel anlaufen sollte. Es herrschte strahlendes Wetter, und sie hatte wieder einmal das Gefühl, die Welt liege ihr zu Füßen.

Späte Reaktion

Dennoch brachte das Frühjahr eine einschneidende Veränderung. Durch London und den MI5 erneut alarmiert, sah sich der französische Geheimdienst zum Handeln gezwungen. Nichts zu tun, wäre ein Zeichen von Unbeweglichkeit, Nachlässigkeit und Komplizenschaft gewesen. Darum beschloss Hauptmann Georges Ladoux, die Sache in die Hand zu nehmen.

Georges Ladoux war der Chef der französischen Spionageabwehr. Dieser Mann, der auf die fünfzig zuging, war Berufssoldat und hatte in Saint-Cyr studiert, wo er 1897 den Grad eines Leutnants erwarb. Zunächst in der Verwaltung tätig, wurde er am 4. August 1914 von Marschall Joffre auf den Posten berufen, den er nun innehatte. Der ehrgeizige Ladoux war mit allen Wassern gewaschen. Er war sich dessen bewusst, dass er eine Schlüsselstellung einnahm, und kostete seine Macht aus. Er hatte immer zwei Eisen im Feuer, war nicht greifbar, sehr auf seinen Vorteil bedacht und stets auf der Lauer wie eine Katze, die den günstigsten Augenblick abwartet, um zuzuschlagen. Auch er verstand sich darauf, ein falsches Spiel zu spielen. Vor und nach der strafrechtlichen Ermittlung spielte er eine Rolle, die oft unterschätzt worden ist, wie noch zu zeigen sein wird.

Als London ihn informierte, dass Mata Hari wieder französischen Boden zu betreten gedachte, ordnete er zunächst an, sie an der Grenze abzuweisen, doch am nächsten Tag änderte er seine Meinung und ließ sie einreisen.

Woher kam der plötzliche Meinungsumschwung? Ganz einfach: Für seinen neuen Plan brauchte er Mata Hari auf französischem Boden. Wenn sich der Verdacht der Briten bestätigen sollte, warum dann auf ein bereits hübsch verpacktes Geschenk verzichten? Mata Hari ließ sich wunderbar als Köder benutzen. Er würde sie observieren lassen, und sie würde ihn möglicherweise auf eine interessante Fährte bringen. Sollte es sich wirklich um einen großen Fisch handeln, würde er im geeigneten Moment nach dem Köder schnappen. Sollte sich der britische Geheimdienst aber getäuscht haben, so würde Ladoux alle Trümpfe in der Hand haben.

Mata Hari ahnte nicht, welcher List sie zum Opfer fallen würde. Als sie am 14. Juni an der spanisch-französischen Grenze zurückgewiesen wurde, hielt sie dies für eine der zahlreichen kriegsbedingten Reiseschikanen. Später, am 21. Februar 1917, schilderte sie Pierre Bouchardon beim Verhör die Situation aus ihrem naiven Blickwinkel:

»Ich war sehr überrascht, in Hendaye einer Reihe von Demütigungen ausgesetzt zu sein. Man durchsuchte meine

Koffer mit übertriebener Hartnäckigkeit, und man führte mich in das Büro der Sonderpolizei, wo ich drei Herren gegenüberstand. Einer von ihnen unterzog mich einem regelrechten Verhör, in dem es vor allem um meine Herkunft und meine Familie ging. Er forderte mich auf, zu unterschreiben, und erklärte mir dann, dass ich nicht nach Frankreich einreisen dürfe. Ich protestierte dagegen und fragte nach dem Grund dieses Verbots. Er antwortete mir: ›Ich bin nicht gehalten, Ihnen Auskunft zu geben, kehren Sie nach San Sebastian zurück, und bitten Sie Ihren Konsul um eine Erklärung.‹ Ich begriff, dass es sinnlos war, darauf zu beharren, und fuhr nach San Sebastian. Der niederländische Konsul war ein Spanier, ein Weinhändler; ich hatte den Eindruck, dass er gar nicht begriff, worum es ging. Unter diesen Umständen setzte ich einen Brief an Herrn Cambon auf, den Generalsekretär in Ihrem Außenministerium, und am nächsten Tag ging ich mit diesem Brief in der Hand wieder zum Bahnhof von Hendaye. Allem Anschein nach hatte ich den Schlüssel gefunden, der mir Frankreichs Grenze öffnete, denn die Beamten, die mich am Vortag verhört hatten, ließen mich ohne Schwierigkeiten passieren.«

Ein Name sollte ausgereicht haben, um sie einreisen zu lassen? Mata Hari glaubte immer noch, auf der Bühne zu sein. Fakt war, dass Ladoux einfach neue Befehle erteilt hatte. Ahnungslos war Mata Hari in die Falle gegangen, die sie zur Hinrichtung führen sollte.

Überwachung auf Schritt und Tritt

Am Abend des 17. Juni kam Mata Hari nach einer anstrengenden Reise endlich in Paris an und nahm in der großen Badewanne ihres Hotelzimmers ein entspannendes Bad. Vom nächsten Tag an, dem 18. Juni 1916, wurde sie beschattet. Die Überwachung dauerte mit einigen kurzen Unterbrechungen bis zum Tag ihrer Verhaftung, dem 13. Februar 1917.

Im Geheimbericht ist der erste Überwachungstag genau dokumentiert:

»Paris, 18. Juni 1916
Die von 9.30 Uhr morgens bis 9.45 abends erfolgte Beschattung der besagten MacLeod im Grandhotel hat nichts ergeben.

Die Obengenannte hat ihr Zimmer nicht verlassen und hat sich die Mahlzeiten unter dem Vorwand großer Müdigkeit infolge einer langen Reise durch die Niederlande und Italien dort servieren lassen.

MacLeod übt keinen anderen Beruf aus als die Galanterie.

Aufgrund anderer Informationen hat sich herausgestellt, dass sie sich als eine Verwandte des niederländischen Konsuls ausgibt und ein Konto beim Crédit Lyonnais hat.«

Ausgeruht, aber ernüchtert stellte Mata Hari bald fest, dass ihre Post geöffnet und ihre Telefongespräche abgehört wurden, und vor allem, dass zwei Männer ihr auf Schritt und Tritt folgten.

Im Tagesbericht der Polizei heißt es:

»Paris, 21. Juni 1916
(...) Der Empfangschef des Grandhotel hat uns informiert, dass die erwähnte MacLeod sich bei ihrer Rückkehr an den Hotelpagen gewandt und ihn gefragt hat, ob er einen Herrn kenne, der ihr gefolgt sei und den sie bemerkt habe ...«

»Paris, 12. Juli 1916
(...) Unterwegs hat sie [Mata Hari] sich mehrmals umgedreht und deutlich zu erkennen gegeben, dass sie die Beschattung bemerkt hat.«

Die Männer, die sie beschatten sollten, hatten nicht die Anweisung bekommen, es unauffällig zu tun, im Gegenteil. Es war auch nicht verfügt worden, dass sie regelmäßig abgelöst werden sollten, und so waren es fast immer dieselben beiden Männer, die Polizeiinspektoren Monier und Tarlet, die ihr folgten. Auf den ersten Blick hätte man dies für eine Nachlässigkeit halten können, aber es war Absicht, denn man wollte Mata Hari beunruhigen. Sie sollte sich verraten, einen Fehler begehen – es sei denn, Hauptmann Ladoux verfiel auf eine neue Idee.

Das Spiel würde bald beginnen.

Eine einsame Frau

Observierungsprotokolle sind oft langweilig, aber die über Mata Haris Aktivitäten lesen sich spannend, bisweilen verblüffend – vor allem weil durch das unerwünschte Eindringen in ihre Privatsphäre einige Züge ihrer Persönlichkeit besonders deutlich zutage traten. Mata Haris Tagesablauf verriet eine ganze Menge über sie.

»Paris, 19. Juni 1917

Heute Morgen um 11 Uhr ist die besagte MacLeod zur Kasse des Hotels gegangen und hat dort Geld in Empfang genommen. Dann ist sie in ein Taxi gestiegen und hat sich zum Polizeipräsidium fahren lassen, wo sie sich nach den Formalitäten erkundigt hat, die sie erfüllen müsse, um einen einmonatigen Aufenthalt in Paris bewilligt zu bekommen.

Anschließend hat sie sich mit demselben Wagen zum Quai Voltaire 9 fahren lassen, wo sie sich etwa eine Viertelstunde aufgehalten hat, dann ist sie zur Rue de la Chaussée-d'Antin 8 zum Kaufhaus Mille & Une Nuits gefahren.

Zum Mittagessen ist sie ins Grandhotel zurückgekehrt.

Um 13.45 Uhr ist sie erst zu einer Apotheke in der Rue Scribe 3 gegangen, wo sie Einkäufe gemacht hat, dann in die Rue Tronchet 30 zu Madame Doyen, genannt Dangeville, einer alten Künstlerin, bei der sie sich etwa eine Stunde aufgehalten hat. Dann ist sie zu Fuß in derselben Straße zu einer Maniküre gegangen, bei der sie eine Dreiviertelstunde geblieben ist, und anschließend zum Kaufhaus Old England auf dem Boulevard des Capucines, wo sie etwa zehn Minuten war.

Von da aus ist die Obengenannte zum Boulevard des Capucines 25 gegangen (Schreibwarengeschäft), zur Avenue de l'Opéra 37 (Schreibwarengeschäft), zum Juwelier Strauss, Boulevard des Capucines 12, wo sie eine halbe Stunde geblieben ist, dann zur Hausnummer 9–11 (Maison Kees, Handtaschen, ebenfalls Boulevard des Capucines) und schließlich zur Hausnummer 12 (Schuhgeschäft, ebenfalls Boulevard des Capucines). Sie hat das Geschäft um 18.45 Uhr verlassen und hat sich dann zum Hutgeschäft Léon in die Rue Daunou 21 begeben. Anschließend ist sie ins Grandhotel zurückgekehrt, wo sie sich um 19.05 zu Tisch gesetzt hat.

Da die Obengenannte nicht mehr ausgegangen ist, wurde die Beschattung um 22 Uhr abgebrochen.«

»Paris, 26. Juni 1916
Heute wurde die Beschattung der besagten MacLeod fortgesetzt.

Um 11.30 Uhr hat diese Person das Grandhotel in Begleitung einer jungen, schlicht gekleideten Frau verlassen, die wie eine Wäschevertreterin aussah.

Beide sind zusammen in das Kaufhaus Trois-Quartiers gegangen und gemeinsam ins Hotel zurückgekehrt, wo MacLeod allein zu Mittag gegessen hat.

Um 14.30 Uhr ist sie zu Fuß zur Place de L'Opéra 2 zum

Comptoir National d'Escompte (staatliche Kreditanstalt) gegangen, wo sie sich zu den Safes im Untergeschoss hat führen lassen.

Bei Kees, auf dem Boulevard des Capucines 9–11.

Zum Thé Récamier in die Rue du Mont-Thabor.

Zum Juweliergeschäft Collier d'Ambre in die Rue de Castiglione 3.

Zur Buchhandlung W. H. Smith & fils in die Rue de Rivoli 248.

In die Rue Cambon 21 (Gebäude, in dem sich mehrere Modegeschäfte befinden).

Zu einem Friseur, Rue Scribe 1.

Die Obengenannte ist dann ins Hotel gegangen, das sie ein paar Minuten später wieder verlassen hat, um mit dem Taxi zum Feinkostgeschäft Fauchon zur Place de la Madeleine 26 zu fahren, wo sie Gebäck gekauft hat, und weiter zum Boulevard Malesherbes 154.

Dann hat sie die Taxirechnung beglichen und ist in das erwähnte Haus auf dem Boulevard Malesherbes gegangen, aus dem sie sofort wieder herausgekommen ist. Sie hat den Milchhändler im Haus Nr. 157 um einige Auskünfte gebeten, dann ist sie wieder in ein Taxi gestiegen, ist in die Rue Chaveau-Lagarde 5 zu einer Apotheke gefahren und dann ins Hotel zurückgekehrt.

Gegen 18 Uhr hat sie sich zum Boulevard des Capucines 12 zum Schuhgeschäft High Life begeben. Sie hat um 19.30 Uhr allein zu Abend gegessen und ist nicht mehr ausgegangen.

Die Beschattung wurde um 21 Uhr abgebrochen.«

Obwohl sich die Ermittler die Sohlen abliefen, konnten sie nicht nachweisen, dass Mata Hari einer Spionagetätigkeit nachging. Ihre Berichte waren jedoch insofern aufschlussreich, als sie drei Dinge hervorhoben, die Mata Hari charakterisierten: Hyperaktivität, Konsumzwang und Einsamkeit. Sie war ständig in Bewegung, kam aus einem Geschäft heraus und ging in ein Café, verließ das Café und rannte zu einem Hutmacher oder Juwelier und so weiter. Sie nahm an einigen gesellschaftlichen Veranstaltungen teil, die aber keineswegs aufregend waren. In den Observierungsprotokollen werden vor allem die Namen früherer Theatergrößen erwähnt: die Eheleute Husset, »Rentiers, ehemalige Künstler«; Madame Doyen, ehemalige Schauspielerin; eine ehemalige Tänzerin des Olympia ... Erinnerungen an vergangene Zeiten, Überbleibsel der Belle Époque vor dem sich abzeichnenden Zusammenbruch. Manchmal tauchten kurz Männer auf, aber mit Ausnahme des Marquis de Beaufort, der seit ihrer ersten Paris-Reise ihr Liebhaber war, ihr zärtliche Briefe schrieb und sie für einige Tage besuchte (vom 14. bis zum 19. Juli), handelte es sich nur um flüchtige Begegnungen. Dazu gehörte ein gewisser Bernard Antoine, Sohn eines Destillateurs aus Puy-de-Dôme, mit dem Mata Hari am 20. Juli zu Larue, einem renommierten Restaurant in der Nähe der Madeleine, ging, und über den die Polizisten notierten, dass »diese Bekanntschaft wahrscheinlich nur ein Flirt war«. In der Tat war es nicht mehr als ein Abendessen zu zweit, um am Tag nach der Abfahrt des Marquis nicht allein zu sein.

Nach einer Observierung von mehr als einem Monat hatte Ladoux nichts herausgefunden. Die Berichte verraten das Dilemma: Mata Hari (oder vielmehr MacLeod oder »die Obengenannte«) »verschwindet« in einem Gebäude, und man »verliert« ihre Spur; »es ist nicht möglich, herauszufinden, wohin sie sich begeben hat«; sie hat sich mit einer Frau unterhalten, deren Personalien man nicht feststellen konnte; »im Hotel zieht sie die Aufmerksamkeit durch ihr Verhalten gegenüber den Offizieren, die sie überall anspricht, auf sich«; »sie speist in Gesellschaft von General

Baumgarten … seit einiger Zeit versuchte MacLeod, eine Beziehung zu diesem Offizier zu knüpfen«; »sie scheint sich häuslich niederlassen zu wollen und sucht eine Mietwohnung«.

Man könnte meinen, dass es sich nur um Klatsch handelte, um nichts Konkretes, nichts Beweiskräftiges. Aber etwas Interessantes war doch dabei, denn aufgrund der Beschattungen hatte man erfahren, dass Mata Hari wegen »bestimmter Beschwerden« vorhatte, nach Vittel zur Kur zu fahren,[36] weil das Wasser des Thermalbads ihr schon vor dem Krieg gutgetan hatte. Vittel aber befand sich in der Frontzone, und man benötigte eine Sondergenehmigung, um dorthin zu fahren.

Das war die ersehnte Gelegenheit, der Augenblick, auf den Ladoux mit wachsender Ungeduld gewartet hatte.

Auf Wohnungssuche

Am 21. Juli kehrte Mata Hari ins Grandhotel zurück und ließ sich am Empfang den Zimmerschlüssel geben. Sie war müde und wollte sich vor dem Mittagessen ein wenig ausruhen. Als sie gerade im Begriff war, in den Aufzug zu treten, brachte ihr ein Hotelpage auf einem Tablett eine Visitenkarte: Es war die Karte eines gewissen Jean Hallaure, der ihr von seinem Sessel im kleinen Salon ein Zeichen mit der Hand machte.

Jean Hallaure, damals dreißig Jahre alt, war als Kavallerieleutnant eingezogen, gleich zu Beginn des Krieges am Bein verwundet und vom aktiven Dienst befreit worden. Mata Hari war ihm schon früher begegnet, sie konnte sich noch dunkel daran erinnern. Kurz vor Kriegsbeginn war er in ihre Loge gekommen, als sie in den Folies Bergère die Habanera getanzt hatte.

Neugierig ging Mata Hari auf ihn zu. Hallaure stand auf

und beugte sich vor, um ihr einen Handkuss zu geben. Er war in Gesellschaft eines Freundes, des Komponisten Paul Lévy. Er selbst war Librettist. Mata Hari fiel es plötzlich wieder ein. Hallaure sagte mit schüchterner Stimme: »Liebe Mata Hari, ich traue meinen Augen kaum, aber Sie sind es. Ich habe Sie gestern erspäht. Paul und ich möchten Ihnen etwas vorschlagen. Der Besitzer der Folies Bergère, der sein Comeback vorbereitet, hat Kontakt mit uns aufgenommen. Wir möchten gern mit Ihnen zusammenarbeiten, etwas für Sie schreiben ...«

Das waren magische Worte für Mata Hari.

In den folgenden Tagen (davon legen die Observierungsprotokolle Zeugnis ab) gab sich Hallaure sehr liebenswürdig und zuvorkommend, fast freundschaftlich. Er begleitete Mata Hari auf ihrer Wohnungssuche, denn sie suchte wirklich eine Wohnung. Sie hatte Frankreich zu ihrer Wahlheimat erklärt und beschlossen, sich in Paris niederzulassen. Darum wollte sie ein paar Räumlichkeiten mieten, in denen sie sich heimisch fühle konnte. Sie graste das Madeleine-Viertel ab, machte einen Abstecher ins I. Arrondissement, war sich über eine Wohnung in der Rue Duphot unschlüssig ... Am Ende war ihr alles zu laut, und sie sehnte sich nach wohltuender Ruhe wie auf dem Schloss La Dorée oder in ihrem Haus in Neuilly-sur-Seine. Mit Hallaures Unterstützung entschied sie sich schließlich für eine Wohnung mit Blick auf die Wipfel von Kastanienbäumen in der Avenue Henri-Martin 33. Der Leutnant hob hervor, dass die Wohnung den Vorzug habe, in der Nähe des Bois de Boulogne zu sein. Nach dem Krieg könne sie dort wieder reiten.

Natürlich war dieser vom Himmel gefallene Freund nicht ganz uneigennützig, denn Hallaure war Ladoux' Stellvertreter. Er war der Köder, den der Chef der französischen Spionageabwehr für Mata Hari ausgelegt hatte. Wer war geeigneter als ein Librettist, um eine Tänzerin zum Sprechen zu bringen? Zu wem hätte sie mehr Vertrauen fassen können?

Schon bald hatte Mata Hari keine Geheimnisse mehr vor dem jungen Leutnant. Mühelos gelang es ihm, das Gespräch in die gewünschte Richtung zu lenken. Mata Hari hatte eine Menge Ärger, um die Genehmigung für die Reise nach Vittel zu erhalten, wo sie drei Wochen zu bleiben beabsichtigte. Nachdem sie mehrere Tage hingehalten worden war, verweigerte ihr das Polizeikommissariat in der Rue Taitbout am 31. Juli die Ausstellung eines Passierscheins. Hallaure täuschte Verwunderung darüber vor und empfahl ihr, sich an eine höhere Stelle zu wenden. Sie solle einen seiner Freunde im Kriegsministerium, der dort für Ausländerfragen zuständig war, um Rat fragen. Mata Hari hörte ihm aufmerksam zu. Bekanntlich hatte sie es schon immer vorgezogen, sich direkt an Gott statt an die Heiligen zu wenden.

Seltsamerweise war das Gebäude am Boulevard Saint-Germain 282 auch die Adresse der französischen Spionageabwehr. Aber davon hatte Mata Hari nach wie vor nicht die leiseste Ahnung.

In der Höhle des Löwen

Am nächsten Morgen, dem 1. August, ging Mata Hari also zu besagter Adresse, wo sie offenbar bereits angemeldet worden war. Hauptmann Ladoux, der seit über anderthalb Monaten jedes Detail ihres Lebens kannte, erwartete sie dort.

Es war die erste einer ganzen Reihe von Unterredungen, die über ihr Schicksal entscheiden sollten. Heute weiß man, dass Mata Hari und er sich im August 1916 vier Mal sahen: am 1., 7., 8. und 11.

Was sich bei der ersten Begegnung mit Ladoux abspielte, ist lange Zeit geheim geblieben. Heute kann man mithilfe verschiedener, auch widersprüchlicher Zeugenaussagen dieses Treffen rekonstruieren.

Um 14.20 Uhr verließ Mata Hari, die mit Hallaure zu Mittag gegessen hatte, das Grandhotel und nahm ein Taxi zum Kriegsministerium.

Es war ein schwüler Tag. Sie steuerte auf das Wartezimmer der Ausländerbehörde zu, die sich im Erdgeschoss befand. Nachdem sie eine ganze Weile hatte warten müssen, verlor sie die Geduld, stand auf, ging auf den Tisch zu, an dem ein Soldat gerade Formulare ausfüllte, und sagte: »Ich warte schon seit über einer Stunde auf mein Visum. Wird es noch lange dauern?«

Der Mann hob kaum den Kopf von seiner Schreibarbeit, wies mit einer vagen Geste auf die anderen Wartenden und gab darauf zurück: »Es wäre schade, wenn Sie jetzt weggingen und Ihren Platz auf der Warteliste einbüßen würden.«

Resigniert setzte sie sich wieder hin, doch auf einmal ging eine kleine Tür auf. Ein Offizier näherte sich ihr und forderte sie diskret auf, mitzukommen.

Mata Hari, davon überzeugt, dass dies auf ihre Beschwerde zurückzuführen war, folgte ihm eine Geheimtreppe hinauf. Als sie einen Treppenabsatz erreichten, öffnete der Offizier die Tür eines großen Büroraums, der auf die Straße ging. Hinter dem Schreibtisch saß ein bulliger Mann in Zivil. Sein kleiner Schnurrbart stand in starkem Kontrast zu der Kraft, die von seiner ganzen Erscheinung ausging. Er drückte eine Zigarette aus, musterte Mata Hari von Kopf bis Fuß und sagte unvermittelt: »Ich bin Hauptmann Georges Ladoux, der Chef des Deuxième Bureau.« Da Mata Hari ihre Verwunderung zu erkennen gab, fügte er hinzu: »Der Chef der französischen Spionageabwehr, genauer gesagt. Ich bin ein Mann der klaren Worte. Sie haben sich verdächtig gemacht. Setzen Sie sich.«

Mata Hari zögerte einen Augenblick, nahm dann auf dem Stuhl Platz, den er ihr anbot, und sagte: »Ich habe wohl gemerkt, dass meine Post geöffnet und ich selbst beschattet worden bin.«

Das war also der Mann, dem sie diese »Sonderbehandlung« verdankte.

»Unter diesen Umständen werden Sie bestimmt einsehen, dass Sie den Passierschein für Vittel nicht erhalten werden«, fuhr Ladoux in monotonem Ton fort.

»Dann werde ich nach Fiuggi fahren, wo das Wasser eine ähnlich gute Wirkung hat«, antwortete Mata Hari mit einem charmanten Lächeln und stand auf. Als sie im Begriff war, den Raum zu verlassen, forderte Ladoux sie auf, wieder Platz zu nehmen.

»Vielleicht kann ich Ihnen aber helfen … Ich glaube, dass Sie uns behilflich sein könnten. Sie wissen bestimmt, dass eine Frau mit Ihren Eigenschaften uns gute Dienste leisten könnte. In Kriegszeiten sind Klugheit und Schönheit sehr gefragte Eigenschaften.«

»In Friedenszeiten auch«, ergänzte Mata Hari, die endlich begriff, worauf er hinauswollte. »Darauf war ich nicht gefasst. Ich möchte nach Vittel fahren, und Sie schlagen mir vor, Spionin zu werden.«

Ladoux schlug eine schärfere Tonart an: »Ich brauche nur ein Wort zu sagen, um Sie des Landes verweisen zu lassen.«

»Und nun drohen Sie mir …«

»Wie haben Sie während Ihrer Zwangsverbannung in den Niederlanden nach der Kriegserklärung überlebt?«

»Ich habe dort einen wohlhabenden Förderer, Baron Van der Capellen. Ich kenne einflussreiche Männer.«

»Das erhärtet meine Informationen. Wohlgemerkt, alles hat seinen Preis.«

»Ich wäre weniger interessant für Sie, wenn ich billig wäre«, gab Mata Hari lachend zurück. Indem sie die nächste Frage, die sie ihm von den Augen ablas, vorwegnahm, stellte sie dann klar: »Ich habe noch nicht zugesagt.«

Ladoux wirkte enttäuscht, denn die Sache schien ihm dringlich zu sein: »Kommen Sie wieder, wenn Sie sich entschieden haben«, fuhr er sie an.

Mata Hari erhob sich: »All das wegen einer Kur. Ich muss gestehen, dass ich das alles nicht so recht verstehe. Also wirklich …«

Mit einem strahlenden Lächeln ging sie hinaus. Ein paar Minuten später betrat Jean Hallaure Ladoux' Büro. Ladoux klopfte ihm anerkennend auf die Schulter: »Gut gemacht, mein Alter. Gute Arbeit! Es läuft alles wie am Schnürchen.«

Der Schein trügt

Was für ein Hauen und Stechen! Worauf wollte Ladoux hinaus? Da er Zeit gehabt hatte, sie zu beobachten und sich ein Bild von ihr zu machen, musste er nun eine Entscheidung treffen. Wenn er Mata Hari für eine Spionin hielt, musste er sie verhaften lassen; wenn er aber meinte, dass sie ihm gute Dienste erweisen könnte, warum sollte er sie verfolgen?

Ladoux tat weder das eine noch das andere. Offensichtlich spielte der Chef der französischen Spionageabwehr weiter sein doppeltes Spiel. Diese Kunst beherrschte er bis zur Perfektion, und sein unentwegt ambivalentes Verhalten sollte ihn einige Monate später selbst auf die Anklagebank bringen. Er hatte sich auf schöne Frauen spezialisiert. Er misstraute ihnen, zog sie an, benutzte oder zerstörte sie. So war er auch bei Marthe Richard vorgegangen, einer jungen Französin, die doppelten Ruhm erlangen sollte: als

Heldin nach dem Ersten Weltkrieg und als Initiatorin der Schließung aller Bordelle nach dem Zweiten Weltkrieg. *Sic transit gloria mundi*... Zunächst wurde sie wie Mata Hari verdächtigt, von Ladoux in die Falle gelockt und dann für seinen Spionagedienst eingesetzt. Marthe Richards Schicksal unterschied sich aber grundlegend von dem Mata Haris, wenngleich ihre Wege oft parallel verliefen. Marthe war eine Unbekannte, Mata Hari eine Berühmtheit. Man ging also auf unterschiedliche Weise mit den beiden um. Marthe Richard, die sich dessen bewusst war, löste in der berühmten Sendung von Armand Jammot in den Sechzigerjahren einen Skandal aus mit ihrer Äußerung: »Mata Hari und ich hatten viele Gemeinsamkeiten. Sie bekam das Holzkreuz, ich das Ehrenkreuz.«

Mata Hari legte sich also nicht mit Ladoux an, um nach Vittel zu fahren. Es war durchaus ehrlich gemeint, als sie ihm mitteilte, sie werde stattdessen nach Fiuggi fahren. Sie ging sogar zum Polizeipräsidium, um ein Visum für Italien zu beantragen.

Aber in ihrem tiefsten Inneren war sie unschlüssig. Sie fühlte sich geschmeichelt, dass sie von allen Seiten umworben wurde, und versuchte, ihre Position auszuloten. Es war ihr bewusst, dass jetzt, nachdem sie von der französischen Spionageabwehr enttarnt worden war, eine Tätigkeit für die Deutschen nicht mehr möglich war. Wenn Frankreich sie wirklich anwerben wollte, konnte sie möglicherweise große Dinge tun. Es war jedoch sehr gefährlich, bei einem so undurchsichtigen Mann wie Ladoux mit dem Feuer zu spielen – und das war Mata Hari nicht klar. Im Augenblick sah sie sich bereits in der Rolle einer Doppelagentin, ohne genau zu begreifen, worauf sie sich einließ, und ohne die Risiken zu ermessen, die sie einging. Sie war es gewohnt, von der Hand in den Mund zu leben und zu improvisieren.

Dennoch zögerte sie diesmal. Irgendwie hatte sie eine Vorahnung, dass sie in großer Gefahr war. Da sie nicht die ganze Wahrheit zugeben konnte, beschloss sie, einen Rat einzuholen, allerdings einen Rat, der nur teilweise vernünftig sein konnte, weil er auf falschen Grundlagen beruhte. Sie erwog, sich mit dem Marquis de Margerie, ihrem alten Freund und Liebhaber, zu beraten. Er war ein Mann, der mit beiden Beinen im Leben stand. Vielleicht würde er ihr helfen, eine Entscheidung zu treffen.

Mata Hari besuchte ihn im Außenministerium am Quai d'Orsay und vertraute ihm Ladoux' Vorschlag an. Realistisch fügte sie hinzu: »Ich glaube, dass Hauptmann Ladoux die Bedeutung der Dienste, die ich ihm leisten kann, überschätzt.«

Margerie sagte ihr, von seinem Standpunkt aus und als Franzose glaube er, dass, wenn jemand in der Lage wäre, seinem Land derartige Dienste zu erweisen, nur sie es könne. Als Freund aber dürfe er ihr nicht verhehlen, dass es sehr gefährlich sei, Aufgaben dieser Art anzunehmen: »Sie haben das Glück, Staatsbürgerin eines neutralen Landes zu sein. Fliehen Sie vor diesem Krieg, der nach Tod riecht. Kehren Sie in die Niederlande zurück, solange es noch möglich ist.«

Mata Hari war vermutlich enttäuscht über den wohlmeinenden Rat dieses Mannes, der auch später noch seine aufrichtige Gesinnung unter Beweis stellen sollte. Dennoch stand einige Tage später ihre Entscheidung unwiderruflich fest: Sie würde nach Vittel fahren und Ladoux' Vorschlag annehmen.

Was hatte nach ihrem anfänglichen Zögern diesen Umschwung ausgelöst? Mata Hari hatte sich zum ersten Mal in ihrem Leben unsterblich verliebt.

Liebe auf den ersten Blick

»Im Salon von Madame Dangeville in der Rue Tronchet 30, den ich schon lange regelmäßig frequentiere, habe ich einen russischen Offizier kennengelernt, Herrn M. Gasfield, der mir seinen Kameraden, Vadime de Massloff, Hauptmann des Ersten kaiserlich-russischen Sonderregiments, vorstellte.«[37]

Es war der 3. August 1916, zwei Tage nach der ersten Begegnung mit Ladoux. Mata Hari vermochte die glühende Leidenschaft, die sie dem Russen entgegenbrachte, nicht zu zügeln. Es war, als würden alle Dämme, die die Wucht ihrer Gefühle bisher zurückgehalten hatten, plötzlich brechen. Sie war verrückt nach ihm. Unwillkürlich drängen sich einem die Verse von Isoldes Liebestod in Wagners *Tristan und Isolde* (III. Aufzug, 3. Szene) auf: »Soll ich atmen, soll ich lauschen? Soll ich schlürfen, untertauchen? Süß in Düften mich verhauchen? In dem wogenden Schwall, in dem tönenden Schall, in des Welt-Atems wehendem All ertrinken, versinken - unbewusst - höchste Lust!«

Vadime de Massloff fühlte sich bestimmt geschmeichelt, dass eine so begehrte Frau ihm ihre Gunst schenkte. Er war in Odessa geboren und stammte aus gutbürgerlichem Hause, kein Adliger also, wie das »de« vor seinem Namen vermuten ließ. Dieses Adelsprädikat gab es in Russland nicht; er selbst hatte es wohl hinzugefügt, als er in Paris seinen Namen französisiert hatte, was damals ziemlich in Mode war. Der Name Massloff bedeutete auf Russisch »Butter«, war also keineswegs vornehm, was Mata Hari jedoch nicht wusste.

Er war ein gut aussehender, sympathischer Mann, aber ein Hitzkopf mit wenig Lebenserfahrung, dazu ein Spieler, ein Verschwender, ein unberechenbarer Mann. Aber er konnte auch liebevoll, zärtlich und gefühlvoll sein - eine explosive Mischung für eine Frau wie Mata Hari. Er nannte sie übrigens Marina, als wolle er eine neue Persönlichkeit schaffen, die nie jemand anderem als ihm gehören würde. Ähnlich wie Napoleon, der seine Gattin Rose in Joséphine umbenannte, oder wie der Fürst Guido Henckel von Donnersmarck, ein Freund Wilhelms II., der eine Kurtisane, Thérèse de Païva geheiratet und ihr den Beinamen Blanche gegeben hatte. De Massloff lebte, wie so viele andere auch, in der Gegenwart und machte sich keine Gedanken über die Zukunft.

Als sie einander begegneten, ging de Massloffs Heimaturlaub schon dem Ende entgegen; die Stunden ihres Zusammenseins waren also bereits gezählt, bevor ihre Romanze begonnen hatte, und das ließ diese umso heftiger werden. Sie liebten sich leidenschaftlich und hemmungslos wie zwei fliehende Schatten, die nicht zusammenkommen können und einander nur für einen winzigen Augenblick umarmen. Verbotene Augenblicke. Himmlische Augenblicke. Augenblicke der Angst, der Wahrheit und der Beklemmung.

Als sie sich das erste Mal geliebt hatten, stand Mata Hari auf und ging ins Bad. Sie schloss die Tür und atmete lange durch. Sie sah sich im Spiegel an und nahm ein Handtuch, als wolle sie sich damit bedecken. Bis zu diesem Augenblick hatte sie es verdrängt: Ihr Liebhaber war zwanzig Jahre jünger als sie. Sie betrachtete ihr Gesicht, ihre Augen, ihre Wangen. Als er sie rief, zog sie sich schnell einen Morgenmantel über, bevor sie ins Zimmer zurückging. Überrascht, dass sie sich etwas übergeworfen hatte, versuchte er, ihre Schultern wieder zu entblößen. Sie aber wehrte ab: »Du bist so jung! Es gibt keinen Platz für dich in meinem Leben.« Mata Hari wollte weitersprechen, aber ihre Stimme versagte.

»Hör auf zu lügen. Du weißt genauso wie ich, dass uns

nichts mehr trennen wird. Das Schicksal ist stärker als wir«, wandte de Massloff ein.

»Dann lass uns vor diesem schrecklichen Krieg fliehen. Ich halte es ohne dich nicht aus.«

»Du weißt, dass das unmöglich ist«, antwortete er darauf. Sie schwiegen eine Weile, dann fragte sie ihn, wann er wieder an die Front müsse.

»Heute Morgen.«

Der Morgen brach bereits an. »Mein Gott! Ich flehe dich an, schreib mir jeden Tag, damit ich weiß, dass du noch am Leben bist. Ich habe nur dich auf der Welt.«

Noch nie war Mata Hari so ehrlich gewesen.

Verwirrung der Gefühle

Es erstaunt, dass Mata Hari, die über genügend Erfahrung in der Liebe verfügte, sich von der Leidenschaft so überwältigen ließ. Vadime de Massloff nahm im Reigen ihrer Liebhaber eine Sonderstellung ein: er war zweiundzwanzig Jahre alt, fast so alt wie Mata Haris Sohn Norman gewesen wäre, wenn er noch gelebt hätte. Er war mehr als ein Liebhaber, unbewusst war er das Symbol ihrer Vergangenheit, die ihr auf einmal wieder gegenwärtig war. Er war schön und zart und konnte jeden Augenblick sterben. Er war das Kind, das sie nicht vor dem Tod hatte bewahren können und das aus dem Reich der Finsternis zurückgekehrt war, um sie zu bestrafen oder ihr zu verzeihen.

Wenn man diese Dimension nicht berücksichtigt, kann man Mata Haris schlimmes Schicksal, ihre Fehler, ihre Wutausbrüche, ihre Stimmungsumschwünge, ihre Entscheidungen und Entschuldigungen nicht begreifen. De Massloff war nicht nur ihre große Liebe, sondern er verkörperte auch ihre heimliche Sehnsucht, er war ihre letzte Chance, ihr Retter und zugleich ihr Henker. Mata Hari – die Mätresse und die Mutter, gefangen in der Verwirrung ihrer Gefühle.

De Massloff bestimmte von da an Mata Haris Handeln. Er war der Grund dafür, dass sie wieder zu Ladoux ging, seinen Vorschlag akzeptierte und ihre Bedingungen stellte.

Mata Haris Liebe spielte in politischer und finanzieller Hinsicht eine verhängnisvolle Rolle bei ihrem Verhör. De Massloff war Russe, und Russland war mit Frankreich und Großbritannien verbündet. Für Mata Hari war es völlig undenkbar, gegen das Lager des Mannes zu arbeiten, der nun der einzige Sinn ihres Lebens war. Es wäre ihr unmöglich gewesen, weiter für die Deutschen zu arbeiten, und dies änderte alles. Ihre Treffen mit Ladoux nahmen eine entscheidende Wendung.

Dieser unvermittelte Umschwung wurde später gegen Mata Hari verwendet. Man behauptete, sie habe sich nur mit de Massloff eingelassen, um vom ersten Tag an den französischen Geheimdienst zu unterwandern. Diese Behauptung war jedoch aus der Luft gegriffen. Mata Hari, die zunächst zögerlich und unsicher war, hatte sich schließlich in die Arme des französischen Geheimdienstes geflüchtet, aber das geschah keinesfalls auf Anweisung des deutschen Oberkommandos.

Noch ein anderer Umstand hatte Mata Hari bewogen, auf Ladoux' Vorschlag einzugehen. Seit ihrer ersten Begegnung mit de Massloff hatte sie den Plan, nach Fiuggi zu fahren, aufgegeben, weil sie nicht zu weit entfernt von ihrem Geliebten sein wollte. Als sie dann noch von de Massloffs Verwundung erfuhr – er war durch Giftgas am linken Auge verletzt worden – wurde Vittel plötzlich wieder interessant, denn sie hoffte insgeheim, dass de Massloff aus Châlons-sur-Marne, wo er stationiert war, dorthin nachkam und einen Teil seiner Rekonvaleszenz mit ihr verbrachte. Sie zögerte nicht lange und begab sich zu Ladoux. Diesmal ließ man sie nicht warten. Sie bahnte sich den Weg in sein Büro, als sei sie dort schon heimisch, und sagte ohne lange Vorreden: »Hauptmann, im Prinzip erkläre ich mich bereit. Bitte sorgen Sie dafür, dass man mir den Passierschein nach Vittel aushändigt.«

Ladoux hatte sie angesehen und schnurrend wie eine Katze gesagt: »Unterhalten wir uns doch ein wenig. Können Sie nach Deutschland oder Belgien fahren? Haben Sie einen Plan?«

»Ich werde zunächst nach Vittel fahren. Lassen Sie mich meine Kur machen, dann werde ich Sie wieder aufsuchen«, erwiderte sie.

Nach einem kurzen Schweigen antwortete Ladoux: »Wie Sie wollen. Aber denken Sie an unsere Abmachungen. Sie dürfen nicht versuchen, Kontakt zu Offizieren der französischen Armee aufzunehmen.«

»Im Augenblick ist mir die französische Armee völlig egal«, gab Mata Hari zurück und war im Nu weg.

Sie ging schnell in der Avenue Henri-Martin vorbei, wo sie sich mit dem Raumausstatter, der ihre Wohnung einrichten sollte, verabredet hatte.

Ganz aus dem Häuschen

In einem der Alben, die man bei ihrer Verhaftung beschlagnahmte, war ein vergilbtes Foto, auf dessen Rückseite folgende Inschrift stand: »Vittel 1916 – Erinnerung an einige der schönsten Tage meines Lebens, die ich mit meinem Vadime verbracht habe, den ich über alles liebe.«

Mata Hari war am 1. September im Grand Hôtel des Bains angekommen. Es regnete, und das Hotel war bis auf ein paar Offiziere und alte Damen fast leer. Mata Hari wurde immer noch von den beiden Inspektoren beschattet, die unbeirrt alles notierten. Klugerweise wartete sie zwei

Tage auf de Massloff, ohne mit irgendjemandem zu sprechen. Als de Massloff endlich eintraf, war sie überglücklich und besorgt zugleich – Geliebte und Mutter in einem, glücklich, ihn wiederzusehen, besorgt wegen seiner Verletzung. Verliebter denn je, ließ sie ihn nie aus den Augen, um jede gemeinsame Minute auszukosten, denn de Massloff hatte nur vier Tage Urlaub bekommen.

Nüchtern notierten die Inspektoren Monier und Tarlet:

»Um 17.30 Uhr haben wir gesehen, wie sich die beiden am Fenster des Zimmers Nr. 363, in dem MacLeod wohnt, küssten. Um 18 Uhr haben sie Arm in Arm einen Spaziergang im Park gemacht. Hauptmann de Massloff trägt eine Binde über dem linken Auge. Um 18.30 Uhr sind sie zurückgekehrt, um zu Abend zu essen, und wir haben sie nicht mehr gesehen.«[38]

Was den dienstbeflissenen Inspektoren zu beobachten untersagt war, hat Mata Hari freimütig selbst erzählt. Nachdem sie die Vorhänge zugezogen und sich der Liebe hingegeben hatten, fasste sich de Massloff ein Herz und erkundigte sich: »Was tätest du, wenn ein Unglück passieren und ich blind werden würde?«

Sie schmiegte sich eng an ihn: »Ich werde dich nie verlassen«, sagte sie, indem sie ihm zärtlich übers Haar strich. »Du wirst für mich immer noch derselbe sein, der einzige Mann, den ich je geliebt habe. Ich werde immer dieselbe Frau sein.«

De Massloff hörte ihr aufmerksam zu, und nach einigen endlos scheinenden Minuten fragte er sie: »Willst du meine Frau werden? Willst du mich heiraten?«

»Ja, das will ich, und ich werde die glücklichste Frau der Welt sein.«

»Wirst du mir treu sein?«

»Immer.«

Mata Hari schloss die Augen; am liebsten wäre es ihr

gewesen, wenn auf der ganzen Welt kein Wort mehr gesprochen worden wäre. Ihr Geliebter sagte jedoch mit trauriger Stimme: »Ich habe nicht das Recht, dich das zu fragen. Ich stecke bis zum Hals in Schulden, in Ehrenschulden. Ich gäbe einen schlechten Ehemann ab.«

Mata Hari war fast erleichtert, weil es nur um Geld ging. Sie versuchte, ihn zu beschwichtigen: »Hab keine Angst. Wir werden bald Geld haben, viel Geld.«

De Massloff liebte sie also so sehr, dass er sie heiraten wollte – der bloße Gedanke daran versetzte Mata Hari in einen Glückstaumel. Nun war alles geklärt: Vadime und sie waren aus demselben Holz geschnitzt, sie waren außergewöhnliche Menschen, zwei Albatrosse, die sich in der menschlichen Unzulänglichkeit verfangen hatten. Sie mussten um jeden Preis glücklich sein.

»Das ist der mir vorgegebene Weg«, sagte sie sich. »Ich werde von Hauptmann Ladoux mehr Geld fordern, um Vadime de Massloff nicht mit anderen Männern betrügen zu müssen. Ich werde den Marquis de Beaufort und den Baron[39] verlassen, ich werde nach Belgien fahren, um das zu tun, was der Hauptmann[40] verlangt, ich werde in den Niederlanden meine Möbel und meine Wertgegenstände verkaufen. Dann werde ich in Paris in die Wohnung zurückgehen, die ich gemietet habe. Hauptmann Ladoux wird mich auszahlen, und ich werde die glücklichste Frau der Welt sein.«[41]

Die Schöne und das Biest

Paris. Ende September 1916.

Mata Hari stieg auf dem Boulevard Saint-Germain vor der Hausnummer 282 aus. Sie ging direkt auf den wachhabenden Soldaten zu und bat, bei Hauptmann Ladoux vorgelassen zu werden.

Ladoux empfing sie sofort, diesmal sogar mit einer gewissen Herzlichkeit. Er gratulierte ihr zu ihrem Verhalten in Vittel und teilte ihr mit, dass sie nun nicht mehr von der Polizei observiert werden würde. Dann schlug er nach alter Gewohnheit abrupt einen anderen Ton an und fragte sie: »Haben Sie über meinen Vorschlag nachgedacht?«

»Mein Entschluss steht fest«, antwortete sie.

Mata Hari hatte ihm gegenüber Platz genommen. Ladoux schien mit ihrer Antwort zufrieden zu sein. Er bot ihr eine Zigarette an, die sie ablehnte, zündete sich selbst eine an und fragte sie mit gesenkter Stimme: »Wo beabsichtigen Sie zu operieren?«

»In Deutschland oder im besetzten Belgien.« Mata Hari antwortete nun nicht mehr ausweichend wie bei ihrem ersten Zusammentreffen, sondern mit großer Bestimmtheit.

»Deutschland interessiert uns weniger. Sie müssen nach Belgien fahren, nach Brüssel, wo sich das deutsche Oberkommando befindet. Haben Sie eine Idee?«

Sie überlegte einen Augenblick und sagte dann: »Ich habe dort einen ehemaligen Geliebten, den Bankier Van der Schalk. In Amsterdam hat er mich mit einem gewissen Wurfbain bekannt gemacht, der rechten Hand des Generals von Bissing, des Generalgouverneurs im besetzten Belgien. Er war mir sehr unsympathisch, aber ich hatte nichts weiter mit ihm zu tun.« Sie lachte schallend. »Ich höre noch, wie er zu mir sagte: ›Besuchen Sie mich in Brüssel, ich habe dort ein herrliches Haus. Ich mache große Geschäfte mit dem deutschen Oberkommando. Ich kenne alle dort. Sie werden sehen, in den Freudenhäusern hat man großes Vergnügen mit den ungarischen, deutschen und belgischen Prostituierten!‹«

Ladoux fand die Idee ausgezeichnet.

»Und so sieht mein Plan aus«, fuhr Mata Hari mit leiser

Stimme fort. »Von meinem Haus in Den Haag werde ich ein paar nette Worte an Wurfbain schreiben und ihn zu einer Tasse Tee einladen. Dann werde ich mit den schönsten Kleidern, die ich besitze, nach Brüssel fahren und regelmäßig das deutsche Oberkommando besuchen. Ich werde mich überall einführen lassen und schnell Zugang zu wichtigen Dokumenten haben.«

»Zum Beispiel die Pläne der Truppenbewegung ...«

»Ja, so etwas. Aber ich warne Sie, ich folge immer meiner Eingebung. Ich habe nicht die Absicht, monatelang dortzubleiben und mich mit Kleinigkeiten zu verzetteln. Ich will einen großen Coup landen, einen einzigen. Dann werde ich aufhören und verschwinden.«

Danach drehte sich das Gespräch um fachliche Details. Ladoux erkundigte sich nach der Route, auf der Mata Hari in die Niederlande fahren wollte: über die Schweiz und Deutschland (was ihr als Staatsbürgerin eines neutralen Landes gestattet war) oder über Spanien und dann per Schiff. Mata Hari versuchte, ihr Zögern zu verbergen. Der Weg über die Schweiz war wesentlich kürzer, aber sie wollte nicht unbedingt Deutschland durchqueren, wo sie Gefahr lief, dass der Geheimdienst möglicherweise noch eine Rechnung mit ihr zu begleichen hatte. Das konnte sie Hauptmann Ladoux selbstverständlich nicht sagen. Sie fasste sich schnell wieder. Die Schweiz wäre zwar der direktere Weg, sie würde jedoch lieber über Spanien reisen, wo sie viele Freunde hatte. Ladoux schien mit der Antwort zufrieden zu sein:[42] »Wunderbar. Und was ist der Preis für Ihre Dienste?«

»Wenn ich mit meinem Vorhaben scheitere, kostet es Sie nichts, aber wenn ich erfolgreich bin, erwarte ich eine Million Francs.« Und da Ladoux keine Reaktion zeigte, als wolle er sie auf die Folter spannen, hielt Mata Hari es für angebracht hinzuzufügen: »Also, einverstanden?«

»Der Preis könnte den Einsatz wert sein... Sie mögen runde Summen...«

»Und flink abgewickelte Geschäfte, Hauptmann!«

Ladoux drückte seine Zigarette im Aschenbecher aus und sagte: »Das ist eine beträchtliche Summe, aber wenn Sie uns wirklich die Dienste leisten, die wir von Ihnen fordern, werden wir sie zahlen. Wir haben schon zweieinhalb Millionen Francs gezahlt.«

Mata Hari fiel ein Stein vom Herzen, und bald gewann sie wieder die Oberhand: »Bringen Sie mich nicht in Versuchung, Hauptmann.«

Ladoux sah ihr direkt in die Augen und fragte: »Aus welchem Grund stürzen Sie sich in ein so gefährliches Unternehmen?«

Mata Hari merkte, dass er sie nochmals auf die Probe stellen wollte, und erwiderte: »Als ob Sie es nicht wüssten! Ich liebe einen Russen. Er steckt bis zum Hals in Schulden, und ich gehöre nicht zu denen, die zweiter Klasse reisen. Ich möchte den Rest meines Lebens mit ihm verbringen, ohne ihn aus finanziellen Gründen betrügen zu müssen. Ich helfe Frankreich, und ich ändere mein Leben, das ist ein Doppelerfolg!«

»Waren Sie schon einmal in Belgien?«

»Ja, das letzte Mal mit Baron Van der Capellen zu einer Miniaturenausstellung in Brüssel.«

Ladoux sah sie mit einem sonderbaren Blick an und fragte: »Und in Antwerpen? Sind Sie jemals in Antwerpen gewesen?«

Mata Hari antwortete ohne Zögern: »Nie!«

»Ich weiß aber, dass Sie dort waren. Man hat mir diese Auskunft gegeben«, sagte er.

Mata Hari stand auf, ohne eine Regung preiszugeben, und erwiderte: »Dann hat man sich geirrt.«

Ein betrügerischer Vertrag

Andere hätte Ladoux' Taktik stutzig gemacht. Hätte Mata Hari nicht einen zweifelhaften Ruf gehabt, wäre ein solches Risiko vertretbar gewesen, aber so wie die Dinge nun einmal lagen, bedeutete es, sich Ärger einzuhandeln. Sie hätte beunruhigt sein müssen, das war jedoch nicht der Fall.

Wieder im Hotel, bereute sie es, keinen Vorschuss von Ladoux verlangt zu haben. Schließlich musste sie bei jeder Bestellung in einem Geschäft auch eine Anzahlung hinterlassen. Warum sollte es sich bei der Spionage anders verhalten, zumal man hier sein Leben aufs Spiel setzte? Hatte ihr Krämer nicht 20000 Francs gegeben, als die Deutschen sie engagiert hatten?

Mata Hari hatte kein Geld mehr. Über die Kosten hinaus, die ihre Liebesnächte mit de Massloff verursachten, und die Geschenke, die sie ihm machte, hatte sie soeben eine Rechnung über 15000 Francs von ihrem Raumausstatter Delamare erhalten, für das Liebesnest, das sie für ihr neues Leben mit ihrem jungen Geliebten einrichtete. Zudem drohte ihr eine Beschlagnahmung ihrer Kleider und persönlichen Gegenstände, weil sie 1913 in Paris aus dem Hotel Meurice abgereist war, ohne die Rechnung zu begleichen.

Sie war nicht der Mensch, der wegen so etwas den Kopf verlor, aber nun stand ihr das Wasser bis zum Hals. Ende September 1916 hatte sie das ganze Geld ausgegeben, das sie von Krämer erhalten hatte; und sie musste noch einiges in ihre großartigen Unternehmungen investieren. Womit sollte sie die geplante Reise bezahlen? Da waren nicht nur die Fahrtkosten (wie bereits erwähnt, reiste Mata Hari nie zweiter Klasse), sie musste auch, wollte sie ihren großen Coup starten, ihre Garderobe erneuern. Sie brauchte Kleider, mit denen sie die Flut deutscher und belgischer Kokotten ausstechen konnte. Das alles musste bezahlt werden. Es war also unbedingt erforderlich, ihren Vertrag neu auszuhandeln, und diesmal gab es keinen Astruc, der solche Dinge früher für sie geregelt hatte. Darum schrieb Mata Hari einen langen Brief an Ladoux, als würde sie sich an den Direktor eines Varietétheaters wenden.

Es war ein großer Fehler von ihr, den Chef des Geheimdienstes mit André Antoine, dem Leiter des Théâtre Libre, zu verwechseln. Da sie keine Reaktion erhielt, machte sie sich ein paar Tage später erneut zum Boulevard Saint-Germain auf. Sie verhielt sich bereits wie eine »Geheimagentin« und ging spätabends dorthin, wie Ladoux es ihr empfohlen hatte.

Dieser hatte nach Erhalt ihres Briefes damit gerechnet, dass sie bei ihm auftauchte. Für Mata Hari war es schon fast selbstverständlich, bei einem der gefürchtetsten Männer Frankreichs sofort vorgelassen zu werden, ohne warten zu müssen. Sie betrat sein Büro und fragte ihn geradeheraus: »Haben Sie meinen Brief bekommen?«

Ladoux bejahte ihre Frage, ohne die Augen von seinen Akten zu heben. Mata Hari war überrascht von seiner Gleichgültigkeit: »Worauf warten Sie dann noch? Die Kleider, die ich unbedingt brauche, können nicht an einem Tag genäht werden. Lassen Sie uns keine Zeit verlieren!«

Endlich ließ Ladoux sich herab, seinen Blick von den Akten zu wenden, und sagte: »Wir zahlen nie im Voraus. Das ist eine eiserne Regel, wenn wir einen neuen Agenten engagieren. Sie werden die Ausgaben vorstrecken müssen.«

Diese Antwort wirkte auf Mata Hari wie eine kalte Dusche, ihr verschlug es die Sprache. Als Ladoux merkte, dass sie abzuspringen drohte, hielt er es für angebracht, wohlwollend hinzuzufügen: »Aber wenn Sie Erfolg haben, werden Sie Ihre Million bekommen, das versichere ich Ihnen.«

Sie raffte sich wieder auf und sagte: »Das will ich schwer hoffen!«

Ladoux forderte sie auf, Platz zu nehmen, und versuchte, sie zu ködern: »Ich kann Ihnen aber eine kleine Entschädigung in Aussicht stellen, sagen wir 25000 Francs zusätzlich pro Spion, den Sie uns in die Hände spielen.«

Mata Hari schreckte hoch. Wofür hielt er sie? Dieser Ladoux missfiel ihr immer mehr, aber da sie auf ihn angewiesen war, antwortete sie ihm: »Hauptmann, wohlgemerkt: Ich bin bereit, Ihnen Informationen von militärischer oder diplomatischer Wichtigkeit zu beschaffen, doch ich hasse es, Menschen zu verraten.«

»Wie Sie wollen«, gab Ladoux darauf zurück und setzte das Gespräch in unbeteiligtem Ton fort, »Wie wollen wir vorgehen?«

Mata Hari konnte ihre Verärgerung nicht verbergen: »Diese Frage sollte ich eigentlich Ihnen stellen.«

»Schreiben Sie uns aus Brüssel mit Geheimtinte?«

»Nein, das sind Tricks, die sich mit meinem Charakter nicht vereinbaren lassen.«

»Soll ich Ihnen einen Kontaktmann vor Ort verschaffen?«

»Nein, ich möchte allein operieren!«

Unwillkürlich hob sie die Stimme. Es herrschte eine angespannte Atmosphäre. Ladoux nickte zögernd und sagte: »Es wundert mich, dass meine deutschen Kollegen nicht versucht haben, Sie zu rekrutieren.«

»Sie haben es aus dem einfachen Grund nicht getan«, antwortete Mata Hari, »weil sie mich nicht kennen.«

Ladoux versuchte, sie ins Mark zu treffen, und fügte ironisch hinzu: »Wie ist es möglich, Mata Hari noch nicht zu kennen?«

Mit einem gewinnenden Lächeln fragte sie dann: »Sprechen Sie etwa von der Tänzerin?« Nun schlug sie einen anderen Ton an. »Hauptmann, lassen Sie uns diese Abmachung nicht verderben.«

Eisiges Schweigen. »Einer meiner Männer wird Ihnen unsere Instruktionen übermitteln.«

»Wie werde ich ihn erkennen?«

Lächelnd schrieb der Hauptmann etwas auf ein Stück Papier, das er zweimal faltete und Mata Hari dann überreichte. Sie faltete es auseinander und las eine in großen Zügen geschriebene Kennnummer: »AF-44«.

Ladoux, der sie in eine Falle locken wollte, indem er ihr eine Antwerpener Kennnummer unterjubelte, lauerte auf ihre Reaktion und fragte sie, ob sie die Nummer nicht erkenne.

Mata Hari antwortete, sie habe sie nie zuvor gesehen. Sie war verärgert, aber ihr waren die Hände gebunden. Er fuhr fort: »Ich dachte, es sei Ihre Kennnummer. Sind Sie nicht Agentin AF-44 vom deutschen Geheimdienst in Antwerpen?«

»Ganz sicher nicht.«

»Einer unserer verdeckt ermittelnden Agenten meinte, Sie erkannt zu haben …«

Mata Hari stand plötzlich auf, sie war wütend. Binnen einer Minute hatte sie ihren Stolz zurückgewonnen und wandte sich an Ladoux wie an einen unehrlichen Lieferanten: »Hauptmann, welches Spiel treiben Sie eigentlich?«

Ladoux wusste nicht, ob er richtig getippt hatte. Dann spielte er seinen großen Trumpf aus: »Sagt Ihnen der Name ›Fräulein Doktor‹ nichts?«

Doch Mata Hari gab souverän und wutschäumend zurück: »Hauptmann, ich bitte Sie ein für alle Mal, auf diese Art von Anspielungen zu verzichten. Wenn Sie das nicht lassen, arbeiten Sie eben nicht mit mir zusammen. Unter diesen Umständen werden wir nie ins Geschäft kommen!«

Sie stand an der Türschwelle und war im Begriff zu gehen. Auf einmal wurde Ladoux umgänglicher, fast liebenswürdig, als habe er eine Rolle gespielt, als habe Mata Hari eine Reihe von Prüfungen erfolgreich bestanden: »Liefern Sie uns Beweise. Wenn wir sicher sind, dass Sie auf unserer Seite stehen, werden wir Ihnen aufs Wort glauben! Gehen Sie jetzt auf jeden Fall zum Boulevard du Palais 7 und suchen Sie auf dem Polizeipräsidium Monsieur Maunoury auf, geben Sie ihm diese Zeilen hier. Er wird Sie sofort empfangen und Ihnen alle Genehmigungen ausstellen lassen, die Sie für Ihre Reise benötigen.«

Trübe Wasser

Kein klarer Auftrag, keine Kennnummer – Mata Hari hätte merken müssen, dass Ladoux nicht mit offenen Karten spielte. Im Grunde war es ihr auch klar, doch sie hatte sich nur ein Ziel gesetzt: Sie wollte ihm beweisen, dass er unrecht hatte. Angespornt durch die Herausforderung und die versprochene Million, war sie zu jeder Unvorsichtigkeit bereit. Das Unwahrscheinliche schien ihr greifbarer als die Realität zu sein, und sie war überzeugt, dass sie ihr Schicksal allein meistern würde.

Für den Augenblick musste sie sich aber der harten Wirklichkeit stellen: Sie brauchte Geld und musste es sich irgendwie beschaffen. Da in Frankreich nichts zu holen war, musste sie es in den Niederlanden probieren. Dorthin zu reisen, wäre zu umständlich gewesen. Deshalb wandte sie sich an den niederländischen Generalkonsul Bunge, mit dem sie auf gutem Fuße stand und der ihr schon oft angeboten hatte, sie könne die Diplomatenpost in Anspruch nehmen. Am 13. Oktober 1916 bat Mata Hari also den Konsul, einen Brief für sie in die Niederlande zu schicken, und erhielt am 4. November auf demselben Weg einen

Scheck über 5000 Francs, den sie beim Comptoir d'Escompte an der Place de l'Opéra 2 einlösen konnte. Als Erstes einigte sie sich gütlich mit dem Direktor des Hotels Meurice: Mit einer Anzahlung von 500 Francs verhinderte sie, dass weitere gerichtliche Schritte gegen sie unternommen wurden. Sodann eilte sie zur Post in der Rue Gluck, um ihrem geliebten Vadime de Massloff eine Geldanweisung zu schicken.

Woher kam das Geld? Alle Biografen Mata Haris behaupten, der Auftraggeber der Überweisung sei der Baron Van der Capellen gewesen. Mata Hari habe ihrem Dienstmädchen Anna Lintjens geschrieben und sie gebeten, den Brief an ihren Gönner weiterzuleiten.[43] Diese Behauptung hält aber nicht stand, wie noch gezeigt werden wird. Da die Franzosen ihr kein Geld geben wollten, hatte sie sich an die Deutschen gewandt. Sie hielt das nur für eine harmlose Betrügerei. Die Militärjustiz aber sollte da anderer Ansicht sein.

Sich aufrichtig für die französische Spionageabwehr einsetzen und sich vom deutschen Geheimdienst bezahlen lassen … Um dies zu tun, musste man ein ungeheuer übersteigertes Selbstbewusstsein haben und überzeugt sein, über den Gesetzen zu stehen. Das entsprach dem Wesen Mata Haris, die fest an ihr Recht glaubte, ihre Pläne rücksichtslos verwirklichen zu können. In ihrer Verblendung bedachte sie nicht, dass jedes Lager sie observierte und auf der Lauer lag. In den Observierungsprotokollen hieß es: »Die üblichen Telegramme sind aufgegeben worden.«

Mit anderen Worten: Als Mata Hari beschloss, über Spanien in die Niederlande zurückzukehren, bevor sie nach Belgien fuhr, war das ganze Netz der französischen Geheimagenten in Spanien in Alarmbereitschaft versetzt.

10
Carmen und Don Quijote

Am Abend des 5. November 1916[44] schleppten zwei Gepäckträger sechs schwere Koffer zum Bahnsteig des Bahnhofs Orsay mit den »Kleinigkeiten«, die Mata Hari unbedingt brauchte. Um 21 Uhr stieg die Tänzerin in den Schlafwagen Nr. 2492 des Zuges nach Madrid. Sie machte dort kurz halt, bevor sie nach Vigo, ihrem Verschiffungshafen, weiterfuhr.

Vier Tage später geht die französische Geheimagentin Mata Hari an Bord der *Hollandia*, eines Handelsschiffs des niederländischen Lloyds, das die Verbindung mit Rotterdam garantierte.

Sie kam nie ans Ziel.

Sein oder nicht sein

Im Jahre 1916, ein paar Monate vor Beginn des uneingeschränkten U-Boot-Krieges, kontrollierte Großbritannien noch uneingeschränkt die Meere. Die britische Flotte pflegte systematisch die Schiffe neutraler Länder anzuhalten, zu britischen Häfen zu eskortieren und die Ladung sowie die Personalien der Passagiere zu überprüfen. In den ersten Monaten des Jahres hatte die Admiralität besonders strenge Anweisungen erteilt, um die Kontrollen zu verstärken. Mata Haris Schiff wurde also von einem britischen Kriegsschiff nach Falmouth, an der Landzunge von Cornwall, dirigiert. Mata Hari konnte tun, was sie wollte – die Briten kreuzten immer ihren Weg.

»Bei unserer Ankunft im britischen Hafen kamen Marineoffiziere, Polizisten, Soldaten und Suffragetten[45] an Bord, die die Frauen durchsuchen mussten. Zwei von ihnen durchwühlten meine Koffer und meine Kabine. Sie gingen sogar so weit, die Spiegel von der Wand abzuschrauben und mit einer elektrischen Lampe unter den Betten nachzusehen.«[46]

War Mata Hari verraten worden? Hatte man es auf sie abgesehen? Wussten die britischen Zollbeamten Bescheid über die früheren Erkenntnisse des Geheimdienstes Ihrer Majestät, denen zufolge sie als gefährlich und verdächtig galt?

Als sie das Schiff verließ, unterzog ein junger Offizier, Inspektor George Reid Grant, sie einem regelrechten Verhör. Der eifrige junge Mann war mit der Bearbeitung spezieller Akten betraut. Seit einigen Monaten waren die britischen Behörden auf der Suche nach einer bekannten deutschen Spionin, die ihnen immer entwischt war, einer gewissen Klara Benedix. Der Offizier war sich sicher, mit Mata Hari die gesuchte Spionin vor sich zu haben.

Vermutlich sah er sich durch ihr aufsehenerregendes Benehmen in seiner Vermutung bestärkt, denn sie war zu exzentrisch, um »ehrlich« zu sein. Aus dem Rahmen zu fallen, mag in Friedenszeiten von Vorteil sein, aber in Zeiten, da es angebrachter ist, nicht aufzufallen, kann es einem zum Schaden gereichen. Mata Hari, von Haus aus eine imposante Erscheinung: einsfünfundsiebzig groß, mit Absätzen und Hut fast einsneunzig, muss im Provinzhafen von Falmouth einen tiefen Eindruck gemacht haben. Als George Reid Grant Jahre später von der BBC interviewt wurde, gestand er: »Als ich diese Frau das erste Mal gesehen habe, dachte ich, das charmanteste Exemplar des Menschengeschlechts vor Augen zu haben.«

Mata Hari begriff nicht, dass ihr Auftreten ihr diesmal mehr Schaden als Nutzen brachte. Auch nachdem sie an Land gegangen war, benahm sie sich auffällig, gab sich während des Verhörs kokett, wie es ihre Gewohnheit war, und verstrickte sich, immer noch ohne den leisesten Verdacht, in Lügen und Widersprüche. Plötzlich zog Grant das Foto einer Frau aus seiner Tasche, die wie eine Spanierin gekleidet war. Die Qualität des Bildes war schlecht, und so konnte man eine leichte Ähnlichkeit mit Mata Hari vermuten. Der Offizier behauptete, sie sei die Frau auf dem Foto.

»Herr Inspektor, Sie sehen doch, dass diese Frau kleiner und kräftiger als ich ist! Schauen Sie sich die Frau genau an.« Dabei zeigte sie mit dem Finger auf die Hüften und den Bauch von Klara Benedix. Da Grant nicht darauf reagierte und sie ihn auch nicht mit ihrem Charme für sich gewinnen konnte, hielt Mata Hari es für angebracht, ihm ihre wahre Identität zu enthüllen. »Herr Inspektor, ich möchte Ihnen nichts verheimlichen, ich bin eine französische Agentin. Ich bin auf dem Weg in die Niederlande, wo ich einen sehr wichtigen Auftrag erfüllen muss. Können Sie zwischen den Zeilen lesen?«

Grant war für den Bruchteil einer Sekunde überrascht, dann sagte er mit typisch britischer Gelassenheit: »Wirklich? In diesem Fall bitte ich Sie, mir zu folgen.«

Wieder einmal hatte Mata Hari das Leben mit der Bühne verwechselt. Sie geriet sofort in Verdacht und wurde nach London zu Scotland Yard gebracht, wo man sie unter Arrest stellte, wie eine Verbrecherin behandelte und von mehreren Polizeiinspektoren pausenlos verhören ließ.

»In London wurde ich zu Scotland Yard gebracht, wo ein Mann das Zimmer betrat, in dem ich wartete. Er befahl mir aufzustehen und nannte mich Klara Benedix. Ich protestierte, so gut ich konnte, doch er bestand darauf, mich mit diesem Namen anzureden. Man brachte mich in ein kleines Zimmer, wo man mir all mein Geld und meinen Schmuck abnahm. Dann wurde ich vier Tage lang von mehreren Männern in Uniform verhört. Sie ließen mich auf Holländisch von einem Belgier ausfragen, der meine Landsleute offenkundig hasste. Dann stellte er mir Fragen über die holländischen Städte, in denen ich gewohnt hatte, und versuchte, mir Fallen zu stellen.«[47]

Allem Anschein nach hatten sich die britischen Inspektoren nur das Ziel gesetzt, Mata Hari dazu zu bringen, Klara Benedix zu sein. Die Dinge gerieten aber in ein schwierigeres Fahrwasser. In London war Mata Hari zur Spezialabteilung von Scotland Yard geführt worden, die mit der Vernehmung von Spionen beauftragt war. Leiter dieser Abteilung war Sir Basil Thomson, ein hochgestellter Staatsbeamter, der lange Zeit in den Kolonien gearbeitet hatte. Er begriff sehr schnell, dass ein Irrtum vorlag und Mata Hari nicht Klara Benedix war. Dennoch hatte der Vernehmungsbeamte den Eindruck, es mit einer zweifelhaften oder leichtfertigen Person zu tun zu haben, die sich selbst in eine äußerst vertrackte Situation gebracht hatte. Mata Hari bat ihn, Ladoux und den Botschafter der Niederlande in London zu informieren, die eine Bürgschaft für ihre Identität und ihre Unschuld leisten konnten.

Basil Thomson war über die Erwähnung des Namens Ladoux erstaunt. Was hatte der Chef der französischen Spionageabwehr mit ihr zu tun? Mata Hari wiederholte also, dass sie als Agentin für Frankreich arbeitete.

Offenbar hatte Inspektor Grant es nicht für nötig erachtet, alle Informationen an ihn weiterzugeben. Als Mata Hari auf die Details ihres Auftrags einging, fragte sich Sir Thomson, wie Ladoux eine so ungeschickte Person für diese Aufgabe hatte rekrutieren können. Wie immer hatte Mata Hari ihr Geburtsdatum im Pass gefälscht, um sich jünger zu machen, und Sir Thomson konnte nicht umhin zu folgern, dass ein wenn auch aus Eitelkeit gefälschter Pass bei einer künftigen Agentin von hochgradigem Dilettantismus zeugte. Und plötzlich meinte Mata Hari sich zu erinnern, der berühmten Klara Benedix auf ihrer ersten Reise von Madrid nach Lissabon im Jahre 1915 begegnet zu sein.

Aber es sollten noch weitere Ungeschicklichkeiten und Widersprüche folgen. Als Sir Thomson ein wenig später wissen wollte, warum sie beschlossen hatte, über Spanien in die Niederlande zu fahren, statt den kürzeren Weg über die Schweiz zu wählen, antwortete die Tänzerin ausweichend. Die Antworten, mit denen Ladoux sich angeblich zufriedengegeben hatte, wie er vorgetäuscht hatte, überzeugten offensichtlich nicht die Briten. Mata Hari lieferte jetzt eine neue Version und behauptete, dass sie es nicht eilig hatte, in die Niederlande zurückzukehren, weil ihr die Freude an der Rückkehr nach Hause durch einen Prozess gegen den Raumausstatter ihres Hauses in Den Haag verleidet wurde. Während sie sonst vor Details nur so übersprudelte, mit denen sie ihre Gesprächspartner zu überhäufen pflegte, fiel ihr jetzt nichts mehr ein.

Sir Thomson war ratlos. Dennoch kam er den beiden Bitten der Tänzerin nach: Er schickte ein Telegramm an Hauptmann Ladoux und übermittelte ihren Brief an die Botschaft der Niederlande. Sir Thomson hatte nichts übrig für Agenten, weder für Männer noch für Frauen, die gegen sein Land operierten. Aber er hatte den Eindruck, dass Mata Hari aus anderem Holz geschnitzt war als die Verräter und Opportunisten aller Schattierungen, die er zu verfolgen gewohnt war. Am Schluss einer der Vernehmungen konnte er nicht umhin, dieser schönen Frau einen fast väterlichen Rat zu geben: »Madame, ich weiß nicht genau, wie Ihre Pläne aussehen, aber wenn Sie den Rat eines Mannes annehmen wollen, der fast doppelt so alt ist wie Sie: Lassen Sie die Finger von dem, was Sie begonnen haben.«

Nur Mut, nichts wie weg

In Paris wurde Ladoux totenblass. Das Telegramm, das er aus London erhalten hatte, konnte ihn in Teufels Küche bringen, denn die Sachlage sah folgendermaßen aus: Er war sich über Mata Haris Absichten nicht sicher, hatte aber nicht versucht, sie aufzuhalten, sondern wollte einfach abwarten. Wenn die Briten sie für eine deutsche Agentin hielten und Beweise dafür beibrachten, würde er sich blamieren, vielleicht sogar noch schlimmer, denn sie würden sich an die früheren Warnungen des MI5 erinnern. Als ihm klar wurde, dass er sich in Sir Thomsons Augen zum Narren gemacht hatte, musste er versuchen, die Zügel wieder in die Hand zu bekommen. Er telegrafierte nach London: »Verstehe nichts. Schickt Mata Hari nach Spanien zurück.«

Mit einem Federstrich verzichtete er auf die »Mission«, die Mata Hari ihm vorgeschlagen hatte. Wichtig war jetzt für ihn, größeren Schaden für sich selbst zu verhindern. Wenn London sie nach Madrid zurückschickte, konnte sie seinen Ruf nicht mehr gefährden, sondern ihm vielleicht sogar noch nützlich sein. Mata Hari wurde tatsächlich freigelassen, aber weiter von der Londoner Polizei überwacht. Die Briten hatten zwar eingesehen, dass sie nicht Klara Benedix war, weigerten sich jedoch, sie als völlig unschuldig zu betrachten. In dem Protokoll von Scotland Yard wurde festgehalten: »Mrs. Zelle-MacLeod wurde mitgeteilt, dass man festgestellt hat, sie sei nicht identisch mit Klara Benedix. Es ist jedoch verfügt worden, ihr die Reise in die Niederlande zu verbieten. Sie müsse nach Spanien zurückkehren. Es wurde angeordnet, sie solle Großbritannien mit dem ersten Schiff verlassen, in der Zwischenzeit wird sie im Savoy Hotel wohnen.«

Die Briten gaben sich mit diesem Kompromiss zufrieden, weil sie zwar nicht nachweisen konnten, dass Mata Hari für den deutschen Geheimdienst arbeitete, Mata Hari jedoch »im Verdacht stand, einer Tätigkeit nachzugehen, die neutralitätswidrig war«. Zu den ersten Geheimdienstberichten des MI5 anlässlich ihrer ersten Reise und ihrer Rückkehr in die Niederlande kamen weitere Verdachtsmomente hinzu. Woher kamen diese »Verdachtsmomente«, wenn nicht von einem späten Sinneswandel Ladoux', der weiterhin seinen Rückzug sicherte? Inzwischen ist es verbürgt, dass er dem britischen Geheimdienst einen Pseudobericht zukommen ließ, den er über die Tänzerin geschrieben hatte und der sie belastete, eine Agentin der Deutschen Bank zu sein. Diese aus der Luft gegriffenen, zu diesem Anlass erfundenen Informationen sollten auf die britischen Kollegen Eindruck machen und ihnen zeigen, dass die französische Spionageabwehr mit ihren Erkenntnissen die Nase vorn hatte.[48] In seiner Aussage vom 3. Mai 1917 gab Ladoux Pierre Bouchardon gegenüber vor Gericht zu: »Sie [Mata Hari] wurde in Falmouth verhaftet, von wo aus sie mir schrieb. Die Briten baten mich um meine Stellungnahme, und ich erklärte, dass sie mir verdächtig vorgekommen ist, ich ihr jedoch nichts nachweisen konnte. Dann wurde sie von ihnen nach Spanien abgeschoben, wo sie mittellos dastand und keine Möglichkeit hatte, mit dem Geheimdienst, für den sie arbeitete, Kontakt aufzunehmen.«[49]

Obwohl Ladoux sie im Stich gelassen hatte, gab Mata Hari nicht auf. Sie bot den britischen Behörden die Stirn und war entschlossen, ihre Reise trotz des ausdrücklichen Verbots in der ursprünglich geplanten Form fortzusetzen. So versuchte sie, an Bord eines amerikanischen Schiffes zu gehen, das Kurs auf Rotterdam nahm, unterschätzte damit aber die Effizienz des britischen Geheimdienstes, der sie höflich daran erinnerte, sie solle dorthin zurückkehren, woher sie gekommen war. Sie durfte nicht einmal ihr Gepäck auf ein Schiff Richtung Niederlande laden. Jegliche abschlägige Antwort oder Zurückweisung erfolgte in der für Briten typischen ausgesuchten Höflichkeit, so auch Thomsons Brief, der ihr »jegliche Reiseerlaubnis« verweigerte, »ausgenommen die Rückreise nach Spanien, woher Sie gekommen sind«, und der mit der Floskel endete: »Stets gern zu Ihren Diensten verleibe ich, Madame, Ihr Basil H. Thomson.«

Mata Hari saß fest. Zwischen ihrer Verhaftung und ihrer Wiedereinschiffung vergingen zwölf Tage, in denen sie einen Vorgeschmack darauf erhielt, was sie erwarten sollte.

Habanera

Am 6. Dezember 1916 betrat die Tänzerin wieder spanischen Boden. Sie war sehr wütend, aber mehr denn je entschlossen, das zu bekommen, was sie wollte. Andere in ihrer Situation hätten es vorgezogen, das gefährliche Vorhaben aufzugeben, doch für Mata Hari bedeutete ein Verzicht möglicherweise das Risiko, de Massloff zu verlieren. Er war der allgegenwärtige Motor ihres Tuns, für ihn ging sie alle Risiken ein, ließ sich in jeden Wahnsinn treiben. In dieser verrückten Zeit, die nur auf Handel aus war, fand Mata Hari eine Person, mit der sie sprechen konnte.

Als sie sich beim niederländischen Konsulat ihren Pass stempeln ließ, begegnete sie einem Botschaftsattaché, einem gewissen Martial Cazeaux, einem gebürtigen Franzosen, der aber für die Gesandtschaft der Niederlande arbeitete. Als sie ihm von ihrer Odyssee erzählte, ahnte sie nicht, dass sie bei ihm ein geneigteres Ohr gefunden hatte, als sie sich jemals hätte träumen lassen. Am nächsten Tag, als sie an der Mole spazieren ging (sie reiste erst am Tag darauf nach Madrid ab), fragte der beflissene Diplomat sie unverblümt: »Würden Sie in Österreich für die Russen arbeiten?«

»Warum nicht?«, antwortete Mata Hari, die es nicht so genau nahm.

»Was verlangen Sie?«

»Eine Million und 100 000 Francs Vorschuss.«

Als der Diplomat Einwände gegen diesen hohen Preis erhob, sagte sie: »Dieser Meinung bin ich nicht. Wenn ich 100 000 Menschen rette, ist jeder Kopf wohl 10 Francs wert.«

Cazeaux erwiderte, dass die Russen bereits mit den Amerikanern verhandelten, die weniger Geld verlangten. Dennoch werde er mit dem russischen Agenten darüber sprechen, wenn er ihn sähe. Dann fragte er, wo er sie gegebenenfalls finden könne.

»Im Ritz. Wie erkenne ich ihn?«

»Er wird Ihnen die zweite Hälfte meiner Visitenkarte bringen.«

Cazeaux holte seine Visitenkarte hervor, riss sie entzwei und gab ihr die eine Hälfte.

Sir Basil Thomson hatte zweifellos recht. Mata Hari war zu unvorsichtig: Bald wusste ganz Europa, dass sie Spionage betrieb. Es schien ihr unmöglich zu sein, einen Schritt zu tun, ohne einen Skandal hervorzurufen oder in eine zwielichtige Situation zu geraten. So auch auf der Fahrt von Vigo nach Madrid:

»In der Nacht meiner Reise widerfuhr mir ein Missgeschick. Der Zug war gedrängt voll von Offizieren des Kriegsschiffes *Alfons XIII.* Ich hatte Mühe, mein Abteil vor diesen jungen Leuten zu verteidigen. Dann kam aus dem Nachbarwagen ein junger, gut gekleideter Herr, der mir anbot, mir Gesellschaft zu leisten. Ich willigte ein und legte mich auf die Bank. Mein Reisegefährte, der perfekt Französisch sprach und bestimmt aus Ihrem Land stammte, obwohl er sich als Spanier ausgab, war in jeder Hinsicht so aufdringlich, dass ich ihn zur Ordnung rufen musste. Plötzlich fragte er mich, was ich vom Krieg hielte. Ich antwortete ihm, dass es nicht angebracht sei, einer Frau mitten in der Nacht eine solche Frage zu stellen. Daraufhin wurde er noch aufdringlicher, und ich musste ihn auffordern, mich allein zu lassen, da ich überzeugt war, es mit einem Agent provocateur zu tun zu haben. Am nächsten Tag sah ich diesen Menschen, der widerwillig mein Abteil verlassen hatte, in Madrid wieder. Er grüßte mich nicht.«[50]

Am 8. Dezember traf Mata Hari in Madrid ein und bezog wie gewohnt ein Zimmer im Hotel Ritz. Sofort schrieb sie an Ladoux, um ihn über ihre Situation zu informieren und neue Instruktionen zu erbitten. Gleichzeitig schickte sie Cazeaux ein Telegramm mit der Anfrage, wie weit er mit seinen Verhandlungen gekommen sei. Weder der eine noch der andere antwortete. Erst nach einigen Tagen traf, verzögert durch eine Lawine, ein Brief aus Vigo ein, in dem Cazeaux Mata Hari noch um etwas Geduld bat.

Sie gehörte aber nicht zu den Menschen, die sich gedulden können, weder angesichts eines Schneesturms noch eines Orkans.

Eine blutige Arena

Im Jahre 1916 war Spanien ein riesiger Markt besonderer Art, und Madrid nahm eine Sonderstellung ein, weil es sich zu einer Weltstadt entwickelt hatte und in einem der wenigen Länder lag, die nicht direkt am Krieg teilnahmen. Wie Genf (oder, in bescheidenerem Maße, Den Haag) war Madrid eine wirtschaftliche, finanzielle und kulturelle Drehscheibe. Anders ausgedrückt, in Madrid wimmelte es vor Spionen wie in einem Ameisenhaufen, weil es für fast alle Lager der ideale Treffpunkt war. Jedes Land hatte dort seine Agenten, die sich verabredeten, sich ignorierten und sich umbrachten. Marthe Richard, die eine Zeit lang wie Mata Hari im Ritz, jedoch auf einer anderen Etage, logierte, vertrat Frankreich; für Deutschland war Paula Weiller tätig; für die Habsburgermonarchie operierte Martial Cazeaux ... Man pflegte sich wortlos zu grüßen, wenn man im gegnerischen Lager stand, und sich die Hand zu schütteln, wenn man verbündet war. Und man beschattete sich ständig gegenseitig ...

Mata Hari spürte es instinktiv. In Madrid wollte sie sich rehabilitieren und Georges Ladoux beweisen, dass es falsch von ihm war, ihr nicht zu vertrauen. Schließlich hatte jedes Übel auch sein Gutes, und man musste gute Miene zum bösen Spiel machen. Da man ihr untersagte, ihre Mission in Deutschland oder im besetzten Belgien zu erfüllen, würde sie sich in Spanien bewähren und ihre Million Francs verdienen. Sie musste schnell handeln, denn sie hatte kaum noch Geld – ihr kleines »Abenteuer« in England einschließlich des Zwangsaufenthalts im Hotel Savoy waren sie teuer zu stehen gekommen, von all den Unannehmlichkeiten abgesehen. Dennoch hätte die sprachbegabte Mata Hari, die viel auf Symbolik gab, daran denken sollen, dass ihr Pseudonym im Spanischen eine unheilvolle Bedeutung hatte. »Mata« bedeutet »Töte« und war der Todesschrei, der in der Arena ausgestoßen wurde. Aber sie ignorierte diese Mahnung.

Als sie im Hotel ankam, verlangte sie sofort nach dem Verzeichnis des diplomatischen Korps, das die Mitarbeiter aller Botschaften auflistete und für durchreisende Gäste recht nützlich sein konnte. Ohne Informationen und Instruktionen machte sie sich daran, ganz allein einen Plan zu erarbeiten, den sie durchzuführen gedachte. Unter den verschiedenen Angehörigen des Konsulats und der Deutschen Botschaft machte sie einen gewissen Arnold Kalle ausfindig, dem sie früher schon einmal begegnet war. Sofort schrieb sie ihm ein paar Zeilen mit der Bitte um ein Treffen und ließ ihm den Umschlag mit einer ihrer parfümierten Visitenkarten vom Hotelportier überbringen: »Herr Hauptmann, ich möchte Sie sprechen. Bitte teilen Sie mir mit, an welchem Tag und zu welcher Uhrzeit es Ihnen gelegen ist, mich zu empfangen.«

Die Würfel waren gefallen.

Erst nach beinahe neun Jahrzehnten ist es möglich, das zu rekonstruieren, was sich zwischen dem 8. Dezember 1916 und dem 1. Januar 1917 während Mata Haris Aufenthalt in Madrid abspielte. Schritt für Schritt werden wir nicht nur Mata Hari, sondern auch dem deutschen Geheimdienst folgen, den sie zu hintergehen versuchte. Ein tragisches Versteckspiel mit dem Tod, bei dem das Opfer die Fäden in der Hand zu halten glaubte.

9. Dezember 1916
(Samstag, der Tag nach ihrer Ankunft in Madrid)
15 Uhr; Mata Hari verließ das Hotel Ritz durch den Haupteingang. Sie stieg in ein Taxi und rief dem Fahrer zu: »Rue Castellana 23.«

Sie hatte ein aufsehenerregendes Kleid angezogen, denn ihre Wirkung war Teil ihres Plans. Auf der Fahrt rief sie sich noch einmal in Erinnerung, worüber sie nichts verlauten lassen und was sie erzählen durfte. Um Frankreich zu dienen und das Vertrauen »ihres« Deutschen zu gewinnen, würde sie wieder H-21, die Agentin von »Fräulein Doktor«, werden.

Der Wagen hielt vor einem repräsentativen Gebäude. Mata Hari ging die breite barocke Treppe hinauf und klingelte an einer Wohnungstür. Nachdem sie sich vorgestellt hatte, führte ein Butler sie in einen prunkvollen Salon, wo

Hauptmann Kalle an einem Tisch saß und etwas schrieb. Er stand sofort auf, schlug die Hacken zusammen und sagte: »Gnädige Frau, ich weiß nicht, welchem Umstand ich Ihren Besuch zu verdanken habe. Ich bin nicht gewohnt, Frauen zu empfangen, die mir möglicherweise von unseren Feinden geschickt werden, aber ich habe sogleich bemerkt, dass dies bei Ihnen nicht der Fall ist.«

Mata Hari wollte wissen, woran er das erkannt habe, und streckte ihm ihre Hand zum Handkuss hin.

»Weil ich seit mindestens zehn Monaten stellvertretender Standortkommandant bin und die Agenten, die vom Feind geschickt werden, über meinen neuen Dienstgrad informiert sind. Sie müssen ein veraltetes Verzeichnis zurate gezogen haben, als Sie mir geschrieben haben. Ihrer Visitenkarte entnehme ich, dass Sie Niederländerin sind. Sprechen Sie Deutsch?«

»Genauso gut wie Französisch. Ich habe drei Jahre in Berlin gewohnt.«

Kalle schlug einen sanfteren Ton an und fuhr auf Deutsch fort: »Dann müssen Sie auch deutsche Offiziere kennen.«

»Ich war die Geliebte von Oberleutnant Kiepert.«

Mata Hari war überzeugt, dass der Name dieses stattlichen Offiziers, der in den besten Kreisen bekannt war, sie das Vertrauen des stellvertretenden Standortkommandanten gewinnen ließe.

»Ich erinnere mich!«, rief er. »Dann sind Sie also die Frau, wegen der Alfred so eifersüchtig war. Ich habe Sie beim Diner im Carlton mit ihm gesehen. Sie haben ihn auch zu den Manövern in Schlesien begleitet, nicht wahr?« Kalle ließ seinen Blick an ihrer sinnlichen Figur entlangschweifen. »Was kann ich für Sie tun?«

Mata Hari wartete eine Weile mit ihrer Antwort: »Als ich von Spanien nach Rotterdam fahren wollte, wurde mein Schiff von den Briten durchsucht. Sie haben mich verdächtigt, die deutsche Spionin Klara Benedix zu sein, die mit einem gefälschten niederländischen Pass reiste. Ich habe mir gedacht, dass diese Information Sie interessieren könnte. Ich habe also meine Reise nicht mehr fortsetzen können und bin hierher zurückgeschickt worden.«

Auf einmal schien Kalle ausweichen zu wollen: »Ich befasse mich nicht mehr mit solchen Dingen. Der Geheimdienst in Barcelona kümmert sich um diese Angelegenheiten, aber ich werde umgehend den Baron von Roland um Klärung bitten.«

»Es ist so warm bei Ihnen«, sagte Mata Hari mit einem verführerischen Lächeln.

»Entschuldigen Sie bitte, ich komme meinen Pflichten nicht nach.«

Kalle nahm Mata Hari den Mantel ab und forderte sie auf, Platz zu nehmen. Die Tänzerin war gewohnt, die Männer zu taxieren, und in ein paar Sekunden hatte sie ihr Gegenüber abgeschätzt. Sie gefiel ihm, daran bestand kein Zweifel. Vielleicht könnte sie von ihm etwas erfahren, womit sie den französischen Geheimdienst zufriedenstellen konnte, damit ihr zumindest die freie Durchfahrt durch die Schweiz und Deutschland erlaubt wurde, um die Niederlande und das besetzte Belgien zu erreichen. Aber sie musste vorsichtig vorgehen und weiterhin Eindruck machen.

»Ich gehöre Ihrem Geheimdienst an. Konsul Krämer hat mich in Den Haag rekrutiert. Ich bin bereits im Auftrag des Reichs nach Frankreich gereist.«

Kalle schien ehrlich erstaunt, denn er hatte nichts dergleichen gehört.

»Mein Deckname ist H-21«, fuhr Mata Hari mit einem strahlenden Lächeln fort. »Ich glaube, gute Dienste geleistet zu haben. Hauptmann Ladoux hat mich für die französische Spionageabwehr angeworben. Ich kann also an sehr wichtige Informationen gelangen. Es gibt nur einen Haken, ich brauche Geld … 10 000 Francs, und zwar in kürzester Zeit.«

Der Militärattaché setzte sich zu Mata Hari aufs Sofa. Schweigen, vielsagende Blicke, die Berührung einer Hand. Als er sie fragte, was sie in Paris erfahren hatte, gab Mata Hari, die auf diese Frage vorbereitet war, die gleiche Darbeitung zum Besten, die sie nach ihrer Rückkehr aus Paris bereits Krämer hatte zuteilwerden lassen. Sie rief sich die letzten Zeitungsartikel ins Gedächtnis und stellte eine Art Bericht über die Gerüchte zusammen, die in der französischen Hauptstadt in Umlauf waren … Klatsch über die Prinzessin Marie Bonaparte, die Mätresse von Aristide Briand, die eine Intrige einzufädeln versuchte, um ihren Ehemann, den Prinzen Georges, auf den griechischen Thron zu heben; die üblichen Sticheleien gegen die Briten, denen Mata Hari nun zu Recht nicht freundlich gesinnt war, sowie eine Menge Banalitäten, die dazu angetan waren, ihren Einsatz und ihre Motivation in ein günstiges Licht zu rücken. Mata Hari konnte mit sich zufrieden sein: Ihre »Nummer« hatte offenbar Erfolg gehabt.

»Die Unterhaltung entwickelte sich sehr angenehm. Hauptmann von Kalle bot mir eine Zigarette an. Ich spielte mit meinen Füßen und tat alles, was eine Frau tut, um einen Mann zu erobern … Kurzum, ich merkte, dass Kalle angebissen hatte. Während er sich bequem zurücklehnte, sagte er plötzlich: ›Ich bin müde. Ich befasse mich im Augenblick mit der Landung deutscher und türkischer Soldaten in Unterseebooten an der marokkanischen Küste, in französischem Hoheitsgebiet, und das nimmt meine ganze Kraft und Zeit in Anspruch.‹ Kurz darauf verließ ich ihn mit der Gewissheit, ihn erobert zu haben. Noch am selben Abend teilte ich Ladoux in einem Brief mit, ich hätte einen hochgestellten Deutschen getroffen, von dem ich erfahren hätte, dass ein Unterseeboot an der marokkanischen Küste gelandet und dass Baron von Roland der Leiter des deutschen Spionagenetzes in Barcelona sei. Dann fügte ich hinzu: ›Ich warte auf Ihre Anweisungen; ich kann mit meinem Informanten tun, was ich will.‹«[51]

Bevor Mata Hari zum Abendessen ging, gab sie ihren Brief am Empfang ab.

10. Dezember 1916
(Sonntag)
22 Uhr. Am Tag nach dieser ersten »Kontaktaufnahme« gab sich Mata Hari den Vergnügungen des mondänen Lebens in der spanischen Hauptstadt hin. Jeden Abend fand irgendein Ball statt, und es genügte, zwei oder drei einflussreiche Menschen zu kennen, um sich vor Einladungen nicht mehr retten zu können. An diesem 10. Dezember fand ein Fest im Palace Hotel statt. Mata Hari ging mit einigen Attachés der Niederländischen Botschaft zum Diner dorthin. Sie wurde mit einem älteren Herrn bekannt gemacht, der das Band der Ehrenlegion trug und ein wenig hinkte. Es war Oberst Denvignes, der französische Militärattaché, gewissermaßen das französische Pendant zu Kalle. Als großer Frauenliebhaber war er von Mata Hari sehr angetan und ließ sie nicht aus den Augen. Dennoch wartete er noch einen Tag, bis er ihr am Abend darauf anlässlich eines Galadiners im Ritz seine Liebe gestand.

11. Dezember 1916
(Montag)
23 Uhr. Denvignes, der es so eingerichtet hatte, dass er im selben Speisesaal wie Mata Hari dinierte, wartete, bis sie vom Tisch aufstand, durchquerte den ganzen Saal und

sprach sie an: »Madame, meinen Augen ist nie etwas so Harmonisches geboten worden wie Ihr Anblick, als Sie gestern das Palace Hotel betraten«, sagte er, während er ihr die Hand küsste. Danach setzte er sich neben sie und begann, ihr so deutlich den Hof zu machen, dass es Mata Hari fast unangenehm war. Wenn selbst eine Frau wie sie von seinen Avancen peinlich berührt war, muss er sie wirklich sehr bedrängt haben. Sie versuchte, ihn abzulenken und das Gespräch auf gemeinsame Bekannte zu bringen, so auf den Rechtsanwalt Clunet. Als der Oberst sie dann fragte, was sie in Madrid mache, schaute Mata Hari ihm fest in die Augen und sagte mit veränderter, leiser Stimme: »Herr Oberst, kein Grund zur Beunruhigung, ich bin auf Ihrer Seite.« Und als er ihr die Hand schüttelte, fuhr sie fort: »Wenn ich Sie nur einen Tag früher kennengelernt hätte, dann hätte ich mir die Mühe sparen können, meine Informationen nach Paris zu schicken. Ich hätte Ihnen den Brief persönlich ausgehändigt, er wäre dann eher angekommen.«

»Welche Informationen?«, fragte der alte Militär, der in dieser Hinsicht nicht viel von ihr erhoffte.

Bis andere Gäste sich zu ihnen gesellten, erzählte Mata Hari ihm detailliert von ihrem Treffen mit Kalle und hob die Bedeutung der Informationen hervor, die sie von ihm erhalten hatte.

Denvignes ließ sie nicht mehr los.

12. Dezember 1916
(Dienstag)
14 Uhr. Nach dem Mittagessen ging Mata Hari allein ins Lesezimmer des Hotel Ritz. Der Oberst wartete schon seit zwanzig Minuten auf sie. Er hatte sich nach ihren Gewohnheiten erkundigt und erfahren, dass sie jeden Tag etwa eine halbe Stunde am frühen Nachmittag dort zubrachte. Halb

Diplomat, halb eifersüchtiger Verehrer, wollte er wissen, mit wem sie zu Mittag gegessen hatte, doch als er merkte, dass er damit nicht weiterkam, insistierte er nicht weiter: »Ich habe über unsere Unterhaltung von gestern Abend nachgedacht. Könnten Sie herausfinden, ob Truppen in Marokko an Land gegangen sind?«

Mata Hari meinte, man könne die Dinge nicht so überstürzen. Denvignes war aber taub auf diesem Ohr und bestand so schnell wie möglich auf weiteren Details. »Was Informationen anbelangt«, versicherte er ihr, »so gilt nur das Gebot der Schnelligkeit; eine Information, die heute sehr wertvoll ist, kann bereits morgen nutzlos sein.«

Wenngleich ihr dieses Prinzip nicht ganz einleuchtete, suchte Mata Hari Kalle erneut unter dem Vorwand auf, sie habe vergessen, ihn etwas zu fragen.

Warum leistete die sonst so eigensinnige Mata Hari einer Anweisung Folge, die ihr unsinnig, ja sogar gefährlich vorkam? Ganz einfach, weil zum ersten Mal ein französischer Staatsbeamter sich dazu herabgelassen hatte, sie ernst zu nehmen. Während Ladoux sie immer hochmütig behandelt hatte, schien Denvignes von der Bedeutung ihrer ersten Enthüllungen überzeugt zu sein. Die Million und Vadime de Massloff schienen in greifbare Nähe zu rücken … dazu vielleicht eine kleine persönliche Rache. Mata Hari hatte schon immer eine Vorliebe für Uniformen gehabt. Denvignes war Oberst, Ladoux nur Hauptmann, und sie war überzeugt, Zugang zu einem der Vorgesetzten des Mannes zu haben, der sie in Paris eher barsch abgefertigt hatte.

Mata Hari ging also ein zweites Mal in die Rue Castellana 23 und fand sich auf dem Sofa des deutschen Militärattachés wieder. Sie gab vor, schnell in die Niederlande zurückkehren zu müssen, und fragte Kalle, ob er ihr mit den notwenigen Formalitäten behilflich sein könne. Obwohl sie wie bei ihrem ersten Besuch ihre Reize ausspielte, stellte sie bald fest, dass Kalle nervös und angespannt wirkte. Um die Atmosphäre zu entspannen, fragte sie in zuckersüßem Ton, während sie ihm den Rauch ihrer Zigarette ins Gesicht blies: »Immer noch müde? Immer noch nur die Pflicht im Sinn?«

»Sprechen Sie nicht davon«, antwortete er. »Ich werde erst wieder zur Ruhe kommen, wenn die ganze Sache vorbei ist.«

»Es muss schon ein gewaltiges Unternehmen sein, Truppen von einem Unterseeboot aus an der Küste Marokkos abzusetzen. Wie haben Sie so etwas nur fertiggebracht!«

Kalle warf ihr einen abweisenden Blick zu und antwortete: »Schöne Frauen sollten nicht zu viele Fragen stellen!«

Er stand abrupt auf und ging auf seinen Schreibtisch zu, wo sich ein Revolver befand. Daraufhin wechselte Mata Hari sofort das Thema und lenkte das Gespräch auf die vielen Fotos in seinem Büro.

Eine halbe Stunde später verließ Mata Hari den Raum, wütend über den Verlauf des Treffens. Am Abend, als sie Oberst Denvignes im Ritz wiedersah, tadelte sie ihn heftig. Sie sagte, sie hätte nicht auf ihn hören sollen, er habe sie zu einem falschen Schritt verleitet. In Zukunft werde sie über die Vorgehensweise entscheiden. Man müsse eine grundlegend andere Strategie verfolgen, wenn man jetzt noch etwas erreichen wolle.

Denvignes verabschiedete sich verwirrt, aber verliebter denn je. Er gehörte nicht zu den Männern, die sich von solchen heftigen Auftritten abschrecken ließen.

14. Dezember 1916
(Donnerstag)
Im Lesezimmer des Ritz schluckte Mata Hari ihren Ärger hinunter. Sie hatte eines ihrer schönsten Kleider angezogen,

um einer eventuellen Einladung Kalles sofort folgen zu können. Ihr Plan sah folgendermaßen aus: warten, bis der deutsche Offizier sich nach ihr verzehrte und nach ihr fragte. Eines musste man ihr lassen: Raffiniert war sie allemal. Der Militärattaché war schließlich ein Mann wie jeder andere auch, und Mata Hari kannte die Männer, vor allem die Offiziere. Während sie darauf wartete, dass ein Hotelpage ihr auf einem kleinen Silbertablett einen Briefumschlag mit der erhofften Nachricht überbrachte, kam ihr alter Verehrer, Oberst Denvignes, auf sie zu. Er hatte neue Befehle erhalten, musste Spanien verlassen und General Lyautey begleiten. Der bisherige französische Generalresident in Marokko würde auf seinem Weg nach Paris, wo er zum Kriegsminister ernannt werden sollte, über Madrid reisen.

»Ich habe schrecklich viel zu tun«, sagte Denvignes. »Die Dinge überstürzen sich, alles geht so schnell, aber ich möchte nicht ohne ein Andenken von Ihnen abreisen. Geben Sie mir Ihr Taschentuch und den kleinen Veilchenstrauß, den Sie an Ihrem Mieder tragen.«

Mata Hari lachte und gab nach kurzem Zögern dem Oberst, was er sich erbeten hatte – wie einem Kind, dem man nichts abschlagen kann. Dann fragte er sie, ob er irgendetwas für sie in Paris erledigen könnte.

»Eine ganze Menge«, antwortete Mata Hari. »Sie können Hauptmann Ladoux aufsuchen und ihn bitten, freundlicher und offener mir gegenüber zu sein. Sagen Sie ihm, dass Sie mich bei der Arbeit gesehen haben und ich eine Frau bin, der man volles Vertrauen schenken kann.«

Denvignes versprach es und bat sie, ihm alle Informationen, die sie einholen könne, über das Kriegsministerium zukommen zu lassen. Sie könne ihm über die Botschaft schreiben und, wenn nötig, seinen Stellvertreter, den Marquis de Paladines, aufsuchen. Als Mata Hari ihm erwiderte, dass sie die Absicht habe, bald nach Paris zu fahren, forderte er sie auf, ihn im Hôtel d'Orsay zu besuchen, damit sie zusammen zu Abend essen könnten. Dann würde er ihr das Taschentuch zurückgeben.

Der Oberst versuchte, sie zu küssen, doch Mata Hari wich ihm aus und bat ihn, sie zu entschuldigen – sie würde sich jetzt gern auf ihr Zimmer zurückziehen.

Eine Woche verging. Da sie weiterhin kein Geld erhalten hatte, schrumpften ihre Rücklagen bedrohlich zusammen. Das tatenlose Warten machte sie fast wahnsinnig, aber sie hatte sich vorgenommen, stillzuhalten, bis Kalle von sich aus den nächsten Schritt tat.

22. Dezember 1916

(Freitag)

Kalle schickte Mata Hari einen Brief ins Hotel, in dem er sie am Nachmittag um drei Uhr zu einer Tasse Tee einlud. Sie war außer sich vor Freude.

Als sie jedoch sein Büro betrat, merkte sie, dass er kühler als sonst war. Hatte er etwa Kenntnis von ihrer Beziehung zu dem französischen Oberst? Nach anfänglichem Geplänkel fuhr er sie an: »Kommen Sie näher ans Licht! Bestimmt haben Sie weitererzählt, was ich Ihnen gesagt habe. Die Franzosen senden jetzt ständig Funksprüche aus, um zu erfahren, wo unsere Truppen in Marokko landen werden.«

Mata Hari erschauderte und antwortete: »Diese Informationen können sie doch ebenso gut von jemand anderem erhalten haben. Und außerdem, woher wissen Sie, was die Franzosen über Funk verbreiten?«

Kalle schwieg einen Augenblick, trat ans Fenster und sagte dann in einem umgänglicheren Ton: »Wir kennen ihren Code. Schönen Frauen wie Ihnen sollte man eine ganze Menge nachsehen ... Aber wenn man in Berlin wüsste, dass diese Information von mir stammt, würde es mich teuer zu stehen kommen.« Dann ging er auf Mata Hari zu und schloss sie in die Arme.

Später berichtete Mata Hari dem Untersuchungsrichter Pierre Bouchardon: »Als ich merkte, dass er wieder etwas mehr Ergebenheit zeigte, beschloss ich, den Lauf der Dinge etwas zu beschleunigen, und ich ließ ihn das tun, wonach es ihn so sehr drängte ... Danach erfuhr ich von ihm, dass deutsche Agenten unsichtbare Tinte nach Frankreich schleusten und dass ein französischer Pilot hinter den deutschen Linien Spione abgesetzt hatte. Am selben Abend schrieb ich Oberst Denvignes einen zwölf Seiten langen Brief, um ihn zu informieren.«

Diesmal vertraute sie ihren Brief der Diplomatenpost der Französischen Botschaft an, wie Denvignes ihr geraten hatte.

Ende Dezember 1916 beschloss sie, aus Madrid abzureisen. Nachdem sie eine Menge Hürden überwunden hatte, war sie überzeugt, »sich um das Vaterland verdient gemacht zu haben« und als Heldin nach Frankreich zurückkehren zu dürfen.

Trotz aller Schwierigkeiten war es ihr ohne fremde Hilfe gelungen, hinter die sorgsam gehüteten Geheimnisse der Deutschen zu kommen und sie dem Kriegsministerium quasi auf einem Silbertablett zu servieren. Angesichts so deutlicher Beweise hätte Ladoux sich vor ihr verneigen müssen.

Sie hatte den Bezug zur Wirklichkeit verloren. Für sie zählte im Augenblick nur Vadime de Massloff.

Schlangenbrut

Seit ihrem zweiten Treffen mit Kalle am Dienstag, dem 12. Dezember, saß Mata Hari in der Falle, auch wenn es vorerst noch nicht ganz offenkundig war. Ihr Gefühl hatte sie nicht getäuscht, und nicht ohne Grund war sie von Angst erfüllt und außer sich, als sie das Haus in der Rue Castellana 23 verlassen sowie später Denvignes vorgeworfen hatte, sie bedrängt zu haben, die Dinge zu beschleunigen. Doch sobald die Bedrohung vorbei zu sein schien, hatte Mata Hari schnell wieder zu ihrem unverbesserlichen Optimismus zurückgefunden und der Gefahr nicht mehr ins Auge sehen wollen.

War nur Denvignes' Drängen nach Eile schuld gewesen? Hätte Mata Hari sich an jenem ominösen Tag weigern sollen, Kalle aufzusuchen und ihm mit ungeschickten Fragen zuzusetzen? Nein, das Spiel war bereits aus gewesen und anderswo entschieden worden.

Mata Hari war auf dem Gebiet der Spionage nicht gerade versiert, und in Madrid wimmelte es von Spionen, nicht zuletzt in den Hotels. Die Deutschen hatten insbesondere die Hotels Ritz und Palace unterwandert. Eine aufschlussreiche Anekdote ist hierzu von Marthe Richard überliefert, jener Agentin elsässischer Herkunft, die in Ladoux' Diensten stand und wie Mata Hari eine Doppelagentin war. Sie arbeitete für Frankreich, aber die Deutschen waren überzeugt, dass sie auf ihrer Seite stand. In Madrid war sie die Geliebte eines sehr wichtigen Mannes, des Barons Hans von Krohn, Marineattaché an der Botschaft des Reichs, der eines der zahlreichen deutschen Agentennetze kontrollierte. Eines Tages ließ Marthe auf ihrer Frisierkommode im Hotel eine Einladung zum Tee liegen. Sogleich sagte ihr das gerade anwesende Zimmermädchen, sie dürfe nie Papiere herumliegen lassen, das sei »eine Anweisung des Chefs«. Ganz offensichtlich war das schlichte Zimmermädchen eine deutsche Agentin … Diese Geschichte belegt, wie überlebenswichtig es war, keine unnötige Aufmerksamkeit auf sich zu lenken und die einfachsten Vorsichtsmaßnahmen zu beachten – nichts für Mata Hari.

So pflegte sie in den Hotels ihre Briefe am Empfang abzugeben, statt sie selbst zum nächsten Postamt zu bringen. Heute weiß man, dass die Rezeption des Ritz damals vorwiegend in deutscher Hand war. Seitdem sie Kontakt zu Kalle aufgenommen hatte, stand sie also unter Aufsicht. Vom 9. Dezember an wurde ihre Post gelesen und an den deutschen Geheimdienst weitergeleitet. Es ist somit durchaus möglich, dass Kalle Mata Haris erste Einschätzungen schon vor Ladoux las: »Ich warte auf Ihre Anweisungen; ich kann mit meinem Informanten tun, was ich will.«

Es war nicht schwer, wohlunterrichtet zu sein …

Nachdem er Erkundigungen eingezogen hatte,[52] begann ein reger Nachrichtenaustausch zwischen Madrid und Berlin. Der stellvertretende Standortkommandant Kalle schickte vom 13. Dezember an eine ganze Reihe von Funksprüchen in die Hauptstadt des Reichs, die wiederum von der Funkstation des Eiffelturms abgefangen und entschlüsselt wurden. Diese Funktelegramme, auf deren Inhalt und Wahrheitsgehalt noch einzugehen sein wird, bildeten später die Grundlage für die Klage, die gegen Mata Hari erhoben wurde. Für den Augenblick sei nur festgehalten, dass die Tänzerin darin als erstklassige Agentin geschildert wurde, der es gelungen sei, den französischen Geheimdienst zu infiltrieren, um ihn besser verraten zu können.

»Agentin H-21, zugehörig zum Zentralen Nachrichtendienst in Köln, im März zum zweiten Mal nach Frankreich gesandt, ist hier angekommen. Sie hat vorgegeben, das Angebot des französischen Spionagedienstes anzunehmen und in dessen Auftrag zwei Testfahrten nach Belgien zu unernehmen. Sie wollte, mit Billigung des französischen Geheimdienstes, an Bord der *Hollandia* von Spanien in die Niederlande reisen, um geheime Verbindungen mit dem Kölner Spionagezentrum zu knüpfen. Obwohl sie französische Papiere vorweisen konnte, wurde sie am 11. November in Falmouth verhaftet, weil sie irrtümlich für eine Deutsche gehalten wurde, die ich kenne und die sich in Madrid aufhält. Als man den Irrtum erkannte, schickte man sie nach Spanien zurück, weil die Briten sie weiterhin für verdächtig hielten. Nun beabsichtigt sie, über Paris und die Schweiz in die Niederlande zurückzukehren.

Sie hat sehr ausführliche Berichte über die Dinge geliefert, die ich Ihnen per Brief oder Funk übermittle.

Anfang November hat sie in Paris 5000 Francs erhalten und fordert nun weitere 10 000 Francs.

Ich bitte, mir rasch Anweisungen zu erteilen.«[53]

Die erste Bombe war gelegt worden. Andere sollten bald folgen.

Als er merkte, dass Mata Hari ihn verraten hatte, beschloss Kalle, die »Wie-du-mir-so-ich-dir-Methode« anzuwenden. Er verschickte eine ganze Reihe von Informationen unter einem wohlbekannten Code. Dann setzte er mehrere Einzelheiten über die geheimnsivolle Agentin H-21 in Umlauf, damit kein Zweifel mehr über deren Identität bestehen konnte. Kalle überließ also dem französischen Geheimdienst die »Drecksarbeit«. In dieser Hinsicht verfolgte er die Philosophie des Geheimdienstes seines Landes. Man erinnere sich nur an die Warnungen von »Fräulein Doktor« an Vincenzo Moni: »Wenn Sie sich dieser Aufgabe entziehen, werde ich Sie vergiften lassen. Unser Geheimdienst ist der beste der ganzen Welt. Wir haben überall Agenten, auch dort, wo Sie es am wenigsten vermuten. Selbst wenn Sie sich in Shanghai verstecken, werde ich Sie fassen lassen.«

Als Mata Hari sich nach ihrem letzten Treffen mit Kalle am 22. Dezember der Diplomatenpost bediente, um Denvignes ihren Bericht zu schicken, war es bereits zu spät. Sie berichtete ihm zwar getreulich, was sie erfahren hatte, gab ihm Informationen weiter, die sie für wesentlich hielt, ahnte aber nicht, dass Kalle (der inzwischen wusste, woran er war) ihr nur Brosamen, unbrauchbare oder längst bekannte Informationen, hingeworfen hatte. In der Tat machte er sich daran, ihr in dem Augenblick den Todesstoß zu versetzen, als sie die Oberhand zu haben meinte.

In ihrem langen Brief an ihren alten Verehrer vermied Mata Hari tunlichst zu erwähnen, dass Kalle ihr, der Agentin H-21, die unter akutem Geldmangel litt, 3500 Peseten gezahlt hatte. Kalle informierte seine Vorgesetzten in Berlin darüber per Funk und fügte die Bitte an, man solle Mata Hari durch die niederländische Diplomatenpost 5000 Francs nach Paris schicken. Wiederum Informationen, die von den Franzosen entschlüsselt wurden und ein paar Stunden später in den Händen des Chefs der französischen Spionageabwehr landeten. Unterdessen überlegte Mata Hari in aller Naivität, welchen Weg sie einschlagen sollte. Sie war in dem festen Glauben, noch immer die Spielregeln bestimmen zu können.

Die Abreise aus Madrid

Mata Hari lebte also in ihrer Traumwelt. Trotz aller Euphorie hätten jedoch einige Vorkommnisse sie stutzig machen sollen.

Nach wie vor hatte sie keine Antwort von Hauptmann Ladoux erhalten. Sie staunte zwar ein wenig darüber, glaubte aber in aller Einfalt, dass Oberst Denvignes, der immerhin im Rang höher stand, die Angelegenheit selbst in die Hand genommen und für sie geregelt hatte.

Am Sonntag vor ihrer Abreise bekam sie einen Brief – nicht aus Paris, wie erwartet, sondern aus Barcelona – von Senator Junoy, einem namhaften Mitglied der spanischen Nationalversammlung. Der alte Herr hatte sie früher in Madrid tanzen sehen und sie mit seinen Freunden aus Politik und Diplomatie bekannt gemacht. Er schrieb ihr:

»Liebe Madame,
es ist etwas vorgefallen, worauf wir Sie aufmerksam machen möchten. Wir haben Besuch von einem französischen Geheimagenten bekommen, der behauptete, vom französischen Außenministerium in Paris geschickt und ermächtigt worden zu sein, mich über meine Beziehung zu Ihnen auszufragen. Er hat mich gefragt, warum ich mit einer Person Kaffee getrunken habe, die der Entente feindselig gegenüberstehe.[54] Wir haben ihm darauf geantwortet, dass wir Sie als charmante, kluge und geistreiche Frau kennen und über Ihre Lippen nie ein Wort über Politik gekommen sei.

Dieser Besuch kommt uns sehr seltsam vor, wir sind spanische Gentlemen, und darum möchten wir Sie warnen.«[55]

Mata Hari reagierte wütend. Sie rannte zur Französischen Botschaft und verlangte, den Marquis de Paladines, den Adjutanten von Oberst Denvignes, zu sprechen. Da aber Sonntag war, stand sie vor verschlossenen Türen, und so klopfte sie an die Tür der Privatwohnung des Attachés. Mit einigem Befremden las dieser aufmerksam den Brief des Senators. Er schaute sie ratlos an und versicherte ihr nach kurzem Zögern: »Das hat mit uns nichts zu tun. Wenn es der Fall gewesen wäre, hätte man mich davon in Kenntnis gesetzt, und mir ist von dieser Angelegenheit nichts bekannt. Der Senator hat bestimmt mit einem untergeordneten Agenten zu tun gehabt, der sich hat wichtigmachen wollen.«

Mata Hari ließ sich beruhigen – sie hatte gehört, was sie

hören wollte. Arglos beantragte sie am 30. Dezember ein Visum und stieg am Abend des 1. Januar 1917 in den Zug nach Paris, wo sie am 3. Januar endlich am Gare d'Orsay ankam.

11
Wieder in Paris

Geschicklichkeitsspiel

Als Mata Hari am 3. Januar nach Paris zurückkehrte, hatte Ladoux bereits alle erforderlichen Anhaltspunkte, um sie verhaften zu lassen. Kalles Funktelegramme waren sorgfältig entschlüsselt worden. Sicherlich war auch jener berühmte undatierte, an den Militärgouverneur von Paris adressierte Brief Lyauteys,[56] der Mata Haris Verhaftung veranlassen sollte, bereits in die Wege geleitet.

Dennoch verstrich mehr als ein Monat zwischen ihrer Rückkehr und ihrer Verhaftung am 13. Februar 1917. Der Chef der französischen Spionageabwehr hoffte nämlich, in dieser Zeit das große Los zu ziehen. Vielleicht würde es gelingen, durch Mata Hari das gesamte feindliche Agentennetz zu enttarnen. Man musste der Beute nur noch Angst einjagen, um sie zu unvorsichtigem Handeln zu verleiten. Ladoux ließ die Tänzerin also auf freiem Fuß, ordnete jedoch an, sie so offensichtlich und scharf zu überwachen, dass sie es kaum ertragen konnte.

Tatsächlich bemerkte Mata Hari sofort, als sie aus dem Zug ausstieg, dass die Dinge nicht zum Besten gestellt waren. Noch auf dem Bahnsteig lief sie zwei alten Bekannten in die Arme, den Inspektoren Monier und Tarlet, die mit ihrer Observierung betraut waren. Die beiden Polizisten, die nicht besonders diskret vorgegangen waren, konnten jetzt ganz offen operieren und unterließen nichts, um sich bemerkbar zu machen und sie »unter Druck zu setzen«.

Von diesem 3. Januar an bis zum Morgengrauen des Tages ihrer Überstellung in das düstere Gefängnis von Saint-Lazare ist man über Mata Haris Termine genauestens informiert. Eine lange Treibjagd, ihr Halali. Da sie eine Vorliebe für die Champs-Élysées hatte, begab sie sich zunächst zum Cours la Reine 28 zum Hôtel du Palais. Da sie dort kein Zimmer fand, das ihren Vorstellungen entsprach, nahm sie wieder ein Taxi und ließ sich zum Plaza Athénée fahren, wo sie eine kleine Suite mit Salon für 30 Francs pro Tag bezog. Als der Portier sie nach der voraussichtlichen Dauer ihres Aufenthalts fragte, konnte Mata Hari keine Angaben machen, denn sie wusste nicht, ob es drei Tage oder drei Monate sein würden. Bislang war sie noch ein ganz normaler Gast und wurde mit der gewohnten Freundlichkeit zu ihrer Suite geleitet. Aber kaum war sie in den Aufzug gestiegen, als Monier und Tarlet zur Rezeption gingen, um die Hotelangestellten zu warnen, sich in Acht zu nehmen vor der »Person«, die gerade in ihrem Haus abgestiegen war. Kein Brief, keine Notiz dürfe das Hotel verlassen, ohne dass sie vorher informiert worden seien. Nichts dürfe ihnen entgehen. Das Hotelpersonal wunderte sich zwar über die Anweisung, befolgte sie aber. Nur beim Schichtwechsel gab es eine Panne, denn die Anweisung sprach sich nicht sofort beim Personal herum. So konnten Monier und Tarlet erst nach zwei oder drei fehlgeschlagenen Versuchen eine lückenlose Überwachung durchführen.

Sie notierten beispielsweise: »Seit ihrer Ankunft im Hotel hat MacLeod zwei Briefe geschrieben, die nach Auskunft des Portiers, dem sie übergeben wurden, an einen russischen Hauptmann und an einen Oberst im Kriegsministerium adressiert waren.[57] Diese beiden Briefe konnten nicht abgefangen werden, bevor sie aus den oben erwähnten Gründen dem Postboten vom Portier übergeben wurden. Dieser wird uns künftig die gesamte Korrespondenz aushändigen.«

Nach einer »Absprache mit der Telefonistin«[58] hatten die beiden Inspektoren, die sich inzwischen vor Ort niedergelassen hatten,[59] gegen fünf Uhr nachmittags erfahren, dass Mata Hari darum gebeten hatte, zum Boulevard Saint-Germain 282 durchgestellt zu werden. Sie waren sofort zur Telefonzentrale gegangen, und Tarlet hatte Kopfhörer aufgesetzt, um nichts zu verpassen. Das Gespräch hatte, seinen Aufzeichnungen zufolge, folgenden Wortlaut:

»Mata Hari: Hauptmann Ladoux, sind Sie es?

Antwort: Nein, Madame, der Hauptmann ist im Augenblick nicht zu sprechen.

Mata Hari: Dann stellen Sie mich zu Oberst Denvignes durch.

Antwort: Oberst Denvignes? Warten Sie bitte einen Augenblick. (Offenbar hatte der Unteroffizier den Hörer danebengelegt und sprach leise.) Nein, Madame, es tut mir leid, ein Oberst Denvignes ist im Ministerium nicht bekannt.

Mata Hari: Nicht bekannt? Das ist unmöglich, er ist Ihr Militärattaché in Madrid!

Antwort: Ich bedaure, Madame.

Mata Hari: Aber …

Auf der anderen Seite hatte der Unteroffizier aufgelegt.«

Verfolgungsjagd

Es ist leicht nachvollziehbar, in welchem Zustand Mata Hari sich jetzt befand. Wohl wissend, dass sie sich auf ein kompliziertes Spiel eingelassen hatte, wollte sie nur schnell

Bericht erstatten, ihre Angelegenheiten regeln und sich auszahlen lassen. Nun dies – eine Reaktion, die Zweifel in ihr aufsteigen ließ und die schlimmer war als Feindseligkeit: Schweigen, Verleugnen, das große Nichts … Trotz der Anstrengungen der langen Reise (die Strecke Madrid–Paris nahm damals über sechsunddreißig Stunden in Anspruch) beschloss Mata Hari, das zu tun, was sie immer getan hatte, nämlich den Stier bei den Hörnern zu packen. Sie nahm rasch ein Bad, kleidete sich an und bestellte einen Wagen, um zum Kriegsministerium zu fahren. Unterwegs legte sie einen kurzen Halt ein. Pflichteifrig notierte Monier: »MacLeod hat eine Postkarte aufgegeben, die sie in der Hotelhalle geschrieben hat und die an Hauptmann Vadime de Massloff adressiert ist. Als sie die Karte aufgegeben hat, fragte sie, wie lange es dauern würde, bis sie in Verdun ankäme.«

Seit ihrer Ankunft in Paris schrieb Mata Hari also schon zum zweiten Mal an ihren Geliebten. Lange oder kurze Botschaften, die immer nur eines beinhalteten: Beteuerungen ihrer glühenden Sehnsucht nach seiner Liebe. Als einziges Zeugnis dieser verhängnisvollen Leidenschaft eine Flut verblichener Blätter, Hilfeschreie einer Verzweifelten, einer ins Meer geworfenen Flaschenpost gleich.

»Mein Liebster, ich hoffe, bald eine Nachricht von Dir zu bekommen. Kannst Du kommen? Küsse, Deine Marina.«

»Mein Einziger, heute ist Dein Weihnachtsfest. Ich umarme Dich zärtlich, Deine Marina.«

Das war der Beginn eines regelrechten Schreibzwangs, unter dem Mata Hari ihm drei bis vier Briefe pro Tag schrieb. In dem Augenblick, da ihr die Welt zu entgleiten drohte, versuchte sie, seine Liebe festzuhalten, diese leidenschaftliche Liebe, für die sie so weit zu gehen bereit gewesen war und die sie jetzt dem Unbekannten entgegentrieb.

Mata Hari machte sich bei einbrechender Dunkelheit auf.

Die Autos hatten bereits die Scheinwerfer eingeschaltet. Monier und Tarlet bremsten hinter dem Abgeordnetenhaus den Wagen ab. Ein paar Meter weit entfernt davon, direkt gegenüber, die Hausnummer 282 des Boulevard Saint-Germain. Mata Hari stieg aus einem rot-schwarzen Taxi aus und bat den Fahrer, auf sie zu warten. Sie betrat das Gebäude aus Quadersteinen, das sich nicht von den umliegenden Bürgerhäusern unterschied. Sie nahm ihren ganzen Mut zusammen und sagte dem Unteroffizier, sie müsse dringend Hauptmann Ladoux sprechen.

Der Unteroffizier hob den Telefonhörer ab, erkundigte sich und teilte Mata Hari dann mit, Hauptmann Ladoux »sei im Begriff, das Ministerium zu verlassen«. Mata Hari nahm ihm das nicht ab, versuchte, sich an ihm vorbei den Weg zu der ihr wohlbekannten Treppe zu bahnen. Plötzlich tauchten Männer auf. Der Unteroffizier warnte sie: »Madame, das hier ist das Kriegsministerium. Zwingen Sie mich nicht, Sie mit Gewalt hinauszubefördern.« Mata Hari blickte ihn schweigend an und lief ärgerlich auf die Straße. Sie stieg wieder ins Taxi und ließ sich zum Palais d'Orsay fahren.

Nur einige Meter entfernt nahm der Renault von Monier und Tarlet erneut die Verfolgung auf. Die beiden Wagen fuhren weiter den Boulevard Saint-Germain entlang. Es war dunkel, es hatte angefangen zu regnen, und die Fahrbahn war glatt. Das Taxi bog in die Rue de Solférino Richtung Hôtel d'Orsay ein.

Der Fahrer bremste abrupt ab. Mata Hari betrat das Hotel. Sie ging an der Rezeption vorbei, warf einen Blick in die Halle und steuerte auf den Speisesaal zu. Ein Oberkellner kam auf sie zu und fragte sie, womit er ihr dienen könne.

»Ich suche Oberst Denvignes. Vielleicht wissen Sie, wo ich ihn finden kann«, sagte sie.

»Denvignes?« Der Oberkellner runzelte die Stirn. »Denvignes … Nein, Madame, leider kenne ich niemanden, der so heißt. Vielleicht kann man Ihnen an der Rezeption behilflich sein.«

»Vielen Dank«, gab Mata Hari zurück und musste sich beherrschen, nicht zum Eingang zu rennen.

Dann stellte sie dem Portier dieselbe Frage.

»Denvignes … Denvignes? Es tut mir leid, ich finde diesen Namen nirgends …«

Der Portier entschuldigte sich, weil ein anderer Gast ihn rief, und ließ Mata Hari mit einem jungen Angestellten der Rezeption, der ein offenes, ehrliches Gesicht hatte, stehen. Sie fühlte sich hoffnungslos verloren, wusste weder ein noch aus. Sie wandte sich dem jungen Mann zu, der das Gespräch aufmerksam verfolgt hatte, und sagte beinahe automatisch: »Ich muss ihn sehen. Ich muss ihn unbedingt sehen … Ich bin seine Cousine aus Madrid.«

Ihre Bestürzung rührte den jungen Mann, der sich zu ihr beugte und ihr zuflüsterte: »Oberst Denvignes hat seine Rechnung beglichen. Er verlässt Paris heute Abend und fährt um 21.40 Uhr mit dem Zug nach Spanien.« Er blickte auf seine Uhr und fuhr fort: »Wenn Sie sich beeilen, könnten Sie ihn noch erreichen.«

Mata Hari bedankte sich wortlos mit einem Blick und rannte in Richtung Bahnhof, demselben Bahnhof, an dem sie erst an diesem Morgen angekommen war.

Überall Menschen. Frauen, Kinder, aber auch viele Soldaten. Verwundete auf Genesungsurlaub, frische Truppen, die über Paris an die Front fuhren. Am Morgen waren die Bahnsteige fast leer gewesen, und nun, am Abend, waren sie gedrängt voll. Mata Hari versuchte, sich einen Weg durch die Menge zu bahnen. Beinahe hätte sie in dem Gedränge ihre Tasche verloren, aber endlich gelang es ihr, die Spitze des Zuges zu erreichen. Ein Schaffner fragte sie nach ihrer Fahrkarte.

»Ich reise nicht ab«, antwortete ihm Mata Hari. »Ich suche nur einen Freund.«

»Der Zugang zu den Gleisen ist ohne Fahrkarte verboten«, erwiderte er.

»Ich reise doch nicht ab«, wiederholte sie.

»In diesem Fall benötigen Sie eine Bahnsteigkarte. Haben Sie eine Bahnsteigkarte?«

»Ich bitte Sie, ich flehe Sie an!«

»Unmöglich, Madame, das verstößt gegen die Vorschrift.«

Mata Hari merkte, dass der Mann sich stur stellte und seine Macht ausspielte. Da sie keine Zeit hatte, sich eine Bahnsteigkarte zu besorgen, kritzelte sie ein paar Zeilen auf einen Zettel im Dienstabteil des Schlafwagenschaffners, gab einem Gepäckträger ein Trinkgeld und bat ihn, den Zettel dem Oberst zu überbringen. Der Gepäckträger nahm den Zettel und bedankte sich mit den Worten: »Wissen Sie, Madame, Sie haben noch eine Chance, Ihren Freund zu sehen. Der Zug hält am Gare d'Austerlitz.«

»Sagen Sie ihm, dass ich dort sein werde!«

Dieser Hoffnungsschimmer ließ sie wieder Mut fassen; sie rannte davon, um ein Taxi zu nehmen.

Trotz des Regens vollbrachte der Fahrer ein Wunder. Mata Hari erreichte den Bahnhof, bevor der Zug nach Madrid einfuhr. Diesmal hatte das Glück sie nicht im Stich gelassen! Die beiden Inspektoren schrieben auf, sie hätten gesehen, dass sie an einem Schalter in der Nähe des Bahnhofsrestaurants eine Bahnsteigkarte gekauft habe. Obwohl sie die beiden Polizisten bemerkte, sah sie durch sie hindurch. Im Augenblick zählte nur eines: Wenn der Zug in den Bahnhof einfuhr, musste sie auf dem Bahnsteig stehen.

Sie schaute, ob sie den Oberst am Fenster eines Abteils entdecken konnte, bat dann den Schlafwagenschaffner, ihn zu rufen: »Monsieur, hier im Zug ist Oberst Denvignes, der französische Militärattaché in Madrid. Sagen Sie ihm, dass ich ihn sprechen möchte. Er weiß, dass ich auf ihn warte.«

Nach einigen Minuten, die ihr wie eine Ewigkeit vorkamen, erschien er an der Tür eines Wagens. Mata Hari merkte sofort, dass er sehr verlegen war, er erschien ihr wie ein völlig anderer Mensch, war nicht mehr der Mann, den sie in Madrid einige Tage zuvor gekannt hatte.

»Reizend von Ihnen, Herr Oberst, sich so ohne ein Wort davonzumachen. Und unser Geschäft? Was ist los? Haben Sie mit Hauptmann Ladoux gesprochen? Haben Sie meine Informationen weitergegeben?«

Denvignes schien um zwanzig Jahre gealtert zu sein und sich in seiner Haut sehr unwohl zu fühlen. Mit leiser Stimme antwortete er: »Ich habe Hauptmann Ladoux kaum gesehen, aber ich habe seinen Vorgesetzten, Oberst Goubet, gesprochen.«

»Was hält er von mir? Von meinen Informationen?«

Denvignes nahm sich Zeit zu antworten, als suche er nach passenden Worten, dann sagte er: »Er hält Sie für eine sehr intelligente Frau, die in der Lage sei, schwierige Verhandlungen zu führen.«

Mata Hari war enttäuscht, sie hatte sich mehr erhofft.

Dann fuhr der Oberst fort: »Er hat mich noch gefragt, ob ich etwas über Ihre Verbindungen wüsste. Ich sagte nein.«

»Nein? Was ist mit unseren Gesprächen? Meinem Brief? Meinen Informationen? Warum haben Sie gelogen?«

Alles, was Denvignes hierzu sagen konnte, war: »Mein Kleines, mein armes Kleines.« Er befürchtete, schon zu viel gesagt zu haben, etwas, das ihn kompromittieren konnte. »Stellen Sie sich ihnen zur Verfügung ...«

Ein Pfiff kündigte die Abfahrt des Zuges an.

»Genau das versuche ich ja zu tun. Herr Oberst, Sie müssen mir helfen«, bat Mata Hari.

Der Zug setzte sich in Bewegung. Denvignes trat zurück in den Wagen, tat dann ein paar Schritte vor und wieder zurück, zögerte, als ob er etwas sagen wollte, fing sich dann wieder, wandte sich nochmals an Mata Hari und wiederholte mit kläglicher Stimme: »Ach, mein Kleines, mein armes Kleines!«

»Das war alles, denn der Zug fuhr aus dem Bahnhof, und die Bahnbeamten forderten mich auf, mich zu entfernen. Ich stand leicht benommen auf dem Bahnsteig.«[60]

Als Mata Hari wieder zu sich kam – denn es war ihr, als habe sie für kurze Zeit das Bewusstsein verloren –, sich automatisch umdrehte, um zurückzugehen, entdeckte sie auf einmal die Inspektoren Monier und Tarlet. Bis zu diesem Augenblick waren sie ihr wie zwei Gespenster, wie zwei Geister vorgekommen, die eine Nebenrolle in dem Drama hatten, das sich gerade abspielte. Aber nun, da sich nichts mehr bewegen ließ und ihr Leben wie ein Stück zerschlissener Seidenstoff zu zerreißen drohte, hatte sie das Bedürfnis nach Konfrontation. Als würde sie von einer unsichtbaren Kraft geleitet, ging sie direkt auf die beiden Männer zu, doch diese verschwanden, bevor sie sie erreicht hatte.

Inkonsequentes Taktieren

Es vergingen zwei bange Tage. Mata Hari ignorierte die vielsagenden Blicke der Zimmermädchen, die ihr aus dem Weg gingen, und das Tuscheln, wenn sie ins Hotel zurückkehrte oder ausging; sie ignorierte den Hotelpagen, der sie wie eine Aussätzige ansah. Monier und Tarlet hatten all ihre Wege vermint – was bedeutete das schon! Sie war nicht so schnell kleinzukriegen. Sie würde nicht aufgeben.

Am folgenden Tag, dem 4. Januar 1917, während Denvignes Gelegenheit hatte, über seine Feigheit nachzudenken, begab sie sich noch einmal zum Boulevard Saint-Germain 282 und fragte nach Ladoux.

»Der Besuchsschein, auf dem ich meinen Namen vermerkt hatte, kam jedoch mit dem Vermerk ›abwesend‹ zurück. Am nächsten Tag ging ich wieder hin. Nachdem ich etwa eine Stunde im Erdgeschoss gewartet hatte, erhielt ich einen Passierschein für den folgenden Tag.«[61]

Die Beharrlichkeit hatte sich gelohnt. Ob aus Neugier, aus Angst vor einem Skandal, aus strategischen Gründen – Ladoux hatte jedenfalls nachgegeben.

An besagtem Tag zur angegebenen Zeit, um 18 Uhr, wurde Mata Hari beim Chef der Spionageabwehr vorgelassen. Georges Ladoux, der über seinen Schreibtisch gebeugt saß und sich wie immer sehr geschäftig gab, wich ihrem Blick aus und benahm sich ausgesprochen unhöflich. Obwohl Mata Hari plötzliche Stimmungswechsel bei ihm gewohnt war und seine Grobheit nie unterschätzt hatte, machte etwas Unbestimmbares sie stutzig – irgendetwas schien ihm zu schaffen zu machen. Er kam ihr eigenartig vor. Gewöhnlich wurde er, nachdem er die ersten Hiebe ausgeteilt hatte, umgänglicher. Diesmal jedoch nicht.

Ladoux unterbrach seine Arbeit, ohne wie sonst zu lächeln. Er schaute düster drein. Mata Hari fasste sich ein Herz und fragte ihn unvermittelt, ob er mit Oberst Denvignes gesprochen habe und ob dieser ihm erzählt habe, was sie für Frankreich getan habe.

Ladoux brummte vor sich hin: »Ich habe den Oberst nur flüchtig gesprochen. Und erzählt hat er mir nichts.« Und nach einer Weile, auf ihr Treffen mit dem Marquis de Paladines anspielend, sagte er: »Bei der kleinsten Schwierigkeit wenden Sie sich an die Französische Botschaft in Madrid. Sie suchen sogar den Attaché privat auf. Sie berufen sich auf mich. Sie dürfen niemals vergessen, dass Sie mich nicht kennen und ich Sie nicht kenne!«

Mata Hari empörte sich über diese Belehrung, die mehr einer Beschimpfung glich: »Ich bin sehr überrascht über den Empfang, den Sie mir bereiten! Ist das der Dank für die Dienste, die ich Ihnen geleistet habe?«

»Welche Dienste? Die Informationen über Baron von Roland und das Unterseeboot?«

»Sie haben den Code, den Piloten und die unsichtbare Tinte vergessen.«

»Das höre ich zum ersten Mal!«

»Wollen Sie damit sagen, dass der Oberst es Ihnen nicht erzählt hat?«

»Ich sagte Ihnen doch schon, dass er hier nur kurz vorbeigeschaut hat. Heißt das etwa, dass die Deutschen den Code unserer Funkverbindungen kennen? Kalle muss Sie an der Nase herumgeführt haben!«

Außer sich vor Wut, jedoch zufrieden über die Wirkung ihrer Worte, schleuderte Mata Hari ihm entgegen: »Selbst wenn die Wahrscheinlichkeit, dass meine Information richtig ist, nur ein Prozent beträgt, würde es sich doch lohnen, sie zu prüfen!«

Ladoux schlug einen weniger vorwurfsvollen Ton an: »Seien Sie unbesorgt, wir werden sie überprüfen!«

»Ich möchte bezahlt werden!«

Der Geheimdienstchef schien einzulenken, sagte aber, es sei noch etwas zu früh.

Mata Hari zeigte sich verständnisvoll: »Nun gut. Aber in diesem Fall möchte ich nach Hause fahren, weil ich kein Geld mehr habe, um in Paris zu bleiben.«

Ladoux schüttelte den Kopf. In Sekundenschnelle schwenkte er um. War während der Unterhaltung sein Ton eiskalt und fast drohend gewesen, so wurde er nun freundlich, freundschaftlich, verständnisvoller als je zuvor: »Bleiben Sie noch ein paar Tage, das können Sie doch.« Mata Hari sah ihn verblüfft an. War das ein Versprechen? Ladoux lächelte sie an, um sie zu beruhigen, und fuhr fort: »Nur eine Woche. Ich werde Madrid um einen Bericht bitten.«

»Einverstanden«, antwortete sie, »aber dann lassen Sie mich nicht mehr observieren.«

»Observieren?«, fragte Ladoux ganz scheinheilig. »Ich versichere Ihnen, dass ich keinen derartigen Befehl erteilt habe. Das müssen andere Stellen getan haben.«[62]

Von einem Ort zum anderen

Selbst wenn sie mit den größten Schwierigkeiten zu kämpfen hatte, war nichts für Mata Hari schlimmer, als ohne Nachricht von ihrem jungen Geliebten zu sein. Sie würde wahnsinnig werden, wenn sie nicht bald die Gewissheit hätte, dass er noch am Leben war. Auf ihre Briefe hatte sie nie eine Antwort bekommen. Sie wusste, dass sein Regiment zum gefährlichsten Frontabschnitt aufgebrochen war, und schon bei der bloßen Erwähnung des Namens Verdun erschauderte sie.

Mata Hari ging die Rue Beaujon entlang – jeden Tag lief sie stundenlang, um ihre Angst zu betäuben. Monier und Tarlet folgten ihr mit ihren Baskenmützen in etwa zwanzig Metern Abstand. Mata Hari war entschlossen, sie abzuhängen, wenigstens für eine oder auch nur eine halbe Stunde ... Sie musste versuchen, den Mann, den sie liebte, zu erreichen, mit ihm sprechen, ohne dass jedes Wort festgehalten wurde. Sie bog nach links ab. Wenn sie schnell genug lief, würde sie die beiden Männer an der Kreuzung abhängen. Sie lachte vor sich hin, zum ersten Mal seit ihrer Rückkehr nach Frankreich.

Sie verschwand in einem Postamt in der Rue Balzac. Dort war außer ihr nur ein alter Herr mit einem Monokel, ein Relikt aus einem früheren Krieg, der sich erkundigte, wie er ein Paket in den Osten verschicken könne.

Mata Hari beugte sich zur Telefonistin vor und bat, mit dem Feldlager von Mailly verbunden zu werden. Nach einigen Minuten, die ihr wie eine Ewigkeit vorkamen, rief die Telefonistin mit schriller Stimme: »Feldlager von Mailly, Kabine 3.«

Mata Hari schloss sorgsam die Holztür der Kabine und nahm den Hörer ab: »Ich möchte gern Hauptmann de Massloff sprechen. Ist er da?« Am anderen Ende der Leitung antwortete ein russischer Soldat in gebrochenem Französisch: »Nein, der Hauptmann ist nicht da.« Mehr erfuhr sie nicht. Militärisches Geheimnis. Sie hoffte, dass das Erste Russische Regiment ins Hinterland zurückverlegt worden sei, aber nicht einmal das würde sie je erfahren. »Ich bitte Sie, sagen Sie ihm, dass Madame Zelle versucht hat, ihn zu erreichen. Ja, das wär's, Madame Zelle, ZELLE. Ich flehe Sie an …«

Mata Hari hatte aus Verzweiflung fast geschrien, aus Angst, nicht verstanden zu werden. Sie legte den Hörer auf und musste Atem holen wie nach einem Kampf. Als würde sie ganz langsam wieder in ihren Körper schlüpfen, kehrte sie in die Wirklichkeit zurück. Wenn sie weiterhin keine Nachrichten von ihm erhielt, würde sie sich an die Russische Botschaft wenden. Dort gab es bestimmt jemanden, der bereit war, ihr zu helfen. Sie blieb einen Augenblick regungslos stehen, dann öffnete sie die Tür und verließ die Kabine.

Genau vor ihr diskutierte Tarlet am Schalter, und Monier hatte seine Baskenmütze vor die Telefonistin hingelegt. Mata Hari zögerte. Sollte sie die beiden beschimpfen, beleidigen, ihrer ganzen Angst und Wut freien Lauf lassen? Sie beschloss, sich weder vom Zorn hinreißen zu lassen noch zusammenzubrechen, diese Genugtuung würde sie ihnen nicht gönnen. Sie wickelte sich in ihren weiten Mantel und machte sich wieder auf den Weg, indem sie ihnen mit herausfordernder Miene zurief: »Ich kehre ins Hotel zurück. Da es jetzt schnell dunkel wird, möchte ich nicht riskieren, dass Sie mich aus den Augen verlieren.«

Der Wind blies durch die kahlen Bäume der Avenue Montaigne. Die Gaslaternen brannten schon und warfen einen matten Lichtschein auf die Straße. Ein leichter Nieselregen schien die Kleidung bis zu den Knochen zu durchdringen. Mata Hari beschleunigte den Schritt. Sie wollte so schnell wie möglich auf ihr Zimmer, in ihr Bett, sich die Decke über den Kopf ziehen, die Tür abschließen, um Abstand von der Welt zu halten, die sie immer wieder niederzudrücken versuchte. Wer weiß, vielleicht würde sie doch noch einen Brief, ein Lebenszeichen von Vadime erhalten. Mata Haris Herz pochte etwas schneller. Noch ein paar Meter bis zur Plaza. Am liebsten wäre sie gerannt, um etwas zu erfahren. Aber wenn wieder keine Post da war … Sie zwang sich, langsamer zu gehen, um die Ungewissheit noch etwas auszukosten, die sie in diesem Moment noch hoffen ließ.

»Dreckige Deutsche! Dreckige Deutsche! Dreckige Deutsche!«

Die Beschimpfung zerriss die Stille wie ein Peitschenhieb, und Mata Hari hatte nicht einmal bemerkt, dass man auf ihre Stiefeletten gespuckt hatte. Der Hotelpage sah sie mit triumphierender Miene an und blinzelte dann verständnisinnig Monier und Tarlet zu. Instinktiv hatte Mata Hari sich nach ihnen umgedreht. Sie waren es – und nicht der fünfzehnjährige Bengel, der nicht einmal wusste, was er sagte –, die ihr Hass entgegenschleuderten. Nein, auch das stimmte nicht. Ladoux, dieses Ungeheuer, dieser Verräter war die Ursache allen Übels. Mata Hari erwachte plötzlich aus ihrer Erstarrung, winkte ein Taxi herbei, das aus der Rue du Boccador kam, und rief ihm für ihre »Begleiter« deutlich hörbar zu: »Boulevard Saint-Germain 282 … Und schnell, bitte!«

Es war zwar spät, aber in Kriegszeiten waren die Ämter jederzeit geöffnet. Mata Hari stieß die schwere Tür des Gebäudes auf, schritt auf den Unteroffizier hinter dem Schreibtisch zu und bat, bei Hauptmann Ladoux vorgelassen zu werden: »Ich muss ihn sprechen, was auch immer geschehen mag.«

Der Unteroffizier richtete seinen Blick auf Mata Hari, nachdem er so getan hatte, als habe er den Dienstplan studiert: »Das ist unmöglich, Madame ...«

»Es wird möglich sein, Herr Unteroffizier, denn es muss sein!«

»Madame, der Hauptmann ist auf Inspektion an der Côte d'Azur. Er wird erst Anfang nächster Woche zurück sein. Selbstverständlich können Sie auf ihn warten und auf dieser Bank schlafen.«

Diese ironische Spitze verriet keinerlei Wohlwollen. Mata Hari begriff, dass sie nichts ausrichten konnte und dass es sinnlos war, darauf zu bestehen. Sie musste sich etwas anderes einfallen lassen. Sie war es leid, missachtet zu werden, und sie musste etwas finden, um ihr Gesicht zu wahren, etwas, woran sie sich festklammern konnte.

»Wenn dem so ist, werde ich mich anderswohin wenden«, sagte sie.

Mata Hari war gebrochen, auch wenn ihr Stolz sie noch aufrecht hielt. Aber in Wahrheit wusste sie nicht, an wen sie sich jetzt noch wenden sollte. Sie gab sich Mühe, sich nichts anmerken zu lassen, und verließ das Ministerium. Das Taxi war nicht mehr da, sie hatte es nicht warten lassen. Sie war sich so sicher gewesen, dass Ladoux dort sein würde und nicht umhin könnte, ihr Rechenschaft abzulegen ... Für einen Augenblick hatte sie sogar geglaubt, mit ihrer Kraft den Lauf der Dinge umkehren zu können. In der Dunkelheit lief sie den menschenleeren Boulevard hinunter. Wenn sie sich umgedreht und nach oben geschaut hätte, wäre ihr aufgefallen, dass an einem Fenster im dritten Stock ein Mann sie beobachtete. Ein Mann, den sie gut kannte und der sie quälte. Ladoux lachte hinter den Gardinen. Die Tänzerin würde bald völlig zermürbt sein.

Mit der für ihre Berichte typischen Nüchternheit notierten Monier und Tarlet: »MacLeod hatte beim Abendessen großen Kummer. Sie hat geschluchzt. Als Vorwand gab sie das Ausbleiben von Nachrichten ihres Verlobten, des Hauptmanns de Massloff, an.«

Ladoux konnte zufrieden sein.

Banknoten

»Wir stellen fest, dass diese Frau [Mata Hari] eine Reihe von Vorsichtsmaßnahmen trifft; sie dreht sich oft um, und wenn sie eine Straße überquert, lässt sie ihren Blick kreisen unter dem Vorwand, sich nach Autos auf der Fahrbahn umzusehen.«[63]

Mata Hari wusste nicht mehr, was sie tun sollte.

»Ich könnte versuchen, mit Graf Ignatjew Kontakt aufzunehmen. Er ist ein alter Freund von mir, vielleicht kann er mir einige Auskünfte geben, ohne das Militärgeheimnis zu verraten. Aber ich bitte Sie, tun Sie nichts, absolut nichts mehr. Dadurch dass Sie sich bemüht haben, die Gunst des jungen Offiziers zu gewinnen, haben Sie möglicherweise das Misstrauen der französischen Behörden erregt. Verstehen Sie mich?«

Mata Hari war völlig ratlos. Wie gewohnt hatte sie in der Botschaft der Niederlande Zuflucht gesucht. Der Graf von Limburg-Styrum war ein langjähriger Bekannter von ihr. Er führte derzeit die Geschäfte in der Avenue Malakoff 133, da Konsul Bunge an einer schweren Grippe erkrankt und bettlägerig war. Mata Hari hatte ihm offenbar nichts von ihrer Spionagetätigkeit erzählt. Sie hatte ihm nur anvertraut, dass sie Angst um Vadime de Massloff hatte, und sich über die Schikanen der Behörden beschwert.

»Ich bitte Sie, seien Sie vernünftig. Kehren Sie nach Den Haag zurück.«

»Vorher muss ich noch einige Dinge regeln«, wandte sie ein.

Mata Hari wurde schwer ums Herz. Der Gedanke, abreisen zu müssen, war für sie unerträglich. Ladoux gegenüber hatte sie das Gegenteil behauptet, und in dem Augenblick hatte sie die Wahrheit gesagt, aber nun sah es anders aus. Sie wollte Vadime wiedersehen. Um jeden Preis.

»Der Baron ist außer sich vor Wut, und er kann es sich nicht versagen, Sie darüber in Kenntnis zu setzen.«

»Bitten Sie unseren Freund, sich noch etwas zu gedulden.«

»Ich glaube, dass er sich taub stellen wird.«

»Sie kennen ihn so gut wie ich, Sie werden die passenden Worte finden.«

Mata Hari hatte auf einmal ihre Selbstsicherheit zurückgewonnen. Ihr Heimatland, der Baron … All das schien sie in die Wirklichkeit zurückzuholen. Ein Lächeln spielte um ihre Lippen, während sie sich die Vorhaltungen des Botschaftssekretärs anhörte. Hier bewegte sie sich auf freundschaftlichem Terrain, und selbst die Zurechtweisungen hinterließen keinen bitteren Geschmack. Sie stand auf und steckte die 5000 Francs, die er ihr aushändigte, in ihre Tasche – das Geld war ihr über die treue Anna Lintjens aus den Niederlanden geschickt worden. Mata Hari lebte sogleich wieder auf, denn ihre Geldschwierigkeiten waren zumindest vorläufig behoben. Sie fragte sich, woher diese Banknoten kamen. Sie erinnerte sich, Kalle um Geld gebeten zu haben. Wie auch immer – das Geld war da und kam aus den Niederlanden, nur das zählte. Ob es vom Baron oder von Krämer stammte, war nicht wichtig.

Wie üblich war Mata Hari gezwungen, verschiedene Möglichkeiten einzukalkulieren. Entgegen aller Wahrscheinlichkeit hoffte sie immer noch, ihre Million zu kassieren, für die sie alles riskiert hatte und von der sie bislang keinen Centime gesehen hatte. Mata Hari ließ sich zwar zu unbedachtem Handeln hinreißen, aber sie hing auch am Leben, an der Freiheit, an ihrer Würde und hatte sich in Krisensituationen stets auf ihren Selbsterhaltungstrieb verlassen können. Wenn in Frankreich nichts mehr möglich war, musste sie sich auf ihren ehemaligen Gönner zurückbesinnen und auf die Empfindlichkeiten von Edouard Van der Capellen Rücksicht nehmen. So zynisch diese Strategie auch war, Mata Hari hatte keine andere Wahl.

»Lassen Sie bitte dem Baron ausrichten, dass ich nicht mehr lange auf mich warten lasse«, sagte sie zum Grafen von Limburg-Styrum, der diese Entscheidung begrüßte und ihr versprach: »Ich werde Sie in ein paar Tagen im Hotel besuchen, um allen zu zeigen, welche Hochachtung wir vor Ihnen haben.«

Graf von Limburg-Styrum, der nicht wusste, wie ernst die Lage war, glaubte, Mata Hari sei ein Opfer des allgemeinen Misstrauens, das man Ausländern in einem Land im Kriegszustand entgegenbringt. Er wusste, dass alleinstehende Frauen besonders schlecht angesehen waren. Er war überzeugt, dass es genügte, ein- oder zweimal mit Mata Hari in der Hotelhalle des Plaza aufzutreten, damit die Polizei ihre Schikanen einstellte. Er küsste ihr die Hand und sagte: »Ich hätte Sie warnen müssen. Sie müssen abreisen und diesem schrecklichen Massengrab den Rücken kehren.«

Ähnliches hatte ihr einige Monate zuvor auch der Marquis de Margerie vergeblich nahegelegt. Mata Hari redete sich ein, sie habe mächtige Verbündete gefunden. Sie war eine Ausländerin, und gerade dieser Umstand, der ihre momentanen Probleme verursachte, würde ihr helfen, den Kopf aus der Schlinge zu ziehen. Die französische Regierung würde die Staatsbürgerin eines neutralen Landes nicht belangen, denn damit würde sie einen Skandal heraufbeschwören, auf den sie gut und gerne verzichten konnte.

Das Orakel

Je mehr ihr der Sinn für die Realität abhandenkam, desto mehr versuchte sie, sich ihre eigene Wirklichkeit zu schaffen. Es war also kein Zufall, wenn sie gerade jetzt in Raincy ein bescheidenes Arbeiterhaus, das Haus Mireille, in der Allee Blanche 4 aufsuchte. Dort wohnte mit ihrer kinderreichen Familie eine gewisse Eugénie Bazin, besser bekannt als Madame Zina, von Beruf Wahrsagerin.

Mata Hari hatte die Kartenlegerin kurz vor ihrer Abfahrt zu ihrer »Mission« nach Belgien befragt. Madame Zina hatte ihr Unannehmlichkeiten auf See und eine Änderung ihrer ursprünglichen Pläne vorausgesagt, aber ihr versichert, dass sie dennoch das erwünschte Ziel erreichen würde. Da die bisherigen Voraussagen eingetroffen waren, wollte Mata Hari bei ihr den Trost suchen, den sie so dringend brauchte.

Sie hätte eine Hellseherin aus den »besseren Vierteln« zurate ziehen können, aber sie zog es vor, ihrem Gefühl zu folgen. Von der Oper aus fuhr sie mit der Straßenbahn fast eine Stunde durch immer ärmer werdende Stadtviertel – mit dem unheimlichen Gefühl, eine Frau mit übernatürlichen Fähigkeiten aufzusuchen, die an einem alten Küchentisch über das Schicksal ihrer Kunden entschied.

Madame Zina sah sich die Karten an: »Ja, der junge Mann lebt, und Sie werden ihn wiedersehen ...«

Mata Hari hätte ihr um den Hals fallen können: »Bald?«

»Ja, bald«, antwortete die Kartenlegerin.

»Und was ist mit meinen sonstigen Angelegenheiten?«

Mata Hari betrachtete die vor ihr ausgebreiteten Karten.

»Decken Sie diese Karten wieder auf.«

Madame Zina zeigte auf die drei Karten in der Mitte. Da Madame Zina schwieg, fragte Mata Hari noch einmal: »Was sehen Sie?«

Nachdem sie eine Weile geschwiegen hatte, sagte die Kartenlegerin: »Sie werden die geplante Reise nicht machen. Man wird Ihnen das Geld nicht überweisen. Ich sehe den Tod. Den Tod durch eine Schusswaffe. Man wird Sie erschießen.«

Madame Zinas Gesicht war aschfahl geworden.

»Fangen Sie noch einmal von vorne an«, schrie Mata Hari. »Fangen Sie noch einmal von vorne an, Sie haben sich geirrt!«

Madame Zina beherrschte sich und zog noch einmal die Karten zurate. Ihr wurde plötzlich übel: »Es tut mir leid. Ich sehe nichts mehr, ich sehe nichts mehr …«

Diesmal hatte das Heilmittel eine schlimmere Wirkung als die Krankheit selbst. Wozu Vadime de Massloff wiedersehen, wenn sie sterben sollte? Auf dem Rückweg versuchte Mata Hari sich einzureden, dass Madame Zina sich geirrt hatte und nur eine verrückte alte Frau war. Als sie wieder ins Hotel kam, hatte sie sich fast beruhigt. Dem Tod, sei es auch nur symbolisch, zu trotzen, vermittelte ihr ein Gefühl der Sicherheit. Sie sah den Hotelpagen, der sie am Abend zuvor beschimpft hatte. Sie verlangsamte ihren Schritt, um ihn besser mustern zu können. Als sie auf seiner Höhe war, blickte sie ihm direkt in die Augen, und der junge Mann war so überrascht, dass seine Überheblichkeit im Nu verflog. Es war ein Fehler von ihr gewesen, in den vergangenen Tagen Angst zu haben, dachte sie. Genau das nämlich hatte Ladoux aber bezweckt.

Langsam ging sie zur Hotelrezeption und bat den Portier mit einem gewinnenden Lächeln um ihren Zimmerschlüssel. Erst dann bemerkte sie, dass Monier und Tarlet in der Halle saßen. »Lassen Sie mir bitte einen Tee aufs Zimmer bringen«, sagte sie noch. Sie beachtete die beiden Inspektoren nicht, begab sich zum Aufzug, blickte sich automatisch um, machte dann kehrt und änderte ihre Meinung: »Ich werde heute meinen Tee hier unten trinken.«

Sie wollte sich ein wenig amüsieren, wie ein normaler Mensch leben, nicht abgeschieden wie eine Gefangene. Als sie sich hinsetzte, merkte sie, dass die Blicke der Gäste auf ihr ruhten – außer einigen Offizieren zumeist Frauen, die ihr feindselige Blicke zuwarfen. Ihr Mut schwand so schnell, wie er gekommen war. Sei es, weil der Oberkellner sie demonstrativ ignorierte oder weil sie die Bedeutung all dieser Blicke erriet, stand Mata Hari auf einmal wieder auf, verschwand im Aufzug und sagte dem Liftboy: »Dritter Stock.«

Bevor der Aufzug sich in Bewegung setzte und das Eisengitter zufiel, rief der Portier einem Kellner zu, der durch die Halle lief: »Ich glaube, dass man Madame Zelle den Tee aufs Zimmer servieren sollte.«

Im Namen der Liebe

Mata Hari warf sich aufs Bett. Sie hatte nicht einmal mehr die Kraft, zu weinen; sie war wütend und müde und hätte am liebsten laut geschrien. Wenn es bloß gereicht hätte, alles kurz und klein zu schlagen, um wieder ganz von vorn anzufangen!

Es klopfte an der Tür. Es musste wohl das Zimmermädchen sein, das ihr das Tablett mit dem Tee brachte, den sie besser doch nicht bestellt hätte. Ohne hinzuschauen, sagte Mata Hari: »Kommen Sie herein, und stellen Sie es dort ab.«

Die Tür ging auf. Schweigen. Sie drehte sich um und traute ihren Augen nicht. Vadime de Massloff stand vor ihr! Sie wäre bald verrückt geworden, überschüttete ihn mit Zärtlichkeiten. Sie fielen sich in die Arme und dann aufs Bett.

Es war Nacht. Mata Hari und Vadime lagen noch in den zerwühlten Laken. Sie hatte kein Bedürfnis zu sprechen. Nichts würde je vollkommener sein als jetzt.

Vadime sprach als Erster: »Der General, der meine Einheit befehligt, hat einen Brief von Graf Ignatjew erhalten, dem russischen Militärattaché in Paris.«

Diesen Namen hatte bereits Graf von Limburg-Styrum erwähnt. Ihn wollte Mata Hari um Hilfe bitten, damit sie etwas über ihren russischen Hauptmann erführe.

Dann fuhr Vadime mit ernster Stimme fort: »Ignatjew hat meinem General gesagt, dass du … eine Abenteurerin bist. Mein General hat mir befohlen, dich nicht mehr zu sehen, weil du eine gefährliche Frau seist …«

»Was soll ich sein?«

»Eine gefährliche Frau.«

Mata Hari stand abrupt auf und machte ihrer Empörung Luft: »Wie können sie es nur wagen? Und du glaubst ihnen?«

»Was soll ich glauben?«

Hauptmann de Massloff schloss sie in die Arme. Auf einmal machte er wieder ein freundliches Gesicht und lächelte ihr zu, als habe es ihm Freude bereitet, mit dem Feuer zu spielen, oder als kümmere er sich nicht um das, was sein würde: »Das, was diejenigen sagen, die uns auseinanderbringen wollen …«

Mata Hari blickte ihm fest in die Augen. Für ihn hatte sie alles aufs Spiel gesetzt, und nun musste sie wissen, ob er sie vor seinen Vorgesetzten, wenn nötig vor der ganzen russischen Armee verteidigen würde.

»Ich glaube nur das, was ich sehe, und ich sehe die schönste Frau der Welt.« Vadime legte einen Arm um ihre Schultern und sagte: »Ich schwöre es! Ich bin hier, wir sind zusammen. Lassen wir uns durch niemanden diesen Augenblick verderben. Wir werden ausgehen. Überall hingehen. Ich möchte mich überall mit dir zeigen.«

Er hob sie hoch und tanzte Walzer mit ihr. Auf einmal schienen sich die dunklen Wolken wieder verzogen zu haben. Nichts würde ihre Liebe erschüttern. Dennoch befreite sich Mata Hari wie aus einem Reflex heraus aus seinen Armen und ging wortlos zum Fenster. Auf dem Bürgersteig schoben zwei unbekannte Agenten Wache. Sie waren für ihre Überwachung abgestellt. Sie warteten und warteten, diese Schakale von Ladoux.

»Ich habe eine bessere Idee«, sagte sie mit aufgesetzter Heiterkeit. »Wir haben zu wenig Zeit, als dass ich dich gern mit anderen teilen würde. Wir werden hierbleiben, nur wir beide.«

Vadime sah sie amüsiert an.

»Hast du nicht ein wenig Hunger?«, fragte sie ihn, während sie die Vorhänge zuzog und sich eine Zigarette anzündete.

»Ich würde die ganze Welt aufessen«, antwortete er und fing an, ihr den Hals zu küssen. Mata Hari wand sich los, hob den Telefonhörer ab und fragte ihren Geliebten, worauf er Lust hätte. »Auf dich«, erwiderte er. Darauf bestellte sie Kaviar und fragte ihn, was er trinken wolle. »Dich!« Mata Hari fühlte sich plötzlich wunderbar leicht; sie bestellte

Champagner und fragte de Massloff: »Was noch?« Statt darauf zu antworten, hängte er den Hörer ein und führte sie wieder zum Bett.

Als der Morgen anbrach, zog Vadime de Massloff seine Uniform an. Mata Hari fuhr aus dem Schlaf hoch: »Schon so früh?«, fragte sie, warf sich rasch den Morgenmantel über und sagte: »Wirst du auf meine Briefe antworten? Ich werde dich immer informieren, wo du mich finden kannst … Aber irgendetwas bekümmert dich, ich sehe es dir an.«

»Wenn ich nur wüsste, wann wir uns wiedersehen werden.«

»Es gibt noch etwas. Du brauchst Geld, ich weiß es«, sagte sie und nahm ihre Tasche von dem kleinen Rosenholztisch. »Wie viel möchtest du?«

Vadime wehrte ab, aber Mata Hari zog das Bündel Banknoten heraus, das Graf von Limburg-Styrum ihr gegeben hatte, jenes Geld aus den Niederlanden.

»Wie viel?«, wiederholte sie. Wenn sie Vadime finanziell unterstützte, band sie ihn an sich. »Mach dir keine Sorgen, ich habe 5000 Francs erhalten.«

Da streckte er die Hand aus und sagte, er benötige 3000. Das war mehr als die Hälfte ihrer gesamten Habe, und sie konnte mit keinen weiteren Zuwendungen rechnen. Trotzdem sollte es Vadime auf jeden Fall an nichts mangeln. Sie würde die Sache schon irgendwie regeln. Er hatte absoluten Vorrang – von diesem Gefühl ließ sie sich bis zu ihrem letzten Atemzug leiten.

Ohne zu zögern, übergab sie ihm die Banknoten, dann küsste sie ihn lange und innig zum Abschied. Als Vadime zum Aufzug ging, rannte sie hinter ihm her, ließ sich noch einmal umarmen, drückte ihn fest an sich. De Massloff wunderte sich über diesen Überschwang der Gefühle, fragte aber nicht nach dem Grund dafür. Er war spät dran und musste weg. Ahnte Mata Hari, dass sie sich nie mehr wiedersehen würden?

Draußen setzten die beiden Agenten von der französischen Spionageabwehr ihre Observierung unverdrossen fort.

Jetzt!

An der Rezeption des Plaza verlangte Mata Hari nach ihrer Rechnung und ließ das Gepäck zum Élysée Palace bringen.

»Ich zähle auf Sie, dass Sie mir meine Post nachsenden«, fügte sie, an den Portier gerichtet, mit unverhohlener Ironie hinzu. Dann, nachdem sie ein Taxi bestellt hatte, ging sie auf Ladoux' Männer zu, die schon vor der Drehtür warteten, und sagte: »Damit Sie nicht zu fragen brauchen - ich ziehe ins Élysée Palace um. Die Zimmer sind billiger und die Luft erträglicher …«

Mit einem Kopfnicken und, entgegen ihrer Gewohnheit, ohne Trinkgeld zu geben, verließ Mata Hari das Hotel. Sie hätte bestimmt gelächelt, wenn sie gewusst hätte, dass Ladoux zur selben Zeit in seinem Büro am Boulevard Saint-Germain 282 tobte, weil die Observierungsprotokolle absolut keine Anhaltspunkte für das ergeben hatten, was er sich erhoffte. Darum waren nun seine eigenen Männer zur Observierung abgestellt. Aber schon bald hatte er einsehen müssen, dass auch sie nicht erfolgreicher als Monier und Tarlet waren. Es sei denn, dass Mata Hari wirklich nichts zu verbergen hatte. Aber warum dann Kalles Funktelegramme? Alles Lügen oder die Wahrheit? Es war eine einmalige, unverhoffte Gelegenheit, sich um das Vaterland verdient zu machen!

Vor dem Verlassen des Plaza hatte Mata Hari Ladoux ein

paar Zeilen geschrieben, sich dann aber anders besonnen und den Brief nicht aufgegeben. Um sicherzugehen, dass sie keine falschen Schritte tat, wollte sie den Rat eines Fachmanns, den des Rechtsanwalts Édouard Clunet einholen, mit dem sie befreundet war.

»Rue Galilée 40, Nähe Champs-Élysées«, rief sie dem Taxichauffeur zu.

Clunet las den Text durch, der folgenden Wortlaut hatte: »Was genau wollen Sie von mir? Ich werde alles tun, was Sie wünschen. Ich will keine Geheimnisse von Ihnen erfahren. Ich will auch Ihre Agenten nicht kennenlernen. Ich bin eine Frau von Welt. Fragen Sie mich nicht, welche Mittel ich anwenden werde, aber sorgen Sie dafür, dass meine Arbeit nicht von Geheimagenten gestört wird, die mich ohnehin nicht verstehen. Es ist nur allzu berechtigt, dass ich bezahlt werden will. Ich möchte abreisen.«

Der alte Anwalt strich über seinen Spitzbart, sah Mata Hari mit gütigem Blick an, kritisierte den Inhalt nicht, meinte jedoch, der Ton sei unter den gegebenen Umständen ein wenig scharf, besonders das Wort »bezahlt«.

»Warum, Herr Rechtsanwalt?«, gab sie darauf zurück. »Ich verstehe euch Franzosen, euch Männer nicht, Sie selbstverständlich ausgenommen … Solange ich mich nicht schäme, Geld anzunehmen, brauche ich mich auch nicht zu schämen, es beim Namen zu nennen.«

Clunet sah sie mit unverhohlener Bewunderung an: »Sie überraschen mich immer wieder, aber im Grunde muss ich zugeben, dass Sie recht haben.«

Mata Hari war erleichtert. Da Clunet ihr Verhalten billigte, hieß es, dass das Recht auf ihrer Seite war. Sie umarmte ihn herzlich und ging leichten Herzens hinaus. Sie musste nur noch den Brief auf der Post an der Avenue Kléber aufgeben. Dann würde sie zum Polizeipräsidium gehen, um das Ausreisevisum für die Schweiz zu beantragen. Graf von Limburg-Styrum hatte recht, sie musste abreisen, die Pariser Atmosphäre wurde allmählich unerträglich. Um sich Mut zu machen, sagte sie sich immer wieder, Ladoux könne sie ja überall bezahlen. Er müsse schließlich erst ihre Arbeit beurteilen. Er würde sie noch brauchen. In Bern könnte sie den deutschen Militärattaché aufsuchen, mit ihm das gleiche Spiel treiben wie mit Kalle und alle Informationen, die sie auf diese Weise sammeln konnte, an die Französische Botschaft weiterleiten. In solche Gedanken versunken, ging sie bis zum Büro von Monsieur Maunoury, der ihr bei ihren früheren Reisen die Papiere ausgestellt hatte. Der Beamte war sehr liebenswürdig, bestätigte Mata Hari aber, dass Ladoux »an der Riviera« sei und frühestens in drei Wochen zurückkäme. Ohne seine Zustimmung könne er ihr das Ausreisevisum nicht erteilen.

»Ich war das Ganze leid und bin zum Ausländeramt gegangen. Dort habe ich das übliche Formular ausgefüllt und angegeben, dass ich über die Schweiz in die Niederlande zurückfahren wollte. Zehn Tage vergingen, ohne dass ich eine Antwort erhielt. Am 12. Februar, einem Montag, suchte ich noch einmal dieses Büro auf; man sagte mir, meine Papiere seien noch nicht zurückgekommen.«[64]

Im Grunde war Mata Hari die Einzige, die nicht wusste, dass zwei Tage zuvor der Chef der französischen Spionageabwehr drei Stockwerke tiefer wutschnaubend auf und ab gelaufen war. Hallaure hatte ihm die verschiedenen Anträge gezeigt, die sie gestellt hatte, um ausreisen zu dürfen. Sie waren von der Niederländischen Botschaft eingereicht worden. Sie hatte sich völlig vorschriftsmäßig verhalten, und alles sprach dafür, dass die Tänzerin ohne seine Intervention grünes Licht bekäme.

»Das verdammte Luder!«, brummte Ladoux vor sich hin und öffnete eine Schublade seines Schreibtischs. Er holte einen bereits aufgesetzten Brief an den Militärgouverneur von Paris heraus, unterzeichnet vom Kriegsminister, dem General Lyautey, persönlich. »Ich habe die Ehre, Sie davon in Kenntnis zu setzen, dass die genannte Zelle, geschiedene MacLeod, genannt Mata Hari, Tänzerin, niederländische Bürgerin, stark im Verdacht steht, eine Agentin im Dienste Deutschlands zu sein ...«

Ladoux las den Brief noch einmal rasch durch und fügte mit dem Füllfederhalter das Datum ein. Er schwieg eine Weile, dann reichte er den Brief seinem Adjutanten und sagte: »Jetzt!«

Im eisigen Morgengrauen hatten sich einige Männer vor einem Hotel auf den Champs-Élysées, dem Élysée Palace, »versteckt«. Ihr Chef, Kommissar Priolet, rauchte nervös eine Zigarette. An einer Wand hinter ihm ein Plakat mit dem Slogan: »Schweigt, der Feind hört mit.« In der dritten Etage wälzte sich Mata Hari in ihrem Zimmer unruhig im Schlaf. Kommissar Priolet warf einen Blick auf die Uhr. Sechs Uhr, er gab seinen Männern den Befehl, einzugreifen. Die Inspektoren stürzten ins Hotel, gefolgt von mehreren Gendarmen. Die Polizisten schwirrten überall umher, in der Hotelhalle, auf den Fluren. Der Nachtportier und die Zimmermädchen gerieten in helle Aufregung. Priolet ließ den Aufzug blockieren und stürmte die Treppe hinauf. Mata Hari war aus dem Schlaf hochgefahren. Drei heftige Klopfzeichen an ihrer Tür. Priolet verschaffte sich mit seinen Männern Eintritt: »Madame, Sie sind verhaftet.«

An diesem 13. Februar 1917 büßte Mata Hari endgültig ihre Freiheit ein. Ihr letzter Weg begann.

DRITTER TEIL
IN DER SCHUSSLINIE

Mata Hari war nie eine professionelle Spionin. Sie war in erster Linie eine liebende Frau. Und wäre Frankreich im Jahre 1917 nicht im Begriff gewesen, einen der Entscheidungskämpfe seiner Geschichte zu führen, wäre ihrem Fall keine Beachtung geschenkt worden.

12
Außer Atem

Späte Morgenröte

Vor welchem zeitlichen Hintergrund spielte sich der Fall Mata Hari ab? Seit Kriegsbeginn 1914 waren drei Jahre vergangen. Frankreich beklagte mehr als eine Million Tote und anderthalb Millionen Verwundete und Gefangene. Man hatte gehofft, dass die Kampfhandlungen schnell vorbei sein würden, doch inzwischen hatte der Krieg mit seinen verlustreichen Schlachten sich auf ganz Europa ausgeweitet, und die westliche Welt sollte sich davon nie wieder ganz erholen. Eine der Folgen war der Verlust der Menschlichkeit, der später im Grauen des Holocaust gipfelte. Kaum eine Familie, die nicht einen Vermissten zu beklagen hatte, einen Sohn, einen Vater, einen Verlobten. Vor allem die Männer starben, die Frauen blieben meist allein zurück.

Somerset Maugham, der im Ersten Weltkrieg erst Sanitäter, dann Geheimagent war, hat die Lage eindrucksvoll geschildert.[65] Eines Tages betrat er im Somme-Gebiet eine Kirche, die behelfsmäßig in ein Lazarett umfunktioniert worden war. Überall Tote, Verwundete, auf Strohlager gebettete und am Boden liegende Sterbende, Gestank von Verwesung, Ärzte und Krankenschwestern mit Sägen oder Verbandszeug in der Hand. In seiner Nähe röchelte ein Soldat. Seine Augen waren verbunden, sein Gesicht entstellt.

Plötzlich verzerrte sich das, was von seinem Gesicht übrig geblieben war, vor Schmerz; er fuhr hoch, schrie: »Mutter, Mutter, Mutter« und fiel dann in Ohnmacht. Er war, wie so viele, erst achtzehn Jahre alt.

Das Jahr 1917 brachte eine weltgeschichtliche Wende und darf als die eigentliche Geburtsstunde des 20. Jahrhunderts angesehen werden. Hatte das 16. Jahrhundert im Grunde seinen Anfang mit der Schlacht von Marignano (1515) genommen, das 17. mit dem Tod Heinrichs IV. (1616), das 18. mit dem Tod Ludwigs XIV. (1715), das 19. mit Napoleons Ende (1815), so begann zweifellos 1917 das mörderischste Jahrhundert unserer Zivilisation. In diesem schicksalhaften Jahr, in dem Mata Hari laienhaft Spionage betrieb, fanden mehrere einschneidende Ereignisse statt, die die Welt veränderten: die russische Revolution, die im Februar ausbrach und im Oktober im bolschewistischen Umsturz und der Machtübernahme Lenins gipfelte; die Kriegserklärung der Vereinigten Staaten an das Deutsche Reich im April, nachdem mehrere Schiffe mit amerikanischen Bürgern von deutschen Unterseebooten torpediert worden waren.[66]

Mit anderen Worten: Das Jahr 1917 kennzeichnete den Aufstieg zweier großer Länder zu Weltmächten, die das internationale Kräftespiel bestimmen sollten: die UdSSR und die USA.

Rückblick

War 1916 das Jahr des Schreckens gewesen, so deutete alles darauf hin, dass 1917 das Jahr der Entscheidungen in politischer und militärischer Hinsicht sein würde.

Hinzu kam, dass der Winter besonders streng war. Am 31. Januar 1917 berichtete *Le Bonnet rouge* über die schneidende Kälte in Frankreich: Paris minus 10 Grad, Lyon minus 15 Grad, Clermont minus 18 Grad.

Nach der Offensive bei Verdun (Februar bis Juli 1916) mit ihren verheerenden Verlusten und der Schlacht an der Somme (1. Juli bis 26. November 1916), die zu keinem Ergebnis geführt hatten, war die Moral der französischen Truppen auf dem Tiefpunkt. Diese beiden gescheiterten Offensiven, die eine Kriegsentscheidung im Westen bewirken sollten, zeugten von dem selbstmörderischen Wahnsinn, in den das Militär sich zu stürzen im Begriff war. Als die Deutschen ihrerseits vergeblich versuchten, den entscheidenden Sieg im Westen herbeizuführen, indem sie Verdun erstürmten, bestand Joffre[67] hartnäckig auf seinem großen Aufmarschplan, dem Gegenangriff von Norden her. Das Ergebnis: über hunderttausend Tote im Monat, alle Nationalitäten zusammengezählt, und im Juli die schreckliche Feststellung von General Fayolle, dem Kommandeur der 6. Armee: »Diese Schlacht war von vornherein eine ziellose Schlacht. Es ging nicht darum, die feindlichen Linien zu durchbrechen. Wenn eine Schlacht nicht dieses Ziel verfolgt, wozu dient sie dann?«

Überall der gleiche traurige Anblick und der unerträgliche Verwesungsgestank, von dem die Frontsoldaten behaupteten, er sei schlimmer als das Kampfgas. Zum ersten Mal traten Differenzen zwischen dem französischen und dem britischen Kommando auf, weil Joffre sich wie ein alleiniger Oberkommandierender aufführte und dem Oberbefehlshaber der britischen Streitkräfte, General Haig, Befehle erteilen wollte. Das schlechte Verhältnis der beiden Oberbefehlshaber war Gegenstand zahlreicher Gerüchte, die Mata Hari auch Konsul Krämer gegenüber erwähnt hatte.

Im Hintergrund begannen die Stimmen der Kriegsgegner lauter zu werden, zunächst im Kreise der Nationalversammlung, dann offen in der Presse. In ganz Europa begann sich allmählich der Gedanke durchzusetzen, dass man auf jeden Fall Frieden schließen müsse. Ab April 1916 wurde im schweizerischen Kienthal eine internationale pazifistische Konferenz abgehalten, die einen Antrag verabschiedete, keine Militärkredite mehr zu bewilligen. Drei französische Abgeordnete, die immerhin der patriotischen Sozialistischen Partei angehörten, befürworteten ihn: Alexandre Blanc, Pierre Brizon und Jean-Pierre Raffin-Dugens.

Als das Jahr 1916 sich dem Ende neigte, ohne dass man einen der erhofften Erfolge erzielt hatte, geriet das Kabinett Aristide Briand mehrmals in schwierige Situationen. Um dem inneren Zusammenbruch vorzubeugen, mussten außergewöhnliche Maßnahmen ergriffen werden. Der französische Ministerpräsident entzog Joffre das Kommando der Nord- und Nordwestarmee. Mit einem Federstrich wurde der Sieger der Marneschlacht ersetzt – eine bittere Enttäuschung für den Mann, der 1914 Frankreich gerettet hatte, auch wenn er jetzt zum Marschall befördert wurde. Sein Nachfolger wurde General Nivelle, der sich in Verdun durch die Einnahme der Forts Vaux und Douaumont hervorgetan hatte. Viele hielten ihn für den idealen Mann: Da seine Mutter Engländerin war, würde er sich mit dem britischen Oberbefehlshaber, dem empfindlichen General Haig, bestimmt besser verstehen als sein Vorgänger. Seine Härte und seine Entschlossenheit, den Krieg bald zu beenden, hatten offensichtlich eine beruhigende Wirkung auf die politische Stimmung. Zugleich wurde General Roques, der Joffre nahestehende Kriegsminister, kaltgestellt. Dieser wurde durch Lyautey, den damaligen Generalresidenten in Marokko, ersetzt. Ihn begleitete Oberst Denvignes nach Paris, als er über Madrid fuhr, um seinen Posten anzutreten.

In Genf riefen einige »Erleuchtete« die revolutionäre literarisch-künstlerische Bewegung des Dadaismus ins Leben, die die fragwürdig gewordene bürgerliche Kultur lächerlich machen wollte – die Situation war tatsächlich im wahrsten Sinne des Wortes surrealistisch.

Rückhaltloser Optimismus

Anfang 1917 war die Lage also äußerst brisant. In Frankreich waren zwar einige Amtsinhaber ausgetauscht worden, aber der Krieg hatte das Land ausgeblutet. An der Westfront war der Krieg ins Stocken geraten, und an der Ostfront sah es nicht viel besser aus. Die rumänischen Alliierten entkamen nur mit knapper Not der völligen Zerschlagung durch die anrückenden Streitkräfte der Mittelmächte. Die Griechen, die offiziell neutral waren, tendierten immer mehr zum deutschen und österreichisch-ungarischen Lager.

In Frankreich bekundete man dennoch Optimismus. Diejenigen, die auf Nivelle vertraut hatten, freuten sich, recht gehabt zu haben, denn er gewann viel Sympathie. Auf der Londoner Konferenz vom Januar 1917 beeindruckte er den britischen Premierminister Lloyd George so sehr, dass dieser ihm den Oberbefehl über die britischen Streitkräfte anbot – ein einheitliches Kommando bahnte sich an. General Haig, der erbittert gegen eine solche »inakzeptable Einmischung« wetterte, musste sich mit seiner Beförderung zum Feldmarschall trösten.

Nachdem solchermaßen zwischen den beiden wichtigsten Verbündeten Geschlossenheit erzielt worden war, konnte man auf eine günstige Wendung der Ereignisse hoffen – das betonten zumindest die maßgeblichen Presseorgane und die Meinungsmacher immer wieder. Selbstverständlich musste man sich auf eine bestimmte Strategie einigen. Da alle ernsthaften Friedensbemühungen der Vertreter der Durchhaltepolitik[68] gescheitert waren, konnte die Wende nur durch einen entscheidenden Sieg am Boden erzielt werden. An dieser eingeschlagenen Marschroute wurde entschlossen festgehalten, ohne auf die Verfassung der Bevölkerung und der Soldaten Rücksicht zu nehmen. Seltsamerweise lehnte sich Anfang 1917 niemand dagegen auf: Alle glaubten oder wollten an die Richtigkeit dieser Entscheidung glauben und waren mit letzter Kraft bereit, alles zu geben, um einen ruhmreichen Frieden erreichen zu können.

So sah es zumindest an der Oberfläche aus.

Chemin des Dames

Der Plan des neuen Oberbefehlshabers war einfach. Es ging darum, alle französischen Streitkräfte zu mobilisieren und die deutsche Front auf mehr als sechzig Kilometern zu durchbrechen. Die Idee war nicht neu. Robert Nivelle hatte sie in den Unterlagen Joffres gefunden, der seiner Angriffspolitik immer treu geblieben war.[69] Der angebliche Kurswechsel bestand also darin, dass Nivelle exakt die gleiche Politik verfolgte.

Einige unterließen es nicht, anzuprangern, dass man sich beim Amtswechsel einer verhängnisvollen Illusion hingegeben hatte. Generalmajor Pont, General Franchet d'Esperey, General Messimy (auch ein ehemaliger Kriegsminister und Liebhaber Mata Haris) versuchten zu warnen: Um Erfolg zu haben, müsse man auf den Überraschungseffekt setzen, die Deutschen aber schienen zu wissen, was sich da zusammenbraute.[70]

Trotz all dieser Warnungen, trotz der Skepsis Lyauteys, der zum Zeichen des Protestes zurücktrat,[71] trotz der Zweifel der neuen Regierung Ribot, die auf das Kabinett Briand folgte, das im März 1917 gestürzt worden war, bestand Nivelle auf seinen Angriffsplänen. Erhob jemand Einspruch, so wandte der Oberbefehlshaber ein, man wisse nicht, welche Folgen die russische Revolution vom Februar haben werde. Im Augenblick noch würde die neue provisorische Regierung in Moskau den Druck auf die deutsche Ostfront aufrechterhalten und die Moral der Fronttruppen heben. Aber der parteilose Ministerpräsident Lwow könne jederzeit seine Meinung ändern oder gestürzt werden. Die Alliierten müssten also aus ihrer zahlenmäßigen Überlegenheit Profit schlagen, solange dieser Vorteil bestehe. Die Bolschewisten oder andere Befürworter des Friedens könnten in Petrograd endgültig die Macht übernehmen, und dann wäre es vorbei mit der doppelten Front, die die Streitkräfte des Kaisers schwächte.[72] Um seiner Argumentation mehr Gewicht zu verleihen, kündigte Nivelle an, er werde zurücktreten, wenn man seinen Plan nicht unterstütze.

Seine Argumentation und seine Taktik erzielten die gewünschte Wirkung, und am 16. April startete General Nivelle eine große Offensive an dem dreißig Kilometer langen Höhenzug Chemin des Dames zwischen Aisne und Ailette. Alle Einwände waren vom Tisch gefegt, und schon ein paar Stunden nach Beginn des Angriffs war der Patriotismus wieder das Gebot der Stunde. *L'Illustration*, eine der damals bekanntesten Zeitungen, hatte bereits die Titelseite mit der Verherrlichung des Sieges des neuen Cäsaren gestaltet …

Die Franzosen erlitten jedoch eine vernichtende Niederlage. Strategisch geschickt hatten die Deutschen sich zurückgezogen und die Franzosen in einen Hinterhalt gelockt. Der Angriff brach im deutschen Kugelhagel zusammen. Im Verlauf weniger Stunden hatte Frankreich 35 000 Tote und 100 000 Verwundete und nach drei Tagen 120 000 Tote zu beklagen. Auch die zum ersten Mal eingesetzten Panzer, auf die man so gesetzt hatte, wurden zerstört.[73] Vom

Hochmut geblendet, behauptete Nivelle dennoch gegenüber dem Abgesandten des französischen Staatspräsidenten Raymond Poincaré: »Der Feind ist im Rückzug. Der Bewegungskrieg hat begonnen.« Ein unfassbarer Realitätsverlust angesichts der schmählichen Niederlage der französischen Truppen!

Aber die Talsohle war noch nicht erreicht. Ein paar Wochen nach dieser ersten katastrophalen Offensive nahm Nivelle am 5. Mai 1917 die militärischen Operationen wieder auf. Die Schlacht am Chemin des Dames endete noch tragischer.

Ein überflüssiges Gemetzel

Infolge des Vertrauensschwundes und mangels überzeugender Konzepte löste in Paris eine Regierung die andere ab. Ganz Frankreich schien zusammenzubrechen. Streiks lähmten das Land, die Einheit der Entente-Mächte drohte zu zerfallen. Ab dem Frühjahr 1917 wurden überall Kundgebungen organisiert, in Munitionsfabriken, in Nähereien oder Möbelfabriken. Und als Zeichen der neuen Zeiten demonstrierten nun auch die Frauen, die stillschweigend in fast allen Bereichen die Stellen »ihrer« Männer übernommen hatten.[74] Weil zuverlässige Informationen ausblieben oder weil die vom deutschen Agentennetz in Paris organisierte »Desinformation« gut funktionierte, kamen bald die irrsinnigsten Gerüchte in Umlauf: Die Polizei habe auf eine Gruppe von Arbeiterinnen geschossen und viele dabei getötet. In Anlehnung an die 1905 in Russland vom Militär zusammengeschossene friedliche Demonstration sprach man von einem neuen »Blutigen Sonntag«.[75]

Schließlich wurde Nivelle kaltgestellt und am 15. Mai durch General Pétain ersetzt, der das Kommando über die Nord- und Nordostarmee übernahm, während Foch Generalstabschef wurde. Pétain sollte die Ordnung wiederherstellen und das Vertrauen der Truppen zurückgewinnen.

Aber es war bereits zu spät. Am 23. Mai 1917 brachen die ersten Meutereien an der Front aus. Einige Soldaten schwenkten ihre Gewehre und schrien: »Wacht auf, sie bringen unsere Frauen um!« Jeder verdächtigte jeden, der Klassenkampf schien an die Stelle des Kampfes fürs Vaterland zu treten. Die russischen Truppen waren bereits in die von der Front entfernten Quartiere eingewiesen worden, damit die Unruhen nicht auf sie übergriffen, darunter auch Vadime de Massloff. Überall aber demonstrierten Frontsoldaten, indem sie die »Internationale« sangen und rote Fahnen schwenkten. Einige in Soissons stationierte Bataillone beabsichtigten, nach Paris zu marschieren, um dort die Revolution auszurufen. Bei zwei Dritteln der französischen Armee gingen die Offiziere davon aus, dass ihre Soldaten jederzeit desertieren, den Befehl verweigern oder sich sogar gegen sie wenden konnten.

In dieser Situation machte sich Pétain verdient. Er lehnte den Plan seines Vorgängers ab und versuchte, das Blutvergießen zu begrenzen und die psychische Verfassung der Truppen zu stabilisieren. Er hatte festgestellt, dass es keine politisch motivierten Meutereien gab. Kam es hier zu Auflehnungen, so ging es um die Weigerung, sinnlos zu sterben, um die Forderung nach einer neuen militärischen Strategie und nach Rücksichtnahme auf das Leben der Soldaten, was von den bisherigen Befehlshabern missachtet worden war. Von Paul Painlevé[76], dem neuen Kriegsminister, unterstützt, ordnete Pétain an, die Offensive sofort zu stoppen, und es gelang ihm, in einer Armee von über zwei Millionen Frontsoldaten die Disziplin wiederherzustellen. Zu diesem Zweck ließ er die Meuterei relativ maßvoll niederschlagen. Fünfundsiebzig Rädelsführer wurden zwar erschossen, aber eine wirkliche Katastrophe konnte verhindert werden.[77] Man vergegenwärtige sich nur, dass auf dem Höhepunkt der Unruhen, die man gegenüber der Presse und der Öffentlichkeit mehr schlecht als recht geheim zu halten versuchte, die Regierung sich zwischen Soissons und Paris nur einer einzigen Division sicher sein konnte. Pétains Verdienst erschöpfte sich aber nicht nur in dieser Wiederherstellung der Ordnung. Der Mann, dessen Ausspruch »Ich warte auf die Amerikaner und die Panzer« berühmt wurde, kümmerte sich auch um die Lebensbedingungen der Soldaten, führte eine neue Urlaubsordnung ein, verkürzte den Einsatz an vorderster Front und erhöhte die Lebensmittel- und Tabakzuteilungen. Zum ersten Mal erlebten die Soldaten einen Kommandierenden, der sie wie Menschen und nicht wie Kanonenfutter zu behandeln schien.

Obwohl Pétain eine Glanzleistung vollbrachte, können die Dramen, die sich in dieser Zeit abspielten, nicht vergessen oder auf eine einfache Statistik reduziert werden. Sie ermöglichen auch ein besseres Verständnis des Schicksals der Mata Hari. Im blutigen Jahr 1917 wurde niemand verschont: Man verurteilte eine Frau zum Tode, aber man richtete auch Helden hin. In die Geschichte sind zwei Fälle eingegangen, die die Absurdität und Sinnlosigkeit dieser Zeit vor Augen führen. Es handelt sich um zwei außergewöhnliche Männer, die vor dem Erschießungskommando endeten.

Der eine hieß Brunel, war Gefreiter und achtunddreißig Jahre alt. Sein Mut auf dem Feld hatte ihm folgende ehrenvolle Erwähnung im Tagesbericht eingebracht: »Gefreiter Jahrgang 1899 der Wehrdienstpflicht, Freiwilliger, hat sich immer für die gefährlichsten Unternehmungen gemeldet. Er ist allein in einen feindlichen Schützengraben eingedrungen und hat dreiundachtzig Mann gefangen genommen. Auch nach seiner schweren Verwundung hat er seinen Männern immer mit Wort und Tat inneren Halt gegeben.«

Zwölf Kugeln durchbohrten seinen Körper!

Der zweite Mann hieß Lefèvre. Auch er war Gefreiter, aber erst zwanzig Jahre alt. Er hatte sich aus dem Norden Frankreichs für den Dienst an der Front gemeldet, um die feindlichen Linien zu durchbrechen und den Tod seines Vaters zu rächen, den die Deutschen vor seinen Augen erschossen hatten. Auf dem Höhepunkt der Meuterei hatte er einen Offizier mit seinem Gewehr bedroht.

Zwölf Kugeln durchbohrten seinen Körper!

Der Tiger

In der Etappe versuchte man, einen neuen Anlauf zu nehmen. Es kamen Gerüchte auf. Zunächst waren es die Generäle selbst, die sie in Umlauf setzten. Bald hieß es überall, der Feind habe die Regierung, die Verwaltungsbehörden, die Zeitungen unterwandert. Die Republik war in ihren Grundfesten erschüttert. Große Tageszeitungen gerieten bald in den Verdacht, mit Deutschland gemeinsame Sache zu machen; wichtige Persönlichkeiten des politischen Lebens wurden verdächtigt, insgeheim mit Wilhelm II. zu verhandeln: Malvy, ein amtierender Minister; Caillaux, ein ehemaliger Ministerpräsident.

War es ein Zufall, dass die Öffentlichkeit genau in diesem Augenblick vom »Fall Mata Hari« erfuhr? Für die Tänzerin war die Situation denkbar gefährlich.

Frankreich war um Läuterung bemüht. Wie durch eine wunderbare Fügung fand es den für diesen Zweck geeigneten Mann: Georges Clemenceau. Er hatte am 15. November 1917 sein Amt als Ministerpräsident angetreten (auf den Tag genau einen Monat nach der Hinrichtung Mata Haris). Der langjährige Führer der Radikalsozialisten war für seine rücksichtslose Härte bekannt; er prangerte die Regierung öffentlich an, hatte den Sturz von Jules Ferry wegen dessen Kolonialpolitik herbeigeführt, für die Wiederaufnahme des Dreyfus-Prozesses gekämpft und trug den Spitznamen »Der Tiger«. Als Ministerpräsident (1906–09) und Innenminister hatte er die Trennung von Kirche und Staat schonungslos durchgesetzt und auf streikende Bergarbeiter schießen lassen. Er war der Bösewicht, den man jetzt brauchte – wie es Churchill Jahre später für Großbritannien sein sollte. Von seiner Wohnung in der Rue Franklin aus, von der Rednertribüne der Nationalversammlung, vom Direktionsbüro seiner Zeitung *L'Homme enchaîné*[78] hatte Clemenceau alle Missstände sowie Verräter und Defätisten aller Couleur gebrandmarkt. Überzeugt von der alleinigen Kriegsschuld Deutschlands, war er auch als der Wortführer derjenigen aufgetreten, die die Verfechter eines »weißen Friedens« anprangerten. Er wollte harte Friedensbedingungen:

»Wir befinden uns im Krieg, aber es handelt sich nicht um einen der alten Kriege, nicht einmal um einen modernen Krieg. Die ganze Welt ist beteiligt. Die Neutralen spionieren und verraten; die Kämpfenden lassen sich auf eine nie da gewesene Weise töten. In der Nähe von Verdun gibt es einen riesigen Granattrichter, ungefähr so groß wie die Hälfte dieses Saales. Darin sind zwei Männer begraben, der eine in den anderen verkrallt, der Franzose mit den Zähnen in den Boche verbissen. Sie sind dort in ihrem Loch wie das Symbol dieses Krieges. Hinter ihnen liegt die zivilisierte Welt. Das Leben der ganzen Welt steht auf dem Spiel. Alles, was der Mensch gewollt hat, alles, was er erhofft hat, alles, was er zu erreichen versucht hat, wird ihm entrissen werden. Das ist das größte Ereignis im Leben der Welt. Wir erleben die Freuden und Qualen mit. Als der Krieg begann, weckte eine Bewegung des Idealismus in mir die Hoffnung, dass Frankreich sich vielleicht bald, zusammen mit England, auf Deutschland stürzen und einen unsterblichen Sieg davontragen würde. Das war uns nicht gegeben. Die Deutschen waren zu gut vorbereitet, und wir waren es nicht genug. Eine Aufbietung aller Mittel ohne die Ehre, die ganze Ehre, ohne eine ausreichende Organisation der Mittel, so sieht die Wahrheit aus! Alle Völker sind gekommen, und auch Amerika kommt, wenn auch spät. Ganze Völker fallen jetzt übereinander her, um die Barbarei zu beenden, um die Grausamkeit zu beenden!«

Unzulängliche Nachrichtendienste

Geheimdienste können manchmal eine entscheidende Rolle spielen.

Zu Anfang des Krieges waren die französischen Nachrichtendienste noch nicht besonders effizient, sie legten nur magere Ergebnisse vor. Eigentlich machten sich alle über sie lustig. Schon die Dreyfus-Affäre hatte die Unzulänglichkeit der französischen Spionageabwehr deutlich gemacht. Der deutsche Geheimdienst, für den Dreyfus angeblich gearbeitet haben soll, hatte sich ins Fäustchen gelacht. Zu Beginn des Ersten Weltkriegs stellte sich heraus, dass noch keine Fortschritte gemacht worden waren.

In seinen Memoiren *Les Chasseurs d'espions*[79] hat Hauptmann Ladoux die Situation wirklichkeitsgetreu wiedergegeben. In den ersten Kriegstagen begab er sich zum Boulevard Saint-Germain 282, um sein neues Büro zu beziehen. Statt einer perfekt funktionierenden Maschinerie fand er fast leere Räume mit einer aufgrund der allgemeinen Mobilmachung völlig desorganisierten Verwaltung vor. Die französische Spionageabwehr, die in den Händen des Militärs lag, war sozusagen verwaist, weil ihre Leute an der Front standen. Binnen weniger Tage waren etwa fünfzig Offiziere mit ihren Mitarbeitern und mehreren Tonnen von Akten an die Front versetzt worden. Ihre Posten wurden provisorisch von einigen Beamten verwaltet, die später von Reserveoffizieren abgelöst werden sollten.

Diese Lahmlegung des Amtes soll Ladoux' Schilderung zufolge sogar Joffre alarmiert haben, der fragte: »Was können wir also tun, um unsere Spionageabwehr wieder in Gang zu bringen?«

»Nicht viel, Herr General«, antwortete Ladoux. »Die Etappe muss mit uns zusammenarbeiten.«

Die Etappe war das ganze Land ... Die Situation war also kritisch. Im Übrigen waren die Mittel der französischen Spionageabwehr so begrenzt, dass es ihr erst nach über fünfzehn Monaten gelang, in Paris den ersten Spion zu verhaften, den Italiener Mario José Dei Pasi. Er wurde am 20. Oktober 1915,[80] ein paar Tage vor Mata Haris erster Reise nach Paris, festgenommen.

Auch dauerte es Monate beziehungsweise Jahre, bis an den französischen Grenzen effizient Kontrollen durchgeführt wurden. Zu diesem Zeitpunkt hatte Deutschland schon lange eine Passabteilung eingerichtet und die Nachrichtendienste zentralisiert. In Frankreich wurde erst im Laufe des Jahres 1917 das berühmte »Carnet des suspects«, ein Verzeichnis mit den Namen Verdächtiger, eingeführt. Während es nach Kriegsausbruch sehr schwer war, von Deutschland aus in die Schweiz zu reisen und umgekehrt (Mata Hari machte diese schmerzliche Erfahrung, als sie 1914 versuchte, Berlin zu verlassen), konnte man die Grenze zwischen der Schweiz und Frankreich lange Zeit ungehindert passieren.

Deutschland hatte sofort Verfügungen für den Kriegszustand erlassen, Frankreich hingegen wollte so lange wie möglich am Normalzustand festhalten. Hatte das Kaiserreich per Dekret die Grenzen gesperrt, traf die französische Republik immer wieder neue Abmachungen, und erst 1916 erging an die Grenzbeamten die Order, Leibesvisitationen durchzuführen – schon längst waren in Deutschland und Großbritannien drastischere Maßnahmen gang und gäbe (man denke nur an die »Suffragetten«, die Mata Hari in Falmouth durchsuchten).

Selbstverständlich stand dies in Zusammenhang mit den unterschiedlichen Mentalitäten, aber es hatte zweifellos eine geringere Effizienz zur Folge. Die Arglosigkeit und Unbekümmertheit der Franzosen verblüfften. So hatte selbst der Polizeipräsident von Paris, Monsieur Laurent, nicht die leiseste Ahnung von den drohenden Gefahren, und er wusste überhaupt nicht, welche Bedeutung ein gut organisiertes Agentennetz haben konnte. Als eines Tages Pierre Bouchardon mit ihm über die Effizienz der deutschen Nachrichtendienste sprach, die zu jedem Diner ihre Agenten einschleusten, rief er erstaunt: »Spione in Paris? Mein Gott, was wollen sie da?«

Bouchardon traf den Kern der Sache: »Man muss zugeben, dass Deutschland zu lange ein leichtes Spiel hatte. Der Perfektion ihrer Maschinerie standen wir hilflos gegenüber. Anfangs konnten wir ihr nur mit behelfsmäßigen Mitteln begegnen. Manchmal fiel uns eine Information vom Himmel, und wir machten sie uns zunutze. Aber Zusammenhanglosigkeit und Zufall waren kein Ersatz für Organisation und Methode. Es hatte sich nichts geändert, seit Friedrich II. gesagt hatte: ›Soubise hat hundert Köche und einen Spion; ich habe einen Koch und hundert Spione.‹ Zu den Ursachen dieser Schwäche kommen noch die instinktive Abneigung der Franzosen gegen die Spionage, die Angst, sich lächerlich zu machen, indem man überall Spione vermutet, und schließlich die mangelnde Koordination unserer Polizeiorgane (Kriminalpolizei, politische Polizei, Militärpolizei), die durch kleinliche Missgunst oft voneinander abgeschottet sind.«

Dieser Mangel an Kooperation zwischen den einzelnen Dienststellen wirkte sich tatsächlich sehr negativ auf die verschiedenen Vorhaben aus. Statt sich gegenseitig zu helfen, versuchte man, sich gegenseitig zu lähmen. So widersprachen sich beispielsweise Ladoux und Maunoury hinsichtlich der Anweisungen für die Observierung Mata Haris. Daraus resultierten immer mehr kapitale Fehler. Die Schuldigen, die großen Fische, entkamen, und die Unschuldigen oder die kleinen Fische wurden erschossen. So ist in den Akten der deutschen Spionageabwehr in einem Bericht von Major Stotten[81] zu lesen, dass, wie den französischen Pressemeldungen zu entnehmen sei, in Frankreich so gut wie nie deutsche Spione zum Tode verurteilt wurden. Ganz anders in Deutschland, wo das Militär alle Entscheidungsbefugnisse hatte.

Hinzu kam ein weiterer gravierender Unterschied: Die deutschen Nachrichtendienste verfügten über ein beachtliches Budget, was zweifellos zu ihrer Optimierung beitrug. So konnten sie Geld einsetzen oder Risiken eingehen wie beim Roulettespiel. Im Unterschied zum ziemlich knauserigen französischen Geheimdienst zahlten die deutschen Kollegen im Allgemeinen fünfzig Prozent mehr, um ihre Spione bei der Stange zu halten. Dem Spanier Ricardo Gonzalès Llanos gelang es sogar, zweimal bei den Deutschen abzukassieren, indem er einen Zwillingsbruder erfand.

Der deutsche Geheimdienst war zwar großzügig, aber genauso unerbittlich. Er ließ sich vielleicht bestehlen, solange es ihm nützte, aber er verzieh den Verrätern nie und fand immer einen Weg, um sie zu eliminieren oder dieses Geschäft raffinierterweise durch fremde Geheimdienste besorgen zu lassen. »Fräulein Doktor« hatte es unverhohlen gesagt, und Mata Hari hätte gut daran getan, es sich zu Herzen zu nehmen.

Auf allen Gebieten zeigte der deutsche Geheimdienst seine Überlegenheit, so auch bei der erfolgreichen Manipulation der öffentlichen Meinung, insbesondere im Ausland (angefangen mit den neutralen Staaten). Seit Kriegsbeginn hatte die Presseagentur Wolf in allen Redaktionen ihre Maulwürfe sitzen. Es stapelten sich Tausende von wahren oder falschen Meldungen über die Erfolge der Mittelmächte und die Desorganisation der Entente. Zum ersten Mal in der Geschichte wurde mit solchen Mitteln gearbeitet, ein böses Vorzeichen für die späteren Kriege.

Die französische Spionageabwehr hatte auch diesbezüglich einen gewaltigen Nachholbedarf, den sie mehr oder weniger geschickt auszugleichen suchte. Von 1917 an trat die psychologische Komponente zutage: Der Krieg zog sich in die Länge, und man suchte nach Sündenböcken. Das Militär stand nicht zur Debatte, da der Krieg jeden Tag Opfer in seinen Reihen forderte, und so musste man sich an die Etappe halten. Bald waren sich alle einig: Verrat lag in der Luft. Jemand musste wohl das Land unterminieren und geheime Verschwörungen anzetteln. Nach ein paar Monaten schienen die Nachrichten von der Front beinahe zweitrangig zu sein; man sprach mehr von den durch Schwäche, Korruption und Verrat verursachten Risiken.

Aus der zu Kriegsbeginn herrschenden Unbekümmertheit war eine handfeste Neurose geworden, die eine Vergiftung der Atmosphäre mit sich brachte.

Auch Wände haben Ohren

An den Wänden der Häuser von Paris erschienen Slogans wie: »Schweigt, der Feind hört mit.«

Man stellte sich den Feind als einen im Schatten verborgenen Satan vor, der mit machiavellistischem Lächeln darauf lauerte, ein Wort aufzuschnappen. Das Zimmermädchen, der Wohnungsnachbar, der Arbeitgeber, der Milchmann - sie alle konnten Spione sein. Einige Zeitungen (beispielsweise *Le Bonnet rouge*) sprachen von einem Spionagekomplex und prangerten das Schwinden patriotischer Gefühle an. Wenngleich alles nun übertrieben wurde, musste man zugeben, dass man die Gefahr zu lange unterschätzt hatte, wie die nachfolgende von Pierre Bouchardon wiedergegebene Unterhaltung bezeugt:

»Glaubst du wirklich an die Effizienz dieser Spionage?«, fragte ihn einer seiner Freunde. »Glaubst du, dass der Feind im Vorteil ist, wenn ein Soldat, ein Pilot oder ein Zivilist zu viel oder zu laut gesprochen hat und ein unvorsichtiges Wort von jemandem aufgeschnappt wurde, für dessen Ohren es nicht bestimmt war?«

»Ja, ohne Zweifel«, antwortete Bouchardon, »wenn hundert Vermutungen nicht einen Beweis ersetzen, können hundert Worte, von denen eines für sich genommen nicht viel bedeutet, zu einer Information werden, wenn sie sich teilweise decken. Der Feind durchforstet eine stets ergänzte Menge an Informationen. Er trennt die Spreu vom Weizen, und der beste Beweis dafür, dass sich diese Methode bewährt, ist, dass er, ungeachtet der Tatsache, dass einige seiner Spione entlarvt und in Vincennes hingerichtet werden, immer wieder neue rekrutiert und entlohnt.«

Abgesehen vom Verfolgungswahn, der ganz Frankreich erfasste - der deutsche Geheimdienst hatte tatsächlich alle Kreise des Landes unterwandert. Als Ausgleich für die zwei Fronten (die West- und Ostfront), an denen Deutschland kämpfen musste, hatte er auch für Frankreich eine zweite Front eröffnet und das Land dem inneren Feind ausgesetzt. Als Hauptverdächtige galten Frauen, Angehörige neutraler Staaten und Juden[82], da die Presse (allen voran

Léon Daudet[83] von *L'Action française*) davon überzeugt war, dass der deutsche Geheimdienst seine Agenten vorzugsweise in diesen Kreisen rekrutierte. Die ersten Fälle, die Pierre Bouchardon untersuchte, betrafen in der Tat griechische und spanische Staatsangehörige.

Mata Hari war also in doppelter Hinsicht in die Schusslinie geraten, zudem war sie eine Halbweltdame, ein Überbleibsel der Belle Époque, die alle vergessen wollten.

Über die Spionagetätigkeit

Ladoux hat die Zahl der im Ersten Weltkrieg erschossenen Spione auf zweihundertfünfzig beziffert; es dürften aber erheblich mehr gewesen sein.

In seinen privaten Aufzeichnungen schilderte Pierre Bouchardon, wie die meisten feindlichen Geheimagenten vorgingen. Sie hatten wenig gemein mit den uns vertrauten Helden der Leinwand. In den seltensten Fällen brachen sie Schränke oder Schubladen auf, um sich geheimer Pläne oder anderer wichtiger Unterlagen zu bemächtigen. Meist handelte es sich um Menschen, die in das Leben des Landes integriert waren und die Informationen, die sie eingeholt hatten, ihren »Arbeitgebern« lieferten.

Im Grunde kamen sie sehr einfach an diese Informationen heran, wenn auch nicht ausschließlich aufgrund scheinbar belangloser Unterhaltungen. Wichtig war es, an strategischen Orten präsent zu sein. Damals hatte man mit Feminismus nichts am Hut, man forderte die Frauen sogar oft auf, von ihrem Körper Gebrauch zu machen und die Kampfpausen der Soldaten für informatives Bettgeflüster zu nutzen: »Die Schöne und der Offizier« war zu einem Topos geworden.

Bei den Männern sah es etwas anders aus. Der Spion hatte ordnungsgemäße Papiere, um seinen Auftrag zu erfüllen. Oft wurde ihm eine Stelle als Vertreter oder Geschäftspartner einer ausländischen Firma besorgt, sodass er die Möglichkeit zu reisen hatte. Bevorzugt waren der Lebensmittelhandel und Import-Export-Geschäfte aller Art, insbesondere solche in Hafennähe.

Ein paar Beispiele mögen dies veranschaulichen:

Der Schauplatz – ein kleines Dorf im Herzen Frankreichs, in dem sich ein Militärlager befand, das die erschöpften Fronttruppen ablösen sollte. Tausendfünfhundert Soldaten wurden von hier aus in den Kampf geschickt, und die ganze Bevölkerung begleitete sie zum Bahnhof.

»Am selben Tag schickte ein Obst- und Gemüsehändler seinem angeblichen Lieferanten in Barcelona, Madrid oder anderswo ein Telegramm, in dem er angab, dass er die bestellten Melonen, das Obst oder die Konservendosen nicht erhalten hatte oder dass die letzte Lieferung unvollständig oder schadhaft war. Durch diese vereinbarte Sprachregelung erfuhr der Feind, dass das Regiment an der Front um tausendfünfhundert Mann verstärkt wurde.«[84]

Es konnte aber auch folgendermaßen vonstattengehen: Ein Mann lief eine Brücke entlang und beobachtete die Züge in der Nähe eines Stellwerks. Im Kopf hielt er die Anzahl der vorbeifahrenden Züge, ihre Richtung und die Anzahl der Wagen fest. Die am Kragen der Uniformen angebrachten Regimentsnummern hatte er sich bereits eingeprägt, als die Soldaten in den Zug gestiegen waren. Am Abend schrieb er all seine Beobachtungen auf und schickte sie an die zuständige Person, indem er ebenfalls vorher vereinbarte Formeln verwendete.

Diese Codes, mittels deren die Agenten des feindlichen Lagers miteinander in Verbindung standen, konnten im Wesentlichen nicht entziffert werden, weil sie eine speziell erfundene Bedeutung hatten. Jeder Spion hatte sein eigenes System, das nur seine Chefs kannten, darum war es für den französischen Geheimdienst unmöglich, sie auf eine mathematische Gleichung zu reduzieren. Wie hätte man zum Beispiel wissen können, dass der Ausdruck Konservendosen für den Agenten H-15 *Maschinengewehr*, für den Agenten H-32 *schwere Artillerie* und für den Agenten H-78 *Hauptquartier* bedeutete?

Paradoxerweise finanzierte der französische Steuerzahler den Feind auf seine Weise, denn die Spione machten regen Gebrauch von der Post. Sie bedienten sich meistens vereinbarter Codes, es sei denn, dass ihre Chefs sie mit unsichtbarer Tinte ausgestattet hatten (wie es bei Mata Hari der Fall war).

Der Gebrauch von unsichtbarer Tinte war ein Charakteristikum jener Zeit. Die Deutschen bemühten sich auf diesem Gebiet, aber die Briten überholten sie bald. Wieder einmal zeigte sich, dass der französische Geheimdienst erbärmlich hinterherhinkte. Die Briten konnten sich vor allem rühmen, eine Formel entwickelt zu haben, die nicht mehr erkennen ließ, welcher Behandlung der Brief unterzogen worden war. Der Empfänger des Briefes merkte zwar, dass jemand den Umschlag geöffnet hatte, aber alle im Krieg befindlichen Staaten pflegten die Post zu öffnen, vor allem die aus dem Ausland, sie notdürftig wieder zu verschließen und mit dem Vermerk zu versehen: »Geöffnet von der Postkontrolle.« Es war jedoch unmöglich festzustellen, ob der Brief mit chemischen Substanzen behandelt worden war – diese verflogen, ohne eine Spur zu hinterlassen.

Eine andere Besonderheit, die auch auf Mata Hari zutraf, war die Reaktion der Agenten bei der Festnahme.

»Fast immer, wenn man sie am Kragen packte, konnten sie es gar nicht fassen. Sie waren überzeugt, so gute Vorsichtsmaßnahmen getroffen zu haben – und in dieser Illusion wurden sie von ihren Auftraggebern bestärkt –, dass sie straffrei auszugehen glaubten. Auf die anfängliche Überraschung folgte die Verzweiflung, von einem angenehmen, fast luxuriösen Leben Abschied nehmen zu müssen. Aber dann wurde ihnen der Brief vorgelegt, dessen Handschrift ihnen wohlbekannt war und der den einträglichen Scheck enthielt. Sie konnten es nicht mehr leugnen. Dann verteidigten sich fast alle auf die gleiche Weise: ›Es mag sein, dass ich ein Betrüger bin, aber ich liebe Frankreich, dieses edle Land. Was habe ich letztendlich geliefert? Nichts. Alle Informationen, die ich weitergeleitet habe, waren falsch oder unbedeutend.‹

Es war zu einfach, ihnen zu antworten, dass, wenn sie die Wahrheit sagten, der Feind ihre Dienste nicht mehr beansprucht und sie auch nicht mehr bezahlt hätte.

Andere wiederum behaupteten, fast völlig blind oder taub zu sein, und nachdem sie erst ihre Untauglichkeit beteuert hatten, nahmen sie einen beiseite und schlugen einen anderen Ton an: ›Ach, wenn die Franzosen mich doch einsetzen wollten! Was für gute Dienste würde ich ihnen leisten! Ich kann sehen und hören. Man stelle mich auf die Probe! Schicken Sie mich also auf eine Probereise.‹

Die Reise endete in Vincennes.«[85]

So erging es auch dem bereits erwähnten Vincenzo Ciro Moni, der im August 1916 wegen Spionage verhaftet wurde, als er sich gerade über einen Teller Nudeln hermachte. An der Grenze hatte man einen verdächtigen Brief abgefangen, der, wie sich herausstellte, mit unsichtbarer Tinte geschrieben worden war. Die Analyse der Grammatik- und Orthografiefehler hatte ergeben, dass er von einem Italiener stammen musste. Da der Brief in Paris aufgegeben worden war, wurden sofort Kontrollen in allen Hotels und Pensionen angeordnet, um Einsicht in die Gästeverzeichnisse zu nehmen und die Handschrift zu vergleichen. Einige Stunden später war man auf einen Verdächtigen gestoßen, der angesichts der offensichtlichen Übereinstimmung der Schrift geständig war. Dennoch bestand Moni darauf, nur »imaginäre Informationen« geliefert zu haben und nur »durch Zufall« ins Schwarze getroffen zu haben. So war es ein seltsamer Zufall, dass er sich weder über das Abfahrtsdatum noch über das Ziel des Kreuzers *Kléber* getäuscht hatte, der die Dardanellen ansteuern sollte ... Er ging sogar so weit, Pierre Bouchardon am 27. Oktober einen Brief mit folgendem Angebot zu schreiben: »Auf dem Gebiet der Gegenspionage bin ich sogar imstande, Wunder zu bewirken. Ich versichere Ihnen, dass ich mich ins Zeug legen werde, um Ihnen ein paar Meisterstücke zu präsentieren, sodass Sie nicht mehr an mir zweifeln werden.«[86]

Unglücklicherweise schlug auch Mata Hari diesen Ton an. Als Jahre später Oberleutnant Mornet, der Ankläger, sagte, dass »es im Fall Mata Hari nichts gab, was einen hinter dem Ofen hervorlocken konnte«, wollte er damit zum Ausdruck bringen, dass es ein belangloser und nicht ein bedeutungsloser Fall war, wie man unterstellte. Hinsichtlich der Tatsachen im engeren Sinne hatte Mornet recht, aber im Zusammenhang mit Mata Haris Persönlichkeit nahmen die Fakten eine andere Dimension an.

Wenn man gegen Mata Hari, eine prominente Künstlerin, vorging und an ihr ein Exempel statuierte, erregte dies mehr Aufsehen, als wenn man zehn oder hundert unbekannte Menschen zur Verantwortung gezogen hätte, und ein derart durchtriebener Mensch wie Ladoux wusste das.

Die Tänzerin und die Pacha-Affäre

Als der Fall Mata Hari eröffnet wurde, leitete Bouchardon auch die Ermittlungen in einem anderen Spionagefall ein, der tatsächlich den Verlauf des Krieges hätte ändern können und Spuren in seinem Leben hinterließ: den Fall Paul Bolo, auch Bolo Pacha, der zum Fall Caillaux wurde.[87]

Bouchardon berichtete in seinen *Erinnerungen*:

»Der 5. Februar 1917 würde von Bedeutung sein in meinem Leben.[88] Am Nachmittag dieses Tages verhörte ich einen Spion; als ich dabei war, das Futter seines Koffers aufzutrennen, um ein Versteck zu enttarnen, was ihn vollkommen kaltließ, klingelte das Telefon. Ich wurde gebeten, unverzüglich zum Militärgericht zu kommen. Ich nahm an, es handle sich um die sogenannte Karbid-Affäre, deren sich die Zivilgerichtsbarkeit zu entledigen versuchte, weil sie vielmehr die Landesverteidigung betraf. Übel gelaunt machte ich mich auf den Weg.

Es schneite in dichten Flocken, als ich am Hôtel des Invalides ankam. Ich bemerkte sofort ein ungewöhnliches Durcheinander. Paul Matter, der Direktor der Militärgerichtsbarkeit, kam gerade aus einer Tür heraus, als ich durch eine andere eintrat. Es herrschte eine gereizte Atmosphäre.

Edmond Scherdlin, der Vertreter des Generalstaatsanwalts, der damals als Verwaltungsoffizier der Militärgerichtsbarkeit vorstand, überreichte mir wortlos einige Schriftstücke. Gottlob! Es ging nicht um die Karbid-Affäre, sondern nur um die Affäre Bolo. Wie leichtsinnig von mir! Ich kannte das Ausmaß meines Unglücks noch nicht. In weniger als zwei Tagen musste ich mich eines Besseren belehren lassen und habe mir zudem Schlafstörungen eingehandelt, unter denen ich seitdem leide.«[89]

Die Affäre Bolo war, ähnlich wie die vorausgegangene Affäre *Le Bonnet rouge*, tatsächlich von beachtlicher Bedeutung und größter Komplexität. Nicht nur einige der wichtigsten Persönlichkeiten Frankreichs, sondern auch neutrale Länder wie die Schweiz und die Vereinigten Staaten waren darin verwickelt, was genauere Nachforschungen unmöglich machte.

Damals hatte der deutsche Geheimdienst eine riesige Operation eingeleitet: die Infiltration der größten französischen Tageszeitungen, angefangen mit den am patriotischsten gesinnten. Ganz allmählich und unmerklich sollten sie in Richtung Pazifismus, Defätismus, »weißer Frieden« oder Separatfrieden gedrängt werden. Ein Umschwung der kriegstreibenden Presseorgane würde sich auf die ohnehin schwankende öffentliche Meinung nachhaltig auswirken.

Zwei Zeitungen mussten für Deutschlands Versuche, die öffentliche Meinung in Frankreich zu destabilisieren, herhalten: *Le Bonnet rouge* und *Le Journal*.[90]

Le Bonnet rouge war 1913 von Eugène Merle und Miguel Almereyda[91] gegründet worden. Diese Zeitung, die zunächst eine anarchistische, dann eine extrem patriotische Tendenz gezeigt hatte, wurde zunehmend kritischer und prangerte die verhängnisvollen Auswirkungen des Krieges an. Sowohl der Chefredakteur Duval (laut Bouchardon ein hervorragender Journalist) als auch ein Großteil der Redaktion waren von der deutschen Spionage »gekauft« worden. *L'Action française* erstattete Anzeige gegen *Le Bonnet rouge:* Die Zeitung wurde am 10. Juli 1917 eingestellt, nachdem Duval auf der Rückreise aus der Schweiz mit einem vom deutschen Geheimdienst ausgestellten Scheck über 150 000 Francs ertappt und verhaftet worden war. Der Mitbegründer der Zeitung, Almereyda (Agent LB-137 für die Deutschen), wurde am 6. August in Fresnes gefangen gesetzt, wo er sich ein paar Tage später, zum richtigen Zeitpunkt, das Leben nahm.[92]

Die Affäre Bolo Pacha, die *Le Journal* betraf, war noch schwerwiegender, allein aufgrund der größeren Bedeutung dieser Tageszeitung und der außergewöhnlichen Persönlichkeit von Paul Bolo/Bolo Pacha, einem würdigen Vorläufer des Betrügers Alexandre Stavisky.[93]

Bolo, der reiche Abenteurer aus gutem Hause, Bruder eines Monsignore und vom Vizekönig von Ägypten in den Adelsstand erhoben, war ein sehr gut aussehender Mann, der seine Umwelt blendete. Er war auf die schiefe Bahn geraten, führte eine Doppelehe, trieb zweifelhafte Geschäfte und pendelte, auf großem Fuß lebend, zwischen seiner Villa Velleda in Biarritz und seiner Pariser Wohnung in der Rue de Phalsbourg. Er verfügte über Pferdegespanne und Autos, über Lakaien in Livree, über Pelze und feinste Lederhandschuhe. Er hatte Zugang zu den besten Kreisen der Pariser Gesellschaft und wurde bald der Vertraute einflussreicher hoher Beamter, beispielsweise des gutgläubigen Fernand Monier, ehemals Präsident des Berufungsgerichts, oder politischer Persönlichkeiten, zu denen allen voran der ehemalige Ministerpräsident Joseph Caillaux zählte. Gemeinsam waren Caillaux und Bolo der unbedingte Aufstiegswille, die Skrupellosigkeit und die Überzeugung, über dem Gesetz zu stehen.

Als die Ermittlungen begannen und sein falsches Spiel aufgedeckt wurde, legte Bolo eine große Gelassenheit an den Tag. Während man seine Wohnung durchsuchte, sagte er zu Pierre Bouchardon: »Durchsuchung. Wunderbar! Ein Anwalt? Soll ich mir einen Anwalt nehmen, Herr Hauptmann? Aber was zum Teufel soll ich denn damit? Ich vertraue Ihnen voll und ganz.« Dann setzte er sich lässig in einen Sessel und fuhr fort: »Sie legen Wert darauf, mich heute zu verhören? So sei es denn. Um wie viel Uhr? Ich werde Sie mit dem Auto abholen lassen.«

Selbstverständlich holte Bouchardon ihn in die Wirklichkeit zurück. Bolo wurde schließlich Ende September 1917 verhaftet und am 17. April des folgenden Jahres in Vincennes erschossen. Anders als bei Mata Hari hatten alle zwölf

Kugeln getroffen, und der Hauptfeldwebel, der den Schießbefehl erteilt hatte, rief: »Sehr gut, meine Kleinen. Die Jungen haben so gut gezielt wie die Alten.«

Es war also ein riesiger politisch-finanzieller Sumpf, den Léon Daudet in *L'Action française* aufgedeckt hatte. Die Ermittlungen nahmen mehrere Monate in Anspruch. Die Gerichtsverhandlung begann erst 1918 und zog sich über das ganze Jahr 1919 hin. Es war der größte Manipulationsversuch, das größte Komplott, das je gegen Frankreich geschmiedet wurde.

Für Bouchardon waren alle Spionageaffären Teil einer einzigen großen Affäre, in die fast immer dieselben Personen verwickelt waren. All diese Affären brachten die unzähligen Versuche Deutschlands an den Tag, die französische Front und die öffentliche Meinung zu destabilisieren. Eine Affäre reihte sich an die andere: Karbid-Affäre, Affäre *Le Bonnet rouge*, Bolo-Pacha-Affäre, Caillaux-Affäre usw.

Die empfindlichste Stelle

Angesichts des allgemeinen Zusammenbruchs litt Frankreich also unter einem berechtigten Verfolgungswahn. Einige fanden Gefallen daran. Vielleicht zu sehr. Bouchardon hat die damals herrschende Atmosphäre festgehalten:

»Nachdem wir den größten Prozess wegen Landesverrats geführt hatten, hätten wir aus gerichtlicher Sicht aufatmen können, wenn uns das Kriegsministerium ein wenig in Ruhe gelassen hätte. Aber dort gab es einen Unterstaatssekretär, der pausenlos in Aktion war. Es war Édouard Ignace. Er hatte pechrabenschwarzes Haar, einen dunklen Teint, Haarbüschel in den Nasenlöchern und Zuckungen am ganzen Körper. Sein Hirn sprudelte Tag und Nacht.

Villemessant, der Gründer des *Figaro*, brüstete sich damit, einen Einfall pro Tag zu haben. Ignace hatte einen Einfall pro Minute. Er rief uns pausenlos an, obwohl er taub wie Quasimodo war und nicht einmal den Lärm der ›Berthas‹[94] hörte. Er hörte das Gras wachsen. Am liebsten wäre es ihm gewesen, wenn ich selbst beim belanglosesten Fall Nachforschungen bis nach Kamtschatka oder Arkansas angestellt hätte. Als der Anarchist Cottin, der zweifellos ein Einzeltäter war, auf Clemenceau schoss,[95] rechnete er sogar damit, dass ich mir verdächtige Kreise in Sowjetrussland vornehmen würde. Niemand konnte ihn aufhalten. Hinsichtlich der Bolo-Affäre sagte er mir mit ernster Miene: ›Überlegen Sie nicht erst lange! Nehmen Sie keine Rücksicht auf irgendwelche Personen! Selbst wenn Sie dabei auf den Staatspräsidenten stoßen sollten, erlassen Sie Haftbefehl gegen ihn, ich gebe Ihnen Rückendeckung.‹«[96]

An Unnachgiebigkeit stand Clemenceau Édouard Ignace in nichts nach. Eines Tages sagte ihm ein Abgeordneter anlässlich des Prozesses gegen Bolo: »Herr Präsident, Bolo ist gewiss ein Betrüger, aber nur ein kleiner Verräter.«

»Nur ein kleiner Verräter, sagen Sie?«, antwortete darauf der »Tiger« nachdenklich. »In diesem Fall wird man nur sechs Kugeln auf ihn abfeuern.«

Der französische Geheimdienst konnte sich 1917 keinen Fehler mehr leisten. Er musste einen großen Coup landen, der die Öffentlichkeit und die Alliierten tief beeindruckte und die außerordentliche Effizienz der Spionageabwehr vor Augen führte.

Die Affäre Mata Hari spielte sich also vor einem spannungsgeladenen Hintergrund ab. Die Briten hatten Ladoux bereits 1915 auf die Tänzerin aufmerksam gemacht, ohne dass dieser es jedoch für notwendig erachtete, dem Hinweis nachzugehen – möglicherweise aus einer Mischung aus Ineffizienz, Desorganisation und Arroganz heraus. Ein zweites Mal konnte er sich einen solchen Fehler nicht leisten; diesmal musste er unbedingt einen großen Fisch an Land ziehen oder zumindest glauben lassen, dass er einen an der Angel habe. Mit Mata Hari konnte er nur gewinnen … Sie war die reife Frucht, von der jeder Geheimdienst träumte.

13
Erschütterung der Welten

Ermittlungen

Als Pierre Bouchardon den Haftbefehl ausstellte und Mata Hari ihm am Morgen des 13. Februar 1917 vorgeführt wurde, damit er ihr die Anklageschrift unterbreitete, hatte er fast keine greifbaren Beweise in der Hand. Seine ganze Argumentation beruhte auf seiner ganz persönlichen Überzeugung, die durch die Behauptungen des Geheimdienstes bestärkt wurde.

Ihm lagen die Observierungsprotokolle der Inspektoren Monier und Tarlet sowie die der Männer der französischen Spionageabwehr vor, die auf Anordnung Ladoux' vom 15. Januar 1917 an Mata Haris Fährte aufgenommen hatten. Es gab zwar eine umfangreiche Dokumentation mit detaillierten Angaben, die sich aber nach Bouchardons eigener Aussage nur auf die Adressen von Modeschöpfern und vornehmen Cafés bezogen.

Dann gab es den Brief von Lyautey an den Militärgouverneur von Paris. In diesem (eigentlich von Ladoux verfassten) Brief hatte der Kriegsminister in groben Zügen die Anklage umrissen. Dabei hatte er eine ganze Menge Behauptungen aufgestellt, aber keine Beweise beigebracht, zumindest keine, auf die sich der Untersuchungsrichter unmittelbar beziehen konnte.

Im Folgenden ist dieser Brief in vollem Wortlaut wiedergegeben, wobei das aus der Luft Gegriffene kursiviert wird:

»1. Zelle-MacLeod gehört dem Kölner Spionagezentrum an, wo sie unter der Kennnummer H-21 geführt wird.
2. Seit Kriegsbeginn ist sie zweimal nach Frankreich gekommen, *zweifellos*, um Informationen für Deutschland einzuholen.
3. Auf ihrer zweiten Reise nach Frankreich *bot sie dem französischen Geheimdienst ihre Mitarbeit an*, während sie in Wirklichkeit, wie in der Folge deutlich wurde, *aufgrund der gelieferten Informationen für den deutschen Geheimdienst zu arbeiten beabsichtigte*.
4. Auf ihrer Rückreise in die Niederlande wurde sie von den Briten verhaftet und nach Spanien zurückgeschickt, wo sie mit dem deutschen Militärattaché in Verbindung trat. Gleichzeitig bot sie dem französischen Militärattaché an, ihm Informationen über die Aktivitäten der Deutschen in Spanien zu liefern.
5. *Sie hat dem deutschen Militärattaché, wie aus einem Geheimdokument zu ersehen ist, das von ihm selbst aufgesetzt wurde, die in den unten stehenden Paragrafen aufgeführten Geständnisse gemacht* und ihm anvertraut, dass sie in Paris Anfang November 5000 Francs vom deutschen Geheimdienst erhalten habe.
6. *Zudem hat sie dem deutschen Militärattaché eine ganze Reihe militärischer und diplomatischer Informationen verraten, die dieser dem Führungsstab nach Berlin weitergegeben hat.*
7. Sie hat sich schließlich einverstanden erklärt, nach Frankreich zurückzukehren, wo ihr durch Vermittlung des deutschen Konsuls in Amsterdam[97] und des Generalkonsuls der Niederlande in Paris wiederum

> 5000 Francs ausgehändigt werden sollten. Dieser Betrag wurde tatsächlich von Zelle-MacLeod am 16. Januar 1917 in Empfang genommen.«[98]

All diese Enthüllungen können als Beweise für ihre Schuld angesehen werden, aber vom juristischen Standpunkt aus handelte es sich nur um Gerede. Zudem weigerte sich die französische Spionageabwehr, die Abschriften der Funktelegramme, die Kalle mit Berlin austauschte, zu den Akten zu geben. Diese merkwürdige Weigerung, dieser Rückzug, wurde offiziell mit strategischen Überlegungen begründet. Ladoux behauptete, durch die Entschlüsselung der deutschen Codes einen entscheidenden Vorsprung erzielt zu haben. Es sei eine derart geheime Information, dass er nicht riskieren könne, die entschlüsselten Funktelegramme öffentlich bekannt zu geben, nicht einmal wegen eines Militärprozesses. Eine einzige Indiskretion würde die Arbeit von Monaten zunichtemachen und Tausende von Menschenleben fordern.

Die Funktelegramme waren also Beweise, die Bouchardon im Augenblick weder berücksichtigen noch prüfen konnte. Er wusste, dass es sie gab, aber er konnte sich nicht darauf berufen. Folglich wies das Schreiben, das die Eröffnung des Hauptverfahrens veranlasste, einen einzigen nachprüfbaren Tatbestand auf: die beiden Schecks, die beim Comptoir d'Escompte eingelöst wurden, der erste am 16. November 1916 und der zweite Anfang Januar 1917. Stammte das Geld wirklich aus Deutschland, wie der Minister in seinem Brief behauptete? Bouchardon hatte dafür keinen Beweis. Um den Prozess zu eröffnen, war er nur auf die eigene Überzeugung, mehr zu wissen als das, was er sagen konnte, und auf sein Vertrauen in die Militärverwaltung angewiesen, an der zu zweifeln er grundsätzlich keinen Grund hatte.

Eines stand fest: Ladoux hatte beschlossen, die Dinge wieder in die Hand zu nehmen und sich damit zu brüsten, Mata Hari, die Spionin, die alle Geheimdienste der Welt zu verhaften träumten, festgenommen zu haben. Er behauptete sogar, eine der wichtigsten Gestalten des deutschen Geheimdienstes in die Falle gelockt zu haben. Da es ihm bewusst war, dass seine Beweisführung auf tönernen Füßen stand, verschanzte er sich hinter der Geheimhaltung und gab vor, von Anfang an alles einkalkuliert zu haben. So scheute er auch nicht vor der Lüge zurück, er habe das Vertrauen Mata Haris gewonnen, indem er ihr falsche Informationen zuspielte, die sie nachweislich an die Deutschen weitergeleitet habe. Auch wenn es sich in Wahrheit ganz anders verhielt – Ladoux gelang der größte Coup seiner Laufbahn, wobei ihm die Manipulation der Fakten glückte, weil Frankreich nach der erfolglosen Schlacht am Chemin des Dames dringend nach irgendeinem aufsehenerregenden Erfolg lechzte.

Da die Indizien und die Beweise eigentlich zu dürftig waren, versuchte Bouchardon, Zeit zu gewinnen, und forderte Mata Hari auf, ihr Vorleben zu erzählen. Er hoffte, dabei auf etwas anderes zu stoßen, womit er sie in die Enge treiben könnte.

Das war der Anfang einer schmerzlichen Gegenüberstellung. Man kann im Verlauf der strafrechtlichen Voruntersuchung zwei Phasen unterscheiden:

1. Bis Ende April wurden die Funktelegramme als »streng geheim« eingestuft, und Bouchardon musste sich damit begnügen, seine »Klientin« genau zu beobachten, sie in die Enge zu treiben, sie zu verwirren, ohne schlüssige Beweise liefern zu können. Trotz aller Einflüsterungen von Ladoux war Mata Hari in der Lage, alle Anklagepunkte zu widerlegen.

2. Von Anfang Mai an, nach der Niederlage am Chemin des Dames, als klar wurde, dass der Mangel an Beweisen zur Freilassung Mata Haris führen konnte, erklärte sich Ladoux endlich bereit, dem Untersuchungsrichter die Abschrift der Funktelegramme vorzulegen. Mata Hari wurde mit Kalles Denunziationen konfrontiert. Sie konnte gewisse Fakten nicht mehr leugnen und verstrickte sich immer mehr in Widersprüche.

Mata Hari wurde vom 13. Februar bis zu ihrer letzten Vorladung am 21. Juni 1917 insgesamt siebzehn Mal vom Untersuchungsrichter Bouchardon verhört. Unermüdlich schrieb sie herzzerreißende Briefe an ihren Richter, die sie immer mit ihrem Namen und ihrer Gefangenennummer unterschrieb: M. G. Zelle-MacLeod 721 44625.

Mata Hari – eine seltsame Mischung aus Disziplin, Fügsamkeit, Gehorsam und Aufsässigkeit, eine Frau, deren Französisch sich während der Haft zusehends verschlechterte, ebenso wie ihre Handschrift immer unleserlicher wurde.

Ein Husar der französischen Republik

Pierre Bouchardon spielte eine derart entscheidende Rolle für Mata Haris Schicksal, dass bis heute alle Verfechter der Unschuldstheorie ihn für ihren Tod verantwortlich machen.

Er wurde 1870 in Guéret geboren, stammte aus einer Anwalts- und Arztfamilie und schlug zielstrebig die höhere Beamtenlaufbahn ein. Zunächst war er stellvertretender Richter in Aubusson, anschließend Staatsanwalt in Yvetot, dann zweiter Staatsanwalt in Rouen, bevor er etwa zehn Jahre lang im Justizministerium als stellvertretender Direktor des Strafgerichts tätig war. Als der Erste Weltkrieg ausbrach, war er am Berufungsgericht in Paris. Von Anfang an gehörte er dem Dritten Militärgericht an.

Bouchardon war ein »Neugieriger«, wie man in einschlägigen Kreisen einen Untersuchungsrichter zu nennen pflegte. Dieser Spitzname passte ausgesprochen gut zu ihm, wie der Berichterstatter der Zeitschrift *Annales politiques et littéraires* betonte, die am 25. November 1917 auf der ersten Seite das Porträt des Hauptmanns druckte:

»Ein äußerst bezeichnender Spitzname ... Der Neugierige, anders ausgedrückt, der Mann, der alles wissen will, nimmt immer mehr indiskrete Vernehmungen vor, geht den Dingen auf den Grund. Schauen Sie sich das Porträt an, das Rapeno auf der Titelseite der Zeitschrift skizziert hat. Mit seinem brauen Haar, der hohen, breiten Stirn und dem dichten Schnurrbart sieht er nicht streng aus. Er wirkt weder finster noch verschlossen. Aber er liebt die Deutlichkeit, die Klarheit. Er spricht schnell und betont die letzte Silbe jedes Wortes, was seinen Sätzen großes Gewicht verleiht ... Er lebt zurückgezogen und hat nur sehr wenige Freunde. Er kennt ›die bekannten Leute‹ nicht, und darum kennen die bekannten Leute ihn nicht. Er sagt: ›Wenn ein Angeklagter mir zum ersten Mal vorgeführt wird, bin ich sicher, ihm nie vorher begegnet zu sein.‹ Er sagt auch: ›Die Menschen, die ich hier empfange, haben mich nie anderswo empfangen.‹ Das sind die besten Voraussetzungen, um mit völliger geistiger Unabhängigkeit seinen heiklen Auftrag zu erfüllen.«

Bouchardon war eine gewisse Ähnlichkeit mit Robespierre nicht abzusprechen, wenn er zu sagen pflegte: »Die Gerechtigkeit darf weder Freunde noch Familienangehörige kennen. Sie zermalmt alle, die schuldig sind.«

Der Untersuchungsrichter, der sich nur auf wenige Mittel stützen konnte,[99] musste eine große Aktivität entfalten. Einige Zeitungen schrieben sogar: »Drei Männer können uns den Krieg gewinnen lassen: Foch in militärischer, Clemenceau in politischer und Bouchardon in juristischer Hinsicht.« In der Tat war Bouchardon für viele Clemenceau, dem »Tiger«, ebenbürtig, der ihm den Beinamen »der Großinquisitor« gab.

Die Menagerie

Mata Hari wurde am 13. Februar 1917 verhaftet. Dem Untersuchungsrichter wurde sie zwei Tage später, am 15. Februar, vorgeführt. Am Ende des zweiten Verhörs schlug Mata Hari einen anderen Ton an und erklärte von sich aus, bevor sie ihre Aussage unterschrieb: »Für die weiteren Ermittlungen möchte ich, dass Rechtsanwalt Clunet, der sich bereits um meine Angelegenheiten gekümmert hat, mich vertritt. Außerdem bitte ich Sie, aus meiner Garderobe die Wäsche nehmen zu dürfen, die ich unbedingt brauche. Und schließlich sind die Zustände in Saint-Lazare für mich unerträglich, und ich bitte Sie, mich untersuchen zu lassen, denn ich bin in der Tat erkrankt und brauche besondere Pflege.«[100]

Ein Anwalt, ein Kleid und ein Arzt …

Mata Hari wurde sich allmählich bewusst, dass die Ereignisse eine für sie ungünstige Wende nahmen. Die Ermittlungen zogen sich in die Länge. Sie musste Vorkehrungen treffen, um sie zu überstehen, um einfach zu überleben. Clunet, der Mann, den sie im Museum Guimet kennengelernt hatte, Astrucs Freund, wurde am 17. Februar 1917 vom Präsidenten der Anwaltskammer, Henri Robert, zu ihrem Pflichtverteidiger bestellt. Es war ihm nur gestattet, nach seiner Berufung dem ersten und dem letzten Verhör vor der Abfassung des *rapport final d'instruction*, des abschließenden Ermittlungsberichts, beizuwohnen.[101]

Ebenfalls auf ihren Wunsch hin wurde Mata Hari von

den Gefängnisärzten Dr. Jules Socquet und Dr. Léon Bizard »abgehört«. Sie erinnerte sich nicht mehr daran, Letzterem früher in exklusiven Freudenhäusern begegnet zu sein. Damals stand er im Dienst des Polizeipräsidiums und praktizierte im Étoile-Viertel.

Socquets Bericht vom 16. Februar ist voller Widersprüche. Nachdem er festgestellt hatte, dass die Zelle, in der sich Mata Hari befand (eine Gummizelle), »geräumig« war, dass die Angeklagte zwar »sehr überempfindlich und nervös«, aber sonst vollkommen gesund war, fügte er hinzu, dass er jedoch »aus Gründen der Menschlichkeit befürworte, sobald es möglich sei, sie in eine besser belüftete und beleuchtete Zelle verlegen zu lassen«.

Am Ende dieser »Auskultation« fragte der Arzt Mata Hari, ob sie irgendetwas wünsche. Nach einigem Zögern antwortete sie: »Ja, ein Telefon, und ich möchte ein Bad nehmen.«

Drei Tage später wurde Mata Hari erst in den Krankentrakt geführt, bevor sie in eine Zelle in der Nähe des Gemeinschaftsraums verlegt wurde, die »gut belüftet und ausreichend beleuchtet«[102] war. Dieser Gebäudetrakt war als »die Menagerie« bekannt.

Die Menagerie – eine seltsame Bezeichnung, die vielleicht auf die Ratten und Kakerlaken zurückzuführen war, die zwischen den Beinen der Häftlinge umherhuschten. Hauptsächlich waren hier Spione untergebracht.

Der Schrecken begann, doch jemand beobachtete und schützte sie, wenngleich sie es nicht wusste: Schwester Léonide, die Oberin des Ordens Marie-Joseph-du-Dorat, eine der Nonnen, die das Gefängnis Saint-Lazare leiteten. Es war Neugier, Faszination, vor allem Mitleid.

Es gibt viele Wahrheiten

Die Ermittlungen waren von zwei unterschiedlichen Sichtweisen bestimmt, der von Mata Hari und der von Ladoux, die es beide mit der Wahrheit nicht genau nahmen, was zur Folge hatte, dass die Spuren permanent verwischt wurden.

Seit ihren ersten Vernehmungen durch Bouchardon am 13. und 15. Februar 1917 verfolgte Mata Hari einen Kurs, den sie erst im Mai zu ändern gezwungen war – sie stritt alles in Bausch und Bogen ab. Sie wusste nichts von Kalles Funktelegrammen und hielt sich an das, was ihres Erachtens überprüft werden konnte.

Ihre Version war einfach: sie arbeitete für Ladoux, der sie in sein Büro gelockt hatte, um sie als Agentin zu rekrutieren. Aus Spanien, wo sie sich in geheimer Mission aufhielt, war sie mit zahlreichen Informationen aus erster Hand zurückgekehrt, die sie an den Chef der französischen Spionageabwehr und an Oberst Denvignes weitergegeben hatte. Vorerst vergaß Mata Hari ihre Beziehung zu Krämer, erwähnte auch andere Einzelheiten nicht, die sie übrigens für nebensächlich hielt.

Paradoxerweise blieb Mata Hari durch bewusstes Verschweigen der Wahrheit sehr nahe. Zweifellos hatte sie mehr für Frankreich als für Deutschland zu tun versucht. Was man ihr vorwarf, war größtenteils erfunden.

»Ich bin unschuldig. Welch schäbiges Spiel hat die französische Spionageabwehr gespielt, schließlich stehe ich in ihrem Dienst und habe nur nach ihren Anweisungen gehandelt!«[103]

Als Ladoux ebenfalls von Bouchardon vernommen wurde, gab er zwar zu, Mata Hari getroffen zu haben, leugnete aber, sie jemals für den Geheimdienst rekrutiert zu haben. Für ihn war sie eine Spionin der Deutschen. Ihm sei es nur darum gegangen, sie in die Falle zu locken. Er habe ihr nie einen Auftrag gegeben, hatte höchstens vorgetäuscht, das zu tun. Ladoux hielt einen beachtlichen Trumpf in der Hand: Er konnte sagen, was er wollte, weil alle äußeren Anzeichen für ihn sprachen. Geschickt benutzte er auch den Misserfolg der Observierung, um seine unentschlossene Haltung zu rechtfertigen und seinen Aktionsplan zu erklären. Paradoxerweise war seine Wahrheit, die nach und nach zur offiziellen Wahrheit wurde, eine Riesenlüge.

DIE VERSION VON LADOUX

Bevor er einwilligte, vor Pierre Bouchardon auszusagen, schrieb Hauptmann Ladoux zu Beginn der Ermittlungen:

»Gegen Ende Dezember 1915 teilte ein Polizeispitzel dem ›Cinquième Bureau‹[104] mit, dass Zelle-Mac-Leod verdächtig erschien infolge ihrer Beziehungen zu zahlreichen Offizieren, die sie sich ohne Ansehen ihres Dienstgrades, ihres Wappens, ihres Alters und ihrer Nationalität aussuchte.

Der Generalstab machte die politische Polizei und die Geheimdienste im Ausland auf MacLeod aufmerksam. Übrigens fuhr sie um den 10. Januar von Spanien aus in die Niederlande, ohne dass die von der Polizei angestellten Nachforschungen etwas hinsichtlich ihrer nationalen Einstellung ergeben hätten.

Anfang Juni 1916 meldete unser Geheimdienst in Spanien die bevorstehende Rückkehr Mata Haris nach Frankreich; die Staatssicherheit und das Polizeipräsidium waren darüber informiert, und es wurde eine Observierung angeordnet, die in Spanien begann und in Paris bis Ende August fortgesetzt wurde.

Diese Observierung hatte mehrere Hinweise auf Indiskretionen Mata Haris ergeben, aber keinen Beweis dafür, dass sie dem deutschen Nachrichtendienst angehörte.

Es war darum notwendig, wieder ihr Vertrauen zu gewinnen und ihr eine Mission von französischer Seite anzutragen. Die Gespräche, die sie mit mir führte und von denen sie berichtete, sollten also die Ängste, die durch die Observierung in ihr aufgestiegen waren, zerstreuen und gleichzeitig ihre Beziehungen zum deutschen Geheimdienst klarstellen.

Binnen kürzester Zeit wurde deutlich, dass MacLeod im Dienste unserer Feinde stand, aber wir mussten das beweisen, und dafür war es erforderlich, dass MacLeod sich längere Zeit in Spanien aufhielt, wo unser Geheimdienst besonders gut organisiert ist.

Sie wurde schließlich dorthin geschickt; nachdem ihr die Überfahrt von Großbritannien in die Niederlande verboten worden war, stellte sie sich, wie zu erwarten war, als Agentin dem deutschen Militärattaché von Madrid zur Verfügung.

Seither hatte der Generalstab den Beweis für die Schuld von MacLeod in Händen und konnte sie ein paar Tage nach ihrer Rückkehr nach Paris verhaften lassen.«[105]

Es ist unfassbar, wie Ladoux den Sachverhalt und die Wahrheit verdrehte: Mata Hari wurde nicht »ein paar Tage«, sondern mehr als einen Monat nach ihrer Rückkehr nach Paris verhaftet. Nicht die »besonders gut organisierte« französische Geheimdienstabteilung in Madrid unterrichtete Frankreich über den Kontakt Mata Haris mit Kalle, sondern Mata Hari selbst vertraute es Denvignes an, und Kalle berichtete davon in seinen Funktelegrammen nach Berlin.

Darüber hinaus sprechen zwei wichtige Anhaltspunkte für die Verdrehung der Sachverhalte:

1. Die Briten (nicht »ein Polizeispitzel«) hatten Ladoux über den Verdacht informiert, der auf Mata Hari fiel. Mit dieser Behauptung versuchte Ladoux einfach, sein Handeln aufzuwerten und seine Unzulänglichkeit zu ka-

schieren. Indem er angab (was erwiesenermaßen nicht stimmte), dass er ihr »seit Ende Dezember 1915« auf der Spur war, wollte er zeigen, dass er seit Mata Haris erster Reise nach Paris nicht untätig gewesen war. Da sie jedoch bereits Anfang Januar 1916 abgereist war, dürfte er in so kurzer Zeit kaum aufschlussreiche Informationen gesammelt haben.

2. Mata Hari – nicht Ladoux – hatte die Route über Spanien für ihre Rückkehr in die Niederlande gewählt. Es konnte also keine List von Ladoux gewesen sein, um herauszufinden, ob sie mit den Deutschen Kontakt aufnehmen würde. Die ganze Beweisführung war künstlich aufgebaut und durchtrieben dazu.

Ständig wiederholte Ladoux, dass Mata Hari alles daran gesetzt habe, sich mit ihm zu treffen, um sich vom französischen Geheimdienst rekrutieren zu lassen. Auf diese Weise habe sie als deutsche Agentin erstklassige Informationen gesammelt, die sie nach Berlin weitergeleitet habe. Das stimmte nicht. Mata Hari hatte sich nicht um ein Treffen mit Ladoux bemüht. Sie kannte nicht einmal seinen Namen. Es verhielt sich genau umgekehrt: Ladoux hatte Leutnant Hallaure auf sie angesetzt, damit sie ihm ins Netz ging.

Unglücklicherweise bestätigte Hallaure als guter Untergebener Ladoux' Version. In seiner Aussage vom 9. Mai 1917, die er sich übrigens vor Gericht nicht mehr zu wiederholen traute, behauptete er, Mata Hari durch Zufall im Grandhotel getroffen zu haben – nie sei er von irgendjemandem beauftragt oder dorthin geschickt worden.

Er fügte sogar hinzu: »Unvermittelt sagte mir Mata Hari, dass ein Leiden ihr zu schaffen mache und sie unbedingt nach Vittel zur Kur fahren müsse. Sie fragte mich, wie sie es anstellen solle. Um in die Frontzone zu gelangen, zu der dieser Badeort gehörte, musste man damals einen Antrag an das Ausländeramt am Boulevard Saint-Germain 282 stellen. Dort holte man alle Informationen ein und erstattete der französischen Spionageabwehr Bericht, die im selben Gebäude eine Etage darüber untergebracht ist und den Antragsteller befragte, wenn der geringste Verdacht bestand. Mata Hari wurde, wie zu erwarten war, und sie vielleicht selbst erwartete, zur Spionageabwehr geschickt. Dann reiste sie unvermittelt von Paris ab.«

Jedes Mittel war recht. Man holte sogar das Observierungsprotokoll vom 3. August 1916 hervor, um zu beweisen, dass Mata Hari ohne Grund nach Vittel fahren wollte: »Um 2.10 Uhr nachmittags hat sie [Mata Hari] sich wieder zum Kommissariat in der Rue Taitbout fahren lassen, wo sie einen Antrag gestellt hat, um einundzwanzig Tage in Vittel zu verbringen (aus Gesundheitsgründen). Es muss festgehalten werden, dass sie in einem Brief an Baron Van der Capellen schrieb, sie erfreue sich bester Gesundheit.«[106]

MATA HARIS VERTEIDIGUNG

Auch für Mata Hari war die Situation klar. Aber ihre Interpretation sah selbstverständlich völlig anders aus: sie habe nie für Deutschland Spionage betrieben. Vielmehr habe sie seit 1914, objektiv gesehen, auf französischer Seite gestanden, zumal die Deutschen sie bei Kriegsausbruch wie eine Feindin behandelt hatten. Weil sie zu lange in Paris gelebt hatte, habe ihre Berliner Bank 1914 ihre Konten gesperrt. Sie habe Deutschland verlassen müssen, und wer weiß, was ohne die Hilfe eines Landsmannes aus ihr geworden wäre. Wie hätte sie für ein Land arbeiten können, das sie hinausgeworfen hatte? Übrigens habe sie auch schon vor Kriegsausbruch mehrmals ihre Liebe zu Frankreich unter Beweis gestellt. Man brauche sich nur an ihre Briefe an Messimy und Kapferer zu erinnern, nachdem Alfred Kiepert und Hauptmann Runtze ihr zu verstehen gegeben hatten, dass das Deutsche Reich bald seine Soldaten in Paris aufmarschieren zu lassen gedenke. Messimy und Kapferer waren schließlich nicht irgendjemand! Einer war Kriegsminister und der andere Luftwaffenchef. War es ihre Schuld, wenn sowohl der eine als auch der andere ihre Warnungen in den Wind geschlagen hatten?

Selbst wenn man ihre Worte wegen ihrer Herkunft, und weil sie einige Jahre in Deutschland verbracht hatte, bezweifle, sei es ihr unbegreiflich, dass sie glaubten, sie arbeite gegen die Alliierten. Sie liebe einen Russen, und es liege ihr fern, gegen dessen Land zu operieren und zu riskieren, durch ihre Tätigkeit die große Liebe ihres Lebens zu verlieren. Das könne sie nicht so stehen lassen!

Wie Ladoux log Mata Hari geschickt oder sagte vielmehr nicht alles. Sie tat das in voller Überzeugung und glaubte bald selbst an diese neue Wahrheit. Tag für Tag erzählte sie die Geschichte ihres Lebens; sie rekonstruierte sie, indem sie jede Spur einer geheimen Absprache mit den Deutschen verwischte. Entgegen ihrer sonstigen Gewohnheit, die Dinge auszuschmücken, musste sie diesmal den entgegengesetzten Weg einschlagen und eher einige Details weglassen, wie beispielsweise in ihrem Bericht über ihren Aufenthalt in Spanien. Nachdem sie erzählt hatte, dass sie von den Briten zurückgeschickt worden war, schilderte sie ihr Treffen mit dem jungen Martial Cazeaux in Vigo, jenem Diplomaten, der ihr vorgeschlagen hatte, in Österreich für die Russen zu arbeiten. Sie behauptete, dann in Madrid angekommen zu sein und mehrere Tage verstreichen lassen zu haben, bevor sie beschlossen habe, Kalle aufzusuchen:

»Ich versichere Ihnen, dass ich während dieser Wartezeit nie daran gedacht habe, für die Deutschen zu arbeiten. Da sich nichts tat, dachte ich mir: ›Was hindert mich daran, die Zeit zu nutzen und Kontakt aufzunehmen? Ich kann Bekanntschaft mit den Deutschen schließen, und das wird die Dinge voranbringen.‹ Ich beschloss also zu handeln. Ich fragte den Hotelportier nach dem Verzeichnis des diplomatischen Korps unter dem Vorwand, die Adresse eines Attachés der niederländischen Botschaft zu suchen, schlug aber sofort die Seite mit der Deutschen Botschaft auf. Diesem Eintrag entnahm ich, dass der Militärattaché Hauptmann von Kalle [*sic*] war, wohnhaft in der Via Castellania [*sic*] 23 oder so ähnlich. (Später habe ich erfahren, dass er einen höheren Dienstgrad hatte als den, der im Verzeichnis angegeben war.) Ich prägte mir seinen Namen und seine Adresse ein und sagte mir: ›Packen wir den Stier bei den Hörnern. Wenn es schiefgeht, dann eben nicht; wenn es klappt, umso besser.‹ Am selben Tag schrieb ich an von Kalle.«[107]

Es war eine geschickt eingefädelte Lüge, weil vieles stimmte und Mata Haris Neigung verriet, mit dem Feuer zu spielen und alles auf eine Karte zu setzen. Aber sie hatte die Wahrheit auch geschickt zurechtgebogen, denn in Wirklichkeit ließ sie sich nicht erst nach Tagen, sondern gleich bei ihrer Ankunft vom Portier besagtes Verzeichnis des diplomatischen Korps geben. Auch konnte nur eine Person, die beim deutschen Geheimdienst eingeführt war, erwarten, beim Militärattaché vorgelassen zu werden. Es genügte, wenn sie eine Kennnummer, in diesem Fall H-21, als Referenz angab. Eine Frau, die mit den Deutschen nichts zu tun gehabt hatte, hätte sich Gedanken über die Vorgehensweise gemacht, bevor sie sich für diese Tätigkeit zur Verfügung gestellt hätte.

Der gleichen Logik folgend, um ihre Behauptung zu bekräftigen, sie habe nie Kontakt zum deutschen Geheimdienst gehabt, erwähnte Mata Hari nicht, dass sie Kalle um Geld gebeten und ihm einige Informationen gegeben hatte, zwar Belanglosigkeiten, die jedoch ihre Stellung innerhalb der Organisation von »Fräulein Doktor« belegen sollten.

So im Verhör vom 12. April 1917:

»Erschienen ist vor Hauptmann Pierre Bouchardon, Untersuchungsrichter beim Dritten Militärgericht, und seinem Beisitzer, Unteroffizier Manuel Baudouin, Gerichtsschreiber, die bereits verhörte Madame Zelle.

Bouchardon: Bis jetzt haben wir Sie reden lassen, ohne Sie zu unterbrechen. Sie hatten jede Möglichkeit, Ihre Verteidigung in allen Einzelheiten aufzubauen. Jetzt bitten wir Sie, einige Fragen zu beantworten. Die erste Frage lautet: Als Sie zum ersten Mal in das Büro unserer Spionageabwehr am Boulevard Saint-Germain 282 gingen, waren Sie da eine deutsche Spionin?

Mata Hari: Aber natürlich nicht, Herr Hauptmann [das war eine Lüge, weil Mata Hari bereits von Krämer angeworben worden war und eine Schulung hinter sich hatte]; außerdem, als ich damals zum Boulevard Saint-Germain ging, wollte ich versuchen, die Erlaubnis für eine Badekur in Vittel zu bekommen. [...]

Bouchardon: Haben Sie nicht Kalle gewisse Mitteilungen gemacht?

Mata Hari: Überhaupt nicht [auch das war gelogen, weil sie ihm tatsächlich offenbart hatte, sie sei eine deutsche Agentin]. Ich habe ihm sogar gesagt, dass ich mit einem Russen liiert sei, damit er mir keine verfänglichen Fragen stellte.

Bouchardon: Haben Sie ihn nicht über eine Reihe politisch, militärisch und diplomatisch wichtiger Dinge informiert?

Mata Hari: Nein, das habe ich nicht [wieder eine Lüge, weil sie ihm ein wenig Klatsch erzählt hatte, um sein Vertrauen zu gewinnen – die gleiche Haltung wie Marie Bonaparte, die Geliebte Briands, die Intrigen einfädelte, um ihren Mann auf den griechischen Thron zu heben].

Unwillkürlich fuhr Mata Hari fort, die Wahrheit zu verzerren, dem gewohnten inneren Drang nachgebend, um sich selbst aufzuwerten. So machte sie Hauptmann Arnold Kalle zu Hauptmann Arnold *von* Kalle, weil es zweifellos eleganter war, ein Adelsprädikat zu haben. Aber vor Gericht gereichten solche Scherze ihr eher zum Nachteil. Die Anklage übernahm übrigens die Adelung Kalles, um ihn wichtiger zu machen, als er tatsächlich war.

Unwillkürlich arbeitete Mata Hari denjenigen in die Hände, die sie ans Messer zu liefern versuchten, und belastete sich im Grunde immer mehr selbst. So gab sie, ohne nachzudenken, zu Protokoll: »Sie sollten wissen, dass ich mit dem deutschen Botschafter ins Bett gegangen wäre, wenn ich es nur gekonnt hätte. Auf diese Weise gelangt man zu umfassenden Informationen, nicht indem man kleine Angestellte ausfragt.«

Als Bouchardon versuchte, sich bei seiner Anklage auf die beiden einzigen unwiderlegbaren Beweise zu stützen, über die er verfügte, auf die Schecks, die Mata Hari beim Comptoir d'Escompte eingelöst hatte und die aus dem Ausland stammten, antwortete sie ihm völlig naiv: »Dieses Geld stammte von meinem Liebhaber und Gönner, Baron Van der Capellen. Er hat es immer so gehandhabt. Wir pflegten diese Transaktion über die Diplomatenpost vorzunehmen.«

Man drehte sich im Kreis. Der Untersuchungsrichter traf bald seine Wahl, welcher der einander widersprechenden Versionen er Glauben schenken sollte. Seine Aufgabe war es, Personen zu überführen und dem Patriotismus zu seinem Recht zu verhelfen, wobei als Recht in jenen Kriegszeiten nur das galt, womit man den Sieg erringen konnte. Bouchardon handelte zweifellos eher als Staatsanwalt denn als Untersuchungsrichter – man hatte ihm von höchster Stelle aus bedeutet, dass Mata Hari sich extrem schwerwiegender Straftaten schuldig gemacht hatte.

Das Ministerium stellte eine einfache Überlegung an. Sollten die Franzosen am Chemin des Dames den Sieg davontragen, dann wäre Mata Hari nur von untergeordneter Bedeutung. Falls die Armee jedoch wieder eine Niederlage erlitt, würde die strafrechtliche Verfolgung der Tänzerin der wirkungsvollste Beweis dafür sein, dass der französische Geheimdienst die wahren Verantwortlichen, die Feinde in der Etappe, bekämpfte. Ladoux hielt an diesem Konzept fest und hatte nicht die Absicht, diese einmalige Gelegenheit ungenutzt zu lassen.

Ein Verhör durch Hauptmann Bouchardon

Pierre Bouchardon ließ seine »Klienten« gern auf glühenden Kohlen sitzen. Bei Mata Hari war die Atmosphäre wegen der Bedeutung ihres Falles elektrisch geladen. Hinzu kam, dass damals eine Frau, und noch dazu keine unbekannte, vor einem Militärgericht eher eine Seltenheit war. Die Vernehmung bekam darum eine besondere Note: schlagende Argumente und Berichte, deren Ton zwischen Verführung, Provokation und Konfrontation schwankte. Mehr als einmal sagte Mata Hari verärgert: »Wenn Sie nur wüssten, wie mich Ihr ständiges Auf- und Abgehen irritiert!«

Bouchardon muss zweifellos furchtbar gewesen sein. Oft schien er eine Frage fallen zu lassen, um dann darauf zurückzukommen, wenn man nicht mehr damit rechnete. Er umzingelte seine Beute wie ein Jäger, tat so, als lasse er sie los, und schlug wie ein Blitz aus heiterem Himmel wieder zu. Ein Beispiel seiner Verhörmethode hat Léon Daudet überliefert, der ein paar Monate später in einem anderen Verfahren wegen Verrats, der Affäre um den Innenminister Malvy (der übrigens lange mit Messimy verwechselt und für den Liebhaber Mata Haris gehalten wurde), als Zeuge aussagen musste:

»Hauptmann Bouchardon ist von einer Höflichkeit, die einem wie ein Schwert aus gehärtetem Stahl in die Seele schneidet. Seine Miene ist offen und heiter, dann wird sie plötzlich eisig kalt, je nachdem, ob seine hellblauen, grau schimmernden Augen auf den Gesprächspartner gerichtet sind oder ob er in Gedanken vertieft ist. Er ist ein erstklassiger Psychologe, der die Gedanken seines Gegenübers schnell durchschaut und sie zu sortieren und einzuordnen versucht, noch während dieser spricht. Sein Gerichtsschreiber, ein hochintelligenter Mann, protokolliert rasch alles, was man sagt, während der Richter auf und ab geht, als zeige er kein Interesse für das Berichtete. Dann plötzlich, bei einer bestimmten Redewendung, geht der Hauptmann auf den Schreiber zu, liest die zuletzt festgehaltenen Worte nach, fordert genauere Angaben und stellt eine außerordentlich scharfsinnige Frage, die von seiner anhaltenden Aufmerksamkeit zeugt. (…) Unerbittlich in der Ahndung und strafrechtlichen Verfolgung der Verbrechen gegen das Vaterland ist dieser Richter von der Liebe zu seinem Beruf beseelt, und dank seines Scharfsinns gelingt es ihm rasch, Tricks oder ausgeklügelten Argumentationen auf die Spur zu kommen.«[108]

Mata Hari hatte also kein leichtes Spiel mit ihm. Bouchardon stützte sich in ihrem Fall auf zwei Thesen, die ihm von Georges Ladoux suggeriert worden waren und die im Gegensatz zu dem standen, was Mata Hari behauptete:

a) Mata Hari war schon immer eine deutsche Agentin. Als sie Ladoux aufsuchte, arbeitete sie bereits für die Deutschen (was ja auch stimmte).
b) Sie tat so, als habe sie sich in einen russischen Offizier verliebt, um ihre Umwelt zu täuschen (was nicht stimmte).

Ständig warf er das Netz aus, ständig versuchte er, sie darin zu fangen.

Die Legende von Mata Hari

Mata Hari log, als sie angab, keinen Kontakt zur deutschen Spionage gehabt zu haben, aber Ladoux ging noch weiter. Er behauptete, dass Mata Hari seit 1904/1905 im Dienste des Deutschen Reichs stand, und rief eine Legende ins Leben, die sich hartnäckig über die Jahre hielt. Dieses Bestreben, die Wahrheit zu verschleiern, deutete sich bereits in einer kurzen undatierten, aber vermutlich nach dem 2. Juni 1917 geschriebenen Notiz an, die der Chef der französischen Spionageabwehr dem Untersuchungsrichter Bouchardon geschickt hatte.

Ladoux' Angabe war richtig: »Ich habe die Ehre, Ihnen mitzuteilen, dass mir kein Beweis vorliegt, der mir zu behaupten erlaubt, dass Zelle-MacLeod seit 1915 vom deutschen Geheimdienst engagiert worden sei …« Er fügte aber boshaft hinzu: »Was mich erstaunt hat, ist ihr Anfangsbuchstabe, das H, das uns seit Kriegsbeginn unter den Agenten im aktiven Dienst nicht begegnet ist. Darum habe ich mich gefragt, ob es etwa vor dem Krieg ein gebräuchlicher Anfangsbuchstabe für einen Agenten war, ohne dass ich zu einem Schluss kommen konnte.«

In Wahrheit verhielt es sich aber genau umgekehrt (der Anfangsbuchstabe H wurde erst seit neuester Zeit verwendet), aber Ladoux trachtete nur danach, Mata Hari zu belasten. Zugegebenermaßen wurden ihr Lebenslauf und die Folgerungen, die man daraus gezogen hatte, nicht zu ihren Gunsten ausgelegt. So bekam beispielsweise ein harmloser Artikel aus dem Jahr 1907 mit einem Mal eine ganz eigentümliche Bedeutung – in *Le Temps* vom 21. März 1907 hatte Paul Ruaux über Mata Hari geschrieben: »Sie ist Berlinerin geworden, spricht Deutsch mit leicht orientalischem Akzent und gedenkt, ihr Leben an den Ufern der Spree zu beschließen.«

Denn die Tatsachen, dass sie seit 1906 einen deutschen

Liebhaber, Alfred Kiepert, hatte, sie bei Kriegsausbruch in Berlin war, dort eine neue Karriere starten wollte, waren lauter Einzelheiten, die nichts bewiesen, die aber, geschickt verwendet, einen verdächtigen Beiklang bekommen konnten. Von diesem Augenblick an schien sich alles gegen Mata Hari zu wenden. Alles war Auslegungssache – das war schon in den Zeiten ihrer Erfolge so gewesen, und wie früher kümmerte sich niemand um die Wahrheit, sondern man verließ sich auf Eindrücke. Mit selbstmörderischer Offenheit und mit der für sie typischen Lügensucht bot die Tänzerin selbst viele Angriffsflächen.

In einem der ersten Verhöre erzählte Mata Hari völlig unbekümmert, wie sie den Kriegsausbruch erlebt hatte. Gegen Ende Juli dinierte sie mit einem ihrer Liebhaber, dem von ihr so genannten »Polizeichef« Griebel, im Nebenraum eines Restaurants, als sie den Lärm einer Kundgebung hörten. Gemeinsam fuhren sie zum Schloss, wo sich eine begeisterte Volksmenge angesammelt hatte. Bouchardon brauste auf: »Sie erzählen mir, dass Sie der Kriegserklärung im Wagen eines hohen Polizeibeamten beigewohnt haben und behaupten weiterhin, dass Sie diesem Volk keine Sympathie entgegengebracht haben?«

»Ich erzähle Ihnen einfach, wie sich die Dinge zugetragen haben«, antwortete sie.

»Merken Sie denn nicht, was Sie gerade sagen?«, insistierte er.

»Sie wollen Fakten hören, und die liefere ich Ihnen. Ich habe mir nichts vorzuwerfen! Überlegen Sie mal, wenn ich Frankreich hätte ausspionieren wollen, wäre ich in Paris, nicht in Berlin gewesen!«, gab sie darauf zurück.

Dieses Argument, aus dem ein gesunder Menschenverstand sprach, wurde nie berücksichtigt. Leider hielt sie sich meist nicht an die Gebote der Vernunft. Als Bouchardon sie fragte, wer Griebel sei, antwortete sie, er sei der Polizeipräsident von Berlin. Dabei handelte es sich lediglich um einen höheren Beamten im Polizeidienst, einen Regierungsrat, dem die Aufsicht über die Theater unterstand. Auch diese Übertreibung förderte die Legendenbildung, denn bald hieß es, dass Mata Hari die Geliebte von Jagows sei, des Polizeipräsidenten von Berlin.

Obendrein trug der Baron Van der Capellen den gleichen Namen wie ein berühmter deutscher Admiral, mit dem er jedoch nicht verwandt war. Auch diesen »glücklichen« Zufall machte man sich sofort zunutze, ließ sich doch damit demonstrieren, dass Mata Hari in Deutschland seit Langem in den höchsten Kreisen eingeführt war.

Es war übrigens nicht schwer, zahlreiche Bestätigungen dieser These zu bekommen. Ob aus purer Klatschsucht oder aus Rache – Mata Hari hatte sich mit ihrem unbeständigen Charakter, ihrer unverzeihlichen Leichtfertigkeit und ihrer Geltungssucht nicht nur Freunde gemacht. Ein paar Beispiele:

Die Zeugenaussage des Pelzhändlers Albert Ramillon:
»Ich kenne diese Frau seit 1907, und ich halte es für nützlich, Ihnen einige Informationen in Bezug auf sie zu geben. Seit ihrer Ankunft in Paris im Oktober oder November 1907 ist Madame Zelle meine Kundin. Im August 1908 bat sie mich, drei Wechsel in Höhe von 5000 Mark anzunehmen, die auf den Namen Alfred Kiepert, Marienfelde in der Nähe von Berlin, ausgestellt waren und vom Wechselbürgen selbst giriert waren. Ich konnte ihrer Bitte nicht entsprechen, da sie zu einem zu entfernten Zeitpunkt fällig waren. Dennoch ist dies ein Hinweis darauf, dass diese Frau lange vor dem Krieg mit den Deutschen in Kontakt stand. Andererseits hat mir Madame Zelle, die ich in Paris etwa im September 191 … [das Schriftstück ist an dieser Stelle gerissen] wiedergesehen und von der ich die Begleichung einer alten

Rechnung gefordert habe, gesagt: ›Morgen werde ich Ihnen 100 Francs geben, desgleichen jeden Monat, aber ich bitte Sie, niemandem zu sagen, dass Sie mich in Paris gesehen haben, das würde mir für das Theater schaden.‹«

Die Zeugenaussage der Schneiderin Julie Clotas:
»Ich habe Madame Zelle kennengelernt, als sie beschlossen hatte, sich neue Kleider anzuschaffen. Sie gab bei mir gigantische Bestellungen auf. Darüber wurden wir miteinander vertraut, und sie erzählte mir, dass sie mit einem indischen Offizier oder so etwas Ähnlichem verheiratet gewesen war, der sie auf frischer Tat ertappt und Revolverschüsse auf sie abgefeuert hatte. Sie fügte hinzu, dass sie viele Liebhaber hatte und sowohl von einem niederländischen Oberst als auch von einem belgischen Offizier oder so ausgehalten wurde. Unsere Beziehung wurde etwas angespannt, als ich ihr meine Rechnung vorgelegt habe. Statt Geld schlug mir diese Dame eine Reise nach Deutschland vor, wo mein Mann in Gefangenschaft saß. Ich habe ihr darauf geantwortet, dass ich als Französin nie ins Land der ›Boches‹ fahren würde! Sie beharrte darauf und behauptete, sie könne mir die notwendigen Papiere besorgen. Dann habe ich zu ihr gesagt: ›Wenn das so ist, sind Sie eine Spionin!‹ Sofort drohte sie mir, mich umzubringen, wenn ich noch einmal so etwas sagte. Nachdem sie alle französischen Geschäftsleute als Diebe und alle Lieferanten als Domestiken beschimpft hatte, hat sie mir schließlich einen Teil der Summe gezahlt, die sie mir schuldete.«

Die Zeugenaussage des Händlers Ferdinand Bloch:
»Ich begegnete Mata Hari in der Avenue Malakoff im Juni 1916. Sie sprach mich an und fragte mich, ob wir uns nicht schon früher begegnet seien. Ich antwortete ihr, es sei in Berlin gewesen, kurz vor Kriegsbeginn, im Hotel Bristol.

Damit endete die Unterhaltung. Plötzlich schien sie befangen zu sein und mir aus dem Weg gehen zu wollen.«

Die Zeugenaussage der Maniküre Berthe Guilloton:[109]
»Ich war nur vier- oder fünfmal zur Maniküre bei Madame Zelle. Ich habe sofort bemerkt, dass diese Frau mit der losen Zunge unsere Verbündeten verabscheute. Sie vertraute mir an, dass sie die Briten hasste, die nur ein Haufen Dummköpfe seien. Als ich ihr sagte, dass ich Mitleid mit den Belgiern hatte, antwortete sie mir ohne Zögern: ›Wie können Sie sich noch für diese dreckige Rasse interessieren. Es gibt keine Belgierin, die nicht eine Nutte ist!‹ Sie hielt mir sogar vor, zu patriotisch gesinnt zu sein ... Sie sprach ständig von einem russischen Offizier und fragte mich, ob ich Informationen über die Stellung der zaristischen Regimenter an der französischen Front hatte, zweifellos um seine Adresse zu bekommen.«

Das reichte, um die Gerüchte zu bestätigen, die von der französischen Spionageabwehr in Umlauf gebracht worden waren. Zudem ließ sich diesen Aussagen entnehmen, dass Mata Hari Frankreichs Verbündete hasste. Bouchardon griff auf diese Aussagen zurück und schrieb in seinem abschließenden Ermittlungsbericht: »Man muss mit großer Bestürzung feststellen, welche Mühe sie [Mata Hari] sich seit dieser Zeit (1904) sowie später im Laufe ihrer verschiedenen Frankreich-Aufenthalte gegeben hat, Beziehungen zu Menschen aufzunehmen, um von ihnen nützliche Hinweise über die Angelegenheiten unseres Landes zu erhalten.«

Die Komödie der großen Liebe

Aus taktischen Gründen war es nützlich und verlockend, Mata Hari als langjährige feindliche Agentin hinzustellen, und folglich konnte man sie als erbitterte Gegnerin der

Briten bezeichnen. Es ist jedoch verwunderlich, dass der Untersuchungsrichter an einem anderen, allem Anschein nach unwichtigeren Beweisgrund festhielt: Mata Hari sei nie in Vadime de Massloff verliebt gewesen, sie habe nur vorgetäuscht, es zu sein, und »die Komödie der großen Liebe« gespielt.

Wieso sollte er die Aufrichtigkeit ihrer Gefühle infrage stellen. Die Anklage hätte dann jeder Grundlage entbehrt.

Sollte sie wirklich vorgetäuscht haben, Vadime zu lieben, so hatte sie diese Komödie hervorragend gespielt. Sobald sie die Erlaubnis bekam, von ihrer Zelle aus zu schreiben – auch wenn es sich um eine äußerst eingeschränkte Genehmigung handelte –, beendete Mata Hari jede Vernehmung durch Bouchardon mit der bohrenden Frage: »Herr Hauptmann, haben Sie meine Briefe an Monsieur de Massloff weitergeleitet?«

Er antwortete darauf mit nein; ebenso wenig händigte er ihr Vadimes Briefe aus. Das gehörte zur Einkreisungs- und Isolationspolitik. Einmal, am 10. April, hielt er es jedoch für angebracht, ihr einen Brief zu übermitteln, in dem der junge Russe ihr mitteilte, dass er an Diphtherie erkrankt war und zwischen Leben und Tod schwebte. Das war die beste Methode, um Mata Hari ins Herz zu treffen und sie dazu zu treiben, alles einzugestehen, damit Pierre Bouchardon ihr vielleicht einen Gefallen erwies. Erstaunlicherweise hatte es diesmal den Anschein, als glaube er an die Echtheit ihrer Gefühle. In ihrer Verzweiflung schrieb sie Bouchardon einen herzzerreißenden Brief:

»Herr Richter,
ich danke Ihnen für die Nachrichten, die Sie mir von Hauptmann de Massloff gegeben haben. Ich mache mir schreckliche Sorgen und muss unentwegt weinen. Bitte versuchen Sie doch, sich mit dem Krankenhaus in Epernay in Ver-

bindung zu setzen. Ich bitte Sie inständig. Ich leide so sehr bei dem Gedanken, dass er vielleicht tot ist und ich nicht bei ihm war. Und dass er womöglich dachte, ich hätte ihn vergessen. Sie können sich nicht vorstellen, wie ich leide. Bitte, lassen Sie mich hier heraus, ich ertrage es nicht mehr …«

Es war der Hilferuf einer gebrochenen Frau, der Mutter des kleinen Norman, die ihren Sohn nicht retten konnte, der Hilferuf der Geliebten Vadimes, die zur Machtlosigkeit verdammt war. Sie hatte jedoch kein Geständnis abgelegt. Der Richter war enttäuscht, denn er war sich so sicher gewesen, dass er an diesem Punkt ansetzen musste. Er ließ nicht locker. Während eines Verhörs, das über eine Stunde dauerte und in dessen Verlauf Mata Hari wiederholte, dass sie niemals gegen Frankreich arbeiten könne, weil Vadime de Massloff ihre große Liebe sei, wandte sich Bouchardon ihr plötzlich zu, zuckte mit den Schultern und rief: »Eine große Liebe, eine Komödie, jawohl!«

Das Stichwort war gefallen. Mata Hari bäumte sich auf und geriet außer sich: »Genug, genug, jetzt habe ich aber genug! Dass Sie mich gering schätzen, mag noch angehen, aber ich werde niemals zulassen, dass sie meine Liebe zu Hauptmann de Massloff in Zweifel ziehen!«

Daraufhin ging Bouchardon zu seinem Schreibtisch, öffnete eine Schublade und holte einige Observierungsprotokolle hervor: »Am 4. August, nach Ihrem Treffen mit Hauptmann de Massloff, haben Sie mit dem italienischen Hauptmann Mariani in Armenonville diniert; am 6. August dinierten Sie am Gare de Lyon mit dem französischen Stabsoffizier Gerbaud, der im Begriff war, nach Chambéry abzureisen. Am 21. August fuhren Sie mit einem britischen Offizier nach Armenonville. Am 22. August aßen Sie mit zwei irischen Offizieren zu Mittag, James Plankette und Edwin

Cecil O'Brien. Am 24. August nahmen Sie das Mittagessen mit General Baumgarten ein. Man könnte meinen, dass die Liebe Ihre Sinneslust anregt.«

Mata Hari sah ihn herausfordernd an und antwortete: »Eine Dame von Welt kann speisen, mit wem sie will, ohne zwangsläufig mit allen zu schlafen. Ich liebe de Massloff, ich bin ihm treu, und dagegen können Sie nichts tun, Herr Hauptmann.«

Bouchardon klappte den Aktendeckel wieder zu und sagte: »Ihre Liebe zu de Massloff hat Sie jedoch nicht daran gehindert, mit von Kalle ins Bett zu gehen, wie mir scheint.«

Mata Hari blickte ihm fest in die Augen: »Das stimmt, Herr Hauptmann. Aber der Zufall wollte, dass ich, indem ich mit von Kalle ins Bett ging, ihm und Frankreich gedient habe!«

Mehr konnte man nicht aneinander vorbeireden. Durch die Art ihrer Verteidigung entfernte sich Mata Hari von den Tatsachen oder tauchte vielmehr in einer Welt unter, die jeder zu verdammen schien.

Moralkodex

Der wahre Grund für die Anklage gegen Mata Hari war darin zu suchen, dass sie gegen alle guten Sitten verstieß. Ihr lockerer Lebenswandel und ihre Nichtbeachtung der herkömmlichen patriarchalischen Werte reichten offenbar als Beweis dafür, dass sie eine Spionin war. Dieser Zusammenhang wurde von Bouchardon und später von Oberleutnant Mornet, dem Ankläger beim Militärgericht, immer wieder hervorgehoben. Für sie gehörte Mata Hari zum Lager der moralisch Verdorbenen, abartig Veranlagten, Juden, Entarteten, Fremden aller Schattierungen, die Frankreich ins Elend stürzten.

In seiner Zeugenaussage begnügte sich Hallaure nicht

damit, die Unwahrheit über die Rolle zu sagen, die er gespielt hatte, um Mata Hari in Ladoux' Netz zu locken, sondern er fügte noch hinzu: »Ich fand für sie eine Wohnung in der Rue La Boétie, in der Nähe der Champs-Élysées, aber der Vermieter lehnte sie als Mieterin ab, weil sie seines Erachtens zu stark geschminkt war und zu wasserstoffblondes Haar hatte.«

Während die Franzosen an der Front fürs Vaterland fielen, war Mata Hari nichts anderes als eine Hure, dazu eine ausländische, die ihr sorgloses Leben nicht zu ändern gedachte. Man brauchte nur daran zu denken, dass sie im Sommer 1916 rastlos von Geschäft zu Geschäft eilte, ihre Einkaufswut auslebend, und nur an Belanglosigkeiten interessiert schien. Puritanismus und Moralkodex – indem man Mata Hari das Handwerk legte, verurteilte man jedoch eine bestimmte Lebensweise. Auch die Aussage von Madame de Fleurian, einer Frau von Welt, bewies eindeutig, was die Konformisten von Mata Hari hielten: »Im August/September 1916 habe ich eine Badekur in Vittel gemacht. Mein Arzt, Dr. Boulommier, hat mich auf eine sehr schöne Frau aufmerksam gemacht, die im selben Hotel wie ich abgestiegen war. Was mich betrifft, so hatte ich sie eher für eine Intrigantin gehalten, für eine der kosmopolitischen Frauen, die man vor dem Krieg in den Badeorten antraf.«

Auf den Punkt gebracht, hieß das: Mata Hari konnte ihre Unschuld so oft beteuern, wie sie wollte, alle hielten sie trotzdem für schuldig. Welches Gewicht hatte schon die Aussage einer Hure im Vergleich zu den Aussagen all dieser ehrbaren Menschen? Pierre Bouchardon war weder der Erste noch der Letzte, der diese Maria Magdalena, mit der niemand Mitleid hatte, anklagte. Vor ihm war es Hauptmann Ladoux gewesen; ein paar Monate später stimmte die Presse in die Anschuldigungen gegen sie ein und sorgte damit für ein negatives Bild in der Öffentlichkeit. Einige

Urteile, die Pierre Bouchardon in seinen privaten Aufzeichnungen niedergeschrieben hat, finden sich auch in seinem abschließenden Ermittlungsbericht und spiegeln die Stimmung des Jahres 1917 wider: Mata Hari galt als gefährliche Frau, die nur dem Vergnügen und der Sinneslust lebte, und zugleich als betrügerische Frau, die in einem verrufenen Milieu verkehrte und zu allem bereit war, um zu ihrem Ziel zu gelangen:

»Wer war sie eigentlich? (...) Jedenfalls sah es so aus, als habe Margaretha Gertrude Zelle versucht, sich an ihrem Mann zu rächen, indem sie alle anderen Männer während ihres zehn Jahre währenden Triumphzugs vor ihren Karren spannte, ihre Herzen brach und ihr Vermögen verschlang. (...) Ihre künstlerischen Auftritte in Paris brachten ihr mehrere Liebhaber aus allen gesellschaftlichen Schichten und Berufen ein. In Neuilly-sur-Seine hat sie ein kleines, vornehmes Haus gemietet, die Villa Rémy, wo sie Feste gab, für die bezahlt werden musste. Eines Abends ließ sie einen Gaukler auftreten, der die erlesenen Gäste durch seine Kunststücke in Erstaunen versetzte. So etwas hatte man noch nie gesehen. Aber als sie das Haus verließen, erlebten viele eine böse Überraschung: Der Zauberkünstler hatte ihnen heimlich die Taschen durchwühlt und geleert. Wenn ich einige der Gäste vorlade – ich habe die Qual der Wahl angesichts der zahllosen Visitenkarten, die Mata Hari überall ausgebreitet hat –, sehe ich betretene Gestalten auf mich zukommen, meist verheiratete Männer, die mich bitten, ihre Aussage nicht öffentlich bekannt zu machen.

War sie schön, oder war sie es gewesen? Zweifellos, wenn man sich auf ein Jugendbild verlassen kann, das sich in einem ihrer letzten Pässe fand. Aber bei der Frau, die mir in meinem Büro beim Dritten Militärgericht vorgeführt wurde, hatte die Zeit ihre Spuren hinterlassen. Mit ihren großen, vorstehenden, blutunterlaufenen, verquollenen Augen, ihrer Sattelnase, ihrer rötlich braun schimmernden Haut, ihrem Mund bis zu den Ohren, ihren wulstigen Lippen, ihren schaufelförmigen Zähnen mit einer kleinen Lücke zwischen den Schneidezähnen, den an den Schläfen ergrauenden Haaren, wo die Naturfarbe trotz der Färbung nach kurzer Zeit wieder hervortrat, hatte sie im Grau des anbrechenden Tages kaum noch eine Ähnlichkeit mit der Tänzerin, die so viele Männer betört hatte. Ihre Gesichtszüge allerdings waren immer noch ebenmäßig, auch war sie schlank geblieben und wiegte sich beim Gehen anmutig in den Hüften. Wie eine Raubkatze im Dschungel.

Sie hatte ein katzenhaftes Wesen, war geschmeidig und durchtrieben, gewohnt, mit allen skrupel- und erbarmungslos ihr Spiel zu treiben. Sie war immer bereit, ein Vermögen durchzubringen, während sich ihre ruinierten Liebhaber das Hirn zermarterten – kurzum, sie war die geborene Spionin, und daraus machte sie keinen Hehl. Sie verschwendete das Geld mit einer solchen Leidenschaft, dass sie sich manchmal selbst dafür schämte. Damals frequentierte sie exklusive Freudenhäuser. Dr. Léon Bizard, der Arzt des Polizeipräsidiums, begegnete ihr anlässlich seiner Arztbesuche in einem Etablissement des Étoile-Viertels. Sie verlangte übrigens unerschwingliche Preise, fünfzig Louisdor für einen kleinen Liebsdienst. Und obwohl sie in mehreren Häusern verkehrte, versicherte sie jeder ›Madame‹, dass sie ihrem Etablissement exklusiv ihre Dienste anbiete.«

In seinem abschließenden Ermittlungsbericht fügte er im Hinblick auf Mata Haris Paris-Aufenthalte der Jahre 1915 und 1916 hinzu: »Die Galanterie bleibt wie immer ihr Hauptanliegen; ihre Unkosten sind beträchtlich, ihr Einkommen rätselhaft. Trotzdem gewährt sie mit erstaunlicher Uneigennützigkeit ihre Gunst ausschließlich Offizieren aller Streitkräfte und Länder. (…)

Man kann sich leicht vorstellen, welche Vorteile eine Frau

wie Mata Hari sich von diesen fortwährenden Liaisons zu verschaffen suchte. Es nützte wenig, wenn sich ihre Partner in Acht nahmen. Bei Konfrontationen dieser Art ist der Mann, so intelligent er sonst sein mag, in jedem Fall der Verlierer.

Dies ist also die gefährliche Kreatur, der man mit umso stärkerem Misstrauen begegnen muss, als ihre Erziehung sie in die Lage versetzt, wenn es erforderlich ist, sowohl im Verhalten als auch in der Sprache eine Korrektheit an den Tag zu legen, die trügerisch sein kann.«

War Mata Hari schuldig, weil sie eine verlorene Frau war?

Besonders aufschlussreich für diesen Sachverhalt ist die Visitenkarten-Episode während des Ermittlungsverfahrens. Eine tragikomische Episode.

Kartenspiel

Mata Hari saß vor dem Untersuchungsrichter, der gedankenlos mit Karten spielte. Es handelte sich um jene Visitenkarten, die in Mata Haris Hotelzimmer konfisziert wurden. Bouchardon zog zufällig eine Karte und deckte sie auf seinem Schreibtisch auf, als würde er eine Patience legen. Er las den schwarz gedruckten Namen vor: »Unteroffizier Georges Jouis vom 12. Kürassierregiment, abkommandiert zur Luftfahrtschule von Cazeaux (Gironde).«

Mata Hari antwortete ihm beinahe fröhlich, als habe der Anblick der Visitenkarten sie an vergangene glückliche Zeiten erinnert: »Jouis hatte mich gebeten, seine Patenschaft zu übernehmen … Er war ein Unteroffizier, den ich am Bahnsteig des Gare d'Austerlitz kennengelernt hatte.«

Bouchardon zog eine andere Karte: »Stabshauptmann Henri des Marands?«

Nach kurzem Zögern sagte Mata Hari, dass der Hauptmann ihr schon vor dem Krieg den Hof gemacht und sie manchmal auf ihren Ausritten durch den Bois de Boulogne begleitet habe.

Bouchardon setzte seine Litanei fort: »Patz-Pomarnatzky vom Führungsstab der russischen Streitkräfte ...«

»Er war Oberstleutnant ... Ich habe ihn im Zugrestaurant auf der Strecke Bordeaux–Paris kennengelernt, als ich nach Paris zurückgekehrt bin.«

»Monsieur Henri Mège ...«

Mata Hari zögerte wieder, dann rief sie plötzlich, als tauche ein in ihrer Erinnerung längst gelöschtes Gesicht wieder auf: »Oberleutnant! Er ist einmal hinter mir hergelaufen, als ich aus dem Gebäude am Boulevard Saint-Germain 282 kam, und hat mich um ein Rendezvous gebeten. Das Ganze endete mit einer Tasse Tee im Plaza.« Sie sah dann eine andere Visitenkarte, die auf seinem Schreibtisch lag, und sagte: »Die Karte erkenne ich, es ist die von Pierre Arrienceaux, einem Offizier, der für die Kontrolle der Reisenden am Bahnhof von Hendaye zuständig war und mich um ein Treffen gebeten hatte, allerdings ohne Erfolg.«

Bouchardon sah sie an. In der Meinung, er blicke fragend, fuhr Mata Hari fort: »Er hat mir Briefe geschrieben, aber ich habe ihm nie geantwortet. Sein Ton war mir zu gewöhnlich.« Bouchardon schaute sie weiterhin fast amüsiert an. Sie fing sich wieder und erhob stolz den Kopf, als habe man sie beleidigt: »Ich liebe Offiziere, Herr Hauptmann, ich dachte, Sie hätten es begriffen. Ich habe sie mein ganzes Leben lang geliebt. Mein größtes Vergnügen besteht darin, mit ihnen zu schlafen, ohne an das Geld zu denken. Außerdem stelle ich gern Vergleiche zwischen dem Aussehen und dem Temperament der verschiedenen Nationalitäten an. Wenn ich zwischen einem reichen Geschäftsmann und einem mittellosen Offizier wählen sollte, habe ich mich immer für den Offizier entschieden, auch wenn ich manchmal ebenfalls mit einer anderen Kategorie von Männern zusammen war … Man kann sich nicht ändern.«

Bouchardon schüttelte den Kopf. Offenbar hatte er keinen Sinn für solche Seelenergüsse. Plötzlich stand er auf und begann auf und ab zu gehen …

Verängstigt sah sich Mata Hari genötigt hinzuzufügen: »Heute schlägt mein Herz nur für die Alliierten, das sollten Sie wissen. Ich habe auch in Holland einen Geliebten, den Oberst Baron Van der Capellen, einen verheirateten, sehr reichen Mann, der übrigens Kammerherr der Königin ist. Ich bin eine internationale Frau, Herr Richter.«

Bouchardon warf Unteroffizier Baudouin, dem Gerichtsschreiber, einen vielsagenden Blick zu.[110] Baudouin lächelte. Internationale Frau, kosmopolitische Frau – diese Begriffe hatten für Madame de Fleurian und Mata Hari bestimmt eine unterschiedliche Bedeutung. Was Mata Hari betraf, war sicher vieles eine Frage der Interpretation. Bouchardon ging zum Fenster und klopfte leicht gegen die Scheibe. Mata Hari fügte mit Nachdruck hinzu: »Das heißt keineswegs, dass ich eine Verräterin bin!«

Bouchardon wusste, dass dies stimmte. Er hatte schon alle Männer verhört, deren Namen auf den Visitenkarten standen. Alle hatten sie die gleiche Antwort gegeben: Mata Hari hatte nie versucht, militärische Informationen zu bekommen. Die einzigen Auskünfte, um die sie sich bemüht hatte, betrafen ausschließlich Vadime de Massloff, auf dessen Nachrichten sie verzweifelt wartete.

Mata Haris Anwalt

Angesichts ihrer Lage, die sich von Tag zu Tag zuspitzte, konnte Mata Hari nur auf einen Mann zählen, auf Édouard Clunet, den sie als ihren Verteidiger gewählt und mit dem sie sich kurz vor ihrer Verhaftung über den Inhalt ihres

Briefes an Ladoux beraten hatte. Der zu diesem Zeitpunkt siebzigjährige Anwalt war ein langjähriger Bewunderer und aufrichtiger Freund der Tänzerin. Als Anwalt beriet er den »Bund der Patrioten« und war somit keiner deutschfreundlichen Gesinnung verdächtig. Er war übrigens sehr stolz auf seine militärische Vergangenheit: Auf seiner Visitenkarte fügte er handschriftlich hinzu »Ex-Stabsunteroffizier von 1870; ehemaliger Hauptmann des 24. Infanterieregiments«. Bald sollte er seinen neununddreißigjährigen Sohn an der Ostfront verlieren.

Dieser Mann ließ sich in der Verteidigung Mata Haris durch nichts beirren. Er setzte alle Mittel ein, um ihr Leben zu retten, selbst auf die Gefahr hin, sich lächerlich zu machen. Clunet, der alte Mann »mit dem schönen Dogenkopf«, wie Bouchardon zu sagen pflegte, war jedoch nicht auf Strafrecht spezialisiert. Aus heutiger Sicht wirken Clunets und Mata Haris Berichte bisweilen unbedarft und altmodisch. In seinen privaten Aufzeichnungen hat Bouchardon eine flüchtige, jedoch anrührende Skizze des ersten Verhörs vom 21. Februar 1917 hinterlassen, dem der Anwalt beiwohnen durfte:

»Er kam mit einer Schachtel Bonbons an (es gab noch keine Beschränkungen auf dem Süßwarensektor, und es handelte sich nur um preiswerte Lakritze der Marke Florent).

›Nehmen Sie etwas davon, bewundernswerte Freundin, das wird Ihre Stimme klarer machen, wenn dieser schreckliche Richter Ihnen seine Fragen stellen wird.‹

Nicht einmal eine Stunde später holte er eine zweite Schachtel hervor: ›Und hier noch eine Schachtel davon. Das wird Ihr Dessert sein, wenn Sie in das scheußliche Gefängnis zurückgebracht werden.‹

›Es schmeckt gut, Anwalt Clunet, sehr gut‹, sagte Mata Hari mit vollem Mund.

Er hatte immer welche dabei. Als ich im Begriff war, das Vernehmungsprotokoll zu beenden, griff er erneut in seine Taschen und holte eine dritte Schachtel hervor. Mata Haris Augen leuchteten auf.

›Die bekommen Sie‹, sagte er, ›damit Sie heute Abend ein wenig an mich denken.‹«[111]

Dennoch sollte man sich nicht täuschen: Clunet war hartnäckiger, als sein bisweilen unschlüssiges Auftreten vermuten ließ.

14
Schweres Geschütz

Édouard Clunet versuchte, die entsetzliche Maschinerie aufzuhalten, selbst als Mata Haris trauriges Schicksal schon besiegelt zu sein schien. Der Anwalt, der oft als gefühlsbetonter alter Mann dargestellt wurde, zeigte in jenen entscheidenden Wochen und Monaten des Jahres 1917 großen Mut, eine beachtenswerte Würde und eine Menschlichkeit, die man in den damaligen Zeiten oft vermisste.

Einer gegen alle

Über die ständigen Versuche hinaus, Mata Haris Lebensbedingungen in der Haft zu erleichtern, agierte Clunet an verschiedenen Fronten. Zunächst bemühte er sich, für sie vorläufige Haftverschonung zu erwirken, und Monat für Monat reichte er einen Antrag auf Freilassung seiner Mandantin ein. Diesen Anträgen wurde jedoch nie stattgegeben, auch wenn sie mit dem schlechten Gesundheitszustand Mata Haris argumentierten. Ferner versuchte er, die Militärprozessordnung zu umgehen, indem er beantragte, nicht nur am ersten und letzten Verhör, sondern an allen Vernehmungen teilnehmen zu dürfen. Als Argument hierfür führte er an, dass Mata Hari Ausländerin und dadurch, objektiv gesehen, benachteiligt sei. Er legte dar, dass das

Gesetz vom 27. April 1916 bestimmte, das erste und letzte Verhör dürfe nicht ohne die Anwesenheit eines Anwalts vorgenommen werden, dass damit aber keineswegs vorgeschrieben würde, den Rechtsbeistand von den anderen Verhören auszuschließen.

Dieser »Anspruch« hatte sofort eine heftige Reaktion Bouchardons zur Folge. In einem Brief an den Ankläger hob der Untersuchungsrichter hervor, dass Mata Hari keine gewöhnliche Ausländerin sei. Sie habe lange Zeit in Paris gelebt und sei keineswegs durch ihren Ausländerstatus benachteiligt, wie ihr Anwalt behaupte. Ganz im Gegenteil: »Madame Zelle spricht Französisch mit einer Gewandtheit, um die sie viele Franzosen beneiden würden, und wenn ich sage, dass sie von überdurchschnittlicher Intelligenz ist, so untertreibe ich. Worin besteht also die Unterlegenheit?«

Bouchardon war Clunets Sticheleien leid – dem Anwalt hätte es möglicherweise gelingen können, ihm Steine in den Weg zu legen – und fügte nicht ohne Hintergedanken hinzu: »Anwalt Clunet ist, wie Sie wissen, ein alter und etwas naiver Bewunderer der ehemaligen Tänzerin Madame Zelle. In der Verteidigung seiner Mandantin legt er den Eifer eines Neulings an den Tag, und seitdem er weiß, dass die Angeklagte vor Kriegsausbruch in Berlin die Geliebte zweier Offiziere und des Polizeichefs war, umgibt er sie mit Aufmerksamkeiten, für die ich kaum eine Erklärung habe. Das hat Madame Zelle selbst gesagt. Ich füge hinzu, dass diese Frau, die offensichtlich von der Deutschen Botschaft nach Madrid geschickt wurde, Anwalt Clunet als Referenz angegeben hat, als sie bei unserem Militärattaché vorsprach.«

Hinter den harmlosen Äußerungen verbarg sich eine schreckliche Drohung, der Bouchardon bald deutlicher Ausdruck verlieh: Da Clunet der Tänzerin so nahezustehen schien und sie seit Langem kannte, wäre er durchaus als Zeuge zu benennen. Da das Gesetz aber verbot, Zeuge und Anwalt zugleich zu sein, konnte Clunet, wenn er hartnäckig auf seiner Forderung bestand, der Fall entzogen werden.

Obwohl es sich um eine ernst zu nehmende Drohung handelte, gab der alte Anwalt nicht auf, im Gegenteil. Nach fast elf Wochen Ermittlungsverfahren erklärte er, dass Mata Hari freigelassen werden müsse, wenn die Anklage keine Beweise vorlegen könne. Es ging jetzt nicht mehr nur um eine Freilassung mit Bewährungsaufsicht, sondern um die Einstellung des Strafverfahrens und um die Freisprechung seiner Mandantin mangels Beweisen. Clunet verkündete dies laut und deutlich und schrieb am 23. April 1917 einen Brief an Bouchardon, in dem er seinen Antrag offiziell formulierte:

»Herr Hauptmann,
ich erlaube mir, nachdrücklich darauf zu bestehen, das Ermittlungsverfahren gegen meine Mandantin einzustellen. Seit zwei Monaten sitzt sie wegen Spionageverdachtes in Saint-Lazare in Untersuchungshaft.

Es sind keine Beweise zur Erhärtung dieser Anschuldigung beigebracht worden. Darum kann man die Unglückliche unmöglich unter diesen Umständen weiter festhalten.«

Diesmal hatte Clunet ins Schwarze getroffen; die Behörden waren gezwungen, darauf zu reagieren. Ladoux wurde sofort benachrichtigt und ließ die Funktelegramme zu den Akten geben.

Erfreuliche Überraschung

Am 20. April 1917 erlitten die Franzosen mit ihrem Vorstoß am Chemin des Dames eine vernichtende Niederlage. Getreu ihrer Strategie wiederholten Ladoux und der Kriegsminister ihr Märchen vom Staatsgeheimnis, als sie Bouchardon die Telegramme übermittelten. Ladoux' Behauptung, niemand wisse, dass der von den Deutschen verwendete veraltete Geheimcode entschlüsselt worden sei, war damals durchaus glaubwürdig. Der Untersuchungsrichter Bouchardon stellte ihren Wahrheitsgehalt nie infrage. Der Kriegsminister Painlevé legte ihm seinen Standpunkt dar, der mit den früheren Erklärungen des Chefs der Spionageabwehr übereinstimmte: »Indem wir diese Unterlagen dem Ermittlungsgericht vorlegen, mache ich Sie auf ihre Bedeutung und auf die schwerwiegenden Nachteile aufmerksam, die deren Verbreitung für die Landesverteidigung haben würde.

Ich bitte Sie darum, bei der Untersuchung der Angelegenheit größte Diskretion walten zu lassen, die Verhandlung unter Ausschluss der Öffentlichkeit zu führen und die größten Sicherheitsvorkehrungen zu treffen, damit nichts an die Öffentlichkeit gelange und im Urteil zutage trete.

Es ist Ihnen im Übrigen vorbehalten, den Präsidenten des Militärgerichts vorzuladen und ihm in diesem Sinne alle Ihres Erachtens notwendigen Anweisungen zu geben, damit strengste Geheimhaltung gewahrt wird sowohl seitens des Gerichts als auch der Abwehr.«

Seltsamerweise fiel die Aushändigung dieser Beweismittel mit der Niederlage am Chemin des Dames und mit Clunets Beanstandungen zusammen. Der Gesinnungswandel war eingetreten, weil man sich aufgrund der neuerlichen militärischen Niederlage und des Umschwungs in der öffentlichen Meinung entschlossen hatte, den Krieg auf ein anderes Feld zu lenken und auf gezielte Desinformation zu setzen – ein Terrain, auf dem Ladoux eigentlich nur gewinnen konnte.

Bouchardon konnte zufrieden sein. Er hatte nun vierzehn Funktelegramme in der Hand, die zwischen Madrid und Berlin ausgetauscht worden waren, vierzehn Blätter, über die er viel gehört und von denen er geträumt hatte, die es ihm ermöglichten, eine Wende in dem Verfahren einzuleiten, das zu versanden drohte. Denn seit dem 13. Februar hatte Mata Hari nichts mehr zugegeben, und trotz all seiner Bemühungen hatte er nichts erfahren können.

Was stand in den Funktelegrammen? Was erlaubte ihm, ein wenig aufzuatmen und wieder die Regie zu übernehmen? Eine Reihe erdrückender Enthüllungen des deutschen Militärattachés in Madrid, des stellvertretenden Standortkommandanten Kalle. In jeder seiner Mitteilungen wurde Mata Hari als Agentin im Dienste Berlins identifiziert, als eine Agentin, die spannende Informationen lieferte. In seinem abschließenden Ermittlungsbericht fasste Bouchardon dann die Informationen zusammen, die Mata Hari dem deutschen Militärattaché übermittelt haben sollte:

»Madame Zelle belieferte von Kalle [*sic*] mit Informationen über die Absichten der Prinzessin Marie Bonaparte, der Gemahlin von Prinz Georg von Griechenland,[112] über die politische Lage in Paris und die Fortschritte der Gegner des Kabinetts Briand, über die Beherrschung [Frankreichs] durch Großbritannien und die Befürchtung, die diese Dominanz bei gewissen französischen Politikern hervorrief. Sie sprach mit ihm über eine in großem Stil vorbereitete Frühjahrsoffensive an allen Fronten, über die Heldentaten des französischen Piloten Vedrines hinter den deutschen Linien, über die Beschränkungen, die französischen Offizieren bei Reisen auferlegt wurden, über die Entdeckung der deutschen Geheimtinte durch die Franzosen ...«

Mata Hari war jedoch nie in der Lage gewesen, solche

Informationen zu liefern. Die einzigen Neuigkeiten, die sie weitergegeben hatte, betrafen die politische Situation in Frankreich und die Unbeliebtheit Großbritanniens in bestimmten französischen Kreisen. Ihr Wissen verdankte sie vor allem den französischen Zeitungen. Den Rest hatten die Deutschen eingefädelt, um sich der Tänzerin zu entledigen. Eine Information ist jedoch interessant: die über die »Entdeckung einer unsichtbaren Tinte der Deutschen durch die Franzosen«. In der Tat war Frankreichs Erkennungsdienst in der Lage, die Bestandteile der »unsichtbaren Tinte anzugeben, mit der die Deutschen ihre wichtigsten Spione ausrüsteten«. Aber diese Entdeckung war nach Mata Haris Abreise nach Spanien gemacht worden – sie konnte also nicht darüber Bescheid wissen. Die Information kann jedoch als erneuter Beweis für die ungeheure Effizienz des deutschen Geheimdienstes in Paris angesehen werden, der sofort von dieser Entschlüsselung Wind bekommen hatte. Konnte es ihm unter solchen Umständen verborgen geblieben sein, dass die Franzosen den deutschen Dechiffrierschlüssel kannten?

Es wird sich noch zeigen, dass Mata Hari nie Gelegenheit hatte, mit deutschen Agenten in Kontakt zu treten, als sie in Frankreich war. Aber wie auch immer es um den Wahrheitsgehalt dieser Funktelegramme bestellt war, der Fall nahm eine entscheidende Wendung. Endlich konnte Bouchardon etwas beweisen.

Die große Enthüllung

Am 11. April 1917 erfuhr Bouchardon, dass er bald die Funktelegramme erhalten würde. Die Operation erfolgte also in zwei Schritten.

Am 12. April, nachdem er Mata Hari aufgefordert hatte, die Argumente für ihre Verteidigung zusammenzufassen, schlug Bouchardon einen anderen Ton an. Er begnügte sich nicht mehr damit, sie reden zu lassen, sondern stellte ihr direkt präzise Fragen. Er wusste, dass er bald die Beweise, die ihm fehlten, haben würde, und er schickte sich an, den entscheidenden Stoß zu führen. Erneut leugnete sie heftig, dem deutschen Geheimdienst angehört zu haben.

Am 1. Mai lud Bouchardon Mata Hari noch einmal vor. Er hatte sie bewusst drei Wochen schmoren lassen – drei Wochen, in denen sie vor Angst fast umkam und ihre physische und seelische Gesundheit stark beeinträchtigt wurden. Dann beschloss der Untersuchungsrichter, seinen Trumpf auszuspielen und seinen Auftritt bis ins kleinste Detail vorauszuplanen.

Als sie im Hof des Justizpalastes ankam, wollte Mata Hari den gewohnten Weg gehen, aber die Wachen zerrten sie zu einer Treppe, die ins Souterrain führte. Sie musste viele Stufen hinabsteigen und durch ein düsteres Gewölbe gehen. Auf ihre Frage, wohin man sie denn führe, bekam sie keine Antwort. Eingerahmt von den Wachsoldaten erreichte sie schließlich eine Art Kapitelsaal. Sie wurde aufgefordert, sich hinter einen Schreibtisch voller Akten zu setzen.

Nach einigen Minuten trat Baudouin ein und grüßte sie mit einem Kopfnicken. Er stellte seine Schreibmaschine auf einen kleinen Tisch. Ein Aufseher brachte einen Stuhl herein, den er Mata Hari gegenüber auf der anderen Seite des Schreibtischs platzierte. Wieder verstrich einige Zeit.

Schließlich erschien Bouchardon. Trotz ihrer Erschöpfung und ihrer Nervosität, vielleicht aber gerade deswegen, konnte Mata Hari nicht umhin, ihm fast ironisch zuzurufen: »Gut, Herr Hauptmann, ein Kompliment für Ihre Inszenierung!«

Bouchardon antwortete nicht darauf. Er setzte sich und begann nunmehr seinen Angriff: »Sie haben die dreisteste

Komödie gespielt! Seit einigen Tagen habe ich den Beweis dafür, dass Sie Agentin H-21 vom Kölner Spionagezentrum sind; im Mai 1916 wurden Sie zum zweiten Mal nach Frankreich geschickt. Sie haben so getan, als nähmen Sie Ladoux' Angebot an. Deutschland hat Ihnen durch Vermittlung der Niederländischen Botschaft mehrmals Geldsummen überwiesen. Und schließlich haben Sie dem stellvertretenden Standortkommandanten Kalle sehr ausführliche Berichte über politische, militärische und diplomatische Angelegenheiten geliefert!«

Mata Hari war plötzlich bleich geworden: »Sie täuschen sich, Herr Hauptmann... Sie täuschen sich genauso wie die Briten, als sie mich für Klara Benedix gehalten haben, und wie Ladoux, der mir nicht hat vertrauen wollen. Ladoux und Großbritannien meinten, mich verwirren zu können, aber sie haben die Tatsachen akzeptieren müssen!«

Bouchardon schickte sich an, einen Kampf zu führen, den er von vornherein als gewonnen ansah. Für ihn war der Fall Mata Hari, wie er später sagte, nichts anderes als ein »flagrant délit«, ein Vergehen, bei dem die Täterin auf frischer Tat ertappt wurde:

»Ich bin mehr Scharfsinn von Ihnen gewohnt«, sagte er, während er eine Akte öffnete und eine Reihe von entschlüsselten Funktelegrammen hervorholte. »Ich habe Telegramme vor mir liegen, die vom stellvertretenden Standortkommandanten Kalle und seinem unmittelbaren Vorgesetzten Nicolai unterschrieben sind... Erdrückende Enthüllungen, die seit Dezember 1916 zwischen Madrid und Berlin ausgetauscht wurden. Diese verschlüsselten Mitteilungen wurden von der Funkstation des Eiffelturms abgefangen und sofort entschlüsselt. Der französische Geheimdienst kennt den deutschen Dechiffrierschlüssel.« Da Mata Hari schwieg, nahm Bouchardon ein Telegramm und las vor: »Agentin H-21, im März 1916 zum zweiten Mal nach Frankreich gesandt, ist in Madrid angekommen. Sie hat vorgegeben, die Angebote des französischen Geheimdienstes zu akzeptieren und in dessen Auftrag Versuchsreisen nach Belgien zu unternehmen. Sie wollte von Spanien in die Niederlande reisen, aber sie wurde in Falmouth verhaftet, weil sie irrtümlich für jemand anderen gehalten wurde. Man schickte sie zurück nach Spanien, da die Engländer sie weiterhin für verdächtig hielten.« Bouchardon sah sie an: »Das sind Sie doch, nicht wahr? Sie selbst haben uns genügend Einzelheiten über Ihr Missgeschick in England und Ihre Beziehung zu von Kalle geliefert, um eine absolut sichere Identifikation vornehmen zu können. Kalle hat die Anweisung bekommen, 3000 Francs an H-21 auszuzahlen, und er zahlte Ihnen tatsächlich 3500 Peseten. Welche Informationen haben Sie ihm zugespielt, dass Berlin es für notwendig erachtete, Sie zu entlohnen?«

Was Mata Hari da zu hören bekam, war so unglaublich, dass es ihr neue Kraft verlieh, sich zu verteidigen: »Spanien wimmelt von deutschen Agenten. In jedem Telegramm können Falschmeldungen vorkommen. Im März 1916 war ich übrigens in den Niederlanden und nicht in Paris.«

Bouchardon fuhr im selben Ton fort, da er merkte, dass Mata Hari unsicher wurde: »Im November 1916 haben Sie aus Deutschland 5000 Francs bekommen.«

Mata Hari richtete sich wieder auf: »Das stimmt nicht! Warum glauben Sie mir nicht? Die 5000 Francs, die ich im November 1916 erhalten habe, stammten ebenso wie die vom Januar 1917 von meinem Liebhaber, dem Baron Van der Capellen.«

Darauf entgegnete Bouchardon: »Uns liegen zwei weitere Funktelegramme Kalles vor. Das erste lautet: ›H-21 hat Anfang November 5000 Francs erhalten und wird per Telegramm um eine weitere Geldüberweisung bitten, die ihrem Dienstmädchen ausgezahlt werden soll. Unterrichten Sie Konsul Krämer.‹« Bouchardon ließ seinen Blick nicht von Mata Hari ab: »Am 4. November 1916 erhielten Sie also 5000 Francs, die gleiche Summe noch einmal am 16. Januar 1917. Hinzu kommen die 3500 Peseten, die von Kalle Ihnen in Madrid ausgezahlt hat. In zweieinhalb Monaten erhielten Sie also vom deutschen Geheimdienst nahezu 14 000 Francs. Damit sind wir zwar noch immer weit von der Million entfernt, die von uns zu fordern Sie die Kühnheit hatten. Aber die Höhe dieser Summe zeigt doch die Dienste an, die Sie den Deutschen leisteten, und sie beweisen auch die Stellung, die Sie in der deutschen Spionage einnahmen. Sie können es also ruhig aufgeben, uns Ihre Geschichte von Baron Van der Capellen zu erzählen!«

Mata Hari versuchte zu erklären: »Ich bin wirklich die Geliebte von Baron Van der Capellen. Er ist ein Oberst des Zweiten Husarenregiments und ein verheirateter Mann. In einem kleinen Land wie dem unseren ist die Zensur sehr streng. Darum bat er mich, ihm niemals Briefe oder Telegramme zu schicken, in denen irgendwelche Vertraulichkeiten oder Bitten um Geld enthalten seien. Mein Mädchen ist eine sehr zuverlässige Frau, die schon seit acht Jahren in meinen Diensten steht. Sie hat stets zwischen dem Oberst und mir vermittelt. Als ich aus Vittel zurückkam, waren meine Rücklagen sehr zusammengeschrumpft. Ich hatte mich in der Summe geirrt, die ich aus den Niederlanden mitnahm, weil ich die Geldscheine in meiner Brieftasche schlecht zusammengefaltet hatte. Und außerdem hat Hauptmann Ladoux mir nichts gezahlt. Warum sollte es also verdächtig sein, dass ich meinen Liebhaber bat, mir zu helfen?«

Bouchardon und Mata Hari schauten sich schweigend an. Dann ergriff Bouchardon wieder das Wort: »In seinem Telegramm vom 14. Dezember 1916 zählt Kalle weitere wertvolle Informationen auf, die Sie ihm geliefert haben, beispielsweise eine mögliche Landung an der Scheldemündung.«

»Ich habe ihm bestimmt nichts davon erzählen können, weil ich nichts darüber wusste.«

»Und was ist mit der Geheimtinte, mit der die Deutschen Sie vor Ihrem Treffen mit Kalle ausgestattet haben?«, insistierte der Untersuchungsrichter.

»Ich wiederhole, dass ich keinerlei Kontakt zu den Deutschen hatte, bevor ich von Kalle kennenlernte, und dass ich die Tinte, von der Sie sprechen, nie besessen habe.«

Bouchardon zog weitere Telegramme hervor: »Wie erklären Sie sich dann folgende Notiz des deutschen Nachrichtendienstes an Kalle: ›Bitte teilen Sie uns mit, ob Agentin H-21 unterrichtet wurde, dass für alle Nachrichten die Geheimtinte benutzt werden muss.‹ Oder: ›Die Geheimtinte, die H-21 erhalten hat…‹ Sie werden wohl nicht behaupten, dass Sie nie etwas davon gehört haben!«

»Ich verstehe überhaupt nichts von Ihrer Geschichte mit der Tinte«, entgegnete Mata Hari. »Ich habe nie in meinem Leben Geheimtinte benutzt. Wo hätte ich sie versteckt haben sollen, als die Briten mein gesamtes Gepäck durchsucht und alle meine Toilettenartikel chemisch geprüft haben? Ich bin nicht Agentin H-21!«

Bouchardon drohte darauf mit einem weiteren Telegramm. Seine Augen funkelten vor Freude: »Es besteht nicht die geringste Möglichkeit einer Verwechslung, weil Agentin H-21 dem stellvertretenden Standortkommandanten Kalle gesagt hat, dass ihr Dienstmädchen Anna Lintjens heißt und Geldüberweisungen nur über sie erfolgen sollten! ›H-21 wird morgen in Paris ankommen und bittet, ihr über sein Dienstmädchen Anna Lintjens 5000 Francs zum Comptoire d'Escompte nach Paris zu schicken.‹ Anna Lintjens ist doch der Name Ihres Dienstmädchens in Den Haag, oder?«

»Von Kalle kann sagen, was er will, ich bin nicht H-21.«

Bouchardon legte zufrieden das Telegramm hin und bemerkte: »Sie haben schlechter reagiert, als ich Ihnen zugetraut hätte. Wenn es, so unwahrscheinlich es auch sein mag, zwei Frauen mit dem Decknamen H-21 gäbe, so kann nur eine ein Dienstmädchen namens Anna Lintjens haben, und dagegen können Sie nichts vorbringen.«

Wütend und völlig ratlos zugleich schleuderte Mata Hari in ihrer Ohnmacht Bouchardon ihren mit Wasser gefüllten Metallbecher ins Gesicht. Baudouin war völlig verdutzt; Bouchardon nahm den Schlag hin, trocknete sich das Gesicht mit dem Taschentuch und sagte: »Auch große Schauspielerinnen haben ihre Schwächen… Wir fordern Sie auf, gründlich über all das nachzudenken, was Sie uns heute zu erörtern gezwungen haben.« Dann gab er den Wachen ein Zeichen: »Bringen Sie Madame Zelle nach Saint-Lazare zurück.«

Wortlos ließ Mata Hari sich abführen. Bevor sie zur Tür hinausging, drehte sie sich um, blickte Bouchardon fest in die Augen und sagte: »Wie können Sie sich anmaßen, über mich zu urteilen? Sie sind nur ein Mann, der an seinem Sessel klebt, und ich war eine Frau Kurtisane.«

Mogelpoker

Nach dieser bewegten Zusammenkunft wanderte Mata Hari für drei Wochen – bis zum 21. Mai 1917 – wieder ins Gefängnis. Bouchardon hatte sich vorgenommen, sie zu Fall zu bringen und zur Mitarbeit zu zwingen. Die Rechnung ging auf. Denn am 21. Mai stand Bouchardon in seinem Büro einer anderen Mata Hari gegenüber. Sie kam ihm zuvor und erklärte sofort: »Ich bin entschlossen, Ihnen heute alles zu sagen. Wenn ich Ihnen bislang nicht die ganze Wahrheit gesagt habe, so nur, weil ich mich irgendwie schämte.«

In die Enge getrieben, legte Mata Hari ein Geständnis ab: Sie sei von Krämer angeworben worden, der ihr 20000 Francs gezahlt hatte, und sie war Agentin H-21. Aber nach bewährter Methode gab sie nur einen Teil der Wahrheit zu, nur das, was nicht mehr geleugnet werden konnte. Sie erklärte, dass sie im Mai 1916 (nicht im Herbst 1915, vor ihrer ersten Reise nach Paris) auf Konsul Krämers Angebot eingegangen sei. Das mochte ein unwichtiges Detail sein, war aber in Wirklichkeit eine äußerst geschickte Lüge. Mata Hari wusste, dass sie bei ihrem zweiten Paris-Aufenthalt ständig beschattet worden war und man ihr laut Observierungsberichten nichts nachweisen konnte. Darum sagte sie: »Als ich das erste Mal nach Frankreich fuhr, stand ich noch nicht im Dienst der Deutschen. Ich bin nur wegen meiner Wäsche nach Paris gefahren.«

Diese Haltung veranlasste Bouchardon, ihr zu Recht zu entgegnen: »Sie bestehen hartnäckig darauf, nur das zuzugeben, was offenkundig ist. Wenn Sie glauben, dass uns keine Beweise vorliegen, beteuern Sie uns Ihre Unschuld.«

Mata Haris Position war aber trotz dieser Tricks sehr schwach. Auch wenn sie den Wahrheitsgehalt der Telegramme bestritt und behauptete, Kalle keine Informationen geliefert zu haben, brachten einige Dinge sie in Verlegenheit. Sie hatte zugegeben, von Konsul Krämer 20000 Francs erhalten zu haben – für die damalige Zeit eine beträchtliche Summe, die selten gezahlt wurde. Man erinnere sich nur an das Gespräch zwischen »Fräulein Doktor« und Vincenzo Moni. Zwar hatte sie gesagt: »Wir sind sehr reich, und wenn Sie uns gute Dienste leisten und uns brauchbare Informationen schicken, werden Sie unverzüglich 20000 bis 30000 Francs erhalten«, doch aus dem Geheimbericht über Moni geht hervor, dass er weit weniger kassierte: 3970 Francs für vierzehn Briefe mit nützlichen Informationen – fünf Mal weniger als das, was Mata Hari bekommen hatte. Als Bouchardon sie darauf aufmerksam machte, meinte Mata Hari vorbringen zu müssen, sie sei schließlich nicht irgendjemand und ihren Preis wert gewesen. Kein besonders geschicktes Manöver!

Der Untersuchungsrichter fragte sie dann: »Kommt es Ihnen nicht seltsam vor, dass Krämer Ihnen 20 000 Francs gab, wenn Sie noch nicht dem deutschen Geheimdienst angehörten? Die Deutschen erwarten Ergebnisse von ihren Agenten und bezahlen sie im Nachhinein je nach Bedeutung der geleisteten Dienste.«

Mata Hari wischte den Einwand mit einer Handbewegung weg: »Bei aller Liebe, ich bin es gewohnt, im Voraus bezahlt zu werden. Krämer wusste, dass das die Spielregeln waren.«

Daraufhin wandte Bouchardon ein: »Wir kennen die deutschen Honorare und können Ihnen versichern, dass uns diese Summe riesig erscheint im Vergleich zu den üblichen Tarifen.«

»Ich habe den Eindruck, dass Sie sich nicht darüber im Klaren sind, Herr Hauptmann, dass ich auf großem Fuß gelebt habe! Seit Beginn meiner Karriere erhielt ich hohe Gagen. Im Olympia verdiente ich 10 000 Francs. Bevor ich das Haus in Den Haag kaufte, hatte ich eines in Neuilly-sur-Seine und ein Schloss in der Touraine, wo ich Pferde besaß, und ich bin immer nur in Grandhotels abgestiegen.«

»Einer unserer Offiziere hat der deutschen Spionage seine Dienste für weit weniger Geld angeboten, und man hat ihn abblitzen lassen«, erwiderte Bouchardon.

Mata Hari war mit ihrem Gegenargument schnell bei der Hand: »Das kann sein, aber der große Unterschied besteht darin, dass ich den Deutschen meine Dienste nicht angeboten habe. Sie waren es, die mir in der irrigen Meinung nachgelaufen sind, ich könne ihnen wichtige Informationen beschaffen. Eine Frau wie mich, die in den Niederlanden ein Haus und einen Liebhaber hat, schickt man nicht einfach auf Reisen, ohne sie mit entsprechenden Mitteln auszustatten.«

Mata Hari verteidigte sich gut, aber manchmal ging sie zu weit. Sie war zwar charmant, aber oft unbedacht. Selbst nachdem Bouchardon Telegramme vorgelegt hatte, die sie schwer belasteten, bat Mata Hari ihn in Briefen aus dem Gefängnis weiterhin um vorläufige Haftentlassung. Es war der ungünstigste Zeitpunkt, aber Mata Hari schien die Schwere der gegen sie vorgebrachten Beweise nicht richtig einzuschätzen. Zudem führte sie zu ihrer Verteidigung oft Argumente an, die sich eher für Gespräche in einem Salon als vor Gericht eigneten, wobei sie manchmal bewusst log (Teetasse), manchmal bei der Wahrheit blieb (das von Krämer erhaltene Geld).

Als Bouchardon versuchte, Mata Hari das Eingeständnis abzuringen, dass sie sich von Krämer schon früher hatte engagieren lassen, als sie eingestehen wollte, schaute sie ihn entgeistert an und explodierte: »Hören Sie zu, Herr Hauptmann, ich konnte Krämer erst 1916 empfangen. Mein neues Haus in Den Haag war erst nach meiner ersten Reise nach Paris bezugsfertig, nachdem ich meine Wäsche dort abgeholt hatte. Vorher hatte ich nicht einmal eine Teetasse!«

Und als es darum ging, ihr Engagement für Frankreich zu beteuern, sagte sie: »Krämer hat mir nur 20000 Francs gegeben. Sie werden bestimmt verstehen, dass ich mich mit einer so lächerlichen Summe nicht begnügt hätte, wenn ich ernsthaft die Absicht gehabt hätte, für die Deutschen zu arbeiten. Übrigens erinnere ich Sie daran, dass ich von den Franzosen eine Million gefordert habe – nur um zu beweisen, wie sehr ich mit ihnen zusammenzuarbeiten wünschte!«

Dieses Argument wurde jedoch von den Funktelegrammen widerlegt. Mata Hari musste zugeben, dass sie Kalle um 10000 Francs gebeten hatte, auch wenn sie gleich hinzufügte, er habe ihr das Geld nie überwiesen. Sie gab aber zu, tatsächlich Geld vom Militärattaché bekommen zu haben: »Es stimmt, dass Kalle mir 3500 Peseten überwiesen hat, dabei handelte es sich aber um eine private Zuwendung. Er wollte mir einen Ring schenken. Da ich diese Art Schmuck nicht mag und sein Angebot abgelehnt habe, hat er mir, wie ich annehme, die 3500 Peseten als Ersatz zukommen lassen.«

»Kalle ist nicht Oberleutnant Kiepert, Madame«, gab Bouchardon darauf zurück. »Er hat kein Privatvermögen, und sein Gehalt dürfte 2000 Peseten monatlich nicht übersteigen. Die 3500 Peseten sind eindeutig deutsches Geld!«

»Woher hätte ich das wissen sollen?«, fragte sie hilflos.

Manchmal gereichte ihre Aufrichtigkeit ihr zwangsläufig zum Schaden: Als Bouchardon sie fragte, wie sie, obwohl sie lange in Frankreich gelebt hatte, gegen das Land arbeiten konnte, das sie freundlich aufgenommen hatte, antwortete sie: »Da ich Holländerin bin, empfinde ich nicht den gleichen Hass gegen die Deutschen wie Sie.«

»Madame, tausend Franzosen sterben jeden Tag!«, hielt ihr der Untersuchungsrichter vor.

»Auch tausend Deutsche, Monsieur«, antwortete sie.

Damit war alles gesagt.

Heil bringender Leichtsinn

Manchmal jedoch kamen Mata Hari ihr Leichtsinn und ihre Oberflächlichkeit zustatten. Sie schaffte es sogar, sich in dem Glauben zu wiegen, dass ihre Lage, so schrecklich sie auch sein mochte, nur vorübergehend sei. Darum findet sich neben den Briefen an den Untersuchungsrichter und an ihren Geliebten auch eine ausgedehnte Korrespondenz, in der nur von kleinen materiellen Unannehmlichkeiten die

Rede ist. Das waren die einzigen Briefe, die unzensiert an die Adressaten weitergeleitet wurden, da ihr Inhalt als belanglos oder harmlos eingestuft wurde, darunter beispielsweise ein Brief an ihr Dienstmädchen Anna, in dem sie ihr schrieb, sie solle sich keine Sorgen um sie machen, und ein Brief an einen Schneider in Den Haag.[113]

Auch ein Brief Mata Haris an Pierre Bouchardon legt Zeugnis davon ab, in welchem Umfang sie bisweilen ihre Situation negieren konnte:

»Herr Richter,
(...) ich bitte Sie um folgende Dinge:

1. Bei meiner Schneiderin, Madame Chartier, Rue Delambre 5, liegt ein weißer Tuchmantel mit schwarzem Fuchs. Ich schulde ihr 25 oder 30 Francs für eine kleine Änderung.
   Können Sie dieses Kleidungsstück abholen und ihr 50 Francs zahlen lassen?[114]
2. Das Zimmermädchen auf der ersten Etage des Élysée-Palace *(sic)* muss meine Wäsche von der Wäscherin zurückbekommen haben. Man muss wahrscheinlich 5 oder 6 Francs bezahlen.
   Können Sie diese Außenstände begleichen lassen?
3. Können Sie die Polizisten, die mein Zimmer durchsucht haben, fragen, was sie mit meinen Toilettenartikeln und meinen Ohrringen (großen portugiesischen Kreolen) gemacht haben, die sich in der rechten Schublade meines Toilettentisches befanden?
4. Die Modistin Madame Dalodier, Rue Duphot 14, hat meine weiße Federboa.«

Mitten im Krieg, im Gefängnis von Saint-Lazare, hatte sie ihren Fuchsbesatz und ihre Federboa im Sinn! Man mag über so viel Oberflächlichkeit staunen, aber vielleicht war es für sie die einzige Möglichkeit, sich mit der tristen Wirklichkeit zu arrangieren. Die legendäre Mata Hari war wieder eine normale Frau geworden.

Untrügliche Beweise

Mata Hari schätzte die Situation also nicht richtig ein. Sie war zwar sehr intelligent, aber oft auch außerordentlich naiv. Doch Bouchardon wusste, dass die Geheimdienste Meister im Manipulieren waren. Darum bestand er weiterhin hartnäckig darauf, dass Mata Hari bereits 1915 im Auftrag des deutschen Geheimdienstes nach Paris gereist sei, obwohl Ladoux eine diesbezügliche Anfrage Anfang Juni 1917 folgendermaßen beantwortet hatte: »Ich habe die Ehre, Ihnen mitzuteilen, dass mir kein Beweis vorliegt, der mir zu behaupten erlaubt, dass Zelle-MacLeod seit 1915 für den deutschen Geheimdienst tätig war.«

Doch Bouchardon suchte weiter nach unwiderlegbaren Beweisen für seine vorgefasste Meinung, Mata Hari habe nicht nur seit 1915 der deutschen Spionage angehört, sondern sie sei seit diesem Zeitpunkt vor allem eine aktive Agentin gewesen. Warum suchte er überhaupt nach weiteren belastenden Indizien, wenn die Telegramme so erdrückende Beweise lieferten? Weil einige davon zu schlüssig, andere hingegen zu vage waren. Entgegen einer häufig aufgestellten Behauptung fasste Bouchardon eine im Großen und Ganzen stichhaltige Anklageschrift ab, um die Lügen der einen sowie der anderen Seite einigermaßen auszugleichen. Darüber stolperte Mata Hari, ohne sich dessen bewusst zu sein. Schritt für Schritt bekam Bouchardon das, was er angestrebt hatte: Geständnisse! Am 23. Mai 1917 lieferte ihm Mata Hari das erste entscheidende Element: »Wenn Sie, nachdem Sie 20 000 Francs von Krämer erhalten haben, wirklich nicht für Deutschland spioniert haben, hätten Sie sich ›von‹ Kalle nicht als H-21 vorgestellt. Er hätte Sie schnell entlarvt, denn er hat sich tatsächlich in Berlin erkundigt und erfahren, dass H-21 keineswegs als Verräterin angesehen wurde. Verstehen Sie, was das bedeutet?«

Mata Hari tat so, als verstehe sie nicht. Darum fuhr der Untersuchungsrichter fort: »Wenn H-21 für Berlin eine reguläre Agentin ist, heißt es, dass Sie immer noch für die Deutschen tätig waren, das ist die logische Schlussfolgerung der Geschichte!«

»Ich weiß nicht, was Berlin geantwortet haben könnte«, sagte sie, woraufhin Bouchardon eines der Funktelegramme vorlas: »Für die deutsche Spionage ist H-21 sicher keine Verräterin, sie ist eine mittelmäßige Agentin: ›Könnte bessere Arbeit leisten.‹«

Mata Hari empörte sich: »Das ist das erste Mal, dass ich als mittelmäßig eingestuft werde, und Sie werden einsehen, dass diese Äußerung zu meinen Gunsten ausgelegt werden muss, Herr Hauptmann. ›Könnte bessere Arbeit leisten‹ ist nicht vereinbar mit meinem Temperament!«

»Es bedeutet nicht, dass Sie nichts getan hätten«, konterte Bouchardon.

»Auf jeden Fall haben die Deutschen auch nicht behaupten können, dass ich etwas getan habe«, stellte Mata Hari fest.

Bouchardon tat so, als würde er teilweise nachgeben, denn er wusste genau, dass er bald am Ziel sein würde: »Gut, gut ... Dann sagen Sie mir, warum es in Kalles Telegrammen heißt, dass Sie ihn getroffen haben, nachdem Sie bereits eine zweite Mission in Frankreich erfüllt hatten? Von Kalle scheint, im Gegensatz zu Ihnen, genau zu wissen, dass Sie seit Ihrer ersten Reise nach Paris 1915 im Dienste der Deutschen standen.«

Mata Hari hielt noch an dem fest, was sie immer gesagt

hatte: »Es hat nie eine zweite Mission gegeben. Von Kalle muss gewusst haben, dass ich das Lager gewechselt hatte, und wollte mich belasten. Ich habe ihm nur gesagt, dass ich zweimal nach Frankreich gereist bin, und nicht, dass ich geschickt worden sei. Als ich Ende 1915 das erste Mal nach Frankreich kam, stand ich nicht im Dienste der Deutschen. Ich fuhr lediglich wegen meiner Wäsche nach Paris. Ich muss jedoch zugeben, dass Krämer mir bei meiner Rückkehr dann eine Reihe von Fragen allgemeiner und politischer Art stellte. In den Niederlanden machen es die Deutschen immer so; sobald jemand aus Frankreich zurückkehrt, umschwirren sie einen wie die Fliegen und stellen Fragen …«

»Was haben Sie Krämer gesagt?«, fragte der Untersuchungsrichter.

»Nur ein bisschen Gesellschaftsklatsch …«

Bouchardon lächelte zufrieden: »Auf dem Gebiet der Spionage kann ›ein bisschen Gesellschaftsklatsch‹ sehr informativ sein. Das wissen Sie genauso gut wie ich.«

»Ich habe ihm gesagt, dass die britischen Offiziere mit den Franzosen ohne die elementarste Höflichkeit umgingen. Ich stimmte mit Krämer überein, als er sagte, dass die Franzosen später vielleicht bedauern würden, die Engländer ins Land gelassen zu haben, weil diese wahrscheinlich nur ungern wieder abzögen. Wir haben über den Handel gesprochen und waren uns einig, dass die Briten im Begriff stünden, den Deutschen den Rang abzulaufen. Ich habe noch gesagt, dass es Kaufleuten in Den Haag unmöglich war, nach Frankreich zu fahren, um die Geschäftsbeziehungen zu Großbritannien anzukurbeln.«

Bouchardon stellte fest, dass Krämer ihr die 20 000 Francs durchaus nicht für nichts gezahlt hatte.

»Auf jeden Fall habe ich ihm keine militärischen Informationen gegeben!«, rief Mata Hari.

»Ich nehme Ihr Geständnis zur Kenntnis«, sagte der Untersuchungsrichter.

Denn ohne sich dessen bewusst zu sein, hatte Mata Hari zugegeben, den Deutschen Informationen, wenngleich von untergeordneter Bedeutung, geliefert zu haben – den Deutschen, die sie ihrer eigenen Aussage zufolge bald über Konsul Krämer entlohnen sollten. Selbst wenn Mata Hari an ihrer Argumentation festhielt – das, was sie für einen Vorschuss hielt, konnte genauso gut eine Entlohnung für bereits geleistete Dienste sein. Sie selbst zählte sich ja zu den kleineren Kalibern im Spionagedienst ... Diesen Standpunkt vertrat übrigens auch Berlin: sie sei keine Verräterin, aber eine »mittelmäßige« Spionin.

Mata Hari gab später ebenfalls zu, auch an Kalle nebensächliche Informationen weitergegeben zu haben, die sie aus alten französischen Zeitungen ausgegraben hatte. Als Bouchardon ihr vorwarf, Kalle darüber in Kenntnis gesetzt zu haben, dass die Briten Klara Benedix suchten, rief Mata Hari: »Mäuse fängt man nur mit Speck!«

Nach Ansicht des französischen Geheimdienstes gab es aber überhaupt keine unnütze Information, denn der Feind, der unentwegt eine Fülle von Informationen durchforstete, konnte aus tausend kleinen Details das herausfiltern, was er erfahren wollte. Die »Schlagzeilen« der Zeitungen, die Mata Hari als Quelle benutzt hatte, mochten zwar von untergeordneter Bedeutung sein, aber angesichts der Funktelegramme und der weiteren Umstände nahm der Verdacht allmählich feste Konturen an.

Er erhärtete sich dadurch, dass Mata Hari ausgesagt hatte, die beiden von ihr beim Comptoir d'Escompte eingelösten Schecks in Höhe von je 5000 Francs vom November 1916 und Januar 1917, die unter anderem ihre Verhaftung ermöglicht hatten, stammten von Baron Van der Capellen. Den Funktelegrammen zufolge handelte es sich hingegen um Geld aus Deutschland. Wie auch hätte Kalle sonst von den beiden Überweisungen und von der exakten Höhe wissen können?[115]

Anders ausgedrückt: Warum hatte Mata Hari Kalle gesagt, dass sie im November 5000 Francs vom deutschen Geheimdienst erhalten hatte, wenn es nicht stimmte? Woher wusste Kalle über die Daten und die Herkunft der beiden Schecks in Höhe von je 5000 Francs Bescheid?

Als Bouchardon Mata Hari später in die Enge trieb, brachte sie wirre Erklärungen vor und verhedderte sich in ihren Aussagen. Nachdem sie zunächst behauptet hatte, sie habe Anna Lintjens angewiesen, sich mit dem Baron in Verbindung zu setzen, räumte sie anschließend ein, sie habe ihrem Dienstmädchen, falls der Baron sich weigern würde oder nicht erreichbar sei, den Auftrag gegeben, im Amsterdamer Hotel de L'Europe nach Krämer zu fragen. Dann erklärte sie: »Es ist möglich, dass das Geld von Krämer kam, ich glaube aber eher, dass es vom Baron kam, denn das schrieb mir mein Dienstmädchen.«

Auf diese Aussage, über die Mata Haris Verteidiger geflissentlich hinweggehen, legte Bouchardon besonderen Nachdruck, und auch Hauptmann Ladoux bestätigte sie in seiner Zeugenaussage vom 3. Mai 1917.

Ladoux brachte diesmal ein Argument vor, das alles andere als irreführend war: »Sie [Mata Hari] erhielt im November 1916 in Paris 5000 Francs, die von Konsul Krämer kamen. Woher soll Kalle am 28. Dezember 1916[116] gewusst haben – es sei denn, er konnte hellsehen –, dass diese Agentin darum gebeten hatte, ihr über Krämer und Anna Lintjens schnell 5000 Francs zum Comptoir d'Escompte von Paris zu schicken?«

Damit dürfte er den Nagel auf den Kopf getroffen haben, denn vermutlich hatte Mata Hari, die gerade dringend Geld brauchte, Kalle gebeten, ihr über die Diplomatenpost eine bestimmte Summe zukommen zu lassen – entweder wollte sie dadurch ihre Glaubwürdigkeit untermauern, oder sie nahm es nicht ganz so genau mit der Herkunft des Geldes. Es würde durchaus zu ihr passen, dass sie keine Hemmungen hatte, sich von den Deutschen bezahlen zu lassen, ohne ernstlich für sie arbeiten zu wollen. Schließlich sah sie sich als Mitarbeiterin der französischen Spionageabwehr, aber Ladoux zahlte nicht. Halb Lüge, halb Wahrheit, eine gehörige Portion Leichtsinn und eine Prise Egozentrik – das war die Mata Hari, die man kannte.

Ende Mai 1917 war Mata Haris Schicksal aus der Sicht Bouchardons besiegelt.

Er wusste nun, dass sie seit 1915 im Dienst der Deutschen stand, weil sie ihnen von diesem Zeitpunkt an Informationen geliefert hatte (»ein bisschen Gesellschaftsklatsch«). Sie gehörte auf jeden Fall dem deutschen Geheimdienst an, als sie Ladoux aufsuchte. (Sie gab selbst zu, dass Krämer ihr vor ihrer zweiten Reise nach Paris 20 000 Francs gegeben hatte.) In Spanien hatte sie Geld von den Deutschen gefordert, und diese hatten ihr noch einmal Geld überwiesen (3500 Peseten und 5000 Francs auf dem Umweg über die niederländische Botschaft).

Wenn man das ganze Geld zusammenzählte, das Mata Hari vom deutschen Geheimdienst bekommen hatte – 20 000 Francs von Krämer, zweimal 5000 Francs (also 10 000 Francs) über die niederländische Botschaft in Paris, 3500 Peseten (etwa 4000 Francs) von Kalle –, ergibt das eine Summe von 34 000 Francs, davon 14 000 Francs in nicht einmal zwei Monaten von Ende November 1916 bis Januar 1917.[117]

Das reichte für das Erschießungskommando, mit oder ohne Funktelegramme.

Als Mata Hari sich noch einmal zu rechtfertigen versuchte und darauf beharrte, »nie einen Auftrag der Deutschen ausgeführt zu haben«, unterbrach Bouchardon sie mit der überraschenden Feststellung: »Ich möchte Sie darauf hinweisen, dass es nach unseren Gesetzen genauso schwer wiegt, Kontakte mit dem Feind zu unterhalten, wie tatsächlich Informationen weiterzuleiten.«

Daraufhin explodierte Mata Hari: »Dann ist Ihr Gesetz fürchterlich. Wenn ich das gewusst hätte, wäre ich niemals hierhergekommen!«

Zwei unvereinbare Sichtweisen, zwei völlig verschiedene Welten prallten aufeinander: Mata Hari auf der einen und das Militär auf der anderen Seite. Ohne es zu wollen, hatte Mata Hari sich mit ihren Lügen in der eigenen Schlinge gefangen. Bouchardon fasste zusammen:

»Als Sie am Boulevard Saint-Germain Hauptmann Ladoux aufsuchten, haben Sie tunlichst vermieden, ihn über Ihre Verbindung zu Krämer und dem deutschen Spionagedienst, über Ihre Decknummer H-21 und den Auftrag, mit dem die Deutschen Sie betraut hatten, zu informieren. Als Sie andererseits in Madrid waren, begaben Sie sich zum stellvertretenden Standortkommandanten Kalle, dem deutschen Militärattaché, und berichteten ihm eiligst, dass Sie vorgegeben hätten, ein Angebot des französischen Geheimdienstes zu akzeptieren. Sie unterließen es, die Franzosen zu unterrichten, dass Sie in deutschen Diensten standen; den Deutschen hingegen offenbarten Sie Ihre Beziehung zu den Franzosen umgehend. Unter diesen Umständen fragt man sich: Wem dienten Sie tatsächlich? Wen betrogen Sie? Frankreich oder Deutschland? Mir scheint, die Frage enthält bereits die Antwort.«

Mata Hari versuchte darzulegen, dass sich alles ganz anders zugetragen hatte: »Wenn ich Hauptmann Ladoux gesagt hätte, dass ich vom deutschen Geheimdienst angeworben worden war, hätte ich riskiert, vor das Erschießungskommando gestellt zu werden. Indem ich von Kalle darüber informierte, dass es mir gelungen war, den französischen Geheimdienst zu infiltrieren, habe ich sein Vertrauen gewonnen, um ihm so besser Informationen entlocken zu können.«

Die Schlinge wurde zugezogen.

Nichts als Feigheit

Von diesem Augenblick an konnte Mata Hari sagen, was sie wollte – selbst stichhaltige Argumente wurden einer vorgefassten Wahrheit angepasst. Ziel ihres doppelten Spiels sei es gewesen, Frankreich besser täuschen zu können. In seinem abschließenden Ermittlungsbericht schrieb Bouchardon: »Nachdem [1914 in Berlin] einigen Offizieren, ihren Liebhabern, flüchtige Bemerkungen herausgerutscht waren, wurde sie sich der unmittelbaren Kriegsgefahr bewusst: sie beeilte sich, ihre Freunde in Frankreich zu informieren, und spielte das doppelte Spiel, durch das Spione sich die Immunität von beiden Seiten zu sichern glauben.«

Auch Oberst Denvignes, ihr Bewunderer aus Madrid, ließ sie im Stich. Am 4. Mai 1917 gab er, die Wahrheit verdrehend, zu Protokoll, dass er schon immer von Mata Haris Schuld überzeugt gewesen sei und ihr nie das geringste Vertrauen entgegengebracht habe. Offenbar war seine Aussage von größter Wichtigkeit. Er behauptete sogar, sie von vornherein enttarnt zu haben. Aus der Frau, der er in aller Öffentlichkeit unverhohlen nachgestellt hatte, war plötzlich ein Wesen »von mehr oder weniger zweifelhaftem Ruf namens MacLeod« geworden. Der Version zufolge, die er dem Gericht präsentierte, war Mata Hari ihm nachgelaufen und er vor ihr geflüchtet. Leider fragte ihn niemand, ob sie etwa darauf bestanden hatte, dass er als Erinnerung ihr Taschentuch und den kleinen Veilchenstrauß mitnahm … Er behauptete, dass die gelieferten Informationen falsch, veraltet oder unwichtig gewesen seien, und führte am Ende seiner Aussage ein entscheidendes Argument ins Feld, dem großes Gewicht beigemessen wurde: »Am meisten haben mich die Informationen selbst, die sie mir gegeben hat, davon überzeugt, dass MacLeod eine Agentin der Deutschen war. Ich kannte mich in der Spionage gut genug aus, um zu wissen, dass der Feind einen Agenten, den er zu uns schickt, immer mit wahren, jedoch überholten Informationen ausstattet, um unser Vertrauen zu gewinnen.«

Um einer Gegenüberstellung mit Mata Hari auszuweichen, sagte er: »Ich bin gerade auf der Durchreise; es ist purer Zufall, dass Ihr Wunsch, mich anzuhören, mir heute angetragen wurde. Morgen fahre ich wieder an die Front, und bald darauf werde ich nach Madrid zurückkehren.«

Denvignes' Aussagen sind kaum als schlüssig zu bezeichnen: Zum einen gab er an, der französische Geheimdienst habe seine Agenten angewiesen, auf eine gewisse Madame Zelle-MacLeod zu achten, zum anderen sei er nie auf den Gedanken gekommen, eine Verbindung zwischen dieser Dame und Mata Hari herzustellen, die in Madrid sehr berühmt war.[118] Und war nicht dieser ehrwürdige Offizier es gewesen, der von Mata Hari weitere Informationen über die Landung deutscher Truppen in Marokko erbeten hatte? Doch eiskalt behauptete Denvignes: »Ich bin immer der festen Überzeugung gewesen, dass MacLeod für die deutsche Spionage arbeitet. Da sie in Madrid observiert wurde, konnte sie ihre Treffen mit Kalle vor Hauptmann Ladoux nicht geheim halten. Deshalb stellte sie es als intelligenter Profi so hin, als suche sie in unserem Auftrag den deutschen Militärattaché auf.«[119]

War es die Rache eines geschmähten Liebhabers, war es Angst vor der Blamage, oder war der Druck, den Ladoux und Oberst Goubet auf ihn ausübten, zu groß? Als Bouchardon Mata Hari mit Denvignes' Aussage konfrontierte, sagte sie mit einer Verachtung, die dennoch ihren Respekt vor der Uniform erkennen ließ: »Ein Mann vom Range Oberst Denvignes' sollte nicht den ersten Stein auf eine Frau werfen, die im Elend steckt.«

Für Mata Hari war das Unvorstellbare eingetreten: Ihrer Überzeugung nach log ein Offizier nie, erst recht kein französischer.

Gegenüberstellung mit Ladoux

Obwohl sie sich zermürbt und im Stich gelassen fühlte, kämpfte Mata Hari bis zum Schluss. Allein gegen alle betonte sie erneut die Wichtigkeit der Informationen, die sie der französischen Spionageabwehr durch Denvignes und ihren Briefwechsel mit Ladoux geliefert hatte: »Ich handelte in gutem Glauben! Ich hatte Hauptmann Ladoux wissen lassen, dass er die Informationen, die ich ihm lieferte, überprüfen müsse, bevor er davon Gebrauch machte. Ich habe sie ihm so weitergegeben, wie ich sie gehört hatte.«

Darüber hinaus bemühte sie sich nachzuweisen, dass Hauptmann Ladoux log, die Tatsachen verdrehte und seine Schilderung der Ereignisse nicht stimmte:

»Ladoux hat behauptet, er habe mich nicht mit einer Aufgabe betraut, da er mir weder eine Nummer noch Geld gegeben habe. Wenn meine Zusammenkünfte mit Ladoux in einem Restaurant stattgefunden hätten, dann könnte seine Behauptung richtig sein. Doch sie fanden alle in seinem offiziellen Büro statt, das zum Kriegsministerium gehörte. Dorthin war ich auch einbestellt worden. Konnte ich unter diesen Umständen einem französischen Offizier misstrauen und an der Echtheit der Aufgabe zweifeln, die er mir übertragen hatte?

Hätte ich nur die leisesten Zweifel gehabt, so wären sie spätestens dann zerstreut worden, als Hauptmann Ladoux mich an ein weiteres offizielles Amt, an das von Monsieur Maunoury auf dem Polizeipräsidium, verwies, damit mir das Visum für meine Reise ausgestellt würde.

Außerdem möchte ich Sie bitten, die Situation zu bedenken, in der ich mich befand: Hauptmann de Massloff hatte mir einen Heiratsantrag gemacht. Ich war seine Verlobte. Ich wollte mit ihm leben und glücklich sein. Da er jedoch Russe ist, konnte ich natürlich nur von den Alliierten Geld annehmen. Wenn ich vorgehabt hätte, für Deutschland zu spionieren, wäre ich in Paris geblieben. Ich verließ Frankreich mit dem festen Vorsatz, diesem Land zu helfen.«

Hatte Ladoux nun einer Spionin leichtfertig wichtige Informationen anvertraut, oder hatte er das Terrain sondiert, um Mata Hari tatsächlich zu engagieren? Beides wäre ein schlechtes Zeugnis für den Chef der französischen Spionageabwehr. Um zu beweisen, dass sie in gutem Glauben gehandelt hatte, forderte Mata Hari eine Gegenüberstellung mit Hallaure, Denvignes und vor allem Hauptmann Ladoux, der den Schlüssel zu dieser seltsamen Affäre in der Hand hatte. Es wurde ihr nur die Gegenüberstellung mit Ladoux zugestanden, die am 30. Mai 1917 stattfand.[120]

Ladoux hat diese Gegenüberstellung in seinen Memoiren *Les Chasseurs d'espions* geschildert, wobei seine Version mit Vorsicht zu genießen ist. Die Nachzeichnung der folgenden Szene beruht auf den Aussagen Mata Haris gegenüber dem Untersuchungsrichter Pierre Bouchardon und wird durch Ladoux' Aufzeichnungen ergänzt:

Mata Hari saß Bouchardon gegenüber. Er sagte brüsk: »Sie haben auf einer Gegenüberstellung bestanden. Gerichtsschreiber, bitten Sie Hauptmann Ladoux herein.«

Dann zogen sich Bouchardon und Baudouin zurück. Ladoux betrat sichtlich befangen den Raum und setzte sich neben Mata Hari.

Ohne lange Vorreden schleuderte sie ihm an den Kopf:

»Herr Hauptmann, dass ich mich in dieser Situation befinde, verdanke ich Ihnen. Haben Sie eine solche Angst vor mir, dass Sie so lange überlegen mussten, bis Sie einem Treffen mit mir unter vier Augen zustimmten? Ich habe allen Grund, Sie zu hassen. Nun müssen Sie mit offenen Karten spielen und die Wahrheit sagen! Geben Sie zu, dass ich nur das getan habe, was Sie von mir verlangt haben. Warum wollen Sie die Tatsachen leugnen? Warum streiten Sie das Geschäft ab, das wir abgeschlossen haben? Was habe ich Ihnen getan? Ich versichere Ihnen, wenn Sie mich zerstören wollen, so haben Sie es geschafft ... Wo bleibt Ihre Ehre? Halten Sie also nie Ihr Wort, weder Ihr Offizierswort noch Ihr Ehrenwort als Mann?«

Ladoux versuchte sie zu besänftigen: »Wir werden eine Abmachung treffen.«

»Ich mache mir nichts aus Ihren Abmachungen, die mich ins Gefängnis gebracht haben!«

»Hören Sie«, versuchte er sie zu beschwichtigen, »Sie können Ihren Kopf retten, wenn Sie uns die Liste mit den Namen all Ihrer Kontaktpersonen in Frankreich liefern. Vergessen Sie nicht, dass solche Enthüllungen Sie vor einer Verurteilung bewahren.«

»Meinen Kopf retten? Welches Interesse haben Sie daran? Was haben Sie gesucht? Aufgrund der von Ihnen angeordneten Observierungsberichte wissen Sie, dass ich keine Komplizen habe und auch nicht so feige bin, solche unter Druck zu erfinden. Ich weiß absolut nichts über die Spionageorganisationen in Frankreich und in Paris.«

»Wir verlangen nicht viel«, insistierte Ladoux. »Es gibt bestimmt Menschen, die Sie verdächtigen, mit denen Sie gesprochen haben ...«

»Das ist also die Abmachung, die Sie vorschlagen, eine gemeine Erpressung!« Mata Hari hätte ihm am liebsten ins Gesicht gespuckt.

Ladoux versuchte, wieder die Oberhand zu gewinnen: »Madame, Sie sind nicht in der Position …«

Mata Hari unterbrach ihn vehement: »Dann holen Sie mich aus dieser Position heraus!«

Ladoux stand auf: »Sie sind Frankreichs Feindin. Wir schlagen Ihnen einen Handel vor. Wenn Sie ihn ausschlagen, sind Sie selbst schuld!«

Nun erhob sich auch Mata Hari von ihrem Stuhl und ohrfeigte ihn: »Gemeiner Hund!«

Eine Unterhaltung schien nicht mehr möglich; Ladoux ging zur Tür und holte Bouchardon und Baudouin herein. Mata Hari setzte sich, Ladoux gab Bouchardon mit einem diskreten Kopfzeichen den negativen Ausgang des Gesprächs zu verstehen und nahm ebenfalls wieder Platz. Bouchardon wandte sich Mata Hari zu, die nun sehr ruhig sprach: »Hauptmann Ladoux schlägt mir vor, meinen Kopf zu retten, und erwartet von mir als Gegenleistung Enthüllungen, die ich ihm nicht liefern kann. Ich wünschte, er sähe ein, dass ich mit offenen Karten gespielt habe. Übrigens, er wird es Ihnen nicht sagen, aber ich habe ihm eine Ohrfeige verpasst.«

Bouchardon warf Ladoux einen Blick zu. Dieser sagte mit ironischem Unterton: »Wenn sie Frankreich wirklich so sehr liebt, wie sie behauptet, wäre es ihre Pflicht gewesen, uns alles wahrheitsgetreu zu erzählen.«

Mata Hari wandte sich ihm zu: »Ich habe Ihnen nichts über meine Pläne gesagt, weil Sie mich nicht bezahlen wollten. Ich hatte bei Erfolg eine Million Francs gefordert, Sie hätten nichts aufs Spiel gesetzt!«

Ladoux fuhr fort, mit Bouchardon zu sprechen, als sei Mata Hari gar nicht anwesend: »Man kann einen Agenten erst mit einer Aufgabe betrauen, wenn man sich seiner sicher ist. Madame Zelle war mir stets verdächtig.«

»Warum haben Sie mir dann die Namen Ihrer Kontaktpersonen in Deutschland genannt und mir eine Menge anderer Informationen gegeben, die ich gar nicht haben wollte?«, fragte Mata Hari.

Bouchardon wandte sich noch einmal an den Chef der Spionageabwehr, der noch immer keine Regung zeigte und sagte: »Sie hat von mir nur vage Hinweise bekommen.«

In diesem Moment konnte Mata Hari nicht mehr an sich halten: »Wie können Sie es wagen, so etwas zu sagen?« Dann wandte sie sich an Bouchardon: »Merken Sie nicht, dass er lügt? Hauptmann Ladoux hat mich sehr wohl engagiert. Ich bin mit von Kalle nur in Verbindung getreten, weil ich im Dienste der Franzosen stand, und da ich meine Million verdienen wollte, hatte ich große Dinge vor.«

Ladoux machte wieder eine ironische Bemerkung: »Offenbar hatten Sie diese großen Dinge im Auftrag von ›Fräulein Doktor‹ vor.«

Mata Hari ignorierte die Beleidigung und wandte sich erneut an Bouchardon: »Wenn Sie mir nur vertraut hätten! Als ich Hauptmann Ladoux traf, habe ich ihn lediglich gebeten, nicht zu fragen, auf welche Weise ich vorgehen würde. Ich hatte eine großartige Idee. Ich habe mein Leben lang spontan gehandelt. Belanglosigkeiten haben mich nie interessiert. Herr Richter, für den Auftrag, den Hauptmann Ladoux mir gab, überließ er mir die Wahl der Reiseroute. Wenn ich die Absicht gehabt hätte, Frankreich zu verraten, wäre ich nie über Spanien nach Belgien gefahren. Ich wäre über die Schweiz gereist, das wäre eine schnellere und sicherere Route gewesen, um den Deutschen Informationen zu liefern.«

Bouchardon schüttelte den Kopf: »Angenommen, Sie sagen die Wahrheit; Belgien ist von den Deutschen besetzt, und in Brüssel wären Sie in der gleichen Situation gewesen.«

»Belgien ist vielleicht besetzt, aber dennoch nicht mit

Deutschland gleichzusetzen. In Brüssel habe ich Freunde, ich hätte mir etwas einfallen lassen«, antwortete Mata Hari.

Sie hatte sich wirklich schon zu viel einfallen lassen! Die Unterredung war beendet. Am nächsten Tag schrieb Mata Hari dem Untersuchungsrichter einen Brief, in dem es hieß: »Hauptmann Ladoux und ich werden uns nie verstehen. Aufgrund meiner Reisen, meiner Auslandskontakte und meiner Lebensart ziehen mich große Ereignisse und extreme Situationen an. Er ist das genaue Gegenteil.«[121]

15
Seelische Qualen

Während des ganzen Ermittlungsverfahrens kämpfte Mata Hari für ihre Freiheit und um ihr Überleben. Dennoch hatte seit ihrer Verhaftung ein Werk der Zerstörung begonnen, das ihren Zusammenbruch zum Ziel hatte, und schon vor ihrer Hinrichtung starb jeden Tag ein wenig mehr von ihr. Sie durchlebte ein regelrechtes Martyrium, zumal Bouchardon verschärfte Haft für sie angeordnet hatte. Binnen weniger Stunden änderte sich ihr Leben radikal: Aus ihrem Luxusdasein stürzte sie in bitterste Armut, zu der noch der Schrecken der Freiheitsberaubung hinzukam.

Als Mata Hari am 13. Februar 1917 in das Frauengefängnis von Saint-Lazare gebracht wurde, hatte man all ihre Habe konfisziert. Das Geld, das noch übrig geblieben war, hatte man im Hinblick auf die Gerichtskosten beschlagnahmt, die der Häftling im Fall seiner Verurteilung dem Staat erstatten musste.

Obwohl sie völlig isoliert war, nirgendwo, auch nicht in der Niederländischen Botschaft, um Hilfe nachsuchen konnte, und obwohl es ihr nicht gestattet war, in Paris Freunde zu benachrichtigen, versuchte Mata Hari sich aufzulehnen. Zu Bouchardon sagte sie einmal: »Man kann nicht von einem Tag auf den anderen eine Frau so degradieren, wie Sie es angeordnet haben.« Und dem Ankläger

Oberleutnant Mornet gegenüber erklärte sie: »Sie können mich verhören, aber bedenken Sie, ich bin nach wie vor eine Frau.«

Ihr Widerstand nutzte nichts. Binnen sechs Monaten alterte Mata Hari um zwanzig Jahre.

Eine Welt für sich

Mata Hari litt unter den Bedingungen ihrer Haft, unter schlechter Luft, unter Hunger und Schmutz. Am 6. Juli 1917, ein paar Tage nachdem die Ermittlungen abgeschlossen waren und bevor der Prozess eröffnet wurde, schrieb Mata Hari einen Brief an Oberleutnant Mornet, den Ankläger:

»Herr Oberleutnant,
seit viereinhalb Monaten bin ich im Gefängnis von Saint-Lazare eingesperrt, wo ich seit einiger Zeit so unerhört schlecht ernährt werde, dass ich Sie zu intervenieren bitte.

Man gibt mir nur das zu essen, was man den Unglücklichen, die hier eingesperrt sind, gibt. Und an manchen Tagen, wie beispielsweise heute, wagt man, uns einen so widerlichen Reisschleim zu servieren, dass sogar ein Hund sich weigern würde, ihn zu fressen. Die Brotration wird von Tag zu Tag kleiner. Ich leide sehr und nehme dermaßen ab, dass ich Sie bitte, etwas zu unternehmen. Ich könnte jeden Tag in der Kantine etwas dazukaufen, aber es ist sehr teuer, und Brot wird nicht mehr verkauft.

Sie brauchen mich nicht so schlecht zu behandeln. In diesem Augenblick heule ich vor Scham darüber, dass man es wagt, mir diesen ekelhaften Fraß vorzusetzen.

Die anderen Frauen hier sind noch in der Lage, zu schreien oder sich aufzulehnen, ich kann nur noch weinen. Die Betten voller Ungeziefer. Den ganzen Tag Hunger.

Ich kann nicht mehr.

Sie können sich nicht vorstellen, Herr Oberleutnant, wie unglücklich ich hier in Saint-Lazare bin. Da ich diesen widerlichen Fraß nicht hinunterbringe, muss ich mit leerem Magen zu Bett gehen.«

Mornet schaltete sich nicht ein, obgleich Mata Hari keineswegs übertrieb. In Saint-Lazare war die Verpflegung nicht einmal in Friedenszeiten besonders gut gewesen, und ab 1915 war sie ausgesprochen ungenießbar geworden. Dr. Bizard, der Gefängnisarzt, der sich abwechselnd mit Dr. Socquet um Mata Hari kümmerte, hat in seinen *Erinnerungen* einen Einblick in die Verpflegung des Frauengefängnisses gegeben. Morgens um acht Uhr erhielten die Angeklagten eine »magere Brühe«, eine klare Gemüsebrühe ohne Fleischeinlage und ohne Fett. Am frühen Nachmittag bekamen sie ein wenig gekochtes Gemüse (meist weiße Bohnen oder Kartoffeln). Kein Abendessen. Sonntags wurde eine »fette Brühe« mit Fleischeinlage serviert, eine ungenießbare Flüssigkeit mit darin schwimmenden Klumpen – zweifellos eine Kur gegen Fettleibigkeit, wie Bizard ohne eine Spur von Ironie hervorhob. Wer über Geld verfügte, konnte in der Kantine zusätzliche Nahrungsmittel kaufen, aber Mata Hari gehörte nicht zu den Privilegierten. Sie stand so mittellos da, dass sie sogar darum betteln musste, ihr etwas von dem konfiszierten Geld für Briefmarken zu überlassen, damit sie ihrem Anwalt Clunet schreiben konnte.

Noch schwerer als der Hunger war der Schmutz zu ertragen, auf den Mata Hari anspielte. Abgesehen davon, dass die Flure und die Zellen von Ratten heimgesucht wurden, vernachlässigte man in Saint-Lazare Hygiene grundsätzlich. Mata Hari stand nur eine Waschschüssel zur Verfügung, sie hatte weder Kleider noch Unterwäsche zum Wechseln, geschweige denn die billigste Seife, um sich gründlich zu säubern. Mehrmals bat sie schriftlich darum, ihr die beschlagnahmten Toilettenartikel zurückzugeben, nachdem man sich von deren völliger Harmlosigkeit überzeugt habe, zumindest ihr Mundwasser. Vergebliche Mühe. Doch es sollten Wochen vergehen, bis sie ein paar Dinge wiederbekam, ein Hemd, ein Paar Pantoffeln.[122] Ohne Spiegel und Kamm musste Mata Hari lernen, sich die Haare zu richten, und dass sie ihr Spiegelbild nicht mehr betrachten konnte, dürfte für eine so auf ihr Äußeres bedachte Frau von einschneidender Bedeutung gewesen sein.

Die untersten Schichten

Im Gefängnis kämpfte Mata Hari jeden Tag darum, ihre Würde zu wahren und sich nicht gehen zu lassen. Nichts wurde ihr erspart, sie wurde mit Hass, Verachtung und Dummheit konfrontiert.

Waren Verhöre anberaumt, so erfolgte die Überstellung vom Gefängnis zum Büro des Untersuchungsrichters gewöhnlich in einem Polizeifahrzeug, doch die Angeklagten konnten sich, wenn sie wollten, auch auf eigene Kosten von einem Taxi dorthin fahren lassen. Mata Hari legte von dem wenigen Geld, über das sie verfügen durfte, immer etwas zurück, um in den Genuss dieses Transportmittels zu kommen. Einmal jedoch ließ die Gerichtskanzlei sie auf das Geld warten, und sie musste mit dem Polizeifahrzeug vorliebnehmen, mit dem auch die anderen Häftlinge zum Verhör gebracht wurden. Die in Saint-Lazare einsitzenden Frauen, mit denen Mata Hari plötzlich in Berührung kam, waren nicht unbedingt die Sorte Mensch, mit der sie bislang Umgang gepflegt hatte: Kriminelle, Diebinnen, Puffmütter, Huren … Alles arme Mädchen, die immer nur im Elend gelebt hatten. Sie beschimpften Mata Hari, als sie zu ihnen stieß, spuckten ihr ins Gesicht und luden die in vielen Jahren angesammelte Wut ab. Vor ihnen stand das Luder, die Spionin, die Schlimmeres verbrochen hatte als sie! Ohne das Eingreifen der Wachen wäre es bestimmt zu Handgreiflichkeiten gekommen.

Aber nicht alle Wachen waren Engel. Die Älteren wahrten meist den nötigen Abstand, aber die Jüngeren benahmen sich oft unverschämt und aggressiv gegenüber dieser Insassin, über die alle sich heimlich das Maul zerrissen. »Die Schlampe, die sich nackt auszog …« Sie nutzten jede Gelegenheit, um sie zu beschimpfen und manchmal sogar schamlose Gesten zu machen. Es war ihnen eine Genugtuung, eine Frau zu demütigen und schlechtzumachen, die sie sich finanziell nie hätten leisten können.

Degradierung einer Frau von Welt

Mata Hari, deren Nerven bereits bei ihrer Verhaftung zum Zerreißen gespannt waren, erkrankte schon bald im Gefängnis. Vom 5. März 1917 an forderte Clunet ihre Verlegung in ein Krankenhaus, selbstverständlich auf eigene Kosten. Den Briefen, die er im ersten Monat ihrer Untersuchungshaft an Bouchardon schrieb, ist zu entnehmen, wie rasch sich Mata Haris Gesundheitszustand verschlechterte:

5. März: »Die Leiden, die ihr eine Verlängerung der Inhaftierung in Saint-Lazare verursacht, übersteigen das, was ihrem Gesundheitszustand zuträglich ist. Man muss ein Unglück befürchten.«

7. März: »Madame Zelle wird von heftigen Hals- und Brustschmerzen geplagt, die mit hohem Fieber einhergehen.«

21. März: »Madame Zelle hustet und spuckt Blut. Der mit allgemeiner Schwäche und Blutarmut verbundene starke Kräfteverfall ruiniert allmählich ihre Gesundheit.«

Dr. Socquet erklärte, nachdem er sie wieder einmal untersucht hatte:

»Nachdem ich den Eid abgelegt hatte, habe ich mich am 7. März 1917 zum Gefängnis von Saint-Lazare begeben, habe Madame Zelle untersucht und Folgendes festgestellt:

Madame Margaretha Zelle, Alter vierzig Jahre, die ich bereits am 16. Februar untersucht habe, ist nun in der Nähe des Krankenreviers in einer gut belüfteten und gut beleuchteten Zelle mit einem Ofen untergebracht. Bei meinem Besuch fand ich die Angeklagte bettlägerig vor; sie klagte über Kopfschmerzen in der Hinterhauptgegend, Atembeklemmungen und Halsschmerzen. Sie befand sich in einem Zustand höchster Nervosität und weinte unaufhörlich.

Bei der Untersuchung habe ich nichts Besonderes festgestellt: Die Kranke hatte kein Fieber, keine Temperatur, und das Abhorchen der Brust hat nichts von der Norm Abweichendes ergeben. Sie unterzieht sich im Augenblick einer Behandlung, die ihr vom Gefängnisarzt von Saint-Lazare verordnet worden ist.

Schlussfolgerung: Madame Zelle, die ein sehr reizbares Temperament hat und aufgrund ihrer Situation besorgt ist, ist im Augenblick nicht ernsthaft erkrankt.

Aus der Verlängerung ihrer Haft in Saint-Lazare kann ihr in ihrem derzeitigen Zustand kein ernsthafter gesundheitlicher Schaden erwachsen.«[123]

Aufgrund dieses Krankenberichts gab die Militärbehörde dem Antrag auf Haftverschonung nicht statt.

Welcher der beiden Versionen soll man nun Glauben schenken: der von Clunet und Mata Hari, die den Gesundheitszustand vielleicht dramatisierten, um zumindest eine Überstellung ins Krankenrevier zu erzwingen, oder der von Dr. Socquet, der nicht willens war, Milde walten zu lassen? Man kann davon ausgehen, dass Clunet und Mata Hari im

Recht waren. Die Tänzerin, die zunächst unter Schock stand, zog sich nach und nach in die Krankheit zurück. Dazu ein Beispiel: Mata Hari bedrängte beständig den Untersuchungsrichter, um sich zu rechtfertigen, sich Gehör zu verschaffen, ihre Sichtweise darzulegen. Wenn sie Pierre Bouchardon nicht sah, überschüttete sie ihn mit Briefen, um etwas zurückzunehmen, zu korrigieren oder zu bekräftigen. Doch mehr als einmal hatte Mata Hari den Untersuchungsrichter gebeten, die Vernehmung, die sie mit großer Ungeduld erwartet hatte, aufzuschieben, weil sie sich zu schlecht fühlte. In Anbetracht von Mata Haris ungeduldigem Temperament kann man davon ausgehen, dass sie kein Theater spielte, sondern dass ihre Not tatsächlich immer größer wurde und sie ans Bett fesselte.

Konnte es denn anders sein, wenn eine allzu menschliche Frau eine unmenschliche Behandlung erfuhr?

Der Schutzengel einer verlorenen Seele

Bald kam ein neues Gerücht auf – Mata Hari habe nun für ihre Unsittlichkeit zu zahlen: »Wir erfuhren später, dass die Schöne aus Spanien eine gewisse Krankheit mitgebracht hatte, die in früheren Jahrhunderten als ›die neapolitanische Krankheit‹ bezeichnet wurde. Diese Kunde verbreitete sich rasch am Dritten Militärgericht. Ich sah öfter, dass Männer, die mit Mata Hari verkehrt hatten, sich verstohlen mit einem Taschenspiegel den Hals ansahen.«[124]

Niemand wusste mit Gewissheit, ob Mata Hari an dieser Krankheit litt. Socquet, der am 24. Mai zur Konsultation hinzugezogen wurde, äußerte sich sehr vage. Er konnte bei Mata Hari keine Anzeichen einer Syphiliserkrankung feststellen, und es bestand für ihn immer noch kein Anlass, sie bevorzugt zu behandeln. Nicht zu leugnen aber war, dass sie zusehends verfiel, und zwar so auffällig, dass es

Clunet gelang, sie zumindest in Zelle 12 verlegen zu lassen, die wichtigen Persönlichkeiten vorbehalten war und in der 1914 auch Madame Caillaux einsaß – allerdings erst kurz vor Prozessbeginn.

In der Abgeschiedenheit und Trostlosigkeit der Gefängniswelt, ohne ihren geliebten Vadime, war Schwester Léonide, die Oberin des Ordens Marie-Joseph-du-Dorat, der einzige unerwartete Lichtblick in Mata Haris Leben, eine autoritäre, tatkräftige Person, die eigentlich keinen Grund hatte, Mata Hari besondere Sympathie entgegenzubringen. Dennoch nahm sie rasch Anteil an dem Schicksal ihrer neuen Insassin, die erst Vertrauen zu ihr gewinnen musste.

Schon am Tag nach ihrer Verhaftung kam diese außergewöhnliche Frau, um der Neuen Trost zu spenden. Doch voller Misstrauen weigerte sich Mata Hari, mit ihr zu sprechen, verschloss sich mehr und mehr und wies sie sogar in aggressivem Ton ab: »Was wollen Sie? Was wollen Sie aus mir herauspressen? Ich habe Ihnen nichts zu sagen!«

Nach und nach gelang es Schwester Léonide aber, Vertrauen aufzubauen. Jeden Tag besuchte sie Mata Hari in ihrer Zelle, brachte ihr ein wenig Kaffee oder einen Brotkanten, den sie der Küche hatte entwenden können. Wider Erwarten führten Schwester Léonide und Mata Hari bald lange Gespräche über das Leben im Allgemeinen. Für Mata Hari war Schwester Léonide ihre »kleine Mutter«, und für die Ordensfrau war sie ihre »sehr liebe Tochter«.

Aus diesem Gedankenaustausch erwuchs eine aufrichtige Zuneigung und Freundschaft zwischen zwei Frauen, die Welten trennten: Die eine hatte den Schleier genommen, die andere hatte ihre Zeit damit zugebracht, ihre Schleier abzulegen. Möglicherweise hätte Mata Hari ohne diese Gespräche wirklich den Verstand verloren, wie sie selbst zu befürchten schien. So heißt es in einem ihrer unzähligen Briefe:

»Herr Richter,
ich bitte Sie, die Güte zu haben, meine Bitte an den Militärgouverneur von Paris weiterzuleiten. Heute Nacht habe ich Blut gespuckt.

Ich habe aus Angst geweint, und niemand hat mich hören können.

Lassen Sie etwas Menschlichkeit mir gegenüber walten. Der Schock hat mich so durcheinandergebracht, dass ich mich selbst nicht mehr spüre. Ich glaube, dass ich wahnsinnig werde. Ich flehe Sie an, mich nicht länger in dieser Zelle einzusperren.

Mit vorzüglicher Hochachtung.«[125]

Die Stille der Hölle

Über die Haftbedingungen hinaus musste Mata Hari noch gegen etwas anderes ankämpfen – gegen die Stille, die Isolation, gegen Schreie, die ohne Antwort blieben. Bouchardon hatte sich diese Folter für sie ausgedacht.

Am 15. Mai 1917 schrieb sie ihrem Anwalt: »Wenn er endlich aufhören würde! Will er mich umbringen? Soll ich mich umbringen? Oder wird er mich freilassen? An dem Tag, an dem es zu spät sein wird, kann er nichts mehr tun. Es ist schrecklich, schrecklich!«

Mata Hari war von der Außenwelt abgeschnitten. Nicht nur, dass sie in ihrer Zelle allein einsaß (was ein Glück war), es war ihr auch weitgehend untersagt, mit der Außenwelt in Verbindung zu treten. Kaum jemand wusste anfangs von ihrer Verhaftung. Als sie sich an die Botschaft der Niederlande wandte, damit ihr Freund, Konsul Bunge, ihr zu Hilfe komme, wurde der Brief zurückgehalten, und es bedurfte der Intervention von Jules Cambon, Generalsekretär im Außenministerium, damit er weitergeleitet wurde.

Der Gefährte glücklicher Tage, den Mata Hari in Madrid getroffen und in Berlin wiedergesehen hatte, versuchte, ihr zu helfen, indem er dem Kriegsminister schrieb: »Nach Prüfung der Sachlage halte ich es nicht für angebracht, die Angeklagte daran zu hindern, den Vertreter ihres Landes um Hilfe zu ersuchen. Sobald der Fall dieser Holländerin schließlich geklärt sein wird, würden wir uns Beschwerden seitens der Botschaft der Niederlande und der niederländischen Regierung aussetzen.«

Trotz dieser Fürsprache erreichte der von Mata Hari am 26. März 1917 geschriebene Brief erst am 22. April den Adressaten. Man gab übrigens Konsul Bunge zu verstehen, dass es sich um eine Angelegenheit von größter Wichtigkeit handle und man nichts über Mata Haris Verhaftung verlauten lassen dürfe. Bunge konnte sich also gegenüber dem Baron Van der Capellen, der sich nicht erklären konnte, wo seine Geliebte geblieben war, nur in Andeutungen ergehen.

Mehr als um den Baron machte sich Mata Hari jedoch Sorgen um Vadime de Massloff, dessen Fotos sie zurückerbeten hatte. Nachdem sie fast wahnsinnig geworden war, als Bouchardon ihr am 10. April mitgeteilt hatte, dass der junge Mann an Diphtherie erkrankt war, fragte sie ihn unentwegt, ob er Nachrichten von ihrem russischen Geliebten habe.

In ihrer Verzweiflung gab sie sich selbst auf. Von den Männern hatte sie ihr Leben lang immer mehr genommen als das, was sie ihnen gegeben hatte. Nun konzentrierten sich all ihre Gedanken auf das Wohlergehen Vadimes, den sie weiterhin schützen und vom Abgrund, in den sie gestürzt war, fernhalten wollte. Als sie erfuhr, dass Vadime vor dem Militärgericht aussagen werde, dachte Mata Hari keinen Augenblick an den Vorteil, der ihr daraus entstehen könne, sondern nur daran, ihn von der Gefahr fernzuhalten und das Bild, das er von ihr hatte, zu schützen. Zu Tode erschrocken schrieb sie Bouchardon einen widerspruchsvollen Brief, der die Macht ihrer Gefühle verriet:

»Herr Hauptmann,
ich danke Ihnen für die Information über Hauptmann de Massloff, aber ich begreife sie nicht.

Hauptmann de Massloff hat vor dem Dritten Militärgericht nichts zu suchen. Weiß er nun, dass ich verhaftet worden bin?

Da Sie mir nicht gestattet haben, ihm zu schreiben, glaubt er vielleicht, dass ich abgereist bin. Erlauben Sie mir, ihm noch einmal zu schreiben?

Hauptmann de Massloff war mein Geliebter. Er kennt mein Leben und meine Pläne nicht. Er weiß absolut nichts von meinen Besuchen bei Hauptmann Ladoux. Ich habe ihm nie etwas davon erzählt.

Wir haben uns miteinander vergnügt, und das ist alles. Ich bitte Sie auch, ihn nie aufzufordern, zum Militärgericht zu kommen.

Er ist einer der tüchtigsten Offiziere, der eine zu glänzende Karriere vor sich hat, als dass sie durch die geringste Unannehmlichkeit gefährdet werden darf.

Aber ich möchte ihn unbedingt – und ich bitte Sie noch einmal inständig darum, mir diesen Wunsch zu erfüllen – durch ein paar von mir geschriebene Zeilen darüber informieren, was mir zugestoßen ist.

Ich möchte nicht, dass er Dinge von mir denkt, die nicht zutreffen. Er könnte meinen, ich hätte Paris verlassen, ohne ihn davon in Kenntnis zu setzen.

Er verdient es nicht, meinetwegen zu leiden, was auch immer geschehen möge.

Hochachtungsvoll.«[126]

Hochachtungsvoll. Mit vorzüglicher Hochachtung. Selbst wenn sie völlig aufgelöst und niedergeschmettert war, vergaß Mata Hari nicht ihre gute Erziehung und den Respekt für das Militär. Als sie den Brief verschloss, wusste sie nicht, dass ihr bald ein Dolchstoß in den Rücken bevorstand.

Schreckliche Offenbarung

Mata Hari konnte nämlich nicht ahnen, dass der Mann, den sie liebte und rücksichtsvoll zu schonen versuchte, sie so skrupellos fallen lassen würde. Als er am 19. Mai 1917 in Rennes[127] von einem Hauptmann der Gendarmerie vernommen wurde, sprach er von Mata Hari als einem Abenteuer, das der Vergangenheit angehörte:

»›Da ich mich Februar und März 1917 wegen Diphtherie im städtischen Krankenhaus von Epernay einer Behandlung unterziehen musste, bekam ich nach meiner Entlassung aus dem Krankenhaus drei Tage Urlaub, um nach Paris zu fahren. Ich bin zum Élysée Palace Hotel gegangen, traf aber dort Madame Zelle-MacLeod nicht an, die abgereist war, ohne eine Adresse zu hinterlassen.

Als ich an die Front zurückkehrte, fand ich einige Briefe dieser Dame vor, und in einem dieser Briefe bat sie mich, ihr Geld zu schicken, was ich nicht getan habe. Ich habe sie nicht mehr wiedergesehen …‹

Frage: ›Haben Ihr direkter Vorgesetzter und insbesondere Ihr General Ihnen nie geraten, bei Madame Zelle Vorsicht walten zu lassen?‹

Antwort: ›Als das Gerücht in Umlauf kam, dass ich diese Dame heiraten würde, hat mich der General in der Tat zu sich bestellt, aber ich habe ihm versichert, dass es nicht stimme. Dann, im Januar 1917, hat mich der General bei meiner Rückkehr aus dem Urlaub noch einmal zu sich bestellt und mir gesagt, ich solle jeglichen Kontakt zu dieser Dame einstellen, weil sie eine Abenteurerin sei.

Im März wollte ich mich von ihr trennen; zu diesem Zweck war ich nach meiner Entlassung aus dem Krankenhaus von Epernay ins Élysée Palace Hotel gegangen.‹«

Allerdings fügte er hinzu: »Ich bin sehr erstaunt, dass Madame Zelle der Spionage angeklagt ist, denn während meiner Beziehung zu ihr war sie mir unter diesem Gesichtspunkt nie verdächtig vorgekommen.«

Das war derselbe Mann, der Mata Hari aus dem Krankenhaus von Epernay geschrieben hatte: »Marina, ich bin im Krankenhaus. Diphtherie. Ich habe acht Tage und acht Nächte deliriert. Wo bist Du? Ich flehe Dich an, antworte mir, komm… Der Blick trübt sich mir, und ich habe Angst…«

Das war der Brief, den Bouchardon ihr übermittelt und den sie mit Bestürzung aufgenommen hatte. Was war in der Zwischenzeit geschehen?

Da Nachrichten von Mata Hari ausblieben, der er sich zweifellos verbunden fühlte, die er jedoch nicht so liebte wie sie ihn, hatte Vadime sich mit einer jungen Krankenschwester getröstet, Olga Rousseau. Wie es der Zufall wollte, hatte Mata Hari sich in den Jahren 1910 bis 1912 »Madame Rousseau« nennen lassen! Indem sie dem jungen Mann, der weder ihre Kraft hatte noch ihre unbedingte Liebe erwidern konnte, selbstlos alles gab, hatte Mata Hari einen schwierigen Weg eingeschlagen. Entweder hatte der Zweiundzwanzigjährige dem Druck, der auf ihn ausgeübt wurde, und dem heftigen Widerstand gegen seine Beziehung zu Mata Hari nicht standgehalten, oder er war ihrer einfach überdrüssig geworden. Vadime de Massloff hatte sich jedenfalls von Mata Hari losgesagt, und sie blieb allein in ihrem Elend zurück.

16
Die Jagd

Das Janusgesicht

Wie bereits erwähnt, urteilte Bouchardon Jahre später, dass die Affäre Mata Hari letztlich nichts anderes als ein »flagrant délit« war, das heißt, dass die Angeklagte auf frischer Tat ertappt wurde. In den neueren Mata-Hari-Biografien ist von einem abgekarteten Ränkespiel und von der Verurteilung einer Unschuldigen die Rede. Beide Sichtweisen haben ihr Für und Wider.

Auch Bouchardons Haltung war nicht so eindeutig, wie es auf den ersten Blick scheinen mag. Um die Handlungsweise dieses überzeugten Patrioten und integren Beamten zu verstehen, muss man auch seine Mentalität und sein Privatleben berücksichtigen. Wie alle Franzosen hatte auch er unter dem Krieg zu leiden und einige Monate zuvor seinen Lieblingsneffen verloren, den er wie einen Sohn liebte. Mata Hari, die Frau, die sich freiwillig zum deutschen Geheimdienst gemeldet hatte, war also eine erklärte Feindin für ihn. Aber das galt für alle Spione, über die er zu richten hatte. Bei Mata Hari kam erschwerend hinzu, dass es sich um eine emanzipierte Frau, um ein Symbol für Erotik und Unabhängigkeit handelte. Sie verstieß gegen die herrschende Moral, denn damals hatte man noch wenig Sinn für Freizügigkeit der Sitten – auch Bouchardon nicht. Mata

Haris Benehmen, ihre Ansprüche, ihr Wesen, sogar ihre bedingungslose Liebe zu Vadime de Massloff empfand er als Bedrohung seiner Welt. Zudem steckte Pierre Bouchardon in der schwersten Krise seines Lebens: Seine Frau France, die er abgöttisch liebte, betrog ihn – das hatte den Mann, der seine Zuneigung nicht offen zeigen konnte, aus der Bahn geworfen. Und nun stand vor ihm eine Frau, die er ihres Lebenswandels wegen nur verurteilen konnte.

Man könnte also meinen, dass Mata Hari, die bereits von Ladoux benutzt worden war, auch von Bouchardon die Rolle des Sündenbocks zugewiesen bekam. Es wäre jedoch falsch, das Verhältnis zwischen Mata Hari und ihrem Untersuchungsrichter darauf zu reduzieren. Denn zwischen diesem Mann und dieser Frau, die sich einen erbarmungslosen Kampf lieferten, änderte sich die Lage kaum.

Zunächst waren Bouchardons Gefühle für Mata Hari zwiespältig. Obwohl er sie in seinen *Erinnerungen*, die nach seinem Tod erschienen, als eine nicht besonders verführerische Frau beschrieb und nach dem Zweiten Weltkrieg in Interviews sagte, sie sei nicht schön gewesen, erklärte er am 2. August 1919 der Zeitung *Excelsior* gegenüber: »Um zu vergessen, dass sie eine Frau und dazu noch schön war, musste man sich all das Leid vor Augen führen, das ihr Verrat unseren heldenhaften Soldaten zugefügt hatte. Im Laufe des Ermittlungsverfahrens spielte Mata Hari immer dasselbe Theater: Tränen, Lächeln, Verachtung, Koketterie, Wut ... Sie gab sich abwechselnd ungezwungen und leidenschaftlich, immer war sie nervös und fand überraschende Worte ... Nie zuvor habe ich eine so kultivierte und sprachbegabte Frau kennengelernt.«

Diese Worte verraten letztlich jene Bewunderung, die der Untersuchungsrichter nicht zu unterdrücken vermochte, aber schnell wieder verdrängte. Später jedoch, als man es am wenigsten erwartete, lebte diese Begeisterung wieder auf, als er in seinen *Erinnerungen* schrieb:

»Sie sprach ein originelles, aber reizvolles Französisch. Auch wenn zuweilen die grammatikalische Korrektheit zu wünschen übrig ließ, klangen ihre Sätze harmonisch, und die Worte waren immer passend gewählt. Ich habe inzwischen ein Alter erreicht, in dem das Gedächtnis nachlässt und das richtige Wort sich einem entzieht wie ein Tropfen Quecksilber unter den Fingern. Mata Hari hätte es mir vorgesagt. Eines Tages machte ich mir den Spaß, eines ihrer Verhöre fast wortwörtlich zu stenografieren. Der Text las sich wunderbar. Was für eine sprachliche Gewandtheit! Was für eine Ironie! Was für schlagfertige Antworten!

Ihre Schrift war steil, eckig, gestochen scharf, elegant, ihr Stil fast immer tadellos. Und dabei war Französisch nicht ihre Muttersprache!«[128]

Angesichts solcher Äußerungen kann man nicht umhin, Bouchardons Gefühle für Mata Hari als eine seltsame Mischung aus Liebe und Verachtung, Faszination und Abneigung anzusehen. Mata Hari log ihn an, wie es seine Frau France tat; Mata Hari verriet sein Land, so wie seine Frau Verrat an ihm begangen hatte. Viele Kritiker haben sich darauf beschränkt, die mitleidlose Härte zu betonen, mit der Bouchardon gegen seine Gefangene vorzugehen pflegte. Dabei haben sie übersehen, dass er zumindest ein Mal, und zwar ein entscheidendes Mal, darauf verzichtete, eine seiner Waffen einzusetzen, die sie vernichten konnten: Als er Mata Hari über Vadimes Krankheit informierte, sagte er nichts davon, dass der junge Russe sich inzwischen von ihr abgewandt hatte. Warum? Vielleicht einfach, weil die Herzensbrecherin nun das Opfer und selbst die Betrogene war und weil er ihren Schmerz begreifen konnte.

Schein und Wirklichkeit

Trotzdem war Bouchardon von der Schuld Mata Haris überzeugt. Diese Frau war eine Spionin, die im Dienste der Deutschen stand, daran konnte es keinen Zweifel geben. Mata Hari hatte genug gestanden, um zum Tode verurteilt zu werden. In menschlicher Hinsicht aber gab es hier einen wunden Punkt bei ihm. Die ganze Beweisführung gründete auf der Wahrhaftigkeit von Kalles Funktelegrammen. Aber waren die vom französischen Nachrichtendienst abgefangenen und entschlüsselten Nachrichten wirklich echt, oder hatte Kalle Mata Hari bewusst verraten, um sich dafür zu rächen, dass sie das Lager gewechselt hatte? Wahrscheinlicher ist die zweite These, und ebenso wahrscheinlich ist, dass Ladoux sich dieser Manipulation bediente, um Karriere zu machen.

Zunächst einmal ist es sehr seltsam, dass Kalle es für nötig erachtete, anzuführen, dass Mata Hari ein Dienstmädchen namens Anna Lintjens hatte, deren Adresse in den Niederlanden er angab, um jeden Zweifel auszuräumen. Wenn man einem Agenten eine Kennnummer gab, geschah das, um seine Anonymität zu wahren, und man hütete sich, das kleinste Detail hinzuzufügen, das seine Identität hätte verraten können. Selbst in den internen Berichten des deutschen Geheimdienstes, die »Fräulein Doktor« mit Geheimdienstchef Nicolai wechselte, wurde Mata Hari immer nur als H-21 ohne weiteren Zusatz angegeben, obwohl ihre hochgeheimen und hochgeschützten Mitteilungen nicht dazu bestimmt waren, über die Grenzen hinauszugelangen. Ladoux selbst hat in seinen Memoiren *Les Chasseurs d'espions* einen anderen Fall geschildert, den eines Agenten, dessen Umtriebe sich als wirklich gefährlich erwiesen, des spanischen Adligen Ricardo Gonzalès Llanos:

»Er war sehr intelligent und sehr misstrauisch und entkam unseren Ermittlungen.

Er stand unter falschem Namen und einer Kennnummer im Dienste der Deutschen, sodass die Dechiffrierung der Funktelegramme uns die Identität und Informationen über das Treiben eines Individuums lieferte, das wir unmöglich identifizieren konnten.«

Das Mindeste, was man sagen kann, ist, dass Kalle nicht die gleichen Vorsichtsmaßnahmen für Mata Hari traf und dass Ladoux dies nicht verborgen geblieben sein durfte. Dennoch erklärte er als geschickter Sophist dem Untersuchungsrichter Bouchardon: »Ich brauche Ihnen nicht zu sagen, dass die Zuverlässigkeit der Funksprüche der Militär- und Marineattachés der Deutschen Botschaft in Madrid außer allem Zweifel steht. Sie erinnern sich an den Fall Ricardo Gonzalès Llanos. Dieser Angeklagte leugnete alles, und als Sie ihm die Funktelegramme des Marineattachés vorgelegt haben, hat er sogleich deren unwiderlegbare Richtigkeit bestätigt und dann alles gestanden.«[129]

Auch wenn Ladoux sich allem Anschein nach über diese merkwürdige Publizität nicht wunderte, protestierte zumindest ein Mann sofort: Es handelte sich um Konsul Krämer, der Mata Hari 1915 in ihrem Haus in Den Haag als Agentin rekrutiert hatte. Er empörte sich und teilte dem deutschen Geheimdienst mit, »dass alles böse enden würde«.

Mata Hari selbst wies darauf hin, dass Kalle durch das schwere Geschütz, das er auffuhr, um sie zu belasten, eigentlich ihre Unschuld bewies, aber man schenkte ihr kein Gehör.

»Könnte es nicht sein, dass die Deutschen selbst die französische Spionage auf eine falsche Fährte gesetzt haben? Kann diese ganze Affäre nicht ein Racheakt von ihrer Seite sein? Sind Sie sicher, dass die Deutschen nicht wussten, dass man Ihnen die Funktelegramme, die Sie abgefangen haben, nicht vorlegen würde? Kann es nicht sein, dass sie das telegrafierten, was sie Sie wissen lassen wollten? Von Zeit zu Zeit müssen sie jemanden auf diese Weise opfern … Dazu sind sie fähig, denn schließlich habe ich Konsul Krämer und anschließend den Militärattaché getäuscht. Es muss Rache gewesen sein, und schon deswegen traute ich mich nicht, im November über die Schweiz zu fahren.«[130]

In dieser Hinsicht sagte Mata Hari zweifellos die Wahrheit.

Heute weiß man, dass der deutsche Militärattaché in Madrid bestimmte Informationen fälschte, um den französischen Geheimdienst zu täuschen. Darum sprach er vom Kölner Spionagezentrum, um auf den »Heimathafen« der Agentin H-21 hinzuweisen. Es war kein Zufall, dass ihm dieser Fehler unterlief, denn alle deutschen Verantwortlichen wussten, dass die Agenten, die Hoffmann unterstanden, Antwerpen angeschlossen waren. Das Spionagezentrum von Antwerpen war weniger bekannt, aber viel wichtiger als das Kölner. Es handelte sich also um eine absichtliche Falschinformation.

Das erstaunt nicht bei einem Mann, der über die Organisation des deutschen Geheimdienstes bestens informiert war. Den Behauptungen Röppels zufolge, des Ausbilders von Mata Hari, hatte Kalle, um Informationen weiterzugeben, den alten, nicht mehr gültigen Code benutzt, der schon seit Langem aufgedeckt worden war, was der gesamte deutsche Geheimdienst wusste. Da ein Beweis jedoch nicht auf einer einzigen Zeugenaussage beruhen konnte, war es erforderlich, ein Bündel von Mutmaßungen zusammenzuschnüren, das eine überzeugende Schlussfolgerung zuließ. Kalle hatte bewusst Fehler in seine Botschaften einfließen lassen. In seinem ersten Funktelegramm nach Berlin hatte der Militärattaché behauptet, dass die Sache dränge und er rasch Instruktionen bezüglich Mata Hari benötige. Diesen Funkspruch schickte er am 13. Dezember, vier Tage nach seinem ersten Treffen mit der Tänzerin und einen Tag nachdem sie, von Denvignes angetrieben, ihn wieder aufgesucht hatte. Warum hatte er vier Tage gewartet, wenn es so eilig war? Die Antwort ist einfach: Kalle hatte Mata Hari sofort misstraut und seine eigenen Nachforschungen anstellen wollen. Auch der Grund seines Misstrauens war simpel: Ihm war es seltsam vorgekommen, dass Mata Hari über Spanien und nicht über die Schweiz in die Niederlande zurückkehrte. Wenn sie wirklich die gewesen wäre, die sie vorgab, zu sein, hätte sie die andere Route gewählt. Auch ist durchaus anzunehmen, dass er seine Agenten vom Hotel Ritz hinzuzog, um umfassendere Auskünfte zu erhalten, oder dass er den Brief in die Hände bekam, in dem Mata Hari Ladoux über ihr erstes Treffen mit Kalle in Kenntnis setzte.

In Frankreich wollte aber niemand eine solche Möglichkeit in Betracht ziehen. Schlimmer noch, wenn man darauf hinwies, etwas könne nicht richtig funktioniert haben, kam Oberst Goubet, Ladoux' unmittelbarer Vorgesetzter, diesem sofort zu Hilfe. Nachdem er sich den Inhalt der Telegramme genau angeschaut hatte, sagte er: »Gehen Sie davon aus, dass die Dechiffrierung absolut zuverlässig ist. Es genügt zu sagen, dass ich manchmal Agenten zu von Kalle [*sic*] geschickt habe, um ihm einen bestimmten Satz zu übermitteln. Nun, diesen Satz habe ich wortwörtlich in den Funksprüchen wiedergefunden. Ich komme zu dem Schluss, dass Zelle dem deutschen Geheimdienst angehört.«[131]

Sobald die Funktelegramme auf diese Weise beglaubigt worden waren, konnte alles, was Kalle behauptete, als Belastungsmaterial verwendet werden.

Angesichts dieser Ungeheuerlichkeit fuhr Mata Hari fort, sich zu wehren. Als Einzige wies sie darauf hin, dass die Deutschen immer noch telegrafierten, als sie bereits verhaftet worden war (das letzte Funktelegramm datierte vom 8. März, und sie war am 13. Februar verhaftet worden). Jedoch zog sie nicht die zwingende Schlussfolgerung: Das bewies, dass der deutsche Geheimdienst nämlich nichts von ihrem Schicksal wusste und sie folglich nicht in ständigem Kontakt zu ihm stehen konnte. Sie fragte nur, ob es vielleicht nicht einen anderen Agenten H-21 gäbe, weil ihr das, was man ihr vorwarf, so realitätsfern vorkam.

Staatsräson

In bestimmten Punkten wurde Bouchardon zweifellos vom Kriegsministerium und insbesondere von Goubet und Ladoux manipuliert. In anderen Punkten steht jedoch unbestreitbar fest, dass er selbst die Richtung bestimmte. Er hatte bald erkannt, dass für Kalles Telegramme zweierlei Maß galten: Was Mata Hari von Kalle erfahren hatte, wurde als belanglos hingestellt, während alles, was sie ihm angeblich anvertraut hatte, zu entscheidender Bedeutung hochstilisiert wurde.

Handelte Bouchardon aus Staatsräson oder Patriotismus? Jedenfalls war eine auffällige Blindheit beziehungsweise offenkundige Verzerrung der Wirklichkeit am Werk. So begnügte man sich beispielsweise nicht damit, die Informationen, die Mata Hari eingeholt zu haben meinte, für nichtig zu erklären, sondern man deutete sie, wie bereits erläutert, als Beweise für gezielte Desinformation, was wiederum für eine Agententätigkeit Mata Haris sprach – eines der vielen Paradoxe der Affäre. Aus juristischer Sicht war sie schuldig, solange man tunlichst vermied, preiszugeben, dass sie das Lager gewechselt hatte und folglich zu Recht als unschuldig angesehen werden musste.

Denvignes hatte diesen Prozess in Gang gebracht, indem er Mata Haris Informationen als wahr, aber bedeutungslos abqualifiziert hatte, weil sie überholt waren. Ladoux hatte mit Unterstützung seines Vorgesetzten den Lauf der Dinge umgekehrt: Nicht nur waren die meisten Informationen, die Mata Hari der französischen Spionageabwehr geliefert hatte, wertlos, sondern einige davon erlaubten sogar, sie anzuklagen.

Die Aussage, die Ladoux am 3. Mai 1917 in seinem Büro am Boulevard Saint-Germain 282 vor Bouchardon machte, enthielt bereits fast vollständig diesen Gegenangriff. Mata Hari hatte von Kalle erfahren, an Denvignes weitergegeben und im Verhör bestätigt, dass Baron von Roland der Chef des deutschen Geheimdienstes in Barcelona sei. Diese in gutem Glauben von der Tänzerin weitergegebene Information wurde gegen sie verwendet: Der französische Geheimdienst benutzte sie, um zu behaupten, es sei ein Beweis dafür, dass Mata Hari für die Deutschen tätig war.

»Lassen Sie mich übrigens etwas zu diesen berühmten Informationen sagen: In Barcelona gibt es tatsächlich einen Baron von Roland, der, so nehmen wir an, in dieser Stadt als Tarnung für den wahren Chef des deutschen Geheimdienstes dient, der in Wirklichkeit Rüggeberg heißt. Sehr oft hat man versucht, die Aufmerksamkeit unserer Spionageabwehr in Barcelona auf den Baron von Roland zu lenken, der nur ein Komparse zu sein scheint.«

Als Oberst Goubet am 24. Mai 1917 noch einmal zum Angriff ansetzte, äußerte er sich noch deutlicher und nahm die gesamte Argumentation wieder auf: »Zelle beruft sich auf Informationen, die sie zur gleichen Zeit sowohl Hauptmann Ladoux als auch Oberst Denvignes geliefert haben will. Aber konnte sie denn anders handeln, ohne Gefahr zu laufen, enttarnt zu werden? Konnte sie sich zu von Kalle [*sic*] begeben, ohne befürchten zu müssen, von unseren Agenten gemeldet zu werden? Von da an, seitdem sie in der Hand dieses üblen Spionagemitarbeiters war, hat sie das übliche Spiel gespielt. So gehen Doppelagenten üblicherweise vor. Um unser Vertrauen nicht aufs Spiel zu setzen, hat sie vorgetäuscht, uns irgendwelche Informationen zu liefern. Sie hat uns gesagt: ›Ich gehe zu von Kalle [*sic*], aber das mache ich für Sie, das sehen Sie im Übrigen daran, was ich Ihnen dann berichte.‹ Eine der Informationen, mit denen sie uns beliefert hat, vermittelte mir übrigens gleich den Eindruck, dass von Kalle [*sic*] und Zelle unter einer Decke steckten. Die Deutschen verfolgten wieder ihre übliche Taktik, uns nämlich mit überholten oder wertlosen Informationen abzuspeisen oder uns bestimmte Dinge einzureden, die sie uns glauben machen wollen. Da es also in Wirklichkeit ein gewisser Rüggeberg war, der alle Fäden der deutschen Spionage in Barcelona in der Hand hielt, wollten sie uns glauben machen, ein Baron von Roland sei der maßgebliche Mann. Deshalb ist Zelle zu uns geeilt und hat uns gesagt, wir sollten uns vor Roland in Acht nehmen.«

Heute ist es erwiesen, dass Goubet und Ladoux trotz Kenntnis der Sachlage logen. Bouchardon griff seinerseits diese Lüge auf, obwohl ihm der Sachverhalt bekannt war. Zur gleichen Zeit führte er nämlich die Ermittlungen in der Affäre *Le Bonnet rouge*, die den eindeutigen Beweis dafür erbrachten, dass Baron von Roland tatsächlich der Chef der deutschen Spionageabteilung in Barcelona war. Ladoux und Goubet sagten dies unter Eid aus, genauso wie sie in der Affäre Mata Hari unter Eid das Gegenteil bezeugten … Zwischen den beiden eidlichen Aussagen vor demselben Untersuchungsrichter Pierre Bouchardon, der nicht einmal mit der Wimper zuckte, lagen nur ein paar Tage.

Warum dieser Widerspruch? Warum diese Blindheit? Es geschah nicht aus Leichtfertigkeit, sondern im heimlichen Einvernehmen mit einem System, das vor nichts zurückschreckte, um Erfolge zu verbuchen. Nur eines zählte: Mata

Hari hatte gestanden, dass sie sich von den Deutschen hatte anwerben lassen. Man erinnere sich nur an das, was Clemenceau einem Abgeordneten antwortete, der ihn darauf hinwies, man habe Bolos Schuld nicht eindeutig nachweisen können: »In diesem Fall wird man nur sechs Kugeln auf ihn abfeuern.«

So fiel auch der Brief, den Mata Hari Ladoux am 9. Oktober 1916 geschrieben hatte, um ihn über ihren Besuch beim deutschen Militärattaché zu informieren, und den Kalle zweifellos auch in die Hände bekommen hatte, unter die Kategorie »wertlose Informationen«. Dieser Brief wurde nicht zu den Akten genommen, was einige für einen Rechtsbruch hielten, weil er als Beweis für die Lauterkeit von Mata Haris Absichten betrachtet werden konnte – und darum nicht ins Konzept gepasst hätte.[132]

Glanz und Elend der Kurtisanen

Mata Hari, die von Vadime im Stich gelassen wurde; Mata Hari als Sündenbock. Allmählich gewann sie echte Größe und wurde zu einer bewundernswerten Gestalt.

Sie war zwar eine Lügnerin, oberflächlich und leichtfertig, aber sie war absolut nicht arglistig. Sie neigte einfach dazu, die Dinge nur aus der eigenen Perspektive zu betrachten. Sie konnte sich nicht vorstellen, dass man sie bewusst anlog, denn sie selbst war trotz all ihrer Lügen von der eigenen Aufrichtigkeit absolut überzeugt. Entrüstet über die verschiedenen Aussagen, erklärte sie Bouchardon: »Ich hatte Vertrauen. Ich war aufrichtig und spontan: Wie hätte ich annehmen können, dass man mich täuschen wollte?«

Man kann ihr zwar vieles vorwerfen, aber man muss zugeben, dass sie zu Niedertracht und Gemeinheit nicht fähig war. Aus diesem Grund hatte sie sich geweigert, die

Geheimtinte zu benutzen (»das sind Tricks, die sich mit meinem Charakter nicht vereinbaren lassen«); aus diesem Grund hatte sie Ladoux' Angebot ausgeschlagen, ihr 25 000 Francs für jeden Spion zu zahlen, den sie ihm in die Hände spielte; aus diesem Grund hatte sie weder etwas gesagt noch jemanden verraten, als derselbe Ladoux ihr erneut einen Handel vorschlug, damit sie ihre Haut rettete.

Als sie am 30. Mai 1917 mit Vadimes Aussage konfrontiert wurde, dass er sich von ihr abgewandt hatte und sie nur noch »diese Dame« nannte, erblasste Mata Hari, wahrte aber ihre Würde. Als Bouchardon fragte, ob sie dazu etwas zu sagen habe, antwortete sie kurz: »Ich habe nichts dazu zu sagen.«

Erst am nächsten Tag, am Schluss eines langen Briefes an Bouchardon, in dem sie ihre Verteidigung zusammenfasste, floss Mata Hari das Herz über, und schmerzlich stellte sie fest: »Heute ist eine Welt für mich eingestürzt, alle verleugnen mich, sogar der, für den ich durchs Feuer gegangen wäre. Eine solche Niedertracht hätte ich niemandem zugetraut. Nun sei es denn, ich bin allein, und wenn ich untergehen soll, so werde ich es mit einem Lächeln voller Verachtung tun.«[133]

Trotzdem schien sie ihm verziehen zu haben. Noch einmal bat sie, ihr sein Bild, das Bild ihrer Liebe, das Bild des für immer verschwundenen Kindes zurückzugeben. Wurde Mata Hari allmählich wahnsinnig? Mit über vierzig Jahren, die sie meist ziellos zugebracht hatte, und vorzeitig gealtert – was konnte sie sich noch vom Leben erhoffen? Deutete dieser verbissene Kampf um ein Foto darauf hin, dass sie dabei war, dem Leben zu entsagen und sich in eine andere Welt zurückzuziehen?

Nichts von alledem! Als man es am wenigsten erwartete und ihr Schicksal besiegelt schien, mobilisierte Mata Hari noch einmal all ihre Kräfte, gab sich einen Ruck und erwachte zu neuem Leben. Am 31. Mai schrieb sie einen zweiten Brief an Bouchardon. Sie schlug ihm ein unglaubliches Geschäft vor: Er solle sie freilassen und ihr erlauben, in die Niederlande zurückzukehren. Binnen einem Monat werde sie Ladoux alle Informationen liefern, die er sich wünsche. Sie verbürge sich dafür, dass sie ihm alle Details der Organisation des deutschen Spionagenetzes in Paris enthüllen werde! »Ich bin über die Geheimnisse der Deutschen nicht auf dem Laufenden, aber ich kann sie besorgen.«[134]

Mata Haris Verhalten war widersprüchlich – sowohl als sie in Freiheit lebte als auch im Gefängnis. Die lange Haft, ihr Leidensweg waren eine Folge von Enttäuschungen, Kämpfen, verlorenen Illusionen und zeugten doch von ihrem unglaublichen Lebenswillen. Wer diesen Aufruhr der Gefühle nicht begreift, hat auch kein Verständnis für Mata Hari – Mata Hari, die erbittert gegen ihre Gegner kämpfte und wie ein tödlich getroffener Stier in der Arena zusammenbrach.

Das letzte Verhör

Am 21. Juni saßen Clunet und Mata Hari Bouchardon gegenüber. Zum letzten Mal wurde sie dem Untersuchungsrichter vorgeführt. Ihr Anwalt war anwesend, wie das Gesetz es vorschrieb. Einige Tage vorher hatte er versucht, mit ihr noch einmal die Strategie durchzugehen. Bouchardon hörte der Tänzerin zu, die eine erstaunliche Energie an den Tag legte und laut und deutlich sprach. Sie beendete ihre Rede, indem sie erneut bekräftigte: »Ich habe mir nichts vorzuwerfen. Ich habe Ihr Land mit der festen Absicht verlassen, in aller Aufrichtigkeit das zu tun, was ich versprochen hatte.«

Bouchardon schüttelte den Kopf, las die Aussage des

Marquis de Margerie vor, der Mata Haris Aussage bestätigte, und fragte dann den Anwalt: »Wollen Sie etwas hinzufügen?«

Da Clunet verneinte, wandte sich Bouchardon an Mata Hari, um ihr eine letzte Frage zu stellen: »Madame, können Sie mir verraten, warum Sie Frankreich verlassen wollten, wenn Sie in Monsieur de Massloff verliebt waren? Durch Ihr Handeln haben Sie sich selbst dazu verurteilt, ihn nicht mehr zu sehen.«

Sehr ruhig und jedes Wort laut und deutlich artikulierend antwortete sie: »Habe ich ihn im Gefängnis öfter gesehen?«

Der Gerichtsschreiber Baudouin reichte das Protokoll der Aussage zur Unterschrift weiter. Der Untersuchungsrichter schloss die Akte und sagte: »Die Sache ist entschieden.« Dann wandte er sich an Clunet: »Herr Anwalt, in ein paar Tagen werden Sie Einsicht in die Akten haben. Sie können die Unterlagen auch abschreiben lassen, um die Akten zu studieren.«

Man stelle sich vor, was sich zugetragen hatte: In Bouchardons kleinem Büro herrschte lähmende Stille, als Mata Hari dem Untersuchungsrichter plötzlich ihren »großen Plan« offenbarte, den sie zu ihrem eigenen und Frankreichs Ruhm entwickelt hatte – einen Plan, der aufgrund der Torheit und Engstirnigkeit des französischen Geheimdienstes fehlschlug, bevor er in die Tat umgesetzt werden konnte. In den Träumen der Frau, die einige Jahre zuvor Paris erobert hatte, nahm dieser Plan die Dimension einer Heldentat ein.

Mata Hari musste zusehen, was noch zu retten war, bevor die Ermittlungen abgeschlossen waren. Also entschloss sie sich, Bouchardon das »große Geheimnis« zu enthüllen, das sie Ladoux für eine Million Francs verkaufen wollte und das der Höhepunkt, das Bravourstück ihres Daseins sein sollte:

»Heute, da ich zum letzten Mal vernommen werde, will ich Ihnen erzählen, was ich im Sinn hatte. Sie werden sehen, wie groß und wie wunderbar die Idee war, die mir vorschwebte, und wie sehr Hauptmann Ladoux jeder Scharfsinn fehlte. Ich war einmal die Geliebte des Herzogs von Cumberland, der, wie Sie wissen, die Tochter Wilhelms II. geheiratet hat. Ich weiß, dass der Kaiser ihn schwören ließ, niemals Anspruch auf den Thron von Hannover zu erheben. Er leistete diesen Schwur, doch der galt nur für ihn selbst – nicht für seine Nachkommen. Zwischen ihm und dem Kronprinzen herrscht unversöhnlicher Hass. Diesen Hass wollte ich im Interesse Frankreichs, und natürlich auch in meinem eigenen, ausnutzen. Ich hätte meine Beziehungen zum Herzog von Cumberland wieder aufgefrischt und meine ganze Kraft darauf verwandt, ihn von Deutschland loszureißen und auf die Seite der Alliierten zu ziehen. Es hätte genügt, ihm im Falle eines Sieges der Alliierten den Thron von Hannover zu versprechen. Können Sie jetzt ermessen, welche Dienste ich Ihnen hätte bieten können?«

Es war die Vermessenheit einer Frau, der bislang niemand widerstanden hatte. Das, was gewöhnlichen Sterblichen nicht realisierbar erschien, lag nicht zwangsläufig auch für Mata Hari im Bereich des Unmöglichen, das hatte sie schon mehrmals bewiesen. Aber mit dem Krieg war der Vorhang gefallen …

Bouchardons Bericht

Nachdem die Ermittlungen abgeschlossen waren, musste Bouchardon dem Ankläger sowohl die Akten des Ermittlungsverfahrens als auch seine Schlussfolgerungen (»unseres Erachtens schuldig«) zur Verfügung stellen – fünfundzwanzig Seiten, die als »Bouchardons Bericht« in die

Geschichte eingegangen sind. Man hat Bouchardon vorgeworfen, in den Verhören sei er voreingenommen, tendenziös, suggestiv, böswillig gewesen. Für ihn sei die der Spionage verdächtige Mata Hari nicht nur eine Angeklagte, sondern von Anfang an eine Schuldige gewesen. Das stimmt mit Sicherheit, denn Bouchardon zog ohne nähere Angaben seine Schlussfolgerungen so, dass sie eine Verurteilung erlaubten.

Sein Bericht war größtenteils eine zynische Mischung aus Tatsachen und hypothetischen Interpretationen. »Jedenfalls ist eines sicher: Madame Zelle hatte uns schändlich getäuscht. Als sie über die Schwelle des Boulevard Saint-Germain 282 trat, gehörte sie schon seit Langem der deutschen Spionage an.« Außerdem hatten die Deutschen sie immer entlohnt. Wie sonst hätte Kalle über das Datum und den exakten Betrag der Überweisungen vom November 1916 und Januar 1917 Bescheid wissen können?

»Laut ihrem eigenen Geständnis hat Zelle einen Auftrag von Konsul Krämer angenommen. (...) Sie erhielt eine Kennnummer als Spionin, drei Fläschchen Geheimtinte und eine erste Anzahlung in Höhe von 20000 Francs. Sie ist nach Paris gekommen, wo sie mit zahlreichen Offizieren und der Botschaft der Niederlande Kontakt hatte, die bekanntlich eine Vermittlerrolle für ihre Korrespondenz übernahm. (...) Das genügt, um sie geheimer Verbindungen zum Feind, das heißt des Verrats für schuldig zu befinden.«

Aus juristischer Sicht war Mata Hari schuldig. Daher erklärte sich, dass alles, was sie tat und sagte, nur unter diesem Aspekt betrachtet wurde. Alles konnte gegen die Beschuldigte verwendet werden: von der Geschichte mit Baron von Roland bis zu ihren Briefen an Messimy und Kapferer, die als weitere Beweise für ihre Verlogenheit gewertet wurden. Heute ist es zwar unbestritten, dass Mata

Hari das Lager gewechselt hatte, aber ihr anfänglicher Fehler war nicht mehr auszubügeln. Und schließlich hatte diese leidenschaftliche Frau nicht aus Liebe zu Frankreich, sondern aus Liebe zu einem Russen das Lager gewechselt. Wäre er Deutscher oder aus der österreichisch-ungarischen Monarchie gewesen, hätte sie bestimmt alle Hebel in Bewegung gesetzt, um gegen Frankreich zu operieren. Man sollte sie darum nicht als eine Frau sehen, die sich mit Leib und Seele für Frankreich eingesetzt hatte, sie nicht als ein patriotisch gesinntes Opfer der Zeitumstände betrachten. Mata Hari hatte auf eigene Faust gehandelt. Die selbstsüchtige, narzisstische, großzügige, mutige, leidenschaftliche, rührende, verlorene Frau wurde schließlich sich selbst zum Verhängnis. Ihre übertriebene Ichbezogenheit, ihre Ungeniertheit und ihr Leichtsinn lassen sich nur vor dem Hintergrund ihrer Vergangenheit, ihrer Lage und ihrer Erfahrungen begreifen. Ihr schlimmes Schicksal berührt einen schmerzlich - aber wie viele Fehler hatte sie begangen!

Damals wurde man bedauerlicherweise sogar für leichtere Vergehen mit dem Tode bestraft, wie die Verurteilung von Aufrührern in den Schützengräben dokumentiert.

Die Schande des Gerichtsverfahrens

So war Mata Hari so gut wie verurteilt, bevor das Gerichtsverfahren überhaupt eröffnet wurde. Aber noch hatte sie nicht das Ende ihres Leidenwegs erreicht. Offiziell durfte Clunet nun Einsicht in die Akten nehmen, aber in Wirklichkeit war alles nicht so einfach. Eine Abschrift musste angefertigt werden, damit er in Ruhe alles studieren konnte, doch der Kopist musste bezahlt werden, und Mata Hari verfügte nicht über genügend Geld, da ihr Guthaben immer noch beschlagnahmt war. Es bedurfte wiederholter Bitten und mehrerer Briefe, bis Mata Hari schließlich von

Oberleutnant Mornet, dem Ankläger beim Militärgericht, der nun mit dem Fall betraut war, die Erlaubnis bekam, sich Geld aus den Niederlanden überweisen zu lassen.[135] Unermüdlich schrieb ihm Mata Hari am 27. und 30. Juni sowie am 2., 3. und 5. Juli, ohne eine Antwort zu bekommen.

Im Gefängnis nutzten einige Aufseher ihre desolate Lage aus, um sie noch schlechter zu behandeln. Gedemütigt verfasste sie folgenden Brief:

»Paris, 2. Juli 1917
Heute Morgen hat man mich zur Gerichtskanzlei geführt. In einem sehr groben Ton hat man mich wissen lassen, dass nichts eingetroffen war, und wenn Sie kein Geld geschickt hätten, gäbe es bestimmt einen triftigen Grund dafür, warum Sie mir die Zahlung verweigerten! Wenn Sie Grund haben, sich mir gegenüber so zu verhalten, warum lassen Sie es mich nicht auf diskrete Art wissen, denn jetzt beschimpft mich ein Aufseher, der in der Gerichtskanzlei als Schreiber tätig ist, entsetzlich.«

Da kein Geld eintraf, bat Mata Hari, ein goldenes Zigarettenetui zu veräußern, das ebenfalls konfisziert worden war. »Es ist schrecklich, Herr Oberleutnant, wie Sie mit mir umgehen! Lassen Sie mir meinen Anwalt, und hindern Sie mich nicht daran, mich zu verteidigen!«

Völlig am Boden zerstört, beschloss sie, sich in einem weiteren Brief noch mehr zu erniedrigen:

»Paris, 10. Juli 1917
Herr Oberleutnant,
Sie treiben mich zur Verzweiflung, und um das Geld zu bekommen, muss ich auf ein Mittel zurückgreifen, dessen ich mich nie bedient hätte. Am 16. Januar 1917 habe ich mei-

nem Freund, dem Hauptmann Vadime de Massloff von der russischen Armee, Erstes Regiment, Erste Kompanie, geholfen.

Ich habe ihm 3000 Francs gegeben, um eine Ehrenschuld zu begleichen. Er hat mir versprochen, mir das Geld zurückzugeben.

Sie sind daran schuld, dass ich jetzt das Geld von ihm zurückfordern muss.

Nie im Leben hätte ich sonst so etwas getan.«

Und da sie nichts mehr zu verlieren hatte, setzte sie alles auf eine Karte:

»Wenn Anwalt Clunet sich in allerletzter Minute wirklich wegen Ihrer Geldverweigerung von mir abwendet, werde ich mich allein vor dem Militärgericht verteidigen!«

Eine befremdliche Drohung, eine düstere Perspektive.

Unter Aufbietung all seiner Autorität war Édouard Clunet zur Konfrontation bereit: Er garantiere nicht die Verteidigung Mata Haris, wenn man ihn nicht korrekt arbeiten lasse. Man darf nicht annehmen, dass dieser Freund aus alten Zeiten vorhatte, sie im Stich zu lassen; es war die einzige Waffe, von der er Gebrauch machen konnte, um deutlich gegen die Rechtsverweigerung zu protestieren. Denn zweifellos waren Mornet und die Staatsanwaltschaft bemüht, Clunets Arbeit zu behindern. Doch in Erwartung eines doppelten Skandals – ein namhafter Anwalt, der sein Mandat niederlegte, und eine Frau, die sich selbst verteidigte – gab man sich schließlich geschlagen. Wie durch ein Wunder traf am 16. Juli das Geld ein, um das Mata Hari Freunde in Den Haag gebeten hatte. Es blieb nur noch eine Woche bis zum Prozessbeginn, ein sehr knapper Zeitraum, aber bei Kriegsverfahren waren Fristverlängerungen nicht üblich – man wollte dem Angeklagten nicht zu viel Zeit für die Vorbereitung seiner Verteidigung geben.

Man hat sich oft gefragt, warum Clunet nicht selbst das Geld vorstreckte. Er tat dies nicht nur aus Prinzip nicht, sondern vielmehr um nicht Gefahr zu laufen, die Verteidigung niederlegen zu müssen, wie Bouchardon drohend angedeutet hatte. Wenn Clunet zeigte, dass er der Angeklagten zu nahe stand, konnte er als Zeuge geladen werden und wäre damit von der Verteidigung ausgeschlossen gewesen.

Verdammt in Grund und Boden

Als die Ermittlungen abgeschlossen waren, nahmen die Dinge eine entscheidende Wendung. Erst jetzt wurde der Fall in der Öffentlichkeit bekannt, und erst jetzt trat die Presse auf den Plan, die endlich informiert worden war. Bald kamen, vom Geheimdienst genährt, die unsinnigsten, unwahrscheinlichsten Gerüchte und die phantastischsten Märchen über Mata Hari in Umlauf.

Le Petit Parisien meldete als erstes Blatt die Sensation und machte, zunächst nur mit ein paar sachlichen Zeilen, die Verhaftung der Tänzerin publik.[136] Aber rasch änderte sich der Ton, wobei merkwürdigerweise die linksgerichteten Zeitungen am bösartigsten argumentierten. Ein Journalist von *L'Humanité* forderte, in der Art, wie es Léon Daudet in *L'Action française* getan hätte, dass man die Spionin bestrafen und sie dafür mit dem Tod büßen müsse.

Le Bonnet rouge, die deutschfreundliche Zeitung von Almereyda und »Père Duval« war – verständlicherweise – das einzige Blatt, das sich nicht in Beschimpfungen erging: »Mata Hari soll eine Spionin sein? Das ist unmöglich. Sie war nicht geschaffen für diese Rolle.« Zehn Tage später wurde diese Tageszeitung eingestellt.

Mata Hari sorgte für Gesprächsstoff in den Salons wie an den Zeitungskiosken. Bald machten immer mehr Spekulationen und Gerüchte die Runde: Jeder kannte jemanden, der etwas wusste, oder jemanden, der jemanden kannte, der etwas wusste: Mata Hari sei die Geliebte des Kronprinzen. Sie sei verantwortlich für den Tod mehrerer Divisionen, zumindest von fünf, wenn nicht zehn. Im Gefängnis werde sie dank ihrer zahlreichen Gönner bevorzugt behandelt. Während die Kinder Hunger litten, aale sie sich in Saint-Lazare in Milchbädern. Wer weiß, ob sie sich nicht als eine Art Messalina entpuppte, die in ausschweifenden Trinkgelagen ihre Kerkermeister verführte! In ganz Paris tuschelte man, in den Höfen, auf den Boulevards und von Kirchturm zu Kirchturm verbreiteten sich die Gerüchte bis in die Schützengräben. Von Mund zu Mund wurde ein Name weitergegeben – Mata Hari, die Verräterin, die Spionin, der Vampir, das Freudenmädchen, die liederliche Frau, die Dirne von Paris oder Berlin, das Böse schlechthin.

Bald wurde in der Presse eine Lawine von Unsinn losgetreten, die lange Zeit die Wahrheit verschleierte.

Trübe Wasser

Mata Hari, der Sündenbock – Mata Hari, das Opfer – Mata Hari, die allseits geliebt wird – Mata Hari, die man retten wollte. Fast neun Jahrzehnte nach ihrer Hinrichtung sind einige neue Erkenntnisse an den Tag gekommen, die Bouchardons und Mornets Überzeugung bestätigt haben: Mata Hari hatte zu leichtsinnig mit dem Feuer gespielt.

Einige Fragen sind offengeblieben, bringen aber Licht in die ganze Affäre.

Heute weiß man, dass Mata Hari anlässlich ihrer Rückkehr in die Niederlande im Januar 1916 eine Reise von Madrid nach Lissabon mit Klara Benedix unternommen hatte.

Mata Hari hatte Scotland Yard gegenüber einmal erwähnt, sie habe im selben Abteil wie die berühmte Spionin gesessen, mit der die Briten sie verwechselt hatten.

Das konnte kein Zufall gewesen sein. Seitdem drängte sich die Frage auf: Hatte Mata Hari auf ihrer ersten Reise nach Paris im Dezember 1915 spioniert? Sie hatte sich zwar der Geheimtinte entledigt und sie ins Meer gekippt, aber ein vereinbarter Code hätte genügt, um per Brief einige Informationen zu schicken. In Band 8 des deutschen Armeearchivs ist nachzulesen: »Standortkommandant Hoffmann[137] leitete zum Jahresende 1915 die Information der Agentin H-21 weiter, die sich in Paris befand. Dort verfügte sie angesichts ihrer früheren Aufenthalte über gute Beziehungen. Sie gab an, ›dass man im Augenblick in Frankreich nicht an eine Offensive der französischen Streitkräfte denke‹.«

Das spricht Bände. 1917 hatte Mata Hari jedoch das Lager gewechselt. Sie ging ganz in ihrer letzten Wahrheit auf, die sie einmal dem Untersuchungsrichter Pierre Bouchardon anvertraut hatte: »Ich war zu sehr in meinen Geliebten verliebt, und das ließ mich in der Illusion leben, das bekommen zu können, was ich für mein einziges Glück hielt und woran ich heute noch glaube.«

17
Eine Frau für die Ewigkeit

Aus Liebe

Die Eröffnung des Gerichtsverfahrens war für den 24. Juli 1917 um 13 Uhr angesetzt. Mata Hari verständigte sich mit Clunet, um mehrere Zeugen vorladen zu lassen. Darunter befanden sich zunächst einmal Oberst Denvignes und Leutnant Hallaure, mit denen sie sich auseinandersetzen wollte, aber auch andere, von denen sie sich Entlastung versprach: Hauptmann de Massloff (von der russischen Armee in Frankreich), Hauptmann de Beaufort (von der belgischen Armee in Frankreich), Henri Kapferer, der Marquis de Margerie und Oberst Messimy.

Vor allem einer von ihnen, Hauptmann de Massloff – die wichtigste Figur auf dem Schachbrett –, hätte bezeugen können, dass sie nie gegen Frankreich gearbeitet und ihm nie Fragen über militärische Angelegenheiten gestellt hatte. Selbstverständlich rangierte er an erster Stelle auf der am 13. Juli aufgestellten Liste, der Liste der Zeugen, die zu ihrer Verteidigung infrage kamen. Plötzlich aber überlegte Mata Hari es sich anders und schickte ohne Absprache mit Clunet dem Ankläger folgenden Widerruf:

»Freitag,
Herr Oberleutnant,
heute Morgen habe ich Ihr Schreiben erhalten, in dem Sie mich über die Vorladung einiger Zeugen unterrichtet haben, die ich erbeten hatte. Ich wäre Ihnen sehr dankbar, wenn Sie einen aus der Liste strichen: Hauptmann de Massloff.

Ich habe nachgedacht, und bei dem Gedanken, ihn in dieser Situation zu sehen, musste ich derart weinen, dass ich befürchte, es würde noch schlimmer sein, wenn ich ihn vor dem Militärgericht sähe.

Ich kenne mich. Solange ich nicht weine, geht es gut; aber wenn ich einmal weine, kann man nichts mehr mit mir anfangen. Sie müssten die Verhandlung vertagen. Da er der Mann ist, den ich auf der Welt am meisten liebe, fehlt mir die Kraft, ihn zu sehen.

Ich hoffe, dass Sie begreifen, was mich dazu bewogen hat, Sie zu bitten, Hauptmann de Massloff nicht zu der Gerichtsverhandlung vorzuladen …

Mit vorzüglicher Hochachtung und mit Dank …«

Mata Hari hatte alles verloren. Allein dass sie daran gedacht hatte, von Vadime die Rückzahlung des Geldes zu erbitten, war ihr ein Gräuel. Was ihr blieb, war, die Erinnerung an ihr Glück zu wahren – das allein konnte man ihr nicht wegnehmen. In Vadimes Gedächtnis wollte sie die bewunderungswürdige Frau bleiben, die sie nie mehr sein würde.

Verständlich war jedoch die Entrüstung des Anwalts über diese plötzliche selbstmörderische Entscheidung. Clunet eilte herbei, flehte sie an, tobte sogar. Mata Hari hörte ihm lange schweigend zu und sagte dann nur: »Schauen Sie mich an, Herr Anwalt, schauen Sie mich an …«

Unter Ausschluss der Öffentlichkeit

Doch auch vor dem Militärgericht gab Mata Hari den Kampf noch nicht auf. Sie glaubte, sie könne Menschen guten Willens ihre Situation erklären und von ihnen ein gerechtes Urteil erwarten. Sie wollte sich rechtfertigen, andere von ihrer Aufrichtigkeit überzeugen. Zu diesem Zeitpunkt wusste sie noch nicht, dass das Militärgericht nur eine weitere Station auf ihrem Leidensweg war.

Am Vorabend des 23. Juli 1917 musste sie sich von Schwester Léonide verabschieden. Man hatte beschlossen, sie für die Dauer des Gerichtsverfahrens in der Conciergerie, jenem berühmten Gefängnis in der Nähe des Justizpalastes, in dem Marie-Antoinette wie auch Robespierre ihre letzten Tage verbracht hatten, einzuquartieren. Der Fall hatte inzwischen so viel Aufsehen erregt, dass man die langen Fahrten der Angeklagten von Saint-Lazare vermeiden wollte, denn die neugierige Menschenmenge konnte möglicherweise zu einer ernsthaften Gefahr werden. Schließlich war der Prozess eine Abrechnung mit dem Verrat schlechthin, und ganz Frankreich fühlte sich betroffen. Mata Hari, die keine Ahnung hatte, was auf sie zukam, verließ Saint-Lazare in der Überzeugung, nicht mehr dorthin zurückzukehren.

Am Nachmittag des 24. Juli, kurz vor 14 Uhr, holten Soldaten sie ab und führten sie – übrigens ohne Handschellen – über Treppen, Höfe und Geheimgänge des alten Revolutionsgefängnisses zum großen Gerichtssaal, in dem das Militärgericht tagte. Von draußen drang der dumpfe Lärm der aufgebrachten Menschenmenge herein, die Einlass begehrte, wie seinerzeit, als sie im Olympia aufgetreten war.

Édouard Clunet wartete bereits im Vorzimmer, ein paar Meter vom »Odéon« genannten zweiten Sitzungssaal entfernt, um zusammen mit Mata Hari die Arena zu betreten, in der die Verhandlung stattfand: die berühmte »Comédie-Française«.[138]

Dann öffnete sich eine Tür. Der Augenblick war gekommen, da Mata Hari der Menge gegenüberstand. Sie nahm auf der Anklagebank Platz, Clunet setzte sich genau vor sie.

Das Gericht hielt Einzug in den Verhandlungssaal: sechs Geschworene, ein Ankläger, ein Gerichtsschreiber und ein Gerichtspräsident. Die meisten Männer, die hier über sie Recht sprechen sollten, waren keine Juristen, sondern Militärs, denn es handelte sich um ein Militärgericht. Der Gerichtspräsident, Albert-Ernest Somprou, war Oberstleutnant der Republikanischen Garde. Nur der Untersuchungsrichter Pierre Bouchardon, der Ankläger André Mornet und der Anwalt Édouard Clunet waren Juristen.

Bei Beginn des Prozesses war die Öffentlichkeit zugelassen, doch nach der Vernehmung zur Person und dem Verlesen der Tagesordnung landete der Ankläger seinen ersten Coup: Er stellte den Antrag, die Öffentlichkeit von der Verhandlung bis zur Urteilsverkündung auszuschließen, »weil die Sicherheit des Staates bedroht sein könnte«. Er untersagte außerdem »die Veröffentlichung der Verhandlungsprotokolle«.

Das hatte es noch nie gegeben. Der Saal wurde unter lautem Protest geräumt. Vor jeder Tür postierte man Wachen; nichts durfte nach außen dringen – man erinnere sich nur an die von Ladoux geschickt am Leben erhaltene Legende, die Deutschen wüssten nicht, dass die Franzosen den Schlüssel ihrer Geheimcodes kannten.

In lähmender Stille las dann Pierre Bouchardon die fünfundzwanzig Seiten seines Ermittlungsberichts vor. Nach dieser vom Gericht vorgeschriebenen »Attacke« begann der eigentliche Prozess. Gerichtspräsident Somprou und Oberleutnant Mornet begannen mit der Vernehmung der Angeklagten, die sich wortwörtlich an das hielt, was sie im

Ermittlungsverfahren gesagt hatte. Sie stellte sogar ihren Sinn für Humor unter Beweis, als Oberleutnant Mornet ihre Vorliebe für die Uniform monierte: »Herr Oberleutnant, ich bitte Sie, zu glauben, dass ich manchmal auch Männern in Zivil meine Gunst erwiesen habe. Aber ich muss gestehen, dass ich eine gewisse Vorliebe für Offiziere habe. Seien Sie unbesorgt, ich glaube, es beruhte auf Gegenseitigkeit.«

Mata Hari schien ihre Kräfte wiederzuerlangen. Sie verteidigte sich Schritt für Schritt, als Mornet sie der Täuschung, Berechnung und Lüge bezichtigte. Mit der ihr eigenen befremdlichen Logik fragte sie, »wem das Verbrechen nützen sollte« und warum sie wohl nach dem unerquicklichen Zwischenfall von Falmouth nach Frankreich zurückgekehrt sei, wenn sie kein ruhiges Gewissen gehabt hätte. Für sie lag klar auf der Hand, dass Ladoux sie im Stich gelassen hatte und dass sie nicht so arglos gewesen wäre, wenn sie sich etwas hätte zuschulden kommen lassen.

Dann folgte die Anhörung der Zeugen: Die Anklage hatte fünf Zeugen geladen, von denen die beiden wichtigsten zweifellos Hauptmann Ladoux und sein Vorgesetzter, Oberstleutnant Goubet, waren. Beide hielten an ihren Aussagen fest und beschrieben Mata Hari als einen der gefährlichsten Spione, die Deutschland je gehabt hätte.

»Eine Agentin ersten Ranges«, präzisierte Ladoux sogar.

»Das geht aus allen Beweisstücken hervor«, sagte Mornet mit Genugtuung.

Mata Hari begann zu begreifen, dass sie und diejenigen, die über sie urteilten, nicht dieselbe Sprache sprachen. Zum ersten Mal realisierte sie, was man ihr unterstellte. Das Bild, das die Anklage von ihrem Leben entwarf, schien einer anderen Wirklichkeit zu entspringen. Sobald sie einen Einwand erhob, drehte Mornet ihr das Wort im Munde um. Mata Hari gab dennoch nicht auf, wie folgendes Wortgefecht zeigt:

»Madame, stimmt es, dass Sie bei Ihrer ersten Reise nach Frankreich im Dezember 1915 zweimal Ihre Rückkehr in die Niederlande angekündigt und Ihr Gepäck in die Hotelhalle haben bringen lassen, dann aber Ihre Meinung geändert haben?«

»Ja, Herr Oberleutnant.«

»Durch Zufall«, sagte Mornet an die Adresse des Richterkollegiums, »wurden die Schiffe, mit denen Madame Zelle damals hätte fahren sollen, von deutschen Unterseebooten torpediert!« Dann fügte er, mit dem Finger anklagend auf Mata Hari zeigend, hinzu: »Geben Sie zu, Madame, dass Ihre Freunde aus Berlin Sie davon unterrichtet hatten und Sie aus diesem Grund Ihre Reise aufgeschoben haben, gestehen Sie!«

»Nein, Herr Oberleutnant«, gab Mata Hari ruhig zurück, »ich musste einige Änderungen an einem Kleid und einem Mantel vornehmen lassen. Meine Schneiderin informierte mich, dass sie mit der Arbeit im Rückstand war, und ich hatte nicht vor, auf meine Kleidung zu verzichten, die mich ein Vermögen gekostet hatte.« Die Zuhörer schwiegen betreten, und Mata Hari fuhr fort: »Sehen Sie, damals hatte ich noch Glück!«

Doch offensichtlich erregten ihre Offenheit und ihr Freimut Missfallen; sie schockierte damit, dass sie sich nicht dafür entschuldigte, geschieden zu sein, und dass sie nicht leugnete, sich der Männer zu ihrem Vergnügen oder um vorwärtszukommen bedient hatte.

Plötzlich erschien ein vertrautes Gesicht, Henri de Margerie, der Mata Hari nicht von vornherein verurteilte. Er gab zu, sie seit Langem zu kennen, und bestätigte, dass die Tänzerin sich Rat suchend an ihn gewandt hatte, bevor sie in den französischen Geheimdienst einstieg. Dadurch unterminierte er Ladoux' Argumentation, der behauptet hatte, Mata Hari habe alles getan, um den französischen Geheimdienst zu unterwandern. Von allen Männern, mit denen sie in Kontakt gestanden hatte, war Margerie zweifellos der Einzige, der Würde zeigte. Lange Zeit hielt sich das Gerücht, dass ein anderer Mann, »der eines der höchsten Ämter in Frankreich bekleidete«, ebenfalls zugunsten Mata Haris ausgesagt habe. Gemeint war Jules Cambon, dessen Name während des ganzen Prozesses immer wieder hinter vorgehaltener Hand erwähnt wurde. Bedauerlicherweise ist die von Major Massard[139] geschilderte Szene nicht verbürgt (Massard wohnte dem Prozess als Beobachter bei). Da sie jedoch in den meisten Biografien zu lesen ist, wird sie im Folgenden mit Vorbehalt wiedergegeben:

»Mata Hari benannte Jules Cambon als Zeugen. Als der Gerichtspräsident sie fragte, warum ihre Wahl auf ihn gefallen sei, antwortete sie: ›Jules Cambon ist eine der größten Autoritäten der französischen Republik. Erst war er Botschafter in Madrid, dann in Berlin.‹ Dann wandte sie sich direkt an Cambon, derzeit Generalsekretär im Außenministerium: ›Monsieur, ich frage Sie nach bestem Wissen und Gewissen, habe ich Ihnen jemals Fragen über politische oder militärische Angelegenheiten gestellt? Habe ich jemals versucht, unsere Freundschaft auszunutzen, um Ihnen eine Information zu entlocken?‹

Jules Cambon sah Mata Hari fest in die Augen und erklärte dem Gerichtspräsidenten dann sehr ruhig: ›Madame hat nie irgendetwas versucht, das so ausgelegt werden könnte. Sie hat mir nie Fragen dieser Art gestellt.‹

›Worüber haben Sie sich sonst unterhalten können?‹, fragte Mornet.

›Über Kunst‹, antwortete Cambon, ›vor allem über orientalische und fernöstliche Kunst.‹«

Diese erfundene Zeugenaussage (aus den Akten geht hervor, dass Cambon weder von der Anklage noch von der Verteidigung als Zeuge benannt wurde) war tückisch, denn sie betonte, mit welch hochgestellten politischen Persönlichkeiten Mata Hari Kontakte unterhielt, was folglich ihre Spionagetätigkeit glaubwürdig erscheinen ließ. Auch andere Dinge liefen nicht zu ihren Gunsten.

Dazu gehörte beispielsweise das »Ausfallen« von Leutnant Hallaure, der von Mata Hari als Zeuge benannt, aber von der Anklage »vergessen« worden war – ein Umstand, der die Verteidigung schwächte, die den Nachweis erbringen wollte, dass Hallaure Mata Hari in Ladoux' Falle gelockt hatte, was er allein bezeugen konnte. Zwar hatte er während des Ermittlungsverfahrens das Gegenteil behauptet, aber vielleicht würde er in Anwesenheit von Mata Hari bei der Wahrheit bleiben. Doch offenbar erschien dieses Risiko den Anklagevertretern zu groß – auch wenn man auf seine moralische Verpflichtung seinen Vorgesetzten gegenüber zählte. Da er an die Front versetzt worden war, »habe man ihn nicht rechtzeitig erreichen können«, hieß es offiziell. Man begnügte sich also damit, seine Aussage aus dem Ermittlungsverfahren vorzulesen und Mata Hari aufzufordern, dazu Stellung zu beziehen, doch das Dementi einer Angeklagten blieb, wie zu erwarten, ohne Wirkung. Gleiches galt für Denvignes. Am schlimmsten aber war Vadimes Abwesenheit, weil sie möglicherweise die Theorie der Anklage bestätigte, dass die große Liebe in Wirklichkeit nur eine Komödie gewesen war.

Mata Hari kannte eine weitere Persönlichkeit von hohem Ansehen und Einfluss, Oberst Messimy, der 1914 Kriegsminister war. Ihn hatte sie vor Kriegsausbruch angeschrieben und ihn gebeten, sie in Berlin zu besuchen, da sie ihm wichtige Enthüllungen zu machen habe. Diesen Herrn hatte Mata Hary nun als Zeugen benannt, damit er ihre profranzösische Haltung und ihre Aufrichtigkeit bestätige. Man nahm an, dass der Oberst, der inzwischen General und zudem noch Abgeordneter geworden war, sich nicht zu seinen intimen Beziehungen zu einer Tänzerin zweifelhaften Rufs bekennen würde, die zudem des Hochverrats angeklagt war. So war es. Da auch er an der Front war, ließ Adolphe Messimy seine Frau einen Brief schreiben, in dem sie völlig arglos behauptete: »Ich glaube, dass ich zur Wahrheitsfindung beitragen kann, indem ich meine und meines Mannes Meinung über die Angeklagte äußere. Wir haben sie vor dem Krieg durch Zufall zwei- oder dreimal in Paris getroffen. Wir beide haben gedacht, dass sie danach gierte, Personen eines gewissen Bekanntheitsgrades kennenzulernen, aber wir beide wussten nicht, dass sie in Spionageaffären verwickelt war.«

Unterschrieben hatte sie mit Andrée Messimy, geborene Bonaparte, was zweifellos patriotische Gefühle wecken sollte … Der Brief wurde vor Gericht verlesen. Er war eine Ohrfeige für Mata Hari: ihr ehemaliger Geliebter bediente sich seiner Ehefrau, um zu beteuern, dass er sie praktisch nicht gekannt hatte. Hallaure, Denvignes, Messimy – Mata Hari schlug die französischen Offiziere in die Flucht.

Um sieben Uhr abends erklärte der Gerichtspräsident die Verhandlung für ausgesetzt, »da die Mitglieder des Gerichts sowie die Angeklagte der Ruhe bedürfen«, und ordnete die Fortsetzung für den folgenden Morgen an.

Zur gleichen Zeit bombardierten die Deutschen Nancy, und die Alliierten eroberten das Plateau de Californie im Gebiet des Chemin des Dames zurück.

Zweite Runde

Am folgenden Morgen, dem 25. Juli, wiederholte sich die Prozedur vom Vortag. Mata Hari wurde in Begleitung ihres Anwalts in den Gerichtssaal geführt, das Hohe Gericht nahm dann seine Sitze ein. Das Publikum, das gehofft hatte, den Plädoyers beiwohnen zu dürfen, musste erneut den Gerichtssaal verlassen.

Es war noch schwüler als am Vortag, und die Atmosphäre war sehr gespannt. Mornet und Clunet, Ankläger und Verteidiger, sollten sich ein hartes Gefecht liefern.

Mornet ergriff als Erster das Wort mit einem berühmt gewordenen Ausspruch: »Meine Herren, in meiner ganzen Laufbahn habe ich mich noch nie so verlegen gefühlt. Der Fall ist einfach. Ich werde Ihnen beweisen, dass diese Frau eine Spionin ist, so einfach wie zwei plus zwei gleich vier ist.«

Dann zitierte er Bouchardons Bericht fast Wort für Wort und beendete sein Plädoyer mit einer emphatischen Geste, die seine ganze Verachtung zum Ausdruck brachte: »Schauen Sie sich diese elende Salome an, die sich ihrer Schönheit bedient hat, um die Männer zu zerstören. Die Angeklagte ist eine leichtlebige Frau, die offen die Gesetze der Moral missachtet hat, ein gefährliches Geschöpf, ein Beispiel an Verderbtheit, die der Gesellschaft nicht zuträglich ist, eine internationale Frau, wie sie sich rühmt, die sich nur auf die Seite des Meistbietenden schlagen kann.«

Mata Hari unterbrach ihn drei Mal und wurde jeweils zur Ordnung gerufen. Sie wurde für den Tod von fünfzigtausend, hunderttausend oder mehr französischen Soldaten verantwortlich gemacht. Nachdem der Ankläger über eine Stunde gegen ihr übles, staatsgefährdendes Benehmen gewettert hatte, verlangte er, dass »die Angeklagte Zelle aller gegen sie vorgebrachten Anklagen für schuldig befunden werde«.

Am Himmel braute sich ein Gewitter zusammen. Gerichtspräsident Somprou ordnete eine Unterbrechung der Verhandlung für eine Stunde Mittagspause an.

Clunets Plädoyer nahm den größten Teil des Nachmittags ein. In seiner gefühlvollen Rede versuchte er, sich für die Glaubwürdigkeit einer Frau einzusetzen, die alle verurteilten. Er legte Nachdruck auf die Lauterkeit von Mata Haris Absichten, die darin bestanden, Frankreich zu dienen. Kaum jemand hörte ihm zu. Anschließend fragte der Gerichtspräsident: »Angeklagte, haben Sie noch etwas zu Ihrer Verteidigung hinzuzufügen?«

»Nein«, antwortete Mata Hari, »mein Anwalt hat die Dinge so beschrieben, wie sie sich zugetragen haben. Ich bin Staatsbürgerin eines neutralen Landes. Ich habe nie gegen Frankreich operiert, und ich glaube an Ihre Gerechtigkeit.«

Somprou erklärte nunmehr die Verhandlung für geschlossen. Mata Hari und Clunet wurden in das Gefangenenzimmer auf derselben Etage gebracht, während das Gericht sich zur Beratung zurückzog.

Draußen fielen die ersten Regentropfen. Mata Hari, die völlig ausgebrannt war, meinte, darin ein Vorzeichen ihrer baldigen Freiheit zu sehen. Die Journalisten drängten sich vor den Türen, jeder wollte als Erster Bericht erstatten.

Das Urteil

In seinem abschließenden Ermittlungsbericht hatte Bouchardon acht Fragen formuliert, auf denen die Anklage aufgebaut wurde:

1. Ist die genannte Zelle-MacLeod schuldig, im Dezember 1915 den Sperrbezirk von Paris betreten zu haben, um Dokumente oder

Informationen im Interesse der feindlichen Macht Deutschland zu erlangen?

Ladoux hatte hierfür zwar keine Beweise sammeln können, aber Bouchardon lag ein Eingeständnis Mata Haris vor.

Die Richter beantworteten diese Frage einstimmig mit »Ja«.

Darauf stand die Todesstrafe.

2. *Ist die Angeklagte schuldig, in den ersten sechs Monaten des Jahres 1916 Konsul Krämer Dokumente und Informationen verschafft zu haben, die Frankreich gefährden konnten?*

Die Frage ließ sich nicht eindeutig beantworten, und auch das Gericht war nicht einer Meinung. Einer der sieben Männer antwortete mit »Nein«.

3. *Ist dieselbe schuldig, in den ersten sechs Monaten des Jahres 1916 in den Niederlanden mit der feindlichen Macht Deutschland, vertreten durch die Person des vorher erwähnten Krämer, zum Zweck der Begünstigung feindlicher Unternehmungen zusammengearbeitet zu haben?*

Die richtige Antwort war ein einstimmiges »Ja«.

Mata Hari hatte sich tatsächlich in den Dienst Deutschlands gestellt, was allein schon als Verbrechen galt.

Darauf stand die Todesstrafe.

4. *Ist die Angeklagte schuldig, ihre zweite Reise nach Paris unternommen zu haben, um Frankreich im Auftrag Deutschlands auszuspionieren?*

Die Antwort war ein einstimmiges »Ja«, denn Mata Hari hatte tatsächlich die Reise im deutschen Auftrag angetreten.

Darauf stand die Todesstrafe.

5. Ist die Angeklagte schuldig, in Paris seit Mai 1916 mit Deutschland zusammengearbeitet zu haben, um die geplanten Unternehmungen der feindlichen Macht zu begünstigen?

Die richtige Antwort wäre »Nein« gewesen, zumal die Observierung keine Anhaltspunkte dafür geliefert hatte, dass Mata Hari für Deutschland tätig war. Auch hatte damals die Affäre mit de Massloff begonnen.

Dennoch meinten sechs der sieben Männer, die über sie urteilten, dass sie mit Deutschland kooperiert hatte.

6. Ist dieselbe schuldig, im Dezember 1916 in Madrid (Spanien) mit der feindlichen Macht Deutschland, vertreten durch die Person des Militärattachés von Kalle [sic], zusammengearbeitet zu haben?

Die richtige Antwort wäre »Nein« gewesen, doch die Richter beantworteten diese Frage einstimmig mit »Ja«.

Darauf stand die Todesstrafe.

7. Ist dieselbe schuldig, Deutschland durch die Person des besagten von Kalle [sic] Dokumente und Informationen verschafft zu haben, die Frankreich gefährden konnten?

Auch hier wäre »Nein« richtig gewesen, doch sechs der sieben Männer, meinten, dass dies der Fall war.

8. Ist dieselbe schuldig, im Januar 1917 in Paris Spionage für die feindliche Macht Deutschland mit der Absicht betrieben zu haben, die geplanten Unternehmungen des Feindes zu begünstigen?

Wieder hätte es »Nein« heißen müssen. Trotzdem meinten die Richter einstimmig, dass es sich so verhalten habe.

Darauf stand die Todesstrafe.

Bei drei Fragen waren die Richter sich uneinig; bei einigen irrten sie sich völlig. Schuldig war Mata Hari in Bezug auf die Fragen 1, 3 und 4. Nach geltendem Kriegsrecht stand auf diese Verbrechen nämlich die Todesstrafe.

In dem kleinen Raum mit vergittertem Fenster, in dem sie auf die Urteilsverkündung wartete, versuchte Mata Hari, ihre angespannte seelische Verfassung zu verbergen, und Clunet sprach ihr unentwegt Mut zu, dass sie aufgrund der Sachlage bestimmt freigesprochen werden würde.

Mata Hari klammerte sich an diese Beteuerungen, zumal sie sich wirklich für unschuldig hielt. Dieser so oft vernachlässigte Umstand erklärte ihr bisheriges und ihr künftiges Verhalten: Mata Hari hatte nicht die Justiz zu täuschen versucht, sondern sie sah sich als das Opfer der Verhältnisse.[140]

Plötzlich trat die Wache ein und holte Mata Hari zur Urteilsverkündung in den Gerichtssaal zurück. Die Beratung hatte höchstens vierzig Minuten gedauert, die Richter waren sich also schnell einig geworden, was ein gutes, aber auch ein schlechtes Zeichen sein konnte. Doch noch hofften Mata Hari und ihr Anwalt.

Gemäß den Vorschriften der Militärgerichtsbarkeit musste das Urteil unter Ausschluss der Öffentlichkeit in Anwesenheit bewaffneter Wachsoldaten verlesen werden. Mata Hari, die diese Vorschrift nicht kannte, zuckte zusammen, als sie den Gerichtssaal erneut betrat. Diese Männer sahen beinahe wie ein Exekutionskommando aus.

Clunet griff beruhigend Mata Haris Hand. Das Gericht hielt Einzug. Adjutant Rivière, der Gerichtsschreiber des Dritten Militärgerichts, verlas das Urteil:

»Das Militärgericht verurteilt einstimmig die genannte Margaretha Gertrude Zelle zum Tode. Im Namen des französischen Volkes wird sie außerdem zur Zahlung der Prozesskosten verurteilt.«

Mata Hari rief ganz benommen mehrmals hintereinander: »Das ist unmöglich! Das ist unmöglich! Ich bin unschuldig, unschuldig!«

Clunet brach in Tränen aus. Das Gericht zog sich zurück. Mata Hari fiel in Ohnmacht.

Ein letztes Aufbäumen

Mata Hari wurde nach Saint-Lazare zurückgebracht. Schwester Léonide wartete bereits auf sie und geleitete sie in eine neue, größere und komfortablere Zelle. Mata Hari blickte sich um und fragte: »Das ist die Zelle für die zum Tode Verurteilten, nicht wahr?«

Schwester Léonide versuchte, sie zu beruhigen: »Machen Sie sich keine Sorgen, ich habe mich persönlich um Ihre Angelegenheiten gekümmert. Es kann sich noch alles wenden.«

»Es kann sich noch alles wenden …« Schwester Léonide spielte auf die Berufung an, die Mata Hari einlegen konnte. Es stimmte: Noch war nicht alles verloren. Sie fing an, sich an diese Hoffnung zu klammern. Seit ihrer Verurteilung versuchten Clunet und die niederländische Regierung in der Tat, die Hinrichtung zu verhindern, wobei Clunet wie ein Löwe kämpfte, während die niederländische Regierung es eher bei einem Lippenbekenntnis beließ.

Unmittelbar nach der Urteilsverkündung hatte Clunet seine Mandantin einen Antrag auf Überprüfung der Rechtmäßigkeit des Verfahrens vor einem Revisionsgericht unterschreiben lassen. Revision und Kassation waren die beiden Rechtswege, die selbst nach einer Verurteilung durch ein Militärgericht beschritten werden konnten, auch wenn in den seltensten Fällen ein vom Militärgericht gefälltes Urteil aufgehoben wurde. Und so war es auch im Fall von Mata Hari: Die zweimal beantragte Revision des Verfahrens wurde am 17. August und am 27. September 1917 abgelehnt, »da während des Prozesses und bei den Beschlüssen des Dritten Militärgerichts keinerlei Gesetzesverletzungen vorgekommen sind«. Clunet gab nicht auf und reichte ein Gnadengesuch beim Staatspräsidenten Raymond Poincaré ein, wobei er die niederländische Regierung um Unterstützung bat. Obwohl er schwer getroffen war und allmählich am Erfolg seiner Bemühungen zweifelte, ließ er nichts unversucht. Bouchardon hat auch dies festgehalten: »Jeden Tag kam er zum Dritten Militärgericht in seiner Robe, wobei er mit der schlecht angenähten Schleppe den Staub der Flure zusammenkehrte. Er wiegte den Kopf hin und her und sagte mir: ›Nein, nein, Poincaré wird nicht zulassen, dass dieser anmutige Körper wieder zu Staub werde.‹ Manchmal schien er selbst der Versuchung zu unterliegen, wenn er sagte: ›Man soll sie in die Niederlande zurückkehren lassen. Ihr altes Dienstmädchen Anna Lintjens wartet jeden Tag in ihrer Wohnung in Den Haag auf sie. Deutschland wird uns im Austausch zehn französische Offiziere unserer Wahl geben.[141] Was halten Sie davon?‹«[142]

Die niederländische Regierung hingegen hielt sich diskret zurück. Zum einen fiel es einem Land mit puritanischen Traditionen nicht leicht, einer Nackttänzerin mit fragwürdigem Lebenswandel zu Hilfe zu kommen, zum anderen wollte man die Franzosen nicht brüskieren, die an dieser Hinrichtung festhielten. Poincaré, der Staatspräsident, hasste zwar Clemenceau, den Ministerpräsidenten, aber beide waren von heftigem Patriotismus beseelt. Poincaré war Lothringer, Verfechter der französischen Revisionspolitik, der Rückforderung der im Deutsch-Französischen Krieg von 1870/71 abgetretenen Gebiete, und hatte einen neuerlichen Waffengang mit dem Deutschen Reich immer befürwortet. Er war maßgeblich daran beteiligt gewesen, durch die russischen Rüstungsanleihen den Zaren Nikolaus II. fest in die antideutsche Koalition einzubinden. Er war also kaum der geeignete Mann, um Erbarmen mit Mata Hari zu haben. Auch hielt er, nicht anders als Ladoux oder Goubet, jedes Mittel für recht, um die öffentliche Meinung auf Durchhalten einzuschwören. Mata Hari musste wie Iphigenie in Aulis sterben. Ihre Hinrichtung sollte gegenüber dem Volk und den Soldaten den Einsatz des ganzen Landes dokumentieren. Seit Marie-Antoinette war keiner Frau mehr eine solche Rolle zugedacht worden. Auch die Habsburgerin war eine Fremde gewesen, aller Laster und aller verbotenen Lust verdächtig; auch sie musste sterben, weil man in ihr die Wurzel allen Übels zu sehen meinte.

Die Regierung in Den Haag bat schließlich verhalten um eine Strafumwandlung. Um Rechtfertigung bemüht, antwortete die französische Regierung, Mata Haris Hinrichtung sei durchaus gerechtfertigt, weil »ein umfassendes Geständnis« vorliege. Wohl wissend, wo der wunde Punkt lag, und um möglichen Vergleichen vorzubeugen (die Hinrichtung der englischen Krankenschwester Edith Cavell durch die Deutschen hatte heftige internationale Empörung ausgelöst), fügte das französische Außenministerium hinzu: »Mata Hari ist eine leichtlebige Frau, deren Fall unter keinen Umständen mit dem der von den Deutschen erschossenen Miss Cavell gleichgesetzt werden wird.«

Eine Ironie des Schicksals: Dieses Schreiben unterzeichnete Jules Cambon, Mata Haris Freund, der sich ebenfalls der Staatsräson beugen musste. Anders ausgedrückt: Es war schändlich, eine ehrbare Frau zu erschießen, doch eine Hure durfte man zum Tode verurteilen. Die niederländische Regierung verzichtete auf weitere Bemühungen, und Raymond Poincaré konnte erleichtert das Gnadengesuch ablehnen, dem stattzugeben er keine Sekunde ernstlich in Betracht gezogen hatte. Am Sonntag, den 14. Oktober 1917, befahl der Militärgouverneur von Paris, die Hinrichtung für den nächsten Morgen anzusetzen.

Mata Hari selbst wusste nichts davon. Sie glaubte, dass an diesem Tag ihr Fall noch einmal diskutiert würde. Beinahe drei Monate waren seit der Urteilsverkündung vergangen, und die Tänzerin hatte Hoffnung und Mut wiedergefunden. Clunet und Schwester Léonide waren überzeugt, dass noch ein Wunder geschehen könne. In dieser Zeit des Wartens, die für viele andere unerträglich gewesen wäre, lebte Mata Hari beinahe friedlich weiter und versuchte, sich zu beschäftigen. Sie schrieb Briefe an Lieferanten in Den Haag, um einige finanzielle Details zu regeln, und brachte sogar ihren gewundenen Lebenslauf zu Papier. Unter den gegebenen Umständen muten einige ihrer Äußerungen beinahe surrealistisch an, aber Mata Hari blieb eben bis zum Schluss ganz sie selbst:

»Paris, 15. September 1917
Meine liebe Anna [Lintjens],
ich möchte mich nach Ihrem Befinden erkundigen. Mir geht es gut, aber ich langweile mich.

Übermitteln Sie dem Baron meine Grüße, und seien Sie versichert, dass ich mich freue, Sie bald wiederzusehen.«

Es klingt so, als sei Mata Hari in Urlaub gewesen oder habe sich zur Kur in einem Badeort oder Thermalbad aufgehalten. Keine Klagen und keine herzzerreißenden Briefe mehr über ihre schrecklichen Lebensbedingungen. Diese hatten sich seit dem 25. Juli in der Tat verbessert, und sie lebte nun in einem fast paradiesischen Zustand. Man hatte ihr einen großen Teil ihrer Wäsche zurückgegeben, sie durfte lesen, rauchen, sich austauschen und erhielt besseres Essen. Nach und nach fasste sie wieder Fuß. Mehrmals weigerte sie sich, ihr Testament aufzusetzen. Sie schob es immer wieder mit der Begründung auf, das habe keine Eile. Von Zeit zu Zeit wurde sie jedoch von schrecklichen Albträumen heimgesucht. Mata Hari schlief eigentlich nur in den Nächten von Samstag auf Sonntag gut, weil sie wusste, dass sonntags nie Hinrichtungen stattfanden. Dennoch hätte sie merken müssen, dass sich etwas änderte. Sie schlief nicht mehr allein in der Zelle, sondern man hatte ihr zwei Frauen zugeteilt, zwei zuverlässige Mitgefangene, die alles weitergeben sollten, was ihnen die angebliche Spionin erzählte.

Die letzten Sonnenstrahlen

Am 15. Oktober 1917 wurde Untersuchungsrichter Bouchardon zu unpassender Zeit, um drei Uhr morgens, durch einen Anruf geweckt. In weniger als einer Stunde würde er mit einem Wagen abgeholt werden, der ihn zum Frauengefängnis bringen sollte.

Um vier Uhr morgens hatten sich die noch schläfrigen Offiziere im Büro von Monsieur Estachy, dem Gefängnisdirektor von Saint-Lazare, eingefunden. Clunet war niedergeschlagen. Er drückte allen die Hand, als würde bereits kondoliert. Als die Zeit gekommen war, erklärte Major Jullien barsch: »Meine Herren, es ist so weit.«

Der von Oberstleutnant Somprou angeführte Menschenzug setzte sich in Bewegung. Clunet schien zunächst nicht die Kraft zu haben, sich ihm anzuschließen, doch dann folgte er den anderen Männern … Auf den Fluren waren Stoffplanen ausgelegt, um den Lärm der Schritte zu dämpfen; aufgeschreckte Ratten huschten in ihre Verstecke. Begleitet von Schwester Léonide näherten die Männer sich im schwachen Licht der Gaslaternen Mata Haris Zelle. Eine Wache öffnete die Tür. Die drei Frauen fuhren aus dem Schlaf hoch. Jullien bat die Oberin, ihm die Verurteilte zu zeigen. Die Ordensfrau wies auf das mittlere Bett. Dann wandte sich Jullien an Mata Hari und forderte sie mit fester Stimme auf: »Zelle, seien Sie tapfer! Der Präsident der Republik hat Ihr Gnadengesuch abgelehnt. Die Stunde der Sühne ist gekommen.«

Mata Hari erschauderte. Verstört wiederholte sie in einem fort wie bei der Urteilsverkündung: »Das ist nicht möglich, das ist nicht möglich.«

Dr. Socquet trat nun ein und sagte zu ihr: »Ich habe Ihnen einen Grog mit viel Rum gebracht.«

Mata Hari trank einen Schluck davon und starrte die Männer an, die sie aus dem Schlaf gerissen hatten. Sie drückte ihr Hemd an sich. Sie wusste, was sie dachten – dass sie sich sehr verändert hatte und kaum noch der Kurtisane aus glücklichen Tagen glich. »Auf ihrem ärmlichen Bett sah sie aus wie eine alte Frau, die an den Schläfen ergraut und deren Gesicht von tiefen Falten durchzogen war.«[143]

Socquet flüsterte ihr etwas ins Ohr. Mata Hari sah ihn erstaunt an und rief dann: »Sie sind verrückt, ich bin nicht schwanger! Wie hätte ich es denn werden können, eingeschlossen in diesen vier Wänden! Wer hat Ihnen diesen Unsinn erzählt?«

Ohne sich abzusprechen, wandten sich alle Clunet zu. Und wirklich hatte er in seiner Verzweiflung zu dieser Notlüge gegriffen und seinen Ruf aufs Spiel gesetzt, um sie vor dem Exekutionskommando zu retten. Unter Aufbietung aller Kräfte trat der gebeugte Mann, dem man seine fünfundsiebzig Jahre ansah, vor und ging auf Mata Hari zu. Sie begriff, was er für sie getan hatte, umarmte und tröstete ihn. Dann zogen die Männer wieder ab. Mata Hari blieb mit Schwester Léonide und den beiden Ordensfrauen zurück, die nun hinzugekommen waren. Ganz langsam zog sich Mata Hari zum letzten Mal an.

»Darf ich mein Mieder anziehen?«, fragte sie Schwester Léonide. Die beiden Frauen verstanden sich ohne große Erklärungen. Als Mata Hari das Nachthemd auszog, versuchte Schwester Léonide, sie mit einer Decke vor den Blicken der anderen zu schützen. »Machen Sie sich keine Sorgen, Schwester, das ist wirklich nicht der Moment, um prüde zu sein. Was für eine schlechte Angewohnheit, die Menschen im Morgengrauen hinzurichten. Ich wäre lieber gegen fünfzehn Uhr nach einem guten Mittagessen aus dieser Welt geschieden.« Sie fragte eine der beiden Ordensfrauen, ob sie ihr beim Anziehen behilflich sein könne, und sagte dann der anderen, die ihre Kleider durchsah: »Nein, Schwester! Nicht dieses Kleid, sondern mein perlgraues Kleid, das ganz oben im Wandbord liegt.«

Sie hatte die Wahl zwischen drei Hüten. Sie schaute durch die Gitterstäbe zum Fenster hinaus: »Der Himmel ist klar, es wird ein schöner Tag werden.« Dann setzte sie einen breitkrempigen Hut auf und stellte erfreut fest, dass er ihr noch passte. Sie legte ihn wieder weg und begann, sich ohne Spiegel zu frisieren.

Im Gefängnishof waren inzwischen an die sechzig Männer zusammengekommen, die sich lebhaft unterhielten. Verschiedene »Gäste« waren zu den Offizieren gestoßen, denn es war üblich, dass all diejenigen, die daran interessiert waren, der Hinrichtung beiwohnten. Mata Hari ließ auf sich warten. Sie hatte gebeten, mit Pfarrer Arboux, der sie völlig erschüttert verließ, einen Augenblick allein sprechen zu dürfen. Sie durfte drei Briefe abfassen, die sie in der Kanzlei schrieb: an Vadime, ihre Tochter Non und den Marquis de Margerie.

Als sie schließlich über eine Seitentreppe in den Gefängnishof kam, waren alle erstaunt. Die gealterte Frau, die viele zu sehen erwarteten, hatte sich in eine attraktive Dame verwandelt. Sie sah jünger aus, trug einen großen Strohhut mit Schleier, das perlgraue Jackenkleid, das sie am Tag ihrer Verhaftung anhatte, und lange Stulpenhandschuhe - eine durch und durch elegante Erscheinung.

Dem protokollierenden Offizier, der sie fragte, ob sie nichts zu bekennen habe, antwortete sie: »Ich habe schon erklärt, dass ich unschuldig bin; wenn ich etwas zu bekennen hätte, behielte ich es für mich!«

Socquet bot ihr Riechsalz an.

»Danke, Doktor«, sagte sie. »Sie werden sehen, ich brauche es nicht.«

Vor der Pforte von Saint-Lazare wartete eine Autokolonne, um Mata Hari zur Hinrichtungsstätte von Vincennes zu bringen, wo die Hinrichtungen stattfanden. Ohne die geringste Gefühlsregung zu zeigen, zog sich Mata Hari den zweiten Handschuh über und nährte somit die Legende, dass sie bis zum Schluss einen kühlen Kopf bewahrte. Nachdem sie alles versucht hatte, starb sie wie eine Königin, spielte noch zuletzt die große Rolle ihres Lebens. Als der Hauptwachhabende ihren Arm ergreifen wollte, stieß sie ihn unwillig zurück und erklärte gekränkt, sie sei weder eine Diebin noch eine Verbrecherin. Dann fasste sie Schwester Léonides Hand und ließ sie bis zum Hinrichtungsplatz nicht wieder los. Sie fand sogar tröstende Worte für die Nonne: »Weinen Sie nicht, Mutter Léonide! Nehmen Sie sich ein Beispiel an mir, Sie sehen, dass ich nicht weine. Ich bin viel durch die Welt gefahren, ich reise jetzt weiter. Ich fahre einfach zu dem großen Bahnhof, von dem es kein Zurück mehr gibt.«

»Schnellen Schrittes verließ Mata Hari Saint-Lazare«, schrieb Pierre Bouchardon in seinen *Erinnerungen*. »Vor dem Gefängnis warteten mehrere Autos. Die Fenster eines Autos, das von einem schwachen Licht erhellt wurde, waren verhangen. Sie stürzte sich fast beschwingt hinein. Die anderen Autos folgten ihrem Wagen. Man hätte meinen können, es handle sich um einen Hochzeitszug. Aufgeweicht durch den Regen der letzten Tage hatte sich der Boden der Hinrichtungsstätte in ein wahres Schlammloch verwandelt. Die Räder der Wagen hinterließen tiefe Spuren. Als tanze sie ihren letzten Tanz, stieg sie über die Furchen und Pfützen, fast ohne den Boden mit den Füßen zu berühren.«

Beim Anblick des Erschießungskommandos zuckte sie

zusammen und trat leicht zurück, fasste sich aber schnell wieder und sagte zu Schwester Léonide: »Schwester, geben Sie mir den Arm. Haben Sie keine Angst, ich bin stark. Sie werden einem schönen Tod beiwohnen.«

In Begleitung der Nonne, des Anwalts Clunet und des Pfarrers Arboux ging sie an den Dragonern vorbei. Um kein Risiko einzugehen, hatte man für die Hinrichtung erfahrene Unteroffiziere ausgewählt. Dennoch stammelte ein junger, totenblasser Offizier immer wieder fasziniert: »Mata Hari, Mata Hari …«

Sie hörte ihren Namen, blickte den jungen Mann lächelnd an und schritt auf den Pfahl zu, der den Ort der Hinrichtung bezeichnete. Dort angelangt, umarmte sie Schwester Léonide und Clunet, der am ganzen Leib zitterte. Dann wurde Mata Hari von einem Gendarmen an den Pfahl gebunden, doch sie weigerte sich, sich die Augen verbinden zu lassen. Sie wollte ihrem Tod entgegenblicken.

Ein Offizier trat hervor und verlas den vorgeschriebenen Urteilsspruch: »Im Namen des französischen Volkes wird Margaretha Zelle-MacLeod für schuldig erklärt, den Sperrbezirk von Paris betreten zu haben, um sich Informationen im Interesse einer feindlichen Macht zu beschaffen, und im Ausland zum Zweck der Begünstigung der Unternehmungen des Feindes Kontakt mit deutschen Agenten des Diplomatischen Korps aufgenommen zu haben. Sie ist zum Tode verurteilt.«

Bouchardon, der zugegen war, um sich an Ort und Stelle zu überzeugen, dass das Todesurteil vollstreckt wurde, war wie versteinert. Der beauftragte Offizier hob seinen Säbel, um den Feuerbefehl zu geben. Mata Hari, die ungerührt zugehört hatte, sah ihm in die Augen und sagte: »Monsieur, ich danke Ihnen.«

In die tödliche Stille des frühen Morgens peitschten die Gewehrschüsse. Drei Kugeln trafen Mata Hari mitten ins

Herz, sie war auf der Stelle tot. Das Gesetz verlangte aber, dass zur Sicherheit ein letzter, absolut tödlicher Schuss gegeben wurde. Als ein Unteroffizier ihr mit einem Revolver alten Modells eine letzte Kugel ins Ohr schoss, war sie bereits tot.

Dann ertönte die Stimme des Protokollanten: »Erhebt jemand Anspruch auf den Leichnam?«

Es war sechs Uhr fünfzehn. Die Sonne ging gerade auf. Mata Hari, das »Auge des Tages«, war tot.

Einige Stunden später, an jenem Morgen des 15. Oktober 1917, veröffentlichte die französische Regierung, um das große Lügenwerk zu vollenden, ein Kommuniqué über den Tod der Tänzerin. In dem von Ladoux' Spionageabwehr und dem Außenministerium verfassten Text wurde behauptet, Mata Hari sei gestorben, nachdem sie ihre Schuld eingestanden hätte. Die Presse berief sich dann auf dieses »offizielle« Geständnis, während Bouchardon behauptete, Mata Hari habe noch vor dem Erschießungskommando weiterhin ihre Unschuld beteuert.

Eine Frau wurde ermordet

Hatte Margaretha Gertrude Zelle den Tod verdient? War sie das, wofür sie gehalten wurde, oder jagte man einem Phantom nach?

Als habe sie eine Vorahnung, gab Mata Hari selbst eine Antwort auf diese Frage. In den Briefen, die sie Pierre Bouchardon unermüdlich schrieb, bekannte sie sich einmal offen zu ihrer gespaltenen Persönlichkeit, zu dem lebendigen Widerspruch, der sie geworden war und der sie in den Abgrund stürzen ließ.

Handelte es sich um Schizophrenie? Um Lügensucht? Man muss beides verneinen: Es war nur die Geschichte einer Frau, die keine andere Wahl hatte, als sich selbst zu erfinden. Es gibt einen beinahe testamentarischen Brief, der zu den wenigen Briefen gehört, die von M.G. Zelle-MacLeod seit ihrer Verhaftung mit »Mata Hari«[144] unterschrieben wurden, und in dem sie diese Ambivalenz zu erklären versucht:

»Herr Hauptmann,
es gibt noch etwas, das ich Sie zu berücksichtigen bitte: Mata Hari und Madame Zelle-MacLeod sind zwei völlig verschiedene Frauen.

Heute bin ich aufgrund des Krieges und meines Passes gezwungen, mit dem Namen Zelle zu unterschreiben und zu leben, aber diese Frau kennt niemand.

Ich hingegen halte mich für Mata Hari. Zwölf Jahre habe ich unter diesem Namen gelebt. Ich bin in allen Ländern bekannt, und ich habe überall Beziehungen.

Was Mata Hari – der Tänzerin – erlaubt ist, ist Madame Zelle-MacLeod gewiss nicht erlaubt.

Was Mata Hari widerfährt, widerfährt Madame Zelle bestimmt nicht. Die Menschen, die sich an die eine wenden, wenden sich nicht an die andere.

Mata Hari und Madam Zelle können nicht auf dieselbe Art und Weise leben und handeln.

Darum, Herr Hauptmann, wundern Sie sich nicht darüber, was mir widerfahren ist.

Es ist ganz einfach und folgerichtig. Ich versichere Ihnen, es gibt Schlimmeres!

Mata Hari ist gezwungen, sich zu verteidigen. Das habe ich aufgrund von Verlusten gelernt. Wo auch immer ich tanze, werde ich gefeiert; ich liebe meinen Schmuck und meine Pelze.

Aber da ich überall eine Fremde bin und einem kleinen neutralen Land angehöre, kann ich mich nur selbst verteidigen.

Überall bin ich die begehrte Beute der Lieferanten. Es laufen viele Prozesse, es wird sofort gepfändet. Um das zu vermeiden, zahle entweder ich selbst oder einer meiner Liebhaber, oder ich überlasse diesen Leuten meine gepfändeten Gegenstände.

Ich weiß, da ist nichts zu machen. So ergeht es allen Frauen am Theater. Es sind Dinge, über die man nicht spricht.

Aber man erholt sich, sobald sich die Gelegenheit ergibt. (…)

Nun gut, Mata Hari hat die Chance gehabt, sich ein wenig schadlos zu halten, und sie hat sie genutzt.

Dieser ganze Brief soll Ihnen nur noch einmal klarmachen, dass all das, was passiert ist, Mata Hari und nicht Madame Zelle zugestoßen ist.

Und in Paris war es Mata Hari, die gezwungen war, ihre Interessen wahrzunehmen.

Madame Zelle hatte damit nichts zu tun. Ich bitte Sie, Herr Hauptmann, dies zu berücksichtigen und mich nicht zu hart zu bestrafen. Denken Sie daran, dass ich mein ganzes Leben als Mata Hari gelebt habe. Dass ich denke und handle wie sie. Für mich gibt es keine Entfernungen und Gefahren mehr, für mich existiert nichts mehr. Nicht einmal die Rassenunterschiede. Überall auf der Welt bin ich sowohl Schurken als auch anständigen Menschen begegnet. Ich verliere – ich gewinne – ich verteidige mich, wenn man mich angreift – ich füge mich, wenn mir keine andere Wahl mehr bleibt …

Hochachtungsvoll

Mata Hari.«

Epilog

Am 30. Januar 1918 wurde Mata Haris gesamte Habe auf einer Auktion in Paris versteigert. Der Reinerlös, etwas weniger als 15000 Francs, fiel der französischen Regierung zu, um die Kosten des Gerichtsverfahrens zu decken.

Die drei Briefe, die Mata Hari vor ihrem Tod schrieb, erreichten ihre Adressaten nie. Sie verschwanden ebenso geheimnisvoll wie ihre »Memoiren«.

Vom juristischen Standpunkt aus für schuldig befunden, doch in moralischer Hinsicht unschuldig – Mata Hari war eine Heldin, eine ungebundene, freizügige Frau, die erste Frau des 20. Jahrhunderts, die von Männern mit der Gesinnung des 19. Jahrhunderts umgebracht wurde.

Sie war widerspruchsvoll und geheimnisvoll, wurde verspottet, umschmeichelt, in den Himmel gehoben und in den Schmutz gezogen. Sie vereinigte in sich die Vorzüge und Fehler, die Stärken und Schwächen, die Hoffnungen und die Verwundbarkeit eines jeden Menschen – darum übte sie schon zu ihrer Zeit eine immense Faszination aus, und noch heute weckt ihr Name eine Fülle von Assoziationen. Als Tänzerin, Femme fatale und Spionin ist Mata Hari in die Geschichte eingegangen.

Auch wenn ihrem Einspruch gegen das Urteil nicht stattgegeben wurde, hat Mata Hari schließlich ihre Revanche bekommen, denn erst durch ihren Tod ist sie zu bleibendem Ruhm gelangt. Das träumerische Mädchen aus Leeuwarden, die verspottete Frau, das betörende Weib, der Star der Salons und der Varietébühnen der Belle Époque ist in der ganzen Welt zu einer Ikone, einem Idol geworden; sie ist eine der drei oder vier berühmtesten Frauen des 20. Jahrhunderts, ein Mythos, der nicht zerstört werden kann.

ANHANG

Was aus ihnen geworden ist

Pierre Bouchardon ging in die Annalen der Geschichtsschreibung ein und galt als einer der Väter des Sieges von 1918. Anfang 1940 beschloss er, damals Rechtsbeistand am Kassationsgerichtshof, seine Laufbahn zu beenden. Obwohl er schon im Pensionsalter war, folgte er 1944 der Bitte de Gaulles, sich für die großen Prozesse nach dem Ende des Zweiten Weltkriegs zur Verfügung zu stellen. Aufgrund seines Ansehens und der Tatsache, dass er einer der wenigen Beamten war, die nicht den Eid auf Marschall Pétain geleistet hatten, stand er wieder an vorderster Front. Weil sein Sohn André von den Nazis deportiert worden war und sich immer noch in Gefangenschaft befand, nahm er das ihm angetragene Amt des Präsidenten des Kassationsgerichtshofes nicht an, übernahm den Posten des Präsidenten des Sondergerichts und leitete die Ermittlungen in den Prozessen gegen alle beschuldigten hochgestellten Persönlichkeiten wie Pétain, Lavalle usw. Er starb 1950.

Non, Mata Haris Tochter, starb am 10. August 1919 an einer Gehirnblutung. Am folgenden Tag hätte sie sich nach Niederländisch-Ostindien einschiffen müssen, wo sie als Lehrerin arbeiten wollte. Zum Glück erlebte Mata Hari den Tod ihres zweiten Kindes nicht mehr. Non wurde nicht einmal zwanzig Jahre alt.

Rudolf MacLeod ließ sich zum zweiten Mal scheiden und heiratete erneut. Er starb 1928. Als er die Nachricht von Mata Haris Hinrichtung vernahm, sagte er: »Was auch immer sie getan haben mag, das hätte sie nicht verdient!«

Ladoux legte Ende Oktober 1917 sein Amt nieder. Kompromittiert durch sein ständiges Doppelspiel wurde er schließlich wegen Spionage angeklagt. Nach einem langwierigen Ermittlungsverfahren wurde er am 2. Januar 1919 in Isolationshaft genommen, am 8. Mai 1919 jedoch freigesprochen, ausgezeichnet und zum Major befördert, bevor er 1923 in den Ruhestand trat. Danach arbeitete er als Journalist und später als Inspizient in Bade- und Kurorten. Es ist nicht überliefert, ob er sich auch in Vittel aufhielt …

Denvignes, der im Mai 1917 zum General ernannt worden war, wurde ebenfalls wegen Spionage angeklagt, aus Madrid zurückbeordert, Anfang 1918 verhaftet und im April freigesprochen.

Vadime de Massloff fiel wieder in jene Anonymität zurück, aus der Mata Hari ihn kurzfristig herausgerissen hatte.

Clunet starb im Jahre 1922, ohne je wieder ein Wort über den Fall zu verlieren, der ihn bis ins Innerste aufgewühlt hatte.

1. Die Struktur der Militärgerichte

Um auf die verschiedenen Spionageaffären juristisch reagieren zu können, gab sich der französische Staat Ausnahmestrukturen. Genauer gesagt, entwickelte er eine bereits bestehende Jurisdiktion weiter, die in Friedenszeiten in einer Art Dämmerschlaf gelegen hatte. So nahm zwischen 1914 und 1915 die Zahl der Militärgerichte zu, die sich zum Herzstück des Krieges gegen »den Feind im Innern« entwickelten. Diesen Militärgerichten kam im Laufe der Ereignisse eine immer größere Bedeutung zu. Nur wenige kannten die eigentliche Organisation und den Aufbau dieser Gerichte, die aus der Spionageabwehr nicht wegzudenken waren. In Paris gab es bereits in Friedenszeiten zwei dieser Institutionen im Dienst der Militärgerichtsbarkeit, am Ende des Ersten Weltkriegs waren es bis zu sechs, von denen jedoch nur eine wirklich zählte. Das Dritte Militärgericht versetzte alle Welt in Angst und Schrecken und erschien zuweilen wie eine Neuauflage des Wohlfahrtsausschusses aus der Zeit der Französischen Revolution. Praktisch alle Todesurteile wurden von diesem Tribunal verhängt.

Alle Gerichte waren nach denselben Prinzipien aufgebaut. Es gab jeweils

1. einen Untersuchungsrichter,
2. einen Ankläger,
3. das eigentliche Militärgericht.

1. Der Untersuchungsrichter führte die Ermittlungen durch. Ihm konnten mehrere Stellvertreter zugewiesen werden, denen gegenüber er weisungsberechtigt war. Anders als man annehmen könnte, hatte der Untersuchungsrichter weniger Befugnisse als ein Zivilrichter. Nicht er eröffnete die Untersuchung, sondern ihm wurde vom Militärgouverneur eine »Untersuchungsanordnung« zugestellt. Auf der Grundlage dieses Dokuments durfte der Untersuchungsrichter den Verdächtigen festnehmen. Auch wenn er im Laufe seiner Ermittlungen Komplizen ausfindig machte, musste er sich vor einer eventuellen Festnahme eine neue Weisung geben lassen. In der Praxis ging die gesamte Prozedur allerdings viel schneller vor sich, als der umständliche Amtsweg vermuten lässt, denn in der Regel ließ sich die notwendige Vollmacht durch einen einfachen Telefonanruf anfordern.

Wenn der Untersuchungsrichter die Ermittlungen beendet hatte, verfasste er die Anklageschrift (den »abschließenden Ermittlungsbericht«), in der er zunächst die Sachlage und dann seine Schlussfolgerung darlegte: Verweisung an das Militärgericht bzw. Einstellung des Verfahrens.

Der Bericht wurde zur Kenntnisnahme an den Militärgouverneur weitergeleitet, der nun entscheidungsbefugt war.

In Wirklichkeit war auch hier die Meinung des Untersuchungsrichters maßgeblich.

2. *Der Ankläger* war der Staatsanwalt des Militärgerichts. Seine Rolle war während des Prozesses absolut ausschlaggebend, denn die Gerichtspräsidenten waren meist Militärs ohne juristische Vorkenntnisse. Der Militärgouverneur war (fast immer) ein abgeordneter ziviler Richter, der die juristischen Verfahrensweisen kannte und in der Praxis die Verhandlung leitete.

Auch ihm wurden Stellvertreter beigeordnet, die ihm einen Teil der Arbeit abnahmen.

3. *Das eigentliche Militärgericht* war das Gericht, vor dem der Angeklagte erschien. Es bestand aus sieben Richtern. Der Präsident war in der Regel Oberst oder Oberstleutnant. Hatte der Angeklagte einen höheren Dienstgrad, so wurde der Dienstgrad des Präsidenten entsprechend angepasst, um das Amt mit der notwendigen Autorität auszustatten.

Von diesen Voraussetzungen abgesehen, funktionierte das Militärgericht genauso wie ein ziviles Gericht. Allerdings gab es zur Zeit des Prozesses gegen Mata Hari nur eine offene Abstimmung über das Urteil. Erst von Mai 1918 an schrieb das Gesetz die geheime Abstimmung vor. Die Verfälschung von Entscheidungen durch bloßes Handaufheben war nur allzu bekannt.

Die Entscheidung eines Militärgerichts konnte durch ein Revisionsgericht aufgehoben werden, das unter dem Vorsitz des Präsidenten einer Berufungskammer tagte. Ein Beisitzer und drei Offiziere waren ihm beigeordnet. Paradoxerweise werfen Kritiker diesen Gerichten heute vor, zu rasch und eher aus patriotischen als aus juristischen Motiven entschieden zu haben. Die Kritik trifft durchaus zu und ist doch völlig unangemessen. Schließlich wurden die Gerichte ja ins Leben gerufen, um das Vaterland zu verteidigen, und man kann ihnen daher nicht vorwerfen, ihre Aufgabe erfüllt zu haben – auch wenn man einräumen muss, dass die Vorgehensweise häufig hastig und voreingenommen war.

2. Historischer Abriss des Dritten Militärgerichts

Das Dritte Militärgericht wurde zu Beginn des Krieges mit dem fest umrissenen Ziel geschaffen, jeden Versuch einer Destabilisierung im Inneren von vornherein zu unterbinden. Es bestand von Anfang an ausschließlich aus abgeordneten Berufsrichtern, was ihm ein besonderes Gewicht verlieh. Das hatte in der Praxis zwei unmittelbare Konsequenzen:

1. Alle wichtigen Fälle wurden an dieses Gericht verwiesen.
2. Die Männer, die über die »hohen Tiere« der Republik und der Spionage befinden sollten, hatten selbst meist nur niedrige Dienstgrade. Bouchardon war Hauptmann und Mornet bloß Oberleutnant. Das war darauf zurückzuführen, dass beide Reserveoffiziere waren, die im

öffentlichen Dienst und nicht in der Armee Karriere gemacht hatten.

Während die Ankläger[145] immer wieder abgelöst wurden und zuweilen ihren Stellvertretern mehr Aufgaben überlassen mussten, als angemessen gewesen wäre (das galt z. B. für Oberleutnant Mornet), war Pierre Bouchardon der einzige fest bestallte Untersuchungsrichter dieses furchterregenden Tribunals.

Man muss jedoch festhalten, dass die Richter, die Frankreich erzittern ließen, mit einer völlig veralteten Ausstattung vorliebnehmen mussten. Man wies dem Gericht einen leer stehenden Flügel des Justizpalastes zu, weil in der Rue du Cherche-Midi, wo die ersten beiden Militärgerichte tagten, kein Platz mehr war. Der ganze Flügel bestand jedoch nur aus zwei winzigen Büros, einem größeren Raum für die Gerichtskanzlei, einem Saal für das Gericht selbst und einem zweiten, der als zusätzlicher Verhandlungsraum diente, wenn zu viele Fälle gleichzeitig verhandelt werden mussten. Dazu kamen noch drei Kellerräume für das Archiv.

In Bezug auf den zweiten Sitzungssaal heißt es in Pierre Bouchardons *Erinnerungen*: »In diesem Saal, den man für den Kapitelsaal eines alten Klosters hätte halten können, waren die Wände heruntergekommen, die bräunliche Täfelung war im Laufe der Jahre aufgesprungen, und durch das Halbdunkel herrschte eine geradezu bedrückende Atmosphäre. Wir nannten den Saal das ›Odéon‹, der eigentliche Sitzungssaal dagegen, luftig und goldfarben, durfte sich mit dem sehr viel klangvolleren Namen ›Comédie Française‹ schmücken.«[146]

Der Untersuchungsrichter selbst führte seine Dienstgeschäfte in einem der beiden kleinen Büros – »ein verstaubtes Zimmer mit schäbiger Tapete; als Schreibtisch dient mir ein ovaler Tisch aus rohem Holz, auf dem man die Tischdecke vergessen hat; darauf Berge von Papieren. Als Sitzgelegenheit drei oder vier Korbstühle. Immerhin hat man vor Kurzem eine elektrische Lampe installiert, aber mehr als drei Jahre lang musste der Untersuchungsrichter des Dritten Militärgerichts sich mit einer Petroleumlampe begnügen, deren Gestank die Luft im Büro verpestete.«[147]

Es gab jedoch Schlimmeres als den Mangel an elementarem Komfort. Die Sicherheit selbst war nämlich nicht wirklich gewährleistet. Für den Transport zwischen dem Büro des Untersuchungsrichters und den verschiedenen Gefängnissen, in denen die Angeklagten untergebracht waren, standen dem Dritten Militärgericht nur ein paar rheumatische Polizisten zu Diensten, die schon lange ins bürgerliche Leben zurückgekehrt waren. Was noch gravierender war: Bouchardon verfügte über keinen einzigen Tresor für seine Akten, die manchmal der höchsten Geheimhaltungsstufe unterlagen. Er besaß nur einen nicht verschließbaren Schrank. In so brisanten Verfahren wie den Fällen Bolo, Caillaux oder auch Mata Hari war er oft gezwungen, besonders wichtige Beweisstücke in den Taschen seiner Uniformweste mit nach Hause zu nehmen, um einen möglichen Diebstahl zu verhindern. Erst nach dreijähriger Tätigkeit erhielt Bouchardon von der Verwaltung das Geld für eine solche Anschaffung. Die Abschriften der Funktelegramme, die die Verhaftung von Bolo und Caillaux ermöglichten, kamen aus Amerika, und man sah nun ein, dass sie aufgrund ihrer Brisanz besonders sicher aufbewahrt werden sollten. Ironie des Schicksals: Der Tresor war ein deutsches Markenerzeugnis.

Bis 1915, dem Jahr der Verhaftung des Spions Dei Pasi, war das Dritte Militärgericht nur mit Fällen von eher minderer Bedeutung befasst. In seinen unveröffentlichten privaten Aufzeichnungen hat Pierre Bouchardon detailliert festgehalten, was er im Wesentlichen auch in zwei Interviews mit *L'Excelsior* und *La Liberté* erklärte:[148]

»Anfangs befassten wir uns fast nur mit gewöhnlichen Angelegenheiten, mit sozusagen internen Angelegenheiten: Gehorsamsverweigerung, Beleidigung von Vorgesetzten, Schlafen auf der Wache, Fahnenflucht. Den engeren militärischen Bereich verließen wir erstmals in der mysteriösen Affäre um gefälschte Verlautbarungen, die in Paris und bestimmten anderen Großstädten in Umlauf waren. Darin wurde die Niederlage der eingeschlossenen Armeen des Kronprinzen und die Gefangennahme von Klucks verkündet, der sich unter der Bedingung ergeben habe, dass den Truppen freier Abzug zugesichert werde. Die Untersuchung verlief im Sande; die Gerüchte waren vermutlich auf nicht dingfest zu machende ausländische Agenten zurückzuführen, deren Lügenmärchen von einer leichtgläubigen Öffentlichkeit weiterverbreitet und ausgeschmückt wurden.

Etwas ernster zu nehmen war die Sache mit den pazifistischen Flugblättern, die sich in der Metro, den Cafés, den großen Kaufhäusern fanden oder die unter Haustüren geschoben, in Briefkästen geworfen und in alle Departements verschickt wurden. Diese von Intellektuellen glänzend formulierten Flugschriften schienen anfangs auf anarchistische Machenschaften zu deuten. In Wahrheit handelte es sich bei den Urhebern um Spiritisten mit eher mystischen Beweggründen. Die Freundin eines der Verfasser, die die Traktate druckte und heimlich verteilte, verriet sich, als sie ihrer Tante in der Provinz ein Exemplar zuschickte. Die unpatriotischen Tendenzen der Schrift schockierten die alte Dame dermaßen, dass sie sich an die Polizei wandte und den Namen der Absenderin preisgab.

Der erste wirklich aufsehenerregende Fall betraf betrügerische Ausmusterungen: Lombard, Laborde, Garfunkel und ihre Komplizen. Es gab siebenundvierzig Angeklagte, von denen vierundvierzig verurteilt wurden – ein Rekord. Die Angeklagten hatten gegen Bezahlung dafür gesorgt, dass ihre Kunden wegen angeblicher Krankheiten nicht an die Front mussten.

Es war sicher kein Zufall, dass wir mit Angeklagten anderer Art konfrontiert wurden, nachdem [der damalige Kriegsminister] Alexandre Millerand durch ein Dekret vom 28. Mai 1915 die Gegenspionagedienste neu organisiert hatte. Der erste Fall war der berüchtigte Dei Pasi, ein italienischer Tangolehrer. Er war auf verschiedenen Bühnen aufgetreten, wo er Tänze aufführte, die damit endeten, dass er seine Partnerin erstach. Er erwies sich als guter Verlierer und legte nach seiner Verhaftung ein volles Geständnis ab. Als Dei Pasi in der Gerichtskanzlei seine letzte Zigarette rauchte, nahm er mich beiseite und sagte mit dünner Stimme: ›Auf ein Wort, Herr Hauptmann. Sie haben mich in Ihrem Ermittlungsbericht als bedeutenden Spion bezeichnet. Hätte es nicht genügt, mich einfach einen Spion zu nennen? Haben Sie doch ein wenig Geduld, zum Teufel! Die bedeutenden Spione, die werden Sie vielleicht erst demnächst zu sehen bekommen.‹

Zum gleichen Zeitpunkt – es war der 22. Februar 1916 – konnte man im fahlen Licht der Kioske, die damals gerade aufkamen, eine beunruhigende Bekanntmachung lesen: die Nachricht vom Vorstoß der Deutschen bei Verdun. Alle waren in großer Angst.

Nach Dei Pasi kam ein Grieche, Constantin Condoyannis, genannt Costa, ein ehemaliger Schauspieler, der in Shakespeare-Stücken aufgetreten war und sich aus seinem Beruf das großartige Auftreten bewahrt hatte, eine merkwürdige Erscheinung mit einer richtigen Raubvogelnase.

Bei Kriegsbeginn hatte man ihn für einige Tage nach Paris geschickt, von wo aus er über die Stimmung in der Hauptstadt berichten sollte. Etwas später gelang es ihm, Erkenntnisse über die Stärke der in unseren Häfen anlandenden englischen Truppenverbände weiterzuleiten. Er trat als Kaufmann auf, der angeblich mit Schwämmen handelte, und hatte daher zunächst unauffällig Telegramme verschicken können.

Obwohl seine Schuld durch erdrückende Beweise erwiesen war, weigerte er sich, die Möglichkeit eines tödlichen Ausgangs für sich selbst in Betracht zu ziehen. Als man ihm das Urteil verkündete, glaubte er, man inszeniere vor seiner Freilassung ein Scheinurteil. Er bat um Zeit für Enthüllungen und erzählte eine Stunde lang irgendwelche Ammenmärchen. Als der Zeitpunkt zum Aufbruch kam, musste ich ihn brutal auf den Boden der Tatsachen zurückführen:

›Wenn Sie noch etwas Wichtiges zu sagen haben, dann beeilen Sie sich bitte!‹

›Ist das Ihr Ernst? Sie wollen mich wirklich erschießen?‹

Als das allgemeine Schweigen keinen Zweifel mehr erlaubte, brüllte er los: ›Mörder, ihr seid Mörder! Mein Blut soll über euch kommen!‹

An jenem Morgen (es war der 26. Mai 1916) schien eine strahlende Sonne. Die Bäume im Wald von La Caponnière,[149] der drei Monate zuvor noch tief verschneit gewesen war, hatten frisches Grün ausgetrieben. Constantin Condoyannis inszenierte seinen Auftritt. In imposanter Haltung, als ob er eine Toga trüge, überquerte er vor den Soldaten den Platz.

›Soldaten Frankreichs‹, deklamierte er, ›ihr erweist heute Griechenland die Ehre!‹

Man fesselte ihn an den Erschießungspfahl, ließ aber die Hände frei. Er führte die Arme im Bogen über dem Kopf zusammen, rezitierte mit heiserer Stimme eine Anrufung der Natur in seiner Muttersprache und gab dann selbst das Kommando zum Feuern.

Zweifellos ein beeindruckender Abgang.

Von allen Hochverrätern jedoch war Duval die merkwürdigste Person, die romantischste gewissermaßen. Es handelte sich um den Duval, der in die Affäre *Le Bonnet Rouge* verwickelt war. Er wirkte wie die Kopie einer Gestalt aus Balzacs Roman *Ein großer Mann aus der Provinz in Paris*. Der Leser erinnert sich vielleicht an Vernou, jenes verkannte und verbitterte Genie, verheiratet mit einer kranken Frau und Vater missgestalteter Kinder, der sich an der Gesellschaft rächt, die ihm den ihm zustehenden Platz verweigert, was er ihr mit hartnäckigem Hass vergilt. Duval war ein Vernou der Moderne, völlig überschuldet, ein mittelmäßiger Literat, der mit geradezu teuflischer Freude alles verhöhnte und mit Füßen trat. Er war der Verfasser der im liebenswürdigsten Ton geschriebenen Artikel, die als Aufmacher in *Le Bonnet Rouge* unter dem Pseudonym Monsieur Badin erschienen. Sie enthielten tückische Angriffe auf die Regierung, und obwohl Duval nicht französisch dachte, so sprach er doch die Sprache eines Anatole France und wusste hervorragend zu formulieren. Auch wenn er sich auf lange Sequenzen mit verschränkten Nebensätzen einließ, formulierte er mit leichter Hand und landete am Ende seiner Sätze elegant wie ein Segelflieger im Gleitflug. Alles, was er erzählte, brachte er in einem zuckersüßen, sehr kontrollierten Ton vor, leicht affektiert, und indem er sich fortwährend entschuldigte: ›Heute habe ich Ihre Zeit übermäßig beansprucht, Herr Untersuchungsrichter. Man denkt immer zu wenig an die anderen ... Das muss Sie sehr ermüden, Herr Gerichtsschreiber. Morgen will ich versuchen, mich kürzer zu fassen.‹«

So also hat Hauptmann Bouchardon einige der Personen beschrieben, mit denen er zu tun hatte. Natürlich waren nicht alle gleich, aber einige von ihnen wiesen doch eine große Ähnlichkeit auf.

Dei Pasi, Condoyannis - Ausländer, gewiss, Männer, die gegen Frankreich arbeiteten. Aber war das wirklich ihre einzige Gemeinsamkeit? Was diese Menschen außerdem vereinte, war ihre Affinität zur Schauspielerei, zum öffentlichen Auftritt. Ein Tangotänzer und ein Schauspieler. Und was Duval betraf, ein Literat.

Diese Menschen hatten - wie Mata Hari - den Weg zur Spionage gefunden, so wie ein Schauspieler sich in eine neue Rolle hineinversetzt.

Anmerkungen

[1] An der Stelle des ehemaligen Élysée Palace Hotels steht heute das Gebäude der Firma Louis Vuitton.

[2] Außerdem ein Schein von 60 Gulden, ein Schein von 40 Gulden und ein russischer Geldschein.

[3] Auch heute noch sind die Schwestern des Ordens Marie-Joseph-du-Dorat in den Frauengefängnissen tätig.

[4] Pierre Bouchardon, *Souvenirs*, Paris 1953.

[5] Es war die Zeit des Russisch-Japanischen Kriegs (1904–05).

[6] Guimet (1836–1918) vermachte all seine Kunstschätze der französischen Republik.

[7] Vgl. Pierre Bouchardon, *Souvenirs*, a. a. O.

[8] Zitiert von Sam Waagenaar, in: *Sie nannte sich Mata Hari*, Bergisch Gladbach 1983, S. 99.

[9] 1905 ging ein Juwelier wegen einer unbezahlten Rechnung in Höhe von 12 000 Goldfrancs gerichtlich gegen sie vor. Rechtsanwalt Clunet verteidigte sie.

[10] Anhaltspunkt ist ein in *The Gourmet's Guide to Europe* von N. Newnham-Davis (verlegt bei Grant Richards) veröffentlichtes Menü: Lattichsuppe mit Klößchen, Steinbutt, gebratener Poulardenschenkel, römischer Salat, Käse, Dessert, Kaffee und Feingebäck, dazu eine Flasche erstklassiger Bordeauxwein.

[11] Aus Zeitmangel und aufgrund unerwarteter Umstände hat Mata Hari dieses Vorhaben nie realisiert. Der Grund wurde verkauft, darauf wurde 1920 der Bau der Villa Primavera fertiggestellt, zweieinhalb Jahre nach der Hinrichtung Mata Haris im Festungsgraben von Vincennes.

[12] Als er 1919 und 1933 nach Berlin zurückkehrte, fand er nichts von dem

wieder, was, im Hinblick auf die kommenden Ereignisse, nur als Episode zu betrachten war.

13 Abkürzung des malaysischen Namens »Nonah«, der »junges Mädchen« bedeutet.

14 Von Jakarta nach Tumpang war ein Brief länger als vierzehn Tage unterwegs.

15 Brief von MacLeod, zitiert in Sam Waagenaar, *Sie nannte sich Mata Hari*, a. a. O., S. 68.

16 Die Wahrheit war viel nüchterner: Der Busen war nicht das Bezauberndste an Mata Hari.

17 Korrespondenz von MacLeod, in: *Mata Hari. 1. Le Dossier secret du conseil de guerre*, Paris 2001.

18 Die Scheidung wurde erst 1906 ausgesprochen. Rudolf täuschte sich noch einmal in der Wahl seiner Lebenspartnerin, denn 1912 ließ er sich wieder scheiden. 1917 heiratete er zum dritten Mal. In diesem Jahr wurde Mata Hari in Vincennes hingerichtet.

19 Am 30. März 1895.

20 Erstaunlicherweise hatte er diese Anfälle nicht, solange er in Indonesien war. Jedenfalls verschwanden die in Europa auftretenden Beschwerden, sobald er in die Kolonien zurückkehrte.

21 Emma, die Witwe Wilhelms III., gestorben 1890.

22 René Puaux, *Le Temps* vom 21. März 1907.

23 Rimski-Korsakow starb 1908; seine Werke übten großen Einfluss auf die kommende Generation aus. Zu seinen bedeutendsten Werken gehört die Suite *Scheherazade*, op. 35 (1888), zu der Mata Hari sicher gern getanzt hätte.

24 Er war der Vater des Film- und Theaterregisseurs Luchino Visconti, Graf von Modrone.

25 Diese Bezeichnung Griebels hatte für Mata Hari verhängnisvolle Folgen. Er war nicht der Polizeichef, denn diese Position hatte von Jagow inne, sondern wahrscheinlich Leiter einer Polizeiabteilung.

26 Während der strafrechtlichen Ermittlung beschrieb sie in dem Brief vom 6. Juni 1917, den sie an den Untersuchungsrichter Pierre Bouchardon richtete, das lähmende Entsetzen, das sie damals befallen hatte.

27 Alfred Kiepert war eingezogen worden. Mata Hari konnte ihn nicht erreichen.

28 Pässe, wie wir sie heute kennen, waren damals noch nicht allgemein in Gebrauch, und für den Grenzübertritt von einem europäischen

Land ins andere genügte – sogar in Kriegszeiten – eine einfache schriftliche Genehmigung, die aus einem einzigen Zettel bestand.

29 Geheimdokumente, Verhör vom 15. Februar 1917.

30 Diesen Ausdruck gebrauchte Mata Hari im oben erwähnten Verhör.

31 Es handelte sich um jenen Heijmans, der vor der Scheidung des Ehepaars MacLeod dem Charme Mata Haris erlegen war.

32 Krämer war an den Geheimdienst der deutschen Bodentruppen, Abteilung III b angeschlossen. Diese Abteilung unterstand einem gewissen Standortkommandanten Hoffmann. Seine Agenten bekamen also eine Kennnummer mit dem vorangestellten Buchstaben H (wie H-21 für Mata Hari). Der erste Agent, der diesen Anfangsbuchstaben erhielt, H-1, wurde im Juni 1915 angeworben (es wurden also einundzwanzig Agenten zwischen Juni und November 1915 angeworben).

33 In Deutschland schrieb Hans Rudolph Berndorff 1929 eine Story über diese Frau, die zwar frei erfunden war, aber als Vorlage für ein Theaterstück und diverse Filme diente. Georg Wilhelm Pabst drehte 1936 einen Film über sie mit Dita Parlo, Viviane Romance, Louis Jouvet, Pierre Fresnay, Pierre Blanchar, Jean-Louis Barrault und Charles Dullin in den Hauptrollen.

34 Damals eine Seltenheit für eine Frau, zudem noch in der Öffentlichkeit.

35 Das Kürzel AF bekamen gewöhnlich die Agenten, die dem Spionagezentrum von Antwerpen unterstellt waren.

36 Bericht vom 18. Juli 1916.

37 Verhör vom 21. Februar 1917.

38 Observierungsprotokoll vom 3. September 1916, unterzeichnet von den Inspektoren Monier und Tarlet.

39 Edouard Van der Capellen.

40 Ladoux.

41 Verhör vom 23. Februar 1917.

42 Als Mata Hari sich beim Polizeipräsidium ihr Visum ausstellen ließ, stellte ihr Maunoury, der mit dem von Ladoux geschmiedeten Komplott nichts zu tun hatte, die gleiche Frage. Ihm gegenüber war Mata Hari noch mehr um eine Antwort verlegen, denn er erwartete, einen triftigen Grund zu hören. Sie verhaspelte sich ein wenig und erklärte wie im Verhör vom 24. Februar 1917: »Ich antwortete ihm, dass ich es vorzog, mir Zeit zu lassen und einen Plan auszuarbeiten.« Maunoury war skeptisch, erteilte ihr aber das Visum, weil ihm ein Empfehlungs-

schreiben von der französischen Spionageabwehr vorlag. Eigentlich hätte Ladoux der Sache auf den Grund gehen müssen.

43 Mata Hari konnte dem Baron nicht direkt schreiben, weil dieser verheiratet war.

44 Am Tag nachdem sie den Scheck über 5000 Francs eingelöst hatte, was darauf hindeutete, dass sie es eilig hatte, ihren Auftrag auszuführen.

45 Diese Bezeichnung der Polizistinnen verrät Mata Haris abschätzige Haltung Frauen gegenüber, die »männliche Berufe« ausübten.

46 Geheimakten des französischen Militärgerichts, Beweisstück Nr. 368, Verhör vom 24. Februar 1917.

47 Ebenda.

48 Funktelegramm vom 22. November 1916. Geheimakten des französischen Militärgerichts. Nicht zur Übermittlung bestimmt. Interessant ist, dass dieses Dokument nicht zu den Gerichtsakten genommen wurde, was ein Beweis dafür ist, dass man von seiner Wertlosigkeit wusste.

49 Gemeint ist der deutsche Geheimdienst, das will zumindest Ladoux glauben machen.

50 Verhör vom 28. Februar 1917.

51 Ebenda.

52 Zweifellos wusste er auch, dass Mata Hari mit Denvignes Kontakt hatte. Neuesten Erkenntnissen zufolge muss man annehmen, dass einer der Sekretäre von Denvignes für die Deutschen arbeitete.

53 Geheimakten des französischen Militärgerichts, Beweisstück Nr. 236.

54 Als »Entente cordiale« werden die damaligen bündnisähnlichen Beziehungen zwischen Großbritannien, Frankreich und Russland, später auch Italien bezeichnet.

55 Verhör vom 1. März 1917.

56 Vgl. Kapitel 1.

57 Es handelte sich um de Massloff und Denvignes.

58 Observierungsprotokoll. Geheimakten des französischen Militärgerichts, Beweisstück Nr. 107.

59 Sie hatten sich zwischen dem Büro des Portiers und dem des Direktors eingerichtet.

60 Verhör vom 1. März 1917. Geheimakten des französischen Militärgerichts. Beweisstück Nr. 370.

61 Ebenda.

62 Streng genommen log Ladoux nicht. Die Inspektoren Monier und

Tarlet gehörten nicht zum Kriegsministerium, sondern zur Polizeipräfektur. Dennoch weiß man, dass der Antrag auf Observierung auf ihn zurückzuführen war. Vom 16. Januar 1917 an verstärkte Ladoux den Druck, ließ Mata Hari direkt von seinen Männern überwachen und Monier und Tarlet ihrer Aufgabe entheben.

63 Observierungsprotokoll vom 13. Januar 1917. Geheimakten des französischen Militärgerichts, Beweisstück Nr. 117. Solche Notizen häuften sich, je länger sich die Observierung Mata Haris hinzog.

64 Verhör vom 1. März 1917. Geheimakten des französischen Militärgerichts. Beweisstück Nr. 370. Die Tatsache, dass Mata Hari ins Auge fasste, über die Schweiz und dann über Deutschland in die Niederlande zurückzukehren, beweist, dass sie glaubte, nun mit den Deutschen im Reinen zu sein, und dass sie überzeugt war, Kalle völlig an der Nase herumgeführt zu haben.

65 Vgl. hierzu Somerset Maughams auf eigenen Erlebnissen basierenden Roman *Ashenden oder Der britische Agent.*

66 Entgegen der landläufigen Ansicht war es weniger die Torpedierung der *Lusitania* (7. Mai 1915) als vielmehr die des weit weniger bekannten französischen Schiffes *Sussex*, die die allgemeine Empörung hervorrief. Die *Sussex* garantierte die Verkehrsverbindung zwischen Dieppe und Folkestone. Ohne Warnung wurde sie am 22. März versenkt. An Bord befand sich die Tochter von Dr. Max Baldwin, einem persönlichen Freund des amerikanischen Präsidenten Wilson. Baldwin, ein berühmter Psychologieprofessor der Universität Princeton, schickte dem Weißen Haus ein Telegramm, das veröffentlicht wurde und großes Aufsehen erregte: »Eine Frau, die mit amerikanischem Pass rechtmäßig reiste und auf der *Sussex* schwer verwundet wurde und nun in Lebensgefahr schwebt, erwartet, dass für den Angriff und die Gefährdung des Lebens und der Freiheit der Amerikaner eine Entschädigung gefordert wird.«

67 Joseph Jacques-Césaire Joffre (1852–1931) war der Oberbefehlshaber der französischen Streitkräfte.

68 Briand wies die von Reichskanzler Bethmann-Hollweg Ende 1916 unterbreiteten Friedensangebote zurück. Auch die Bemühungen des neuen österreichischen Kaisers, der nach Franz Josephs I. Tod am 21. November 1916 den Thron bestiegen hatte, blieben erfolglos.

69 Einen bemerkenswerten Unterschied gab es jedoch: Joffre wollte zwischen der Somme und der Oise angreifen, Nivelle entschied sich hingegen für einen Angriff zwischen Soissons und Reims.

70 Wenig später erfuhr man, dass sie zufällig die Angriffspläne in der Uniform zweier getöteter Offizieren gefunden hatten.

71 Lyauteys Rücktritt hatte den Sturz des Kabinetts Briand zur Folge. Lyautey, der Nivelles Pläne nicht befürwortete und vom Ministerpräsidenten nicht ausreichend unterstützt wurde, trat zurück. Sein Nachfolger im Kriegsministerium war Painlevé. Der Minister, der Mata Haris Haftbefehl unterzeichnet hatte, war also gescheitert.

72 Die USA hatten Deutschland den Krieg erklärt, aber jeder wusste, dass der militärische Einsatz am Boden erst nach Monaten Früchte tragen würde. Die »Sammys«, wie die amerikanischen Soldaten genannt wurden (die Briten wurden »Tommys« genannt), kamen in großer Zahl erst Anfang 1918.

73 40 der 82 Panzer der Firma Schneider aus Le Creusot wurden zerstört.

74 Über sieben Millionen Frauen hatten zu arbeiten angefangen, das heißt, jede dritte Frau arbeitete, was eine tiefgreifende Änderung des soziologischen Gefüges in Frankreich bewirkte.

75 Gemeint ist der »Blutige Sonntag« der ersten russischen Revolution von 1905. Die zaristischen Truppen hatten vor dem Winterpalais in St. Petersburg eine friedliche Demonstration zusammengeschossen, die ein Gesuch an den Zaren richtete.

76 Paul Painlevé, von Haus aus Mathematiker, wurde bald Ministerpräsident und trat im Sommer die Nachfolge des betagten Alexandre Ribot in Matignon an.

77 2873 Soldaten wurden zudem verurteilt, 1381 davon zu fünf oder mehr Jahren Haft.

78 1913 hatte Clemenceau die Zeitung *L'Homme libre* gegründet, die von den ersten Kriegsmonaten an unter dem neuen Titel *L'Homme enchaîné* erschien, um die Zensur anzuprangern.

79 *Les Chasseurs d'espions. Mémoires de guerre secrète*. Editions du Masque, Librairie des Champs-Élysées, Paris 1932.

80 Bevor es sich mit den eigentlichen Spionagefällen befasste, musste das Dritte Militärgericht die Affäre der sogenannten betrügerischen Reformen verhandeln. Vgl. das folgende Kapitel.

81 Denkschrift Gemp.

82 Raoul Gunsbourg, der Operndirektor von Monte Carlo, der Mata Hari für *Le Roi Lahore* engagiert hatte, wurde darum in den Zeitungen oft von patriotisch Gesinnten heftig attackiert.

83 Léon Daudet ist der Sohn des Schriftstellers Alphonse Daudet, des Autors der Erzählungen *Briefe aus meiner Mühle*.

84 Unveröffentlichte private Aufzeichnungen von Pierre Bouchardon.

85 Ebenda.

86 Geheimbericht über Vincenzo Ciro Moni vom 18. November 1916 von Rochemont und Goldenzweig.

87 Die Caillaux wurden häufig vor Gericht gebracht. Schon 1914 hatte Madame Caillaux vor Gericht gestanden, dass sie Gaston Calmette, den Direktor des *Figaro*, den sie beschuldigte, ihren Mann verleumdet zu haben, ermordet hatte.

88 Mata Hari wurde acht Tage später verhaftet, am 13. Februar 1917.

89 Pierre Bouchardon, *Souvenirs*, a. a. O.

90 Prozessbeginn gegen *Le Bonnet rouge* im Mai 1918, gegen *Le Journal* im Mai 1919.

91 Sein eigentlicher Name war Eugène Vigo; er ist der Vater des Filmregisseurs Jean Vigo.

92 Der Innenminister Malvy, Befürworter eines »weißen Friedens«, wurde beschuldigt, seine Ermordung veranlasst zu haben, damit er nicht reden könne. Malvy, von Clemenceau heftig angegriffen, trat am 31. August zurück und mit ihm das Kabinett Ribot.

93 *Le Journal* hatte nicht nur eine Defätismuskampagne ins Rollen gebracht; dank verschiedener Decknamen dienten seine Kleinanzeigen auch als Kommunikationsmittel für die deutschen Agenten.

94 Die »Berthas« waren riesige Geschütze von großer Reichweite, mit denen Paris von Anfang 1918 an bombardiert wurde. Ihr Name geht auf Bertha Krupp von Bohlen zurück, die Tochter des Stahl- und Rüstungsfabrikanten Friedrich Alfred Krupp, der sie produzierte.

95 Der Anschlag fand kurz vor der Machtübernahme des »Tigers« in dessen Pariser Haus in der Rue Franklin statt. Bouchardon wurde mit dem Fall betraut. Dr. Florand, sein Onkel mütterlicherseits (der sein bester Freund war), war Clemenceaus Hausarzt. Antoine Florand war ein namhafter Arzt und hatte Patienten von Rang. Er pflegte seinen Patienten zu sagen, sie seien »in Hochform«, was sie beruhigte und zur Folge hatte, dass es ihnen gleich besser ging. Diesen Vorläufer der psychosomatischen Medizin schätzte der Regierungschef sehr, der es verabscheute, krank zu sein.

96 Pierre Bouchardon, *Souvenirs*, a. a. O.

97 Krämer.

98 Geheimakten des französischen Militärgerichts. Beweisstück Nr. 1.

99 Vgl. Anhang 2.

[100] Verhör vom 15. Februar 1917.

[101] Laut Militärgesetzgebung durfte der Anwalt nur dem ersten und dem letzten Verhör beiwohnen.

[102] Antwortbrief des Gefängnisdirektors von Saint-Lazare an Pierre Bouchardon, 19. Februar 1917.

[103] Verhörprotokoll vom 13. Februar 1917.

[104] Das »Cinquième Bureau« gehörte zum Kriegsministerium und war für das Nachrichtenwesen und die Datenverarbeitung zuständig.

[105] Brief vom 2. April 1917.

[106] Mata Hari gab zu, dies dem Baron geschrieben zu haben, aber sie fügte hinzu, dass Van der Capellen jammernde oder kranke Menschen nicht ausstehen konnte und dass man ihm immer beteuern musste, alles sei in bester Ordnung.

[107] Verhör vom 28. Februar 1917.

[108] »Le Poignard dans le dos« (Der Dolch im Rücken), in: *L'Action française*, 1. Dezember 1918.

[109] Maniküre in der Avenue Tronchet, die in den Observierungsberichten bereits erwähnt wurde.

[110] Unteroffizier Manuel Baudouin, der Gerichtsschreiber, war kleinwüchsig. Seine Freunde hatten ihm den Spitznamen »Manuel de poche« (Taschen-Manuel) gegeben.

[111] Unveröffentlichte private Aufzeichnungen von Pierre Bouchardon.

[112] Laut Funktelegramm hatte die Agentin Mata Hari dem Vorgesetzten in Madrid berichtet, die Prinzessin habe mit dem französischen Ministerpräsident Aristide Briand darüber verhandelt, König Konstantin bei Kriegsende auf dem Thron Griechenlands durch Prinz Georges zu ersetzen. (Anm. d. Übers.)

[113] Der Brief an Anna Lintjens war zweifellos auch als indirektes Lebenszeichen für die niederländischen Behörden bestimmt. Da Baron Van der Capellen in Den Haag allmählich beunruhigt war, weil er keine Nachrichten von Mata Hari bekam, hatte er Druck auf die Botschaft ausgeübt, damit sie Erkundigungen über ihren Verbleib einzog.

[114] Nach Mata Haris Verhaftung wurde ihr Geld konfisziert und in der Gerichtskanzlei hinterlegt.

[115] Funktelegramme vom 13., 26. und 28. Dezember 1916.

[116] Zweites Funktelegramm vom 28. Dezember 1916. Geheimakten des französischen Militärgerichts, Beweisstück Nr. 245.

[117] Dazu musste man noch 15 000 Francs zählen, die Mata Hari zu

Beginn ihrer Schulung vor ihrer zweiten Reise nach Frankreich bekam. Aber das wusste Bouchardon nicht; er ahnte es, aber er beschränkte sich auf das, was er nachweisen konnte.

118 Bestätigt von Mata Hari in einem Brief an den Untersuchungsrichter und wiederholt in ihrem Verhör vom 30. Mai 1917.

119 Zeugenaussage vom 4. Mai 1917.

120 Mata Hari und Ladoux waren einander bereits am 12. Mai im Büro des Untersuchungsrichters begegnet, aber beide hatten auf ihrem Standpunkt beharrt.

121 Brief vom 31. Mai 1917. Geheimakten des französischen Militärgerichts, Beweisstück Nr. 267.

122 Erst vierzehn Tage vor Prozessbeginn, gegen Mitte Juli, bekam Mata Hari wieder eine annehmbare Garderobe.

123 Socquets Bericht vom 10. März 1917.

124 Pierre Bouchardon, *Souvenirs*, a. a. O.

125 Geheimakten des französischen Militärgerichts, Beweisstück Nr. 4. Undatierter Brief.

126 Geheimakten des französischen Militärgerichts, Beweisstück Nr. 294.

127 Er war zur Rekonvaleszenz im Krankenhaus dieser Stadt.

128 Pierre Bouchardon, *Souvenirs*, a.a.O.

129 Vernehmung von Ladoux durch Pierre Bouchardon am 3. Mai 1917. Geheimakten des französischen Militärgerichts, Beweisstück Nr. 144.

130 Mata Haris Brief vom 8. Juni 1917 an Pierre Bouchardon.

131 Vernehmung von Oberst Goubet am 24. Mai 1917.

132 Dieser Brief wurde jedoch im Verfahren nicht ganz unterschlagen, weil Pierre Bouchardon ihn in seinem abschließenden Ermittlungsbericht erwähnte, als handle es sich um eine Nebensächlichkeit.

133 Erster Brief vom 31. Mai 1917.

134 Zweiter Brief vom 31. Mai 1917.

135 Als Mata Hari verhaftet wurde, besaß sie noch etwa 600 Francs (die inzwischen auf 400 Francs geschrumpft waren); auf das Geld, das in der Gerichtskanzlei hinterlegt war, hatte sie jedoch keinen Zugriff, weil es für die Deckung der Gerichtskosten bestimmt war.

136 *Le Petit Parisien* vom 24. Juni 1917, dem Tag, an dem die Ermittlungen abgeschlossen wurden.

137 Standortkommandant Hoffmann war Mata Haris erster »Spionagechef«; er versah sie mit dem Buchstaben »H«.

[138] »Odéon« und »Comédie-Française« waren die beiden Spitznamen der Gerichtssäle des Justizpalastes, in denen die Verhandlungen des Dritten Militärgerichts stattfanden.

[139] Massard, der trotz seines fortgeschrittenen Alters eingezogen wurde, veröffentlichte vom 7. bis 13. Dezember 1921 unter dem Titel »La véridique histoire de Mata Hari« in der Zeitung *La Liberté* eine Reihe von aus der Luft gegriffenen Artikeln, die lange für den Prozess gegen Mata Hari als maßgebend galten.

[140] In diesem Zusammenhang sei daran erinnert, dass Mata Hari auch nachdem die Funktelegramme vorgelegt worden waren, immer wieder um vorläufige Haftentlassung bat.

[141] Clunet dachte in erster Linie an General Marchand, der von den Deutschen gefangen genommen worden war.

[142] Pierre Bouchardon, *Souvenirs*, a. a. O.

[143] Ebenda.

[144] Brief vom 5. Juni 1917.

[145] Ankläger beim Dritten Militärgericht waren Hauptmann Edmond Seligman, Oberleutnant Wattinne und Major Jullien.

[146] Pierre Bouchardon, *Souvenirs*, a. a. O.

[147] *Défends-toi*, Juli 1918, R. G. Réau.

[148] Siehe *La Liberté* vom 1. 8. 1919 und *L'Excelsior* vom 2. 8. 1919. Der Inhalt der beiden Artikel überschneidet sich in den wesentlichen Punkten. Der oben teilweise abgedruckte Text ist eine Wiedergabe der privaten Aufzeichnungen.

[149] »Bois de la Caponnière« – der Wald, in dem alle Exekutionen stattfanden, liegt hinter dem Park von Vincennes.

Bibliografie

Bouchardon, Pierre: *Souvenirs*, Paris: Albin Michel 1953
Bragance, Anne: *Mata Hari*, Paris: Belfond 1995
Guilleminault, Gilbert/Bernert, Philippe: *Les Princes des Années Folles*, Paris: Plon 1970
Guilleminault, Gilbert: *La France de Madelon*, Paris: Denoël 1965
Kupferman, Fred: *Mata Hari – Träume und Lügen*. Aus dem Französischen von Adelheid Witt, Berlin: Aufbau 1992
Ladoux, Georges: *Les Chasseurs d'espions. Mémoires de guerre secrète*, Paris: Le Masque, Librairie des Champs-Élysées 1932
Les Cahiers de l'Histoire, »L'année 1917«, Dezember 1967
Loubier, Jean-Marc: *Mata Hari, la sacrifiée*, Paris: Acropole 2000
Mata Hari. 1. *Le Dossier secret du conseil de guerre*, Paris: Italiques 2001
Mefret, Jean-Pax: »Dossier Mata Hari«, in: *Le Figaro Magazine*, 17. Oktober 1992
Newnham-Davies, N.: *The Gourmet's Guide to Europe*, London: Grant Richards 1908
Shirman Léon: *L'Affaire Mata Hari*, Paris: Tallandier 1994
Waagenaar, Sam: *Sie nannte sich Mata Hari*. Aus dem Englischen von Heddy Weissfeld, Bergisch Gladbach: Lübbe 1964, 1983 (überarbeitete u. erweiterte Fassung)
Wencker-Wildberg, Friedrich: *Mata Hari. Roman ihres Lebens*, Leipzig: Kiepenheuer 1994

Dokumente aus dem Familienarchiv, Aufzeichnungen und unveröffentlichte Berichte, Briefwechsel, Zeitungen und zeitgenössische Zeitschriften (*L'Excelsior, Le Gaulois, L'Œuvre, Le Bonnet rouge, Le Journal, L'Action française, L'Humanité, Les Annales*)

Spionin, Femme fatale
Opfer von Justiz und Militär:
Das geheimnisvolle
Leben der Mata Hari

Bis heute gilt ihr Name als Synonym für Spionage und steht für Erotik, Exotik und Geheimnis. Aber wer war Mata Hari wirklich? Die verführerische Tänzerin entlockte Offizieren Staatsgeheimnisse, wofür sie mit dem Leben bezahlte. Doch was steckt wirklich hinter dem grausamen Todesurteil? Der Historiker Philippe Collas stößt während seiner Recherchen auf bislang unbekanntes Faktenmaterial und demaskiert mit seinen Nachforschungen die Strippenzieher eines Staatsskandals – bis er auf ein wohlgehütetes Familiengeheimnis stößt.

Spionin, Femme fat
Opfer von Justiz un
Das geheimnisvolle
Leben der Mata Hari

Bis heute gilt ihr Name als Synonym für Spionage und steht für Erotik, Exotik und Geheimnis. Aber wer war Mata Hari wirklich? Die verführerische Tänzerin entlockte Offizieren Staatsgeheimnisse, wofür sie mit dem Leben bezahlte. Doch was steckt wirklich hinter dem grausamen Todesurteil? Der Historiker Philippe Collas stößt während seiner Recherchen auf bislang unbekanntes Faktenmaterial und demaskiert mit seinen Nachforschungen die Strippenzieher eines Staatsskandals – bis er auf ein wohlgehütetes Familiengeheimnis stößt.